氢创未来、智领双碳
氢能领域专利导航

中国科学院大连化学物理研究所、辽宁滨海实验室 ◎组织编写

杜 伟　王春博　张 晨　蔡 睿 ◎主编

知识产权出版社
全国百佳图书出版单位
—北京—

图书在版编目（CIP）数据

氢创未来、智领双碳：氢能领域专利导航 / 中国科学院大连化学物理研究所，辽宁滨海实验室组织编写；杜伟等主编 . —北京：知识产权出版社，2024.9. —ISBN 978-7-5130-9503-7

Ⅰ. F426.2

中国国家版本馆 CIP 数据核字第 2024Y2M808 号

内容提要

本书主要对氢能产业全球专利、氢能产业重点技术专利进行了分析，阐述了氢能产业技术创新专利情报挖掘技术，研究了为应对国际形势的变化与调整，增强氢能产业链、供应链稳定性，进一步促进氢能专利的保护与运用的策略，介绍了数智化全球专利信息检索分析公共服务平台，助力氢能产业的创新发展，为提高氢能产业发展质量提供参考。

本书适合氢能等领域从事知识产权管理与运营的相关人员参考阅读。

责任编辑：尹　娟　　　　　　　　　责任印制：孙婷婷

氢创未来、智领双碳——氢能领域专利导航

QING CHUANG WEILAI, ZHI LING SHUANGTAN——QINGNENG LINGYU ZHUANLI DAOHANG

中国科学院大连化学物理研究所　辽宁滨海实验室　组织编写

杜　伟　王春博　张　晨　蔡　睿　主编

出版发行：知识产权出版社 有限责任公司	网　　址：http://www.ipph.cn
电　　话：010-82004826	http://www.laichushu.com
社　　址：北京市海淀区气象路 50 号院	邮　　编：100081
责编电话：010-82000860 转 8702	责编邮箱：yinjuan@cnipr.com
发行电话：010-82000860 转 8101	发行传真：010-82000893
印　　刷：北京九州迅驰传媒文化有限公司	经　　销：新华书店、各大网上书店及相关专业书店
开　　本：720mm×1000mm　1/16	印　　张：15.75
版　　次：2024 年 9 月第 1 版	印　　次：2024 年 9 月第 1 次印刷
字　　数：336 千字	定　　价：78.00 元
ISBN 978-7-5130-9503-7	

出版权专有　侵权必究

如有印装质量问题，本社负责调换。

编 委 会

顾　问：李先锋　邵志刚　隆　捷　费凌云
　　　　　杨　策　施曙东
主　编：杜　伟　王春博　张　晨　蔡　睿
成　员：（排名不分先后）
　　　　　姚婷婷　袁小帅　秦晓平　奥　杰　郭亚勤
　　　　　杨丽平　黄冬玲　冯天时　卫小芳　郑富元
　　　　　黄　娜　谢　冬　荣　倩　文志勇　孙　亮
　　　　　王小平　贾宇宁　徐小宁　罗　莎　马苑馨
　　　　　肖　厦　仲志磊　王　燕　张博仑　吕　思

本书由 2022 年度国家知识产权局专利信息服务专利申请和创造质量提升项目——氢能产业专利情报挖掘、2023 年度国家知识产权局专利专项研究项目——氢能产业知识产权智慧情报服务研究（Y230803）、2024 年度国家知识产权局专利专项研究项目——制氢与燃料电池关键技术专利分析研究（FX202407）、中国科学院战略性先导科技专项（XDA29010500）资助出版。

目 录
CONTENTS

1 氢能产业概况 001
    1.1 研究概述 / 001
    1.2 国内外氢能发展战略与政策 / 003
    1.3 氢能产业发展情况 / 006
    1.4 氢能产业技术分解 / 017

2 氢能产业全球专利分析 023
    2.1 专利申请趋势 / 023
    2.2 专利技术来源地 / 024
    2.3 主要创新主体 / 027
    2.4 专利技术构成 / 029
    2.5 氢能技术全球发展趋势 / 030
    2.6 专利法律状态与活跃率 / 034
    2.7 近二十年全球专利概况 / 036

3 氢能产业中国专利分析 039
    3.1 专利申请趋势 / 039
    3.2 专利技术来源地 / 040
    3.3 主要创新主体 / 045
    3.4 专利技术构成 / 047
    3.5 专利法律状态与活跃率 / 049
    3.6 专利技术运营 / 051
    3.7 近二十年中国专利概况 / 062

4 氢能产业重点技术专利分析 074
    4.1 氢燃料电池专利申请趋势 / 074

  4.2 氢燃料电池专利技术来源地 / 074
  4.3 氢燃料电池专利技术构成 / 075
  4.4 国外主要创新主体 / 076
  4.5 国内主要创新主体 / 079

5 数智化全球专利信息检索分析公共服务平台......082
  5.1 公共服务平台简介 / 082
  5.2 氢能产业专利导航平台 / 106
  5.3 氢能产业专利导航平台服务案例 / 112

6 氢能产业技术创新专利情报挖掘......115
  6.1 氢能产业核心专利挖掘 / 115
  6.2 氢能产业相对技术优势 / 138
  6.3 氢能产业专利技术发展速率 / 139
  6.4 氢能产业技术创新发展方向 / 141

7 氢能产业知识产权智慧情报服务......143
  7.1 服务现状研究 / 143
  7.2 氢能产业知识产权智慧情报服务模式 / 160
  7.3 氢能产业智慧服务实践 / 170
  7.4 氢能产业知识产权智慧情报服务小结 / 204

8 氢能产业技术布局与展望......208
  8.1 氢能产业技术布局 / 208
  8.2 氢能产业发展路径 / 210
  8.3 氢能产业总结展望 / 219

致 谢......223

附 录......224
  附录1 相关事项约定 / 224
  附录2 省级层面氢能相关政策 / 225
  附录3 国家层面氢能相关政策 / 235

参考文献......237

1 氢能产业概况

1.1 研究概述

1.1.1 研究背景

当前,全球能源领域正向着低碳化、多元化的能源结构方向发展。氢能作为一种重要的能源载体与媒介,成为应对温室效应的重要抓手。氢能由于热值高、环境友好、可获取途径多等特点被全球广泛关注,同时氢能也是第三次能源变革的重要媒介和载体,贯穿于交通运输、石油化工、建筑建材等众多行业领域,能够灵活可靠地降低电力等部门的碳排放。储能技术的蓬勃发展也助力了氢能大规模、长周期储存的实现,随着能源技术的发展,能量利用率、经济效率也在不断提高。

党的二十大报告指出,要积极稳妥推进"碳达峰""碳中和",深入推进能源革命,加快规划建设新型能源体系,确保能源安全。2023年政府工作报告将推动发展方式绿色转型作为当年工作重点之一,提出要加快建设新型能源体系。我国能源产业迎来高速发展的时期,能源领域系列关键政策文件的出台,助力能源转型,促进"十四五"能源发展的新格局。同时,技术创新的速度不断加快,通过技术创新能够推动各能源分系统相对优势的互补融合,对冲消除各能源种类的劣势,从而提升系统整体效能。氢能作为多能融合技术体系的关键平台,是用能终端实现绿色低碳转型的重要载体,在能源结构调整中的作用举足轻重,对整体能源系统的良好发展发挥着至关重要的作用(图1.1)。

2019年,国家发展和改革委员会(以下简称"国家发展改革委")等15个部门联合印发《关于推动先进制造业和现代服务业深度融合发展的实施意见》,提出加强新能源生产使用和制造业绿色融合,推动氢能产业创新、集聚发展,完善氢能制备、储运、加注等设施和服务。《国务院关于印发 2030 年前碳达峰行动方案的通知》中提出两个阶段目标:"十四五"期间,产业结构和能源结构调整优化取得明显进展;"十五五"期间,产业结构调整取得重大进展。氢能是实现"双碳"目标的重要能源载体,财政部对入围示范的城市根据其氢能目标完成情况给予奖励。作为战略性新兴产业重点发展方向,氢能领域技术向着产业化大步发展,核心专利技术的地位日益凸显。目前31个省(自治区、直辖市）陆续发布地方氢能规划，助推氢能产业发展。

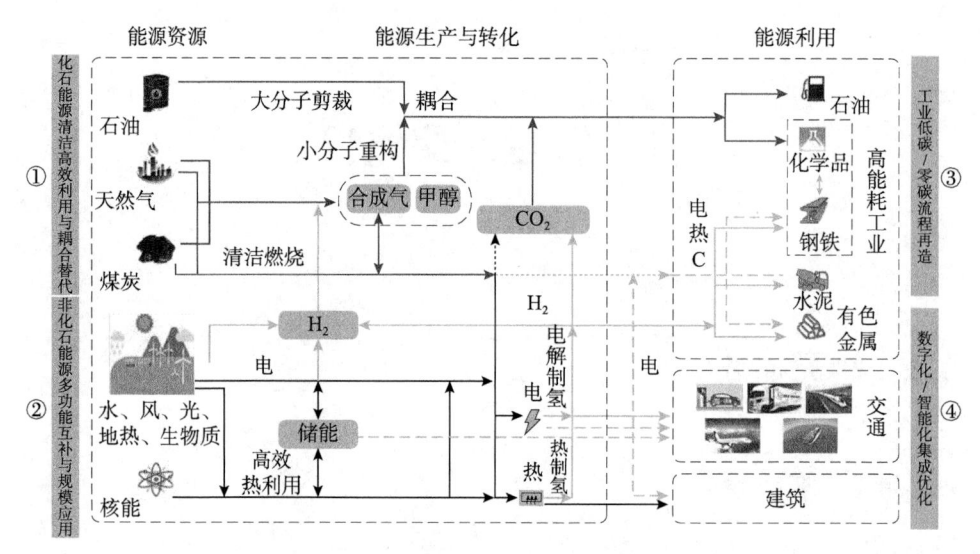

图 1.1　多能融合"四主线""四平台"示意图

近年来，中国氢能产业发展迅猛，相关技术研究取得了一些进展，但产业整体竞争力和创新力有待进一步增强。在氢能产业战略定位、相关标准与规划出台、配套基础设施等方向发力的同时，需要技术层面的有力支撑。本书聚焦氢能领域的关键技术，分析专利发展态势，提出优化氢能产业技术布局、扩大核心技术竞争优势等产业发展路径与建议，旨在通过挖掘氢能产业的专利信息价值，充分发挥专利信息情报服务产业发展的作用，为应对国际形势变化与调整，增强氢能产业链供应链的稳定性，提高氢能产业发展质量提供参考，助力氢能产业领域技术实现从"并跑"到"领跑"及支撑"双碳"目标。

1.1.2　研究方法

本书聚焦氢能领域专利技术，梳理氢能产业发展现状，厘清氢能专利与技术分类对照情况，以需求为导向，从制氢、储氢、运氢、用氢的全方面开展氢能产业的深入分析。综合运用文献研究、对比研究、科学计量、案例分析等方法研究不同区域氢能专利概况，分析重点技术专利，挖掘氢能产业专利信息情报，探究氢能产业知识产权智慧情报服务模式，作用于氢能产业智慧服务实践，为氢能产业相关企业、科研团队等提供检索策略以及技术领域的检索指引帮助，为社会公众检索氢能产业相关专利提供更加便捷的服务，同时提升公共服务供给质量，助力氢能产业的发展和升级，推动知识产权服务取得新的成效。

1.2 国内外氢能发展战略与政策

1.2.1 国外氢能发展战略

国外氢能发展时间较早，很多国家将其作为战略性能源在持续布局与发展。当前已有30多个国家制定了氢能发展战略，另有几个国家正在起草氢能战略。美国、日本、欧盟、德国等积极出台氢能源部署的政策，美国是最早将氢能源作为能源战略的国家，近10年支持规模超16亿美元。20世纪70年代，美国首先提出了"氢经济（Hydrogen Economy）"的概念，在当时爆发"石油危机"的背景下，美国通用公司描绘了未来氢气取代石油成为支撑全球经济的主要能源后，整个氢能源生产、配送、储存及使用的市场运作体系形成。由此，氢气产业化进程开始，并在化工领域得到了进一步发展之后，以燃料电池为典型代表的氢能源产业快速崛起，在当前全球能源转型背景下，氢能备受关注。自提出"氢经济"之后，持续关注氢能相关关键技术的研发，尤其聚焦交通领域中氢能燃料电池的发展。美国能源局从1970年就开始布局燃料电池研发，燃料电池备用电源和燃料电池叉车已具备市场竞争力，处于商业推广阶段；燃料电池乘用车处于政府补贴商业推广阶段；燃料电池巴士、大型货车、商用车处于行车试验验证阶段。

2014年，美国发布了《全面能源战略》，指出氢能在交通转型中的引领作用，并规划2030—2040年将全面实现氢能源经济。2018年，美国参议院决议将10月8日定为"全国氢能与燃料电池日"。2019年，美国燃料电池和氢能协会（FCHEA）还制定了《美国氢能经济发展路线图》（*Road Map to a U.S. Hydrogen Economy*），将美国的氢能发展分成了四个阶段：在第一阶段（2020—2022年），通过"降本增效"，总氢需求达到1 200万吨，在2022年售出3万辆燃料电池汽车。在第二阶段（2023—2025年），达到1 300万吨的总需求，制定15万辆轻型和重型燃料电池汽车售出计划，实现12.5万辆正在运行的材料处理燃料电池汽车，以及1 000个加氢站，其中近10%的加氢站专门用于在美国运行的中型和重型汽车。在第三阶段（2026—2030年），提出了更加具体的目标，氢经济每年消耗1 700万吨燃料，售出120万辆燃料电池汽车，实现30万辆现场材料处理燃料电池汽车，以及4 300个在美国运营的加氢站。每年吸引近80亿美元的投资。在第四阶段（2030年后），支持性政策逐步退出，在美国各地区、各行业大规模部署氢能。逐步形成市场需求拉动的氢能发展格局。2020年11月，美国能源部（DOE）发布了《氢能计划发展规划》，进一步强调氢能应用的经济性。2023年6月5日，美国政府发布了《美国国家清洁氢能战略路线图》（*U.S. National Clean Hydrogen Strategy and Roadmap*），包括三项关键战略方向（清洁氢的战略性应用、降低清洁氢成本、投资和扩大区域清洁氢中心形成区域网络），并将情景设定到了2050年，进一步确定了以市场为导向的技术发展路线框架。

日本在2017年发布了《基本氢能战略》，提出创造一个"氢能社会"的愿景，要重点支持氢供应链、电解水技术及燃料电池技术三大领域。确立了2050年氢能社会建设目标及近期、中期的具体行动计划，提出到2030年实现每年30万吨的氢能产量，成本降至每标准立方米30日元，《基本氢能战略》明确了"氢能社会"的两大支柱：一是车用，包括乘用车、巴士和叉车；二是家用热电联产。2019年，日本政府公布旨在活用氢能源的进度表，提出将2020年建设100个加氢站的目标增加至160个，计划在2025年前后削减加氢站费用至2亿日元，并宣布该财年的氢能融资约为5.6亿美元。2020年日本发布了《2050年碳中和绿色增长战略》，再次强调了氢能产业对于日本能源供应端清洁低碳化的重要性，支持规模约2.33万亿美元，并指出预计到2030年进口氢气300万吨、成本下降至20日元/m³，2050年氢气供应量达到2 000万吨。当前，全球主要经济体均在氢能赛道布局。其中，日本在氢能领域的投入最为激进。2023年6月6日，日本决定修改《基本氢能战略》，计划未来15年间投资15万亿日元推进和完善氢供应链，将氢的供应量从2023年的200万吨逐步扩大6倍，2040年达到1 200万吨左右，实现未来零碳排放的目标，旨在进一步加快氢能商业化步伐。

除了美国、日本，澳大利亚也于2019年发布了《国家氢能战略》，提出"打造氢能出口基地"，同时在氢安全、氢经济以及氢认证等方面走在全球前列。2020年，欧盟发布了《欧盟氢能战略》和《欧盟能源系统融合战略》，提出"循序渐进"的发展计划，到2024年将安装600万千瓦的电解设施以具备100万吨绿氢制备能力，到2030年将安装4 000万千瓦的电解设施，以具备1 000万吨绿氢制备能力，到2050年制备的氢均为绿氢，并将25%的可再生能源用于电解制氢，2050"碳中和"愿景下，氢能占比由当前的不到2%提升至13%～14%。为绿色能源转型提供指导框架。2020年，德国发布了《国家氢能战略》，优先考虑发展特定的运输和工业领域，使用绿氢以支持市场扩张，并建立相应的价值链。2021年英国发布《国家氢能战略》，提出到2050年，英国20%～35%的能源消耗将以氢为基础。但由于目前全球能源危机的影响，欧洲各国减排压力不断增大，氢能作为重要的减排抓手，备受关注。

总的来看，各国都在加大氢能领域投入，将氢能上升到了国家战略的高度，美国以丰富而全面的政策为基础，聚集氢能全产业链发展，积极促进商业化应用。欧盟和日本等将氢能作为新能源发展战略和低碳经济模式的主要形式，积极在战略层面布局规划，拥有众多投资应用项目。

1.2.2　国内氢能发展政策

当前，氢能产业前沿技术不断发展，氢能成为全球各国减排的重要抓手，中国虽尚未出台氢能国家战略，但也发布了一系列氢能相关政策，促进氢能产业的高质量发展。

自2016年国家发展改革委和国家能源局发布《能源技术革命创新行动计划（2016—

2030年）》以来，国家层面接连出台氢能相关政策。2019年，我国将氢能首次写入《政府工作报告》。2020年，财政部等联合发布《关于开展燃料电池汽车示范应用的通知》，"以奖代补"鼓励燃料电池汽车示范应用。2020年4月，《中华人民共和国能源法（征求意见稿）》拟将氢能列入能源范畴。此后又在《中华人民共和国国民经济和社会发展第十四个五年规划和2035年远景目标纲要》中强调"氢能与储能是前沿科技和产业变革领域"。

2021年10月，中共中央、国务院印发了《关于完整准确全面贯彻新发展理念做好碳达峰碳中和工作的意见》和《2030年前碳达峰行动方案》，对于统筹推进氢能的"制储输用"全链条发展提出了要求，指出要大力发展绿色低碳产业，加快新能源、新材料、新能源汽车、高端装备等新型战略产业发展，要加快氢能技术研发和示范应用。2022年3月，国家发展改革委、国家能源局联合印发《氢能产业发展中长期规划（2021—2035年）》部署了推动氢能产业高质量发展的重要举措以及产业发展的各阶段目标，旨在推动氢能、电能和热能系统融合，促进形成多元互补融合的现代能源供应体系。而在"融合方面"，中国科学院大连化学物理研究所提出了"双碳"目标下能源科技的多能融合发展路径，阐述了多能融合理念内涵和化石能源清洁高效利用与耦合替代、非化石能源多能互补与规模应用、工业低碳/零碳流程再造、数字化/智能化集成优化4条多能融合科技路径，提出加强研发与应用的系统性布局等建议。氢能发展已经上升为国家战略高度，需要按照顶层设计与规划有序推进。

《氢能产业发展中长期规划（2021—2035年）》出台后，地方层面也陆续按照规划要求积极部署。当前，全国大部分省、自治区、直辖市都出台了促进氢能发展的相关政策文件，主要包含能源发展"十四五"规划、氢能产业发展规划、氢燃料电池与汽车的发展规划等，除了黑龙江等少数几个省份没有出台氢能产业发展规划以外，其余各省、直辖市、自治区均发布了氢能产业相关规划。自2020年以来，北京已出台《北京市氢燃料电池汽车产业发展规划（2020—2025年）》等氢能相关文件27项；截至2023年12月31日，上海已出台氢能相关工作文件29项，2022年6月颁布了《上海市氢能产业发展中长期规划（2022—2035年）》提出了2025年和2035年氢能发展目标。广东省以及各市、市辖区相继出台了氢能相关产业政策文件，2019—2023年，已颁布54项规划、方案、办法等，在全省各地推动差异化发展的相关政策措施，促进氢能产业链的铺开与持续发展。

各种促进政策与办法的相继出台也一定程度上促进了国内氢能产业规模持续扩大。科尔尼发布的氢能产业白皮书数据显示，中国氢能市场体量预计将从2020年的3 300万吨增加到2060年的1.3亿吨，中国氢能产业链已趋于完善。截至2022年年底，中国已建成加氢站358座，居世界第一，中国氢能联盟预测：2026—2035年，中国氢能产业产值将达到5万亿元。基于此，各方企业当前也均在加大项目投资力度，抢占氢能产业的赛道，氢能市场竞争也日益激烈，随着企业在氢能领域的布局步伐不断加快，氢能相关技术专利信息应引起重视。

1.3 氢能产业发展情况

1.3.1 全球氢能产业发展情况

在1787年，亨利·卡文迪许（Henry Cavendish）正式提出"氢"是一种元素，因为氢燃烧后的产物是水，便用拉丁文把它命名为"水的生成者"。经过各种氢气制取、氢气作为动力等近两个世纪的研究与发展，"氢经济（Hydrogen Economy）"于1970年被提出，在当时爆发"石油危机"的背景下，美国通用公司目的是描绘未来氢气取代石油成为支撑全球经济的主要能源后，整个氢能源生产、配送、贮存及使用的市场运作体系。由此，氢气的产业化进程开始，在较早的产业化阶段，氢主要应用于化工领域，水煤气、氨、褐煤裂解、电解水等制氢方式变得成熟，并逐渐实现大规模产业化。随后以燃料电池为典型代表的氢能源产业快速发展，同时为应对全球气候变化助推全球能源转型，当前氢能的发展受到前所未有的重视。

美国是最早发展氢能产业的国家之一，持续关注氢能相关关键技术的研发，2000年左右，随着技术发展的突破，美国涌现出一批氢能相关企业，如普拉格能源（PlugPower）公司、特斯拉公司等。近年来，美国出台了众多氢能相关政策战略，提出了聚焦交通领域的氢能发展目标。目前，受到广泛关注的《美国氢能经济发展路线图》（Road Map to a U.S. Hydrogen Economy）是由美国主要的石油和天然气、电力、汽车、燃料电池和氢气公司组成的联盟——燃料电池和氢能协会（FCHEA）制定，将美国的氢能发展分成了四个阶段，各个阶段的总体目标如表1.1所示。此外，路线图也对各个阶段的政策支持、氢气供应和终端使用设备方面需求提出了详细的论述。

表1.1 美国氢能经济发展各个阶段的总体目标

序号	阶段	总体目标
1	2020—2022年	第一是在更多的州和地区建立可靠的和技术中立的脱碳目标；第二是将新的氢解决方案引入市场，重点关注早期采用州最具吸引力的部分；第三是扩展成熟的应用。通过这些行动实现成本降低和性能改进，总氢需求达到1 200万吨，并在2022年售出3万辆燃料电池汽车
2	2023—2025年	这一阶段的目标是达到1 300万吨的氢总需求，15万辆轻型和重型燃料电池汽车售出计划，12.5万辆正在运行的材料处理燃料电池汽车，以及1 000个加氢站，其中近10%的加氢站专门用于在美国运行的中型和重型汽车
3	2026—2030年	氢的使用扩展到交通运输和备用电源等早期采用领域之外。氢经济每年消耗1 700万吨燃料，售出120万辆燃料电池汽车，30万辆现场材料处理燃料电池汽车，以及4 300个在美国运营的加氢站。每年吸引近80亿美元的投资
4	2030年后	2030年之后，氢能将在美国各地区、各行业大规模部署。在大多数的应用中，通过充分的外部性定价，让氢能与化石燃料替代品实现成本均等，之后让此前的支持性政策逐步退出

在制氢方面，美国当前主要的燃料电池主机厂都开始布局太阳能、风能、水能、生物质能等可再生能源以及核能制氢，在 2022 年 9 月，美国阿贡国家实验室（ANL）与星座能源公司（Constellation Energy Corp）宣布合作开发无碳发电技术，包括核能制氢项目。Bloom 能源公司和 Xcel 能源公司也已宣布计划在明尼苏达州的一座核电厂生产氢气。与此同时，美国能源部（DOE）已开放了一项价值 70 亿美元的项目申请，以创建区域清洁氢能中心，预计核能制氢将成为近期制氢产业发展的主要趋势。

在运氢和加氢方面，截至 2020 年 12 月，美国拥有 1 608 英里的活性氢管道，90% 以上位于得克萨斯州、路易斯安那州、阿拉巴马州的墨西哥湾沿岸，主要服务于该地区的炼油厂和氨厂。美国 48 个相邻的州和阿拉斯加有超过 30 万英里的天然气输送管道，并启动了天然气掺氢的项目可行性评估，例如，三菱动力公司位于北美的燃气轮机掺氢项目成功试运行，该项目在美国佐治亚州公用事业电力公司位于亚特兰大附近的 McDonough-Atkinson 工厂展开，掺氢测试在一台输出功率为 265 兆瓦的 M501G 燃气轮机机组上完成，截至 7 月下旬测试效果良好。在天然气掺氢进一步改进方面，美国纽约电力局 2022 年 9 月 23 日宣布首例天然气掺绿氢发电示范项目成功，掺氢 35% 碳排放减少 14%，成功利用绿氢与天然气混合燃料发电，减少了改装通用电气燃气轮机的碳排放。该项目位于美国纽约长岛萨福克，布伦特伍德小型清洁发电厂，由纽约电力局、GE 和法国液化空气集团的子公司 Airgas 合作牵头启动。这是美国首次对现有天然气发电设施的改造，该设施能够使用氢气与天然气混合来为工厂供电和发电。在加氢方面，旧金山和洛杉矶为美国加氢站的主要分布区域，美国是全世界最早进行氢能源创新的国家之一，美国在加氢站建设方面，更加重视与氢能源应用场景结合，形成当地特有氢能产业生态圈。旧金山和洛杉矶的氢能源行业发展较为成熟，美国重型加氢站均分布在这两个城市。根据《美国氢能经济路线图》发布的规划，到 2030 年，美国将推广氢燃料电池汽车 530 万辆，预计在全美范围内建设 5 600 座加氢站。

在用氢方面，美国能源局从 1970 年就开始布局燃料电池研发，并一直处于世界领先地位。燃料电池备用电源和燃料电池叉车已具备市场竞争力，处于商业推广阶段；燃料电池乘用车处于政府补贴商业推广阶段；燃料电池巴士、大型货车、商用车处于行车实验验证阶段。2020 年 11 月，美国能源部（DOE）发布《氢能计划发展规划》，聚焦工业和电力、氢燃料汽车。在终端应用方面，研发和示范重点事项包括：为氢能的特定用途制定严格的目标；解决各终端应用中的材料兼容性问题；降低成本，提高工业规模电解槽、燃料电池系统、燃气轮机和发动机以及混合动力系统的耐用性和效率；组件和系统级的集成和优化，包括 BOP 系统和组件；集成系统的优化控制，包括网络安全；制造和规模扩大，包括过程强化；协调规范和标准，包括氢气加注协议；开发新的氢能应用的容量扩展模型，以确定其经济性。

当前，全球主要经济体均在氢能赛道布局。其中，日本在氢能领域的投入最为积极。《基本氢能战略》提出，到 2030 年实现每年 30 万吨的氢能产量，成本降至每标准立方米 30 日元（1 日元约合 0.05 元人民币）；实现 100 万千瓦的发电装机规模，发电单价降至17日元/千瓦时；实现加氢站扩建至900所，氢燃料电池汽车、氢燃料电池巴士分别增至80万辆、1 200辆，以及向530万家庭普及"家用燃料电池热电联供系统（ENE-FARM）"；发展"可再生能源制氢"。而日本很早之前就一直在燃料电池技术领域、氢供应链领域和电解技术领域等进行全面部署，当前，日本正稳步推进氢能技术研发，尝试打造全球化氢能供应链，探索构筑氢能社会，力图在氢能源领域占得技术与市场先机。

氢能产业前沿技术不断发展，氢能全产业链包括制氢、储氢、运氢、加氢以及氢气利用，其中，制氢是基础，储氢、运氢、加氢是氢气利用的核心保障。

制氢技术主要包含化石能源制氢、工业副产制氢、电解水制氢、光解水制氢技术等。化石能源制氢主要包括以煤、天然气为原料的化学重整制氢，目前技术已十分成熟，且应用广泛。但是其储备有限，而且制氢过程会造成严重的碳排放。相较而言，工业副产制氢流程并不复杂，一定程度上能够降低环境污染，提高资源利用效率和经济效益。

储氢技术方面，相较其他燃料，氢的质量能量密度大，但体积能量密度小。目前，氢气的储存方式主要有高压气态储氢、低温液态储氢、有机液体储氢、多孔材料及金属合金等物理类固态储氢。低温液化储氢技术主要应用于军事与航空航天领域，商业化研究与应用方兴未艾。由于低温液化储氢技术在大规模、长距离储运方面的优势，或将在未来与高压气态储氢互补共存发展。

用氢技术方面，质子交换膜燃料电池（PEMFC）是目前发展规模较大的一种燃料电池。从国外发展来看，质子交换膜燃料电池已涉及移动电源、摄像机、车辆等领域，规模化应用不断扩展。美国陶氏杜邦公司、比利时索尔维集团等企业在质子交换膜领域技术较为领先，日本依托丰田自动车株式会社、本田技研工业株式会社等大型汽车厂商在质子交换膜的研发方面积累较多。相较于国外质子交换膜产业化发展，国内燃料电池商业化进程也在加快。山东东岳集团实现了全氟磺酸树脂和全氟磺酸膜技术研发和生产能力的突破，研发的相关产品已批量应用于国产氢燃料电池汽车，由山东东岳未来氢能材料股份有限公司独立完成的《全新全氟磺酸聚合物合成及增强网络与高性能氢燃料电池质子膜制备》项目荣获山东省技术发明奖特等奖。此外，上海神力科技公司、新源动力股份有限公司等相关技术发展也较快。

氢能有着广阔的应用市场，尤其在交通领域。氢燃料电池乘用车市场规模不断扩大，除了终端应用领域不断推进外，全球持续完善氢能基础设施。市场研究公司Information Trends发布的《2023年全球氢燃料站市场》报告显示，全球部署的加氢站数量已超过1 000座大关，中国约占全球加氢站部署的三分之一，美国只有不到100座加氢站。加氢站部署数量仅次于中国的国家是日本，其次是韩国。其他积极计划部署加氢站的亚太地区国家包括澳大利亚、新西兰和印度。截至目前，德国是唯一部署了100多座加氢站的欧洲国家。其他积极部署的欧洲国家包括法国、英国、斯洛文尼亚、荷兰、瑞士和西班牙。一定程度上可以看出，欧洲正在迅速发展其氢燃料电池生态系统。此外，中东和非洲也有一定的加氢站部署，共有30个国家部署了加氢站。

表1.2汇总了国外氢能相关项目，列出了项目主要涉及的技术名称，一定程度上能反映当前投入的氢能项目主要聚焦的相关技术。可以看出，国外现有氢能项目主要聚焦于电解制氢技术和可再生能源，大多为工业应用项目，其中，阿曼国有石油公司OQ能源公司已公布多项吉瓦级的工业应用项目。整体来看，各主要能源公司已积极入局氢能项目，投资力度较大。

表1.2 国外氢能相关项目汇总

序号	项目名称	技术名称	区域	项目类型
1	H2Sektor试点项目液态有机物储氢（LOHC）技术加氢站	加氢站，液态有机物储氢（LOHC）	德国埃尔朗根	工业示范
2	罗斯托克（Rostock，1吉瓦）制氢项目	电解制氢	德国罗斯托克	工业应用
3	Hydrogen Sines（1吉瓦）制氢项目	电解制氢	葡萄牙西南部Sines	工业应用
4	埃斯伯格（Esbjerg，1吉瓦）制氢项目	电解制氢	丹麦埃斯伯格	工业应用
5	Sea Hydrogen Land（1吉瓦）制氢项目	电解制氢	荷兰和比利时北海港口附近的产业集群	工业应用
6	哥本哈根（1.3吉瓦）制氢项目	电解制氢	丹麦哥本哈根地区	工业应用
7	HNH（1.4吉瓦）制氢项目	电解制氢	智利南部	工业应用
8	杰拉尔顿（Geraldton，1.5吉瓦）制氢项目	电解制氢	西澳大利亚州杰拉尔顿	工业应用
9	白龙（White Dragon，1.5吉瓦）制氢项目	电解制氢	西马其顿地区，希腊北部	工业应用
10	HyEx（1.6吉瓦）制氢项目	电解制氢	智利安托法加斯塔	工业应用
11	格莱斯顿氢气枢纽（Hydrogen Hub Gladstone-3吉瓦）	电解制氢	澳大利亚昆士兰州格莱斯顿	工业应用
12	Base One（3.4吉瓦）制氢项目	电解制氢	Pecém，Ceará州，巴西东北部	工业应用
13	太平洋太阳能氢（Pacific Solar Hydrogen，3.6吉瓦）	电解制氢	澳大利亚昆士兰州卡利德	工业应用
14	太阳神绿色燃料项目（Helios Green Fuels Project，4吉瓦）	电解制氢	沙特阿拉伯西北部的工商业新城Neom	工业应用
15	Murchison可再生氢项目（5吉瓦）	电解制氢	西澳大利亚州卡巴里附近	工业应用
16	Hyergy零碳氢气（8吉瓦）	电解制氢	西澳大利亚的加斯科因地区	工业应用
17	AquaVentus（10吉瓦）制氢项目	电解制氢	德国Heligoland	工业应用

续表

序号	项目名称	技术名称	区域	项目类型
18	North Hydrogen（至少 10 吉瓦）制氢项目	电解制氢	荷兰北部埃姆斯海文	工业应用
19	亚洲可再生能源中心（14 吉瓦）制氢项目	电解制氢	西澳大利亚皮尔巴拉	工业应用
20	阿曼（14 吉瓦）制氢项目	电解制氢	阿曼	工业应用
21	Aman（约 17 吉瓦）制氢项目	电解制氢	毛里塔尼亚北部	工业应用
22	哈萨克斯坦 30 吉瓦制氢项目	电解制氢	哈萨克斯坦西部和中部的大草原	工业应用
23	HyDeal Ambition（67 吉瓦制氢项目）	电解制氢	从西班牙和法国西南部开始，然后延伸到法国东部和德国	工业应用

1.3.2 国内氢能产业发展现状

从氢能产业链各个环节来看，制氢技术发展时间较长，化石能源制氢技术、工业副产氢技术等较为成熟，能够达到工业规模化制氢的要求，但碳排放量也较高。随着全球能源转型、我国双碳战略目标的提出，绿氢（使用可再生能源，如太阳能、风能、核能等制造的氢气）相关技术的发展备受重视。2023 年，全国可再生氢项目已覆盖省、自治区、直辖市达 23 个，内蒙古建成运营 7 个项目，项目规模总和达到了 108.5 兆瓦。

近年来，我国在固态储运技术领域取得了一定进展。2023 年 7 月 5 日，上海市氢科学技术研究会两家理事单位上海浦江特种气体有限公司与上海氢枫能源技术有限公司签署批量镁基固态储运氢车采购协议，当前，镁基固态储氢技术正朝着产业化应用推广，从长远发展来看，中国镁资源丰富，占整个世界镁资源的 50% 左右，金属镁产量约占世界的 90%，可以充分地利用优势资源，将固态储运氢发展成有核心竞争力的产业，增强氢能产业链韧性。

在加氢站方面，随着相关技术的发展，加氢设施建设提速。中国加氢设施覆盖的省级行政区已扩展到 2023 年的 30 个，其中，广东省已建成加氢站全国占比第一。截至 2023 年年底在营加氢站数量已达 280 座（图 1.2）。

在用氢领域，《中国氢能源及燃料电池产业白皮书》显示，2050 年，氢能将在中国终端能源体系中的占比达 10%，相关产业产值将达 12 万亿元，氢能将与电力协同互补，共同成为中国终端能源体系的消费主体。届时，可实现二氧化碳减排约 7 亿吨每年，累计拉动 33 万亿元经济产值。中国氢能市场规模持续扩大，氢能在交通、工业、储能等领域具有广阔的应用前景，以燃料电池汽车为代表的交通领域是氢能初期应用的主要场景，市场空间较大。丰田自动车株式会社 2023 年 7 月成立独立的氢业务部门，旨在将燃料电池技术的应用扩大到更广泛的领域，表示将重点在欧洲和中国销售氢动力卡车和轿车。

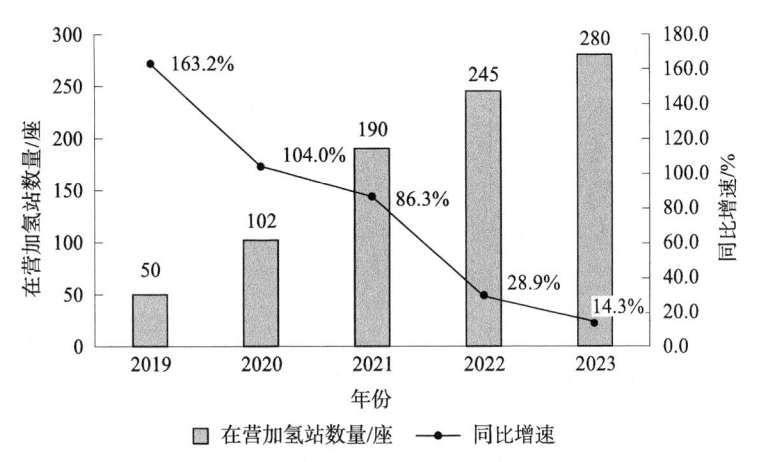

图 1.2 中国近五年在营加氢站情况

国内氢能产业链下游的交通领域也有相当数量的企业布局，如图 1.3（产业链企业数量较多，图中仅展示了部分具有一定代表性的企业）所示，主要包括北京亿华通科技股份有限公司、潍柴动力股份有限公司、福建雪人股份有限公司等上市企业以及国家控股的大型企业，如中国石油化工集团有限公司、中国石油天然气集团公司等。

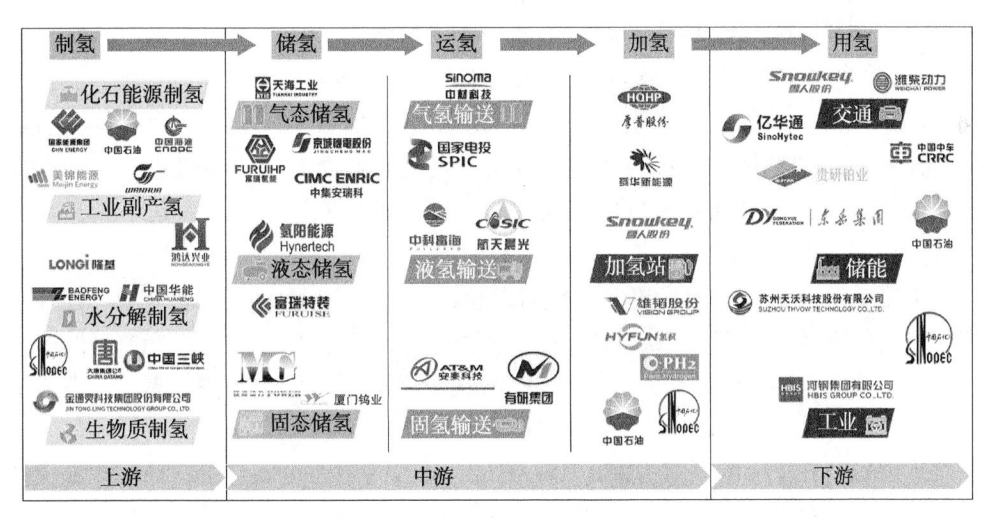

图 1.3 中国氢能产业链部分企业

氢能产业链的上游、中游亦有国家控股的大型企业布局。如化石能源制氢技术方面的国家能源集团、中国石油天然气集团有限公司等；在水分解制氢技术方面的中国石油化工集团等；在气氢输送方面的国家电投集团等。但相较来看，下游用氢领域企业布局较多，一定程度上也是由于氢燃料电池发展时间较早，此领域技术已进入商业化阶段，并形成了一定的区域集群效应。

总的来看，发展氢能产业需要进行系统规划，产业链上下游各企业多为独立主体，需要加强合作关系、协同发展，发挥各自优势，从而构建完善的氢能产业体系，推动氢能商业化落地。2023年6月7日，北京市碳达峰碳中和工作领导小组办公室印发了《北京市可再生能源替代行动方案（2023—2025年）》，从氢能制储运体系、氢能交通、示范应用以及氢能产业应用综合示范四个方面，重点提出氢能项目建设：到2025年，全市氢能年应用规模达到2万吨左右，加快提高绿色氢能利用比例。方案从供给到应用，加强氢能产业链的协同，推动氢能全产业链发展。

整体来看，国内氢能产业政策扶持力度较大，政策补贴等非技术因素降低了成本，氢能产业蓄势待发，作为未来能源革命的突破口之一，氢能的发展和利用必将带来能源结构的重大改变，目前我国开始加大氢气应用示范范围，我国氢能产业的发展进入重要战略机遇期，氢能领域已初步形成诸多产业集群。京津冀、长三角、珠三角等经济发达地区，已成为氢能产业的领跑者，燃料电池汽车已进入商业化阶段，加氢站建设进度逐步加快，大型能源类央企也积极入局氢能产业，在诸多领域逐渐缩小与国外技术的差距。

我国氢能产业发展始于交通领域，但不仅限于交通领域，氢能可以应用到电力、工业、建筑、化学等领域的"削峰"与"填谷"，但受技术发展水平的限制，我国氢能大规模应用还面临很多问题。从制氢技术领域看，现有成熟的化石能源制氢等技术大多依赖煤炭、天然气等一次能源，环保性问题较为突出。生物法制氢技术还尚不成熟，水分解制氢等技术存在经济性等问题。从储氢技术领域看，现有相关技术有待突破，尤其是涉及安全性与经济性的平衡等问题尚未解决。从运氢及加氢技术领域看，目前加氢站建造成本较高，大规模铺设推进有一定困难。从用氢技术领域看，现有氢燃料电池汽车规模不足，便利性和经济性还有待发展，此外氢储能领域的新兴技术还未发展起来。我国出台氢能全产业链发展的相关政策措施，加大制氢、储氢、运氢及加氢、用氢领域的投资力度，不断加强基础研究，努力突破技术瓶颈。氢能产业发展时间较长，从时间维度来看，氢能产业发展历程跌宕起伏，在2010年前后进入低潮期，但随后几年燃料电池的发布又引发了"氢能热潮"，很多国家将氢能作为战略性能源持续布局发展。在一定期限内实现快速脱碳，氢能是至关重要的抓手，需要在整个氢能产业链进行布局。

总体来看，在上游的制氢方面，中国石油化工集团有限公司已是目前国内最大的氢气生产企业，氢气年产能力超350万吨，占全国氢气产量的14%左右，在制氢体量方面无出其右。中游的储氢、运氢和加氢方面，主要做液态储运的公司较多，一定程度上也是由于技术限制，固态储运技术方面布局的公司相对有限。而在下游的用氢方面，交通领域的规模化应用项目较多，已有相当数量的企业布局，在具体的氢燃料电池电堆企业方面，目前国内主要包括40家。相关汇总如表1.3所示。氢能产业区域集聚效应逐步显现，氢能产业大步迈向商业化阶段。

表 1.3 国内氢燃料电池电堆企业汇总

序号	企业名称	序号	企业名称
1	上海捷氢科技有限公司	21	江苏清能新能源技术股份有限公司
2	上海神力科技有限公司	22	武汉众宇动力系统科技有限公司
3	潍柴动力股份有限公司	23	广东喜玛拉雅氢能科技有限公司
4	新源动力股份有限公司	24	江苏氢电新能源有限公司
5	北京氢璞创能科技有限公司	25	雄川氢能科技（广州）有限公司
6	国家电投集团氢能科技发展有限公司	26	佛山市清极能源科技有限公司
7	安徽明天氢能科技股份有限公司	27	深圳市南科燃料电池有限公司
8	爱德曼氢能源装备有限公司	28	江苏兴邦能源有限公司
9	航天氢能（上海）科技有限公司	29	苏州弗尔赛能源科技股份有限公司
10	上海氢晨新能源科技有限公司	30	浙江氢航科技有限公司
11	国鸿氢能科技（嘉兴）股份有限公司	31	浙江锋源氢能科技有限公司
12	深圳市雄韬电源科技股份有限公司	32	洺源科技（大连）有限公司
13	上海楞次新能源汽车科技有限公司（武汉泰歌氢能汽车有限公司）	33	东方电气（成都）氢燃料电池科技有限公司
14	英飞腾（中国）有限公司	34	北京华清大运氢能科技有限公司
15	上海攀业氢能源科技有限公司	35	南通百应能源有限公司
16	上海赛蓝得氢能有限公司	36	上海安池能源有限公司
17	安泰环境工程技术有限公司	37	宇石能源（南通）有限公司
18	深圳市氢蓝时代动力科技有限公司	38	武汉众宇动力系统科技有限公司
19	河南豫氢动力有限公司	39	武汉华科福赛新能源有限责任公司
20	苏州中氢能源科技有限公司	40	上海骥翀氢能科技有限公司

在应用项目方面，截至目前，中国石油化工集团有限公司的全球最大绿氢项目——新疆库车光伏制氢示范项目已于 2023 年 8 月 30 日全面建成投产，电解水制氢规模可达每年 2 万吨，每年可减少二氧化碳排放 48.5 万吨，将为当地 GDP 年均贡献 1.3 亿元、创造税收 1 800 余万元。在电解水制氢方面，中国石油化工集团有限公司保有绝对的优势，同时也正全面推进氢能业务的发展。中国科学院大连化学物理研究所燃料电池系统科学与工程研究中心研制的兆瓦级质子交换膜（PEM）水电解制氢系统，在国网安徽公司氢综合利用站实现满功率运行。经国网安徽公司组织的专家现场测试，该系统额定产氢 220 标立方每小时，峰值产氢达到 275 标立方每小时，这是 PEM 水电解制氢系统首次突破兆瓦级。

国内氢能相关项目较多，主要围绕电解制氢技术开展。此外，液态储氢技术、氢燃料电池技术以及加氢站技术项目也布局较多，整体来看，覆盖了制氢、储氢、加氢、用氢等产业链的大部分环节，一定程度上也体现出我国氢能的全产业链布局，氢能商业化正在提速。国内部分氢能项目汇总见表1.4。

表1.4 国内部分氢能项目汇总

序号	项目名称	技术名称	地址	项目类型
1	鄂尔多斯库布其40万千瓦风光制氢一体化示范项目	电解制氢	内蒙古自治区-鄂尔多斯市	工业示范
2	腾格里60万千瓦风光制氢一体化示范项目	电解制氢	内蒙古自治区-阿拉善盟	工业示范
3	国能阿拉善高新区百万千瓦风光氢氨+基础设施一体化低碳园区示范项目	电解制氢	内蒙古自治区-阿拉善盟	工业示范
4	乌兰察布兴和县风光发电制氢合成氨一体化项目	电解制氢	内蒙古自治区-乌兰察布市-兴和县	工业示范
5	国际氢能冶金化工产业示范区新能源制氢联产无碳燃料配套风光发电一体化示范项目	电解制氢	内蒙古自治区-包头市	工业示范
6	鄂尔多斯市伊金霍洛旗圣圆能源风光制氢加氢一体化项目	电解制氢	内蒙古自治区-鄂尔多斯市-伊金霍洛旗	工业示范
7	中国大唐集团新能源股份有限公司多伦15万千瓦风光制氢一体化示范项目	电解制氢	内蒙古自治区-锡林郭勒盟	工业示范
8	中电建赤峰风光制氢一体化示范项目	电解制氢	内蒙古自治区-赤峰市	工业示范
9	赤峰市能源物联网零碳氢氨一体化示范项目	电解制氢	内蒙古自治区-赤峰市	工业示范
10	中核科右前旗风储制氢制氨一体化示范项目	电解制氢	内蒙古自治区-兴安盟	工业示范
11	中能建巴彦淖尔乌拉特中旗绿电制氢制氨综合示范项目	电解制氢	内蒙古自治区-巴彦淖尔市	工业示范
12	三一重能乌拉特中旗甘其毛都口岸加工园区风光氢储氨一体化示范项目	电解制氢	内蒙古自治区-巴彦淖尔市	工业示范
13	京能查干淖尔风电制氢一体化项目	电解制氢	内蒙古自治区-锡林郭勒盟	工业示范
14	兴安盟京能煤化工可再生能源绿氢替代示范项目	电解制氢	内蒙古自治区-兴安盟	工业示范
15	乌兰察布10万吨年风光制氢一体化示范项目	碱性电解水制氢（ALK）	内蒙古自治区-乌兰察布市	工业示范
16	鄂尔多斯市乌审旗风光融合绿氢化工示范项目二期	碱性电解水制氢（ALK）	内蒙古自治区-鄂尔多斯市-乌审旗	工业示范

续表

序号	项目名称	技术名称	地址	项目类型
17	宝氢科技韶钢产业园制氢（一期）工程建设项目	焦炉煤气副产氢	广东省-韶关市-曲江区	工业应用
18	息烽县磷煤化工生态工业基地——零碳蒸汽集中供应及制氢项目	天然气制氢	贵州省-贵阳市-息烽县	工业应用
19	金能科技新材料与氢能源综合利用项目	变压吸附技术（PSA）	山东省-青岛市	工业应用
20	空气产品久泰（内蒙古）氢能源科技有限公司久泰液氢项目	变压吸附技术（PSA）	内蒙古自治区-呼和浩特市-托克托县	工业应用
21	鹏湾氢港20万吨/年焦炉煤气制氢项目（一期2万吨/年焦炉煤气制氢项目）	变压吸附技术（PSA）	山西省-吕梁市	工业应用
22	新疆宜东能源煤制氢项目	煤气化制氢技术，变压吸附技术（PSA）	新疆维吾尔自治区-哈密地区-哈密市	工业应用
23	贵州美锦六枝煤焦氢综合利用示范项目	焦炉煤气副产氢，氢气回收与纯化技术	贵州省-六盘水市-六枝特区	工业应用
24	湖北宜都氢阳新材料有限公司储氢材料项目	液态有机物储氢（LOHC）技术	湖北省-宜昌市-宜都市	工业示范
25	高温垃圾气化制氢油耦合技术暨氢能产业应用示范项目	液态有机物储氢（LOHC）技术，生物质/废物气化制氢	北京市-市辖区-房山区	工业示范
26	高温燃料电池发电系统研发与应用示范	氢燃料电池分布式供能技术	广东省-惠州市	工业示范
27	中石化宁波工程镇海基地煤焦制氢（POX）项目	煤气化制氢技术	浙江省-宁波市-镇海区	工业应用
28	中石化青岛炼化青岛市氢能资源基地项目	氢气回收与纯化技术	山东省-青岛市	工业应用
29	中国石油华北石化副产氢提纯项目	氢气回收与纯化技术	河北省-沧州市	工业应用
30	齐鲁石化氯碱厂氢能制备项目	氯碱副产氢	山东省-淄博市	工业应用
31	丰宁启润1 000兆瓦多能互补集成优化示范项目	电解制氢	河北省-承德市-丰宁满族自治县	工业示范
32	大城县多能互补新能源综合示范项目	电解制氢	河北省-廊坊市-大城县	工业示范
33	承德航天天启风光储氢一体化多能互补示范项目	电解制氢	河北省-承德市-围场满族蒙古族自治县	工业示范
34	国家电投丰宁绿能能源有限公司农牧光风水储多能互补智慧能源示范项目	电解制氢	河北省-承德市-丰宁满族自治县	工业示范

续表

序号	项目名称	技术名称	地址	项目类型
35	华润电力沧州光火储氢一体化多能互补示范项目	电解制氢	河北省 - 沧州市 - 沧县	工业示范
36	钒钛新材料产业园150MW源网荷储一体化示范项目	电解制氢	河北省 - 承德市 - 双滦区	工业示范
37	鄂尔多斯市达拉特旗光伏制氢项目（50万千瓦光伏）	电解制氢，加氢站技术，氢燃料电池技术	内蒙古自治区 - 鄂尔多斯市 - 达拉特旗	工业示范
38	鄂尔多斯市达拉特旗光伏制氢项目（40万千瓦光伏）	电解制氢，氢燃料电池技术，加氢站技术	内蒙古自治区 - 鄂尔多斯市 - 达拉特旗	工业示范
39	鄂尔多斯市新能源制氢一体化项目（大路）	电解制氢，加氢站技术	内蒙古自治区 - 鄂尔多斯市	工业示范
40	鄂尔多斯市新能源制氢一体化项目（沙圪堵）	电解制氢，加氢站技术	内蒙古自治区 - 鄂尔多斯市	工业示范
41	鄂尔多斯市圣圆能源加油、加氢、充电合建站项目	加氢站技术	内蒙古自治区 - 鄂尔多斯市	工业示范
42	鄂尔多斯市城区工矿园区加氢站	加氢站技术	内蒙古自治区 - 鄂尔多斯市 - 市辖区	工业示范
43	鄂尔多斯市伊金霍洛旗光伏制氢产业一体化项目	电解制氢	内蒙古自治区 - 鄂尔多斯市 - 伊金霍洛旗	工业示范
44	鄂尔多斯市圣圆正能制氢加氢一体化项目	电解制氢	内蒙古自治区 - 鄂尔多斯市	工业示范
45	鄂尔多斯市圣圆能源集团制氢加氢一体化项目	电解制氢	内蒙古自治区 - 鄂尔多斯市	工业示范
46	内蒙古鄂尔多斯杭锦旗清洁能源（氢能）综合利用示范项目	电解制氢	内蒙古自治区 - 鄂尔多斯市 - 杭锦旗	工业示范
47	鄂尔多斯市图克风光制氢一体化项目	电解制氢	内蒙古自治区 - 鄂尔多斯市	工业示范
48	鄂尔多斯市乌审召风光制氢一体化项目	电解制氢	内蒙古自治区 - 鄂尔多斯市 - 乌审旗	工业示范
49	鄂尔多斯市纳林河光伏制氢一体化项目	电解制氢	内蒙古自治区 - 鄂尔多斯市	工业示范
50	鄂尔多斯市煤矿沉陷区生态治理300兆瓦光伏发电及制氢储氢示范项目	电解制氢	内蒙古自治区 - 鄂尔多斯市	工业示范
51	鄂尔多斯市风光氢储一体化项目7.2吉瓦新能发电制氢示范项目	电解制氢	内蒙古自治区 - 鄂尔多斯市	工业示范
52	鄂尔多斯市东胜区风光储制氢项目	电解制氢	内蒙古自治区 - 鄂尔多斯市 - 东胜区	工业示范

续表

序号	项目名称	技术名称	地址	项目类型
53	鄂尔多斯市"北方氢城"行动项目	氢燃料电池技术，电解制氢，加氢站技术	内蒙古自治区-鄂尔多斯市-伊金霍洛旗	工业示范
54	鄂尔多斯市亿利库布其绿氢示范基地项目	电解制氢	内蒙古自治区-鄂尔多斯市-达拉特旗	工业示范
55	鄂尔多斯市乌审旗10万吨/年液态阳光项目	电解制氢	内蒙古自治区-鄂尔多斯市-乌审旗	工业示范
56	黄海（2吉瓦）制氢项目	电解制氢	山东省-青岛市	工业应用
57	北京京能-内蒙古（5吉瓦）制氢项目	电解制氢	内蒙古自治区-阿拉善盟-额济纳旗	工业应用

1.4 氢能产业技术分解

在专利技术主题检索之前往往需要充分的准备工作，技术分解是专利检索与数据处理的重要前提。根据氢能产业的特点，在进行产业技术分解时，应以产业构成和产业链为基础，选择"制氢、储氢、运加氢、用氢"一级分类，梳理上、中、下游各个环节，并逐级分解，以确保技术分解既覆盖氢能产业全貌，又不遗漏重要环节。

本书的技术分解在进行了充分的氢能相关政策、文献、报告调研以及与产业专家充分研讨之后形成。

氢能政策、文献、报告调研方面，主要依照《中共中央、国务院关于完整准确全面贯彻新发展理念做好碳达峰碳中和工作的意见》《氢能产业发展中长期规划（2021—2035年）》《国务院办公厅关于印发新能源汽车产业发展规划（2021—2035年）的通知》《能源技术革命创新行动计划（2016—2030年）》《国务院办公厅关于印发新能源汽车产业发展规划（2021—2035年）的通知》《国家发展改革委、国家能源局关于完善能源绿色低碳转型体制机制和政策措施的意见》《2030年前碳达峰行动方案》《"十四五"工业绿色发展规划》《"十四五"能源领域科技创新规划》《"十四五"现代能源体系规划》等政策文件以及天然气制氢、甲醇重整制氢等具体技术相关的论文与行业报告形成初步的三级技术分解表并记录相关关键词。

产业专家研讨方面，主要是依托中国科学院大连化学物理研究所院士专家团队与业界技术人员，不断讨论与迭代，形成一致的分类标准。主要与研究所燃料电池研究部、催化基础国家重点实验室、氢能与先进材料研究部进行了深入研讨，就氢能产业技术分解的每一级技术分支都进行了充分的交流沟通。

燃料电池研究部包括燃料电池系统科学与工程研究中心（DNL0301），主要以燃料电池、水电解、可再生燃料电池系统等领域的基础和工程科学问题为核心，以基础研究、应用研究和工程化研究及应用全链条贯通为特色，面向氢能等新能源的利用生产开展电化学应用基础研究和工程化研究。所属研究团队之间紧密合作、统一管理，以组群方式探索快速形成可工程化应用创新成果的新模式。醇类燃料电池及复合电能源共性核心技术研究组坚持基础研究与工程开发并重，研究领域涉及能源、材料、化工、催化等方向，主要围绕醇类燃料电池、金属燃料电池以及相关复合电能源的关键材料、核心部件开展应用基础研究及其产品、中试产线开发。燃料电池研究部在氢能燃料电池方面布局了较多专利，每年有超过百件相关专利申请，对于氢能燃料电池相关技术细分方面提供了科学合理的分类。

催化基础国家重点实验室于1984年由国家计划委员会批准筹建，1987年通过国家验收并正式对外开放。郭燮贤院士、徐奕德研究员和李灿院士先后担任实验室主任；闵恩泽院士、郭燮贤院士、林励吾院士和Michel Che教授（法国皮埃尔和玛丽居里大学）先后担任学术委员会主任。现任实验室主任为申文杰研究员，学术委员会主任为李灿院士。实验室现有固定人员113人，中国科学院院士3人、中国工程院院士1人；研究员48人；副研究员29人；助理研究员12人；高级工程师15人；工程师14人。博士后56人；博士和硕士研究生215人。其中，国家自然科学基金委杰出青年基金获得者（以下简称"杰青"）13人、国家自然科学基金委优秀青年基金获得者（以下简称"优青"）4人；3人当选发展中国家科学院院士、1人当选欧洲人文和自然科学院外籍院士、1人当选英国皇家化学会荣誉会士、2人当选英国皇家化学会会士；14位研究员在十余个国际期刊任副主编、编委、国际顾问。经过30多年的学术积累和人才培养，实验室形成了老中青相结合，以中青年研究队伍为主体，并配合有精干的技术和管理人员的研究队伍。实验室主要在制氢方面提供了技术分类建议，尤其是化石能源制氢与水分解制氢等。

氢能与先进材料研究部成立于2011年，下设复合氢化物材料化学研究组、热化学研究组、碳资源小分子与氢能利用创新特区研究组，研究部长为陈萍研究员，现有研究人员12名（包括杰青1名，优青1名，研究员8名，中国科学院青年促进会会员5名），支撑人员11名，博士后6名和研究生40余名。氢能与先进材料研究部致力于氢气制备、纯化、存储、转化过程中的关键科学与技术问题研究，为国家可持续能源战略发展提供科学和技术储备，研究方向涉及氢能、催化、量热等学科领域，目前承担科技部、国家自然科学基金委员会、省市、中国科学院、企业等30余项重要项目。氢能与先进材料研究部主要在储氢、运氢材料方面提供建设性的技术信息与分类意见。

图1.4所示为最终形成的氢能产业专利三级技术分类，一级分类由初版的"制氢、储氢、运氢、用氢"更改为"制氢、储氢、运氢和加氢、用氢"。二级分类调整为15个，三级分类29个。此氢能产业技术分解结果已于国家知识产权局网站发布。

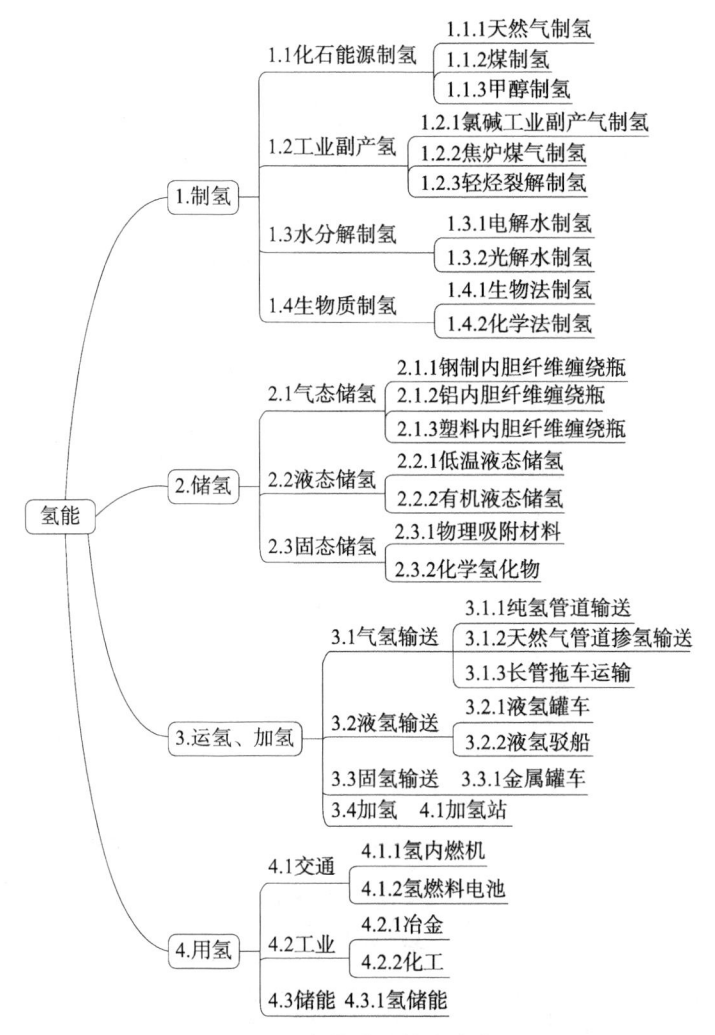

```
                                    ┌── 1.1.1 天然气制氢
                   ┌── 1.1 化石能源制氢 ─┼── 1.1.2 煤制氢
                   │                 └── 1.1.3 甲醇制氢
                   │                 ┌── 1.2.1 氯碱工业副产气制氢
                   ├── 1.2 工业副产氢 ─┼── 1.2.2 焦炉煤气制氢
        ┌─ 1. 制氢 ┤                 └── 1.2.3 轻烃裂解制氢
        │          ├── 1.3 水分解制氢 ─┬── 1.3.1 电解水制氢
        │          │                 └── 1.3.2 光解水制氢
        │          └── 1.4 生物质制氢 ─┬── 1.4.1 生物法制氢
        │                             └── 1.4.2 化学法制氢
        │                             ┌── 2.1.1 钢制内胆纤维缠绕瓶
        │          ┌── 2.1 气态储氢 ──┼── 2.1.2 铝内胆纤维缠绕瓶
        │          │                 └── 2.1.3 塑料内胆纤维缠绕瓶
        ├─ 2. 储氢 ┼── 2.2 液态储氢 ──┬── 2.2.1 低温液态储氢
        │          │                 └── 2.2.2 有机液态储氢
氢能 ────┤          └── 2.3 固态储氢 ──┬── 2.3.1 物理吸附材料
        │                             └── 2.3.2 化学氢化物
        │                             ┌── 3.1.1 纯氢管道输送
        │          ┌── 3.1 气氢输送 ──┼── 3.1.2 天然气管道掺氢输送
        │          │                 └── 3.1.3 长管拖车运输
        ├─ 3. 运氢、加氢 ┼── 3.2 液氢输送 ─┬── 3.2.1 液氢罐车
        │                │               └── 3.2.2 液氢驳船
        │                ├── 3.3 固氢输送 ── 3.3.1 金属罐车
        │                └── 3.4 加氢 ── 4.1 加氢站
        │                            ┌── 4.1.1 氢内燃机
        │          ┌── 4.1 交通 ────┴── 4.1.2 氢燃料电池
        └─ 4. 用氢 ┼── 4.2 工业 ────┬── 4.2.1 冶金
                   │                 └── 4.2.2 化工
                   └── 4.3 储能 ── 4.3.1 氢储能
```

图 1.4　氢能产业技术分类

表 1.5 是根据技术分类汇总形成的氢能产业技术的 IPC 分类对照表。制氢一级技术分类下主要包含化石能源制氢、工业副产氢、水分解制氢、生物质制氢四个二级技术。其中，根据化石能源的种类进一步将化石能源制氢技术分为天然气制氢技术、煤制氢技术、甲醇制氢技术三个三级技术；工业副产氢技术细分为氯碱工业副产气制氢技术、焦炉煤气制氢技术、轻烃裂解制氢技术；水分解制氢和生物质制氢技术各分为两类三级技术：电解水制氢、光解水制氢以及生物法制氢、化学法制氢。

储氢技术一级分类包括气态储氢技术、液态储氢技术、固态储氢技术。气态储氢技术又分为钢制内胆纤维缠绕瓶技术、铝内胆纤维缠绕瓶技术、塑料内胆纤维缠绕瓶技术三个三级技术。液态储氢技术、固态储氢技术各分为两个三级技术：低温液态储氢技术、有机液态储氢技术以及物理吸附材料、化学氢化物技术。

运氢技术一级分类包括气氢输送技术、液氢输送技术、固氢输送技术。其中，气氢输送二级技术又细分为纯氢管道输送技术、天然气管道掺氢输送技术、长管拖车运输技术三个三级技术。液氢输送二级技术包含液氢罐车技术和液氢驳船技术两类；固氢输送二级技术又分为金属罐车技术。加氢技术分支下设加氢站技术。

用氢技术则进一步从交通、工业、储能技术三个方面进一步划分，交通技术主要包括氢内燃机技术与氢燃料电池技术；工业方面细分为冶金技术和化工技术；储能技术包含氢储能技术。

表 1.5 氢能产业技术 IPC 分类对照表

技术一级	技术二级	技术三级	中文关键词	英文关键词	IPC 分类号（大组）
1. 制氢	化石能源制氢	天然气制氢	天然气/液化气/甲烷/重整/裂解/蒸汽/裂化	methane/natural gas/REFORM*/DECOMPOS*/steam	C01B3, C10L3, B01J8, B01J21, B01J23, B01J25, B01J27, B01J29, B01J3, B01J31, B01J32, B01J33, B01J37, B01J38
		煤制氢	煤气化/水煤气/合成气	coal gasification/syngas	C01B3, C10J3, B01D53
		甲醇制氢	甲醇/重整/裂解/热解/蒸汽	methanol/CH_4O/CH_3OH/reform*/steam	C01B3, H01M8, B01J8
	工业副产制氢	氯碱工业副产气制氢	氯碱/副产气/分离/提取/提纯/纯化/变温吸附/变压吸附	chlor-alkali/PSA/TSA/pressure swing adsorption/Thermal Swing Adsorption	C01B3, B01D53
		焦炉煤气制氢	焦炉煤气/分离/提取/变温吸附/变压吸附	coke oven gas/byproduct gas/secondary gasi/PSA/TSA/pressure swing adsorption/Thermal Swing Adsorption	C01B3, B01D53
		轻烃裂解制氢	乙烷裂解/丙烷脱氢/分离/提取/变温吸附/变压吸附	propane dehydrogenation/hydrocarbon*/Pyrolysisi/PSA/TSA/pressure swing adsorption/Thermal Swing Adsorption	C01B3, B01D53, C07C7
	水分解制氢	电解水制氢	电解水/固体氧化物电解水/碱性电解水/质子交换膜电解水/阴离子交换膜电解水	electroly*/seawater/water/water electrolysis hydrogen production/electrolyzing water/SPE/alkali solution/PEM/proton exchange membrane/Anion Exchange Membrane/AEM	C25B1, C25B9, C25B11, C25B13, C25B15
		光解水制氢	太阳能/光催化/光伏/光电/光解/光热	photocatal*/Photovoltaic/"photolysis water"/photoelectric/solar energy/photothermal*	C01B3, B01J27, B01J35, B01J23, C25B1/04, C25B1/55, C25B9, C25B11, C25B13, C25B15
	生物质制氢	生物法	生物质/废物/废料/秸秆/垃圾/微生物/细菌/发酵	/Biomass/waste/garbage straw/gasification/microorganism*/bacteria/ferment	C12P3, C12M1, C12N1
		化学法	生物质/废物/废料/垃圾/秸秆/气化/热裂解/重整	/Biomass/waste/garbage gasification/straw/gasification/Pyrolysis/reforming	C01B3, C10J3, C10B53

续表

技术一级	技术二级	技术三级	中文关键词	英文关键词	IPC分类号（大组）
2.储氢	气态储氢	钢制内胆纤维缠绕瓶	钢/内胆/缠绕/纤维储氢/氢储/氢气罐/氢气瓶	carbon fiber full-winding bottle type container Liner/winding/fiber hydrogen* STORAGE hydrogen* TANK hydrogen* VEHICLE hydrogen* CYLINDER hydrogen* station	F17C1，F17C13，B29C70
		铝内胆纤维缠绕瓶	铝/内胆/缠绕/纤维储氢/氢储/氢气罐/氢气瓶	aluminum liner fiber full-winding Liner/winding/fiber cylinderhydrogen* STORAGE hydrogen* TANK hydrogen* VEHICLE hydrogen* CYLINDER hydrogen* station	F17C1，F17C13，B29C70
		塑料内胆纤维缠绕瓶	塑料/内胆/缠绕/纤维储氢/氢储/氢气罐/氢气瓶	plastic liner fiber winding gas cylinder Liner/winding/fiber cylinderhydrogen* STORAGE hydrogen* TANK hydrogen* VEHICLE hydrogen* CYLINDER hydrogen* station	F17C1，F17C13，B29C70
	液态储氢	低温液态储氢	低温液态	cryogenic liquid hydrogen storage/ low-temperature liquid hydrogen storage	F25J1，F17C13，F17C5，F17C3，F17C6
		有机液态储氢	有机液体	organic liquid hydrogen storage	B01J23，F17C11
	固态储氢	物理吸附材料	石墨烯/碳纳米管/活性炭/金属有机框架/分子筛	MOF/graphene/carbon nanotube/activated carbon/	B01J20，C01B32，B01D53
		化学氢化物	金属氢化物/复合氢化物/合金	Hydride/Metal/alloy	C01B6，C22C19，C22C1，C22C14
3 运氢、加氢	气氢输送	纯氢管道输送	运/输/送/供氢气管道	transpor*/pump*/deliver*/convey* hydrogen Pipeline transportation	F17D1，F17D3，F16L11，F16L9，F17D5
		天然气管道掺氢输送	运/输/送/供氢气天然气	transpor*/pump*/deliver*/convey* hydrogen natural gas/Pipeline transportation	F17D1，F17D3，F16L11，F16L9，F17D5
		长管拖车运输	长管拖车/管束车/集装格/集装箱运/输/送/供氢	transpor*/pump*/deliver*/convey* hydrogen / long tube trailer/Tube bundle	F17C5，F17C13，F17C1，B60P3/22
	液氢输送	液氢罐车	运/输/送/供液氢槽车/罐车/货车	transpor*/pump*/deliver*/convey* liquid hydrogen tank car /trailer/ vehicle/ truck	F17C5，F17C13，F17C1，F17C3，F17C6，B60P3/22
		液氢驳船	运/输/送/供液氢轮船/驳船	transpor*/pump*/deliver*/convey* Liquid hydrogen/ship/boat	F17C5，F17C13，F17C9，F17C1，F17C3，F17C6，B63B
	固氢输送	金属罐车	运/输/送/供固氢/槽车/罐车/货车	transpor*/pump*/deliver*/convey* solid hydrogen trailer/vehicle/truck	F17C5，F17C11，F17C1，F17C3，F17C6，B60P3/22
	加氢	加氢站	加氢站/加氢机/氢气加注	hydrogenation station/hydrogen filling system	F17C5，F17C13，F17C7

续表

技术一级	技术二级	技术三级	中文关键词	英文关键词	IPC 分类号（大组）
4 用氢	交通	氢内燃机	氢内燃机/燃气轮机/发动机/汽轮机	hydrogen internal combustion engine/hydrogen IC engine/Gus turbine	F02B43，F02M21，F02D19，F02M25
		氢燃料电池	氢燃料电池/燃料电池/质子交换膜燃料电池（PEMFC）/碱性燃料电池（AFC）/磷酸燃料电池（PAFC）/熔融碳酸盐燃料电池（MCFC）/固体高分子型燃料电池（PEFC）	Hydrogen fuel cell/Fuel cell/Proton Exchange Membrane Fuel Cell/PEMFC/polymer electrolyte membrane fuel cell/PEFC/polymer electrolyte fuel cell/solid polymer fuel cell/SPFC/Alkaline fuel cell/AFC/Phosphoric acid fuel cell/PAFC/Molten Carbonate Fuel Cell/MCFC/Polymer ElectralyteFuel Cell/PEFC	H01M8，H01M4/86
	工业	冶金	冶金/炼铁/冶炼/高炉喷吹/高炉还原/竖炉/高炉/高炉富氢/气基竖炉富氢/煤基富氢气体	blast furnace/shaft furnace/metallurgy/steelmaking	C21B5，C21B13，C21B7，C21C5，C21B11，F27D，F27B
		化工	加氢/氢处理/加氢反应/混合加氢/加氢脱氯/催化加氢	Catalytic hydrogenation/hydrogenation/hydrogen management/equipment/processing/combination/reactor	C07C29，B01J23，C07C31，B01J21，B01J23，B01J25，B01J27，B01J29，B01J3，B01J31，B01J32，B01J33，B01J35，B01J37，B01J38
	储能	氢储能	氢储能/氢能/氢气/调峰/调频	hydrogen Energy Storage/peak shav*/frequency modulat*	H02J3，H02J15，G06Q50，C01B3，C25B

2　氢能产业全球专利分析

专利是创新活动的基础资源，专利数据资源全球化、数据格式标准化、数据信息易获取，同时专利数据集技术、经济、法律信息于一体，是提供技术相关发展信息的最佳来源，也是了解氢能领域技术发展趋势的重要工具。

本章 2.1 至 2.6 节分析的对象为公开日截至 2022 年 9 月 4 日的全球氢能领域专利申请，检索时间为 2022 年 9 月 4 日，共计 222 271 条数据，110 023 个专利族。

2.1　专利申请趋势

氢能全球专利申请趋势如图 2.1 所示，1970—2000 年，氢能专利申请数量整体保持增长态势。在 2000 年呈爆发式增长，迎来了两个研发热潮，第一个研发热潮是 2000—2006 年，第二个研发热潮是 2013—2020 年。2021 年，氢能年度专利申请数量出现下降，这与部分专利申请未公开有关。总体来看，当前，氢能技术创新处于持续活跃的时期。

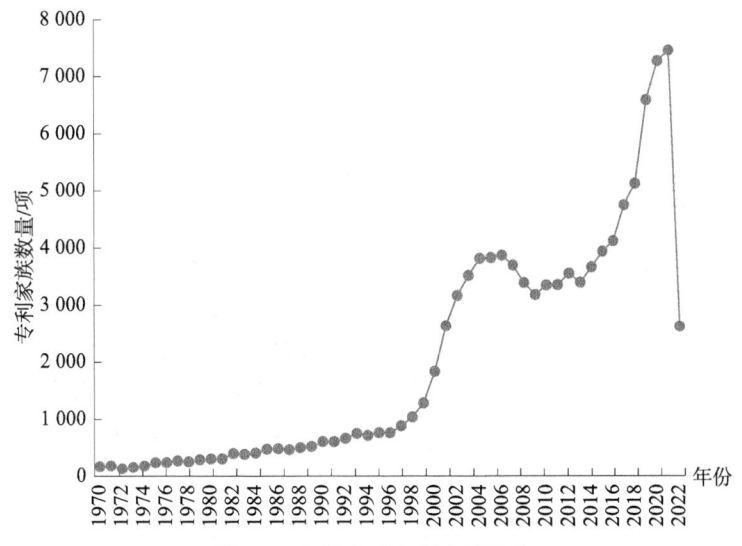

图 2.1　氢能全球专利申请趋势

2.2 专利技术来源地

氢能领域专利地域情况如图 2.2 和图 2.3 所示，全球氢能技术研发热度都较高。从目前的专利申请情况来看，中国以 36 801 项氢能专利申请量位居全球第一位，日本以 31 478 项专利位居全球第二，美国第三。韩国、德国申请量则小于 10 000 项。

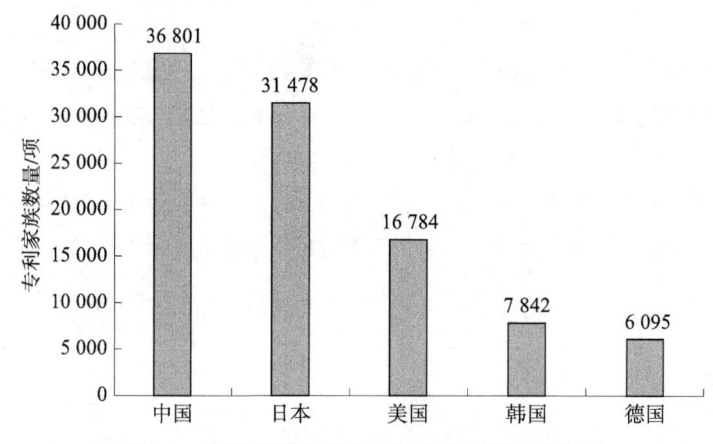

图 2.2　氢能领域专利技术来源地专利家族数量

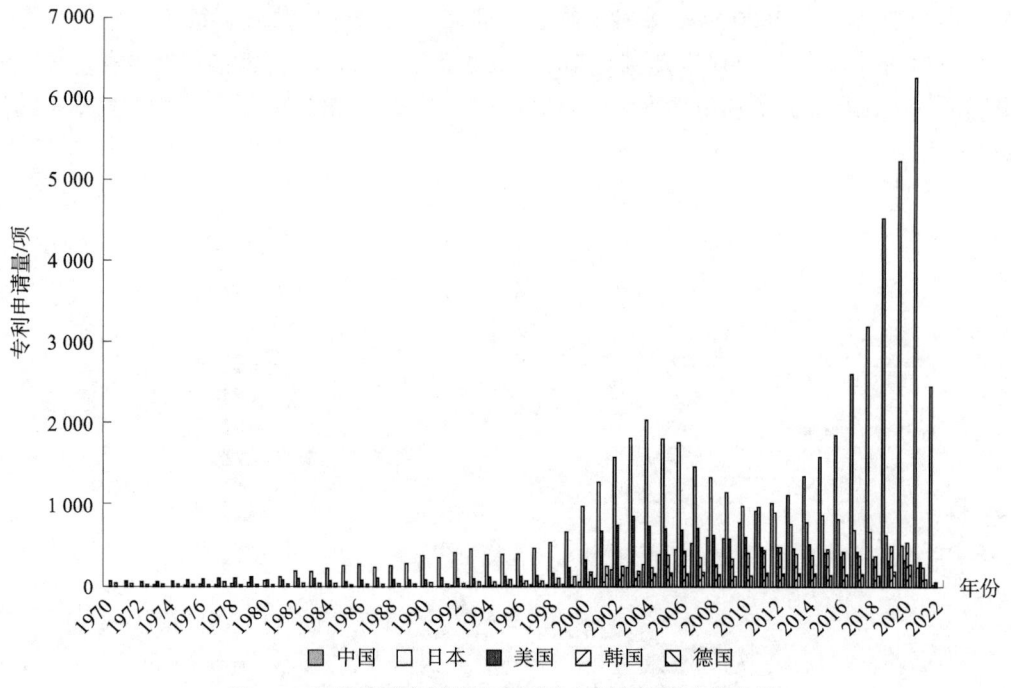

图 2.3　氢能领域专利技术来源地专利申请量变化趋势

中国"富煤、贫油、少气"的能源资源禀赋特点决定了我国能源结构以化石能源为主，所以中国氢能领域起步较晚，早期在 1985—2002 年专利申请量总体较低，处于技术萌芽期，技术基础薄弱，研发实力不强，此时国际上氢能技术的研究主体是日本和美国。第二阶段是2003—2015年中国氢能技术专利申请呈现快速增长态势，并且在全球市场中所占比例越来越高。氢能技术依次被列入《科技发展"十五"规划》和《国家中长期科学和技术发展规划纲要（2006—2020年）》，由于政策层面的大力支持，推动了氢能技术的快速发展。第三阶段是2016—2020年，国内氢能技术专利申请呈爆发式增长。2016年，中国加入《巴黎气候变化协定》后，中国政府提出了"碳达峰、碳中和"目标，而氢能因其具备清洁、高效、可持续等性能，逐渐成为中国能源绿色转型的重要抓手。

相比之下，日本资源匮乏，并严重依赖进口石油、天然气、煤炭等能源，所以发展新能源已经成为当务之急。日本发展氢能源汽车则可以减轻能源依赖，近半个世纪以来持续致力于氢能相关材料、装置和系统开发，目前氢能关键技术处于世界领先地位。第一阶段为1970—1999年，受20世纪石油危机影响，氢能在日本得到发展，专利数量逐年增长。1973年，日本成立了以大学研究人员为中心开展氢能源技术研发的日本氢能协会。1981年，日本通产省在节能技术长期研究计划中，启动了燃料电池的开发。20世纪90年代，丰田自动车株式会社、日产自动车株式会社和本田技研工业株式会社等汽车制造商也开始了燃料电池车研发。第二阶段为2000—2010年，日本经济产业省在2002—2010年资助了"燃料电池系统示范研究"项目，涵盖"燃料电池车的示范研究"和"氢基础设施示范研究"两个主题。以丰田自动车株式会社、本田技研工业株式会社、日产自动车株式会社等为代表的日本主要汽车制造商加大研发力度，激发了创新活力，专利快速增长，在2004年专利申请突破2 000项。第三阶段为2011—2022年，日本政府在2014年的第四个基本能源计划中着重强调了氢能的重要性，2019年又制定了"氢能燃料电池技术开发战略"。值得注意的是，在这一阶段虽然政府对于氢能开发采取了一系列激励措施，但是并没有引起专利创新的热潮，反而专利申请数量逐渐下降。这可能是由于丰田自动车株式会社在2015年开放了5 680项燃料电池相关专利，其在2019年宣布将无偿提供其持有的关于电机、电控、系统控制等车辆电动化技术的专利使用权，专利总量约为23 740项，期限至2030年年底。这一行动一方面可以减少传统化石燃料的使用，积极推进电动车的普及，实现共享经济，另一方面，技术垄断的破除无论对于丰田自动车株式会社还是其友商，都从不同程度上打击了专利市场布局的积极性，进而限制了氢能技术在日本的知识产权创新发展。

技术生命周期是科技管理领域中重要的研究主题之一。专利技术生命周期是根据专利统计数据绘制出技术S曲线，帮助企业确定当前技术所处的发展阶段、预测技术发展极限，从而进行有效技术管理的方法。专利技术在理论上分为技术萌芽期、技术成长期、技术成熟期和技术衰退期四个阶段周期性变化。

（1）技术萌芽期。在技术萌芽期阶段，技术没有特定的针对市场，企业投入意愿较低，仅有少数几个企业愿意参与技术研发，并且可能来自不同领域或行业，专利权人数、申请的专利数量较少。但是这一时期的专利大多数是原理性的基础发明专利，可能会出现产生重要影响的发明专利，专利等级较高。

（2）技术成长期。随着技术的不断发展，市场不断扩大，技术的吸引力凸显，使介入的企业增多，专利申请的数量急剧上升，专利申请的技术集中度降低。

（3）技术成熟期。技术进入成熟期时，由于市场有限，进入的企业数量趋缓。由于技术已经相对成熟，只有少数企业继续从事相关研究，专利申请量的增长速度变慢并趋于稳定。

（4）技术衰退期。当某项技术老化或出现更为先进的替代技术时，企业在此项技术上的收益减少，选择退出市场的企业增多。此时该领域的专利申请量不再增加，每年申请的专利数和企业数都呈负增长。

可用时间序列法直接展示专利申请人数量对应的专利申请数量的图示形式作为专利技术生命周期的分析方法。

日本氢能领域专利技术生命周期如图2.4所示。日本在2000—2004年，氢能领域专利技术发明的数量和申请人数量持续增长，处于技术发展期，整体呈现快速发展态势。2004年到2011年为成熟期：此阶段氢能领域申请人数量趋于稳定，且专利数量略逐年下降。2011年到2020年，专利数量和创新主体申请人数量均有下降，说明日本氢能市场技术饱和，由于丰田自动车株式会社氢能技术的专利开放许可，导致日本本土创新动力不足。

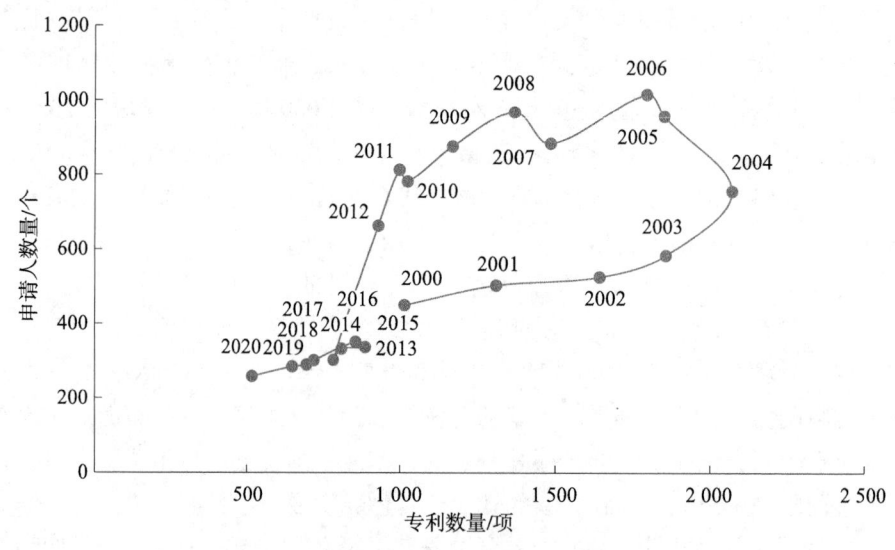

图2.4　日本氢能领域专利技术生命周期（成熟期）

美国在2000年到2003年，氢能领域专利技术发明的数量和申请人数量持续增长，整体呈现快速发展态势，处于技术的发展期（图2.5）。2003年到2010年为成熟期：此阶段伴随氢能技术的成熟，没有大量的创新主体涌入，氢能领域申请人数量趋于稳定，专利数量略有下降趋势。2011年到2021年，专利数量和创新主体申请人数量均有下降，一定程度上说明美国氢能市场热度消减。

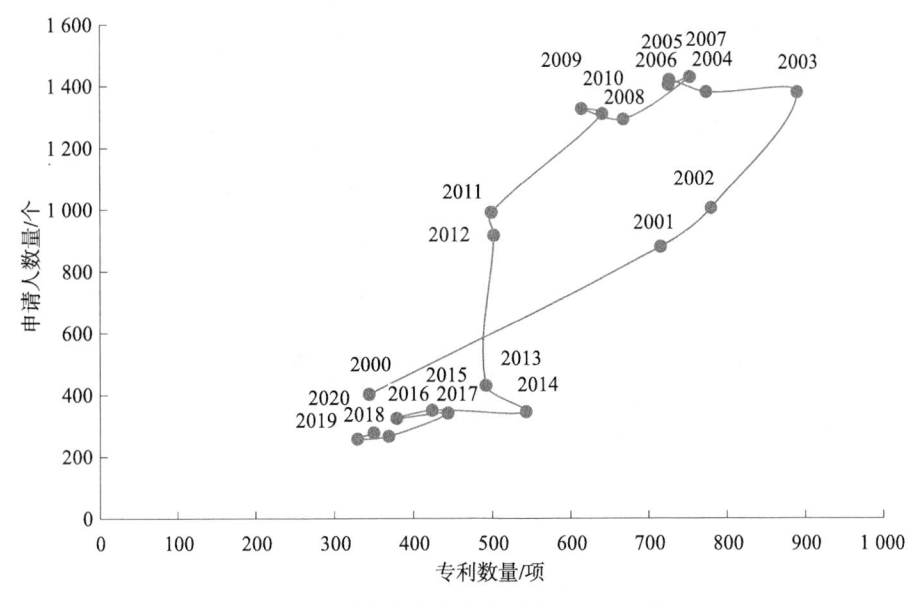

图 2.5　美国氢能领域专利技术生命周期

中国在 2000 年到 2021 年，进入产业的申请人数量持续增长，氢能领域专利技术发明的数量进入阶梯式增长期，整体呈现快速发展态势，处于技术的发展期（图 2.6）。

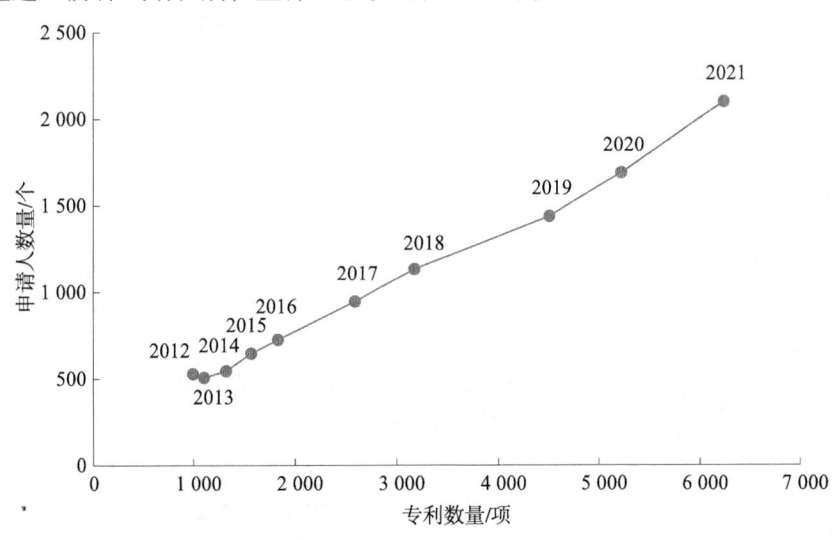

图 2.6　中国氢能领域专利技术生命周期

2.3　主要创新主体

2.3.1　领先专利申请人

氢能领域全球前 10 位专利申请人排名如图 2.7 所示。根据分析，氢能领域专利数量排名前 10 的申请人分别是丰田自动车株式会社、中国科学院、日产自动车株式会社、本田技研工业株式会社、松下电器产业株式会社、中国石油化工股份有限公司、三菱重工业株式会社、株式会社东芝、现代自动车株式会社、三洋电机株式会社。

申请人	专利数量
丰田自动车株式会社	2 749
中国科学院	2 130
日产自动车株式会社	1 617
本田技研工业株式会社	1 419
松下电器产业株式会社	1 393
中国石油化工股份有限公司	1 039
三菱重工业株式会社	1 036
株式会社东芝	879
现代自动车株式会社	726
三洋电机株式会社	718

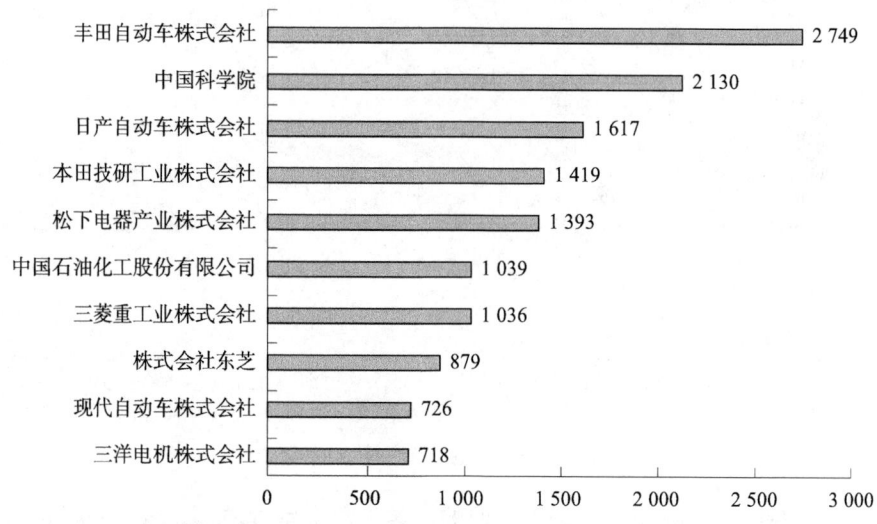

图 2.7　氢能领域全球领先专利申请人 TOP10 专利申请情况（单位：项）

从主要专利申请人的类别来看，包含了科研机构和企业两类创新主体。全球前 10 位领先申请人中，日本占据 7 席，中国占据 2 席，韩国占据 1 席。日本非常重视在氢能领域的技术布局，特别是丰田自动车株式会社、日产自动车株式会社、本田技研工业株式会社头部车企位列前四，占据绝对优势。

2.3.2　活跃专利申请人

氢能领域 2016—2020 年全球前 10 位活跃专利申请机构如图 2.8 所示。全球前 10 位的中国机构占一半，分别是中国科学院、中国石油化工股份有限公司、武汉格罗夫氢能汽车有限公司、广东合即得能源科技有限公司、天津大学。

2016—2020 年这五年，中国在氢能领域专利技术发展速度很快，各申请人专利申请数量占比都在 40% 以上，特别是武汉格罗夫氢能汽车有限公司专利申请数量占比高达 84.74%，说明我国已涌现出新的创新主体，且创新能力反超丰田自动车株式会社等国外优势企业，也体现出氢能领域在产业界、学术界都得到广泛关注，技术产出体量庞大，中国的专利申请量和领先专利申请人数量都逐渐在全球占据领跑地位。

而日韩车企如丰田自动车株式会社、松下电器产业株式会社、现代自动车株式会社专利申请数量占比低于 31%，说明日韩车企起步较早且保持相对稳定的创新力，在中国企业的增速比较下，出现后劲不足的现象。

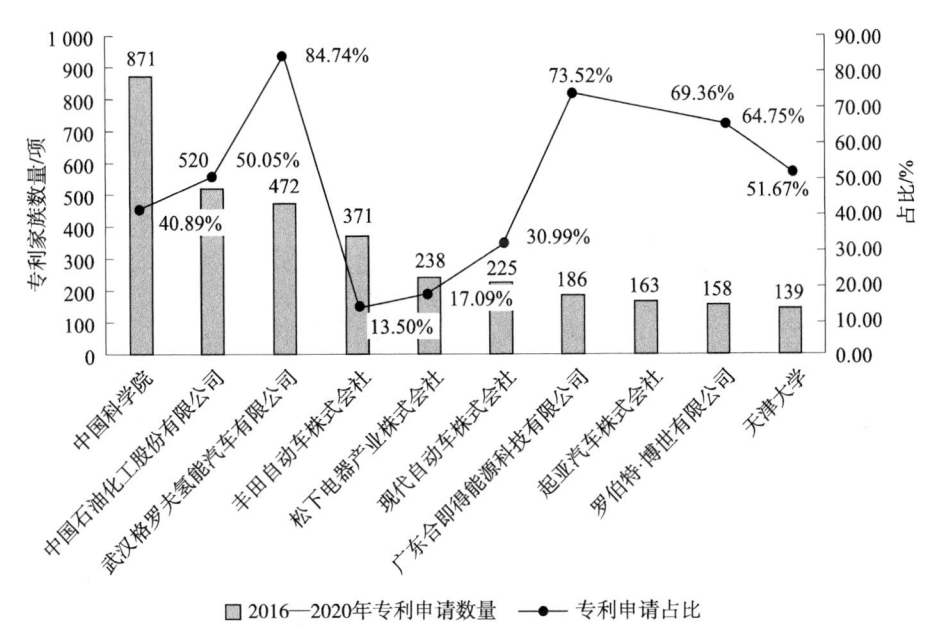

图 2.8　氢能领域全球活跃专利申请人（2016—2020 年）专利申请情况

2.4　专利技术构成

氢能领域全球专利技术构成（图 2.9）中，一级技术分类中的用氢技术在整个氢能领域的占比为 77.03%，列第 1 位。其下的二级技术，交通是主要的应用领域，占比 62.67%。交通运输领域是氢能下游最集中的应用领域，同时，我国也在船舶、轨道交通等多个领域积极探索氢能应用。《氢能产业发展中长期规划（2021—2035 年）》提出，到 2035 年，形成氢能产业体系，构建涵盖交通、储能、工业等领域的多元氢能应用生态。基于此，下游应用环节涵盖交通、工业、储能等领域，其中交通领域的应用是目前氢能产业发展的主流方向，虽然储能领域目前氢能应用较少，但也是未来氢能产业体系的重要组成部分。

制氢技术占比 14.24%，位列第 2 位。其下的二级技术，以化石能源制氢为主，占比 5.96%。根据制备来源不同，可分为化石能源制氢、工业副产制氢、水分解制氢、生物质制氢四种形式。目前化石能源制氢虽然发展较早且技术成熟，但高碳排放量制约其发展。水分解中的电解水制氢由于设备简单，工艺流程稳定可靠，不产生污染，是目前制氢领域的热点技术。

储氢技术占比 5.59%，位列第 3 位。其下的二级技术，以固态储氢为主，占比 4.04%。固态储氢是指储氢合金通过与氢化合，以金属氢化物形式储存氢，并能在一定条件下将氢释放出来，是储氢领域的研发热点。高压气态储氢具有结构简单，充放氢速度快等优点，是目前最主要的车载储氢方案。

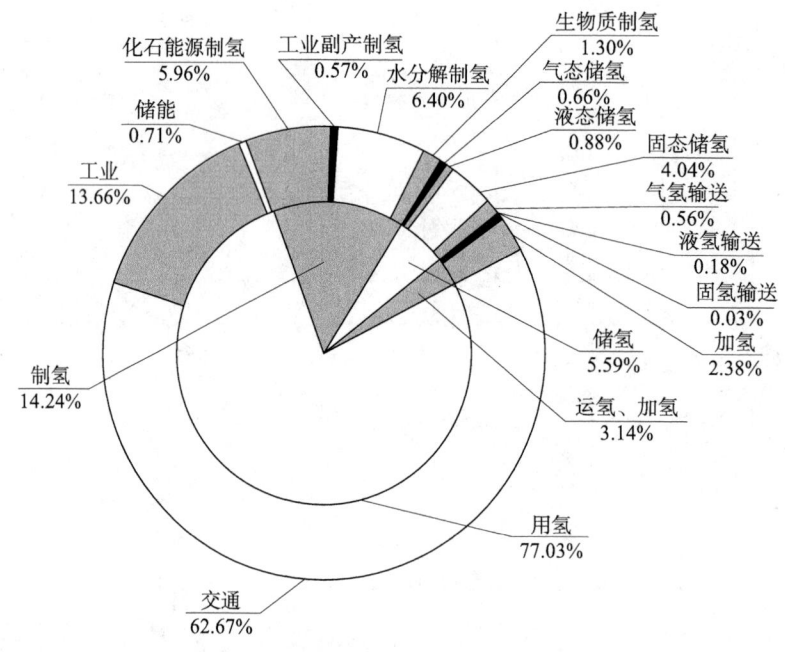

图 2.9 氢能领域全球专利技术构成

饼图数据：
- 化石能源制氢 5.96%
- 工业副产制氢 0.57%
- 水分解制氢 6.40%
- 生物质制氢 1.30%
- 气态储氢 0.66%
- 液态储氢 0.88%
- 固态储氢 4.04%
- 气氢输送 0.56%
- 液氢输送 0.18%
- 固氢输送 0.03%
- 加氢 2.38%
- 储氢 5.59%
- 运氢、加氢 3.14%
- 用氢 77.03%
- 交通 62.67%
- 工业 13.66%
- 储能 0.71%
- 制氢 14.24%

运氢加氢技术占比 3.14%，位列第 4 位。其下的二级技术，以加氢为主，占比 2.38%。我国加氢站数量处于全球第一，离不开我国政策的支持。《氢能产业发展中长期规划（2021—2035 年）》提出部署建设一批加氢站，各地也有针对性地进行了加氢站布局，如内蒙古提出到 2025 年要累计建成 60 座加氢站，四川成都最高给予 1 500 万元补助用于建设运营，合力推动加氢站发展。运氢加氢环节是制约氢能源成本的重要因素。我国氢气运输技术目前正处于快速发展阶段，主要采用的方式是高压气态运输，然而这种方式的储氢密度低、运输半径短，管道运输是实现氢气长距离、大规模、低成本运输的重要方式，需积极推进天然气掺氢、管道输氢等技术的开发和布局。

2.5 氢能技术全球发展趋势

化石能源制氢是最传统的制氢技术之一，经过多年的发展，技术工艺最为成熟。制氢技术的第一个研发热潮是 20 世纪 70 年代，第一次石油危机引发了各国对氢能产业的关注，化石能源制氢和水分解制氢成为研究热点，美国等发达国家把煤气化技术作为替代石油天然气的重要手段，加快了化石能源制氢的发展。而日本政府的大力支持促进了电解水制氢技术的发展。

制氢技术的第二个研发热潮始于 21 世纪，各种制氢技术都得到不同程度的发展。

其中工业副产制氢是获取低碳氢气的有效和经济的途径，从氢能发展总体发展路线来看，工业副产氢将是氢能产业发展初期和中期的主要氢气来源之一。工业副产气制氢工艺普遍采用了变压吸附气体分离技术。在"碳达峰、碳中和"大背景下，工业副产气制氢将成为在可再生能源制氢完全替代前实现氢能规模化应用的有效和经济的方式。鉴于该技术已经相对成熟，专利数量有增长趋势但总体数量不高。生物质制氢法主要是指生物质经过不同预处理后，利用气化或微生物催化脱氧的方法制氢。与化石燃料制氢法、电解水制氢法、甲醇转化制氢法相比，生物质制氢法能够降解生物质，减少温室气体的排放，我国生物质制氢技术虽然起步较晚，但是近年来得到飞速发展，具有极大的发展潜力。

水分解技术中的电解水制氢由于设备简单，工艺流程稳定可靠，是目前制氢领域的热点技术。从专利申请趋势图 2.10 中可以看出，水分解技术自 2008 年起呈现爆发式增长，超过化石能源制氢成为最主要的制氢方式。

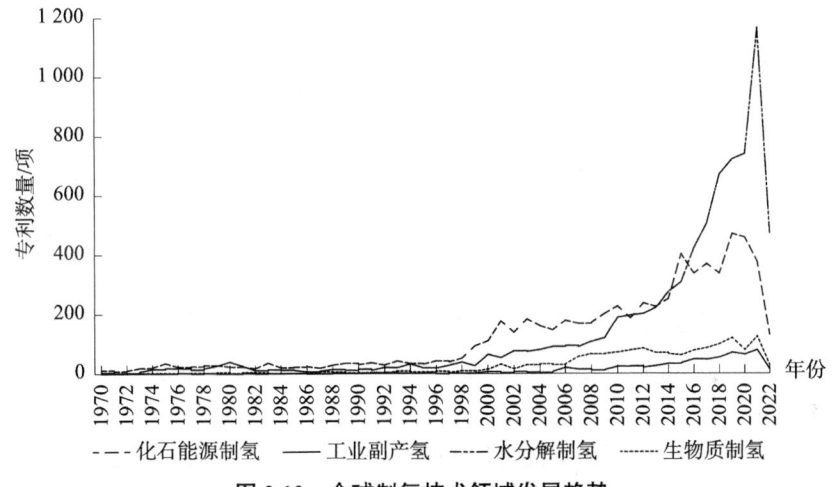

图 2.10　全球制氢技术领域发展趋势

1. 储氢技术发展趋势

全球储氢技术领域发展趋势如图 2.11 所示。目前，高压气态储氢、低温液态储氢已进入商业应用阶段，而有机液态储氢、固体材料储氢尚处于技术研发阶段。不同储氢方式在专利方向各有发展，其中气态储氢具有成本低、能耗低、操作环境简单等特点，是目前发展相对成熟、应用较广泛的储氢技术，但该方式仍然在储氢密度和安全性能方面存在瓶颈。

固态储氢相对于高压气态和液态储氢，具有体积储氢密度高、工作压力低、安全性能好等优势。固态储氢是未来高密度储存和安全氢能利用的发展方向。特别是实现可逆吸放氢反应的储氢合金是目前研究较为广泛、成熟的新型高性能大规模储氢材料之一。金属氢化物储氢开始于 1967 年，赖利等人报道 Mg_2Cu 能大量储存氢气，1970 年菲利浦公司报道 $LaNi_5$ 在室温下能可逆吸储与释放氢气，到 1984 年威廉姆斯制出镍氢化物电池，掀起稀土基储氢材料的开发热潮。1997 年，科学家博格达诺维奇发现其中的 H 与中心的 B 以共价键的形式结合形成较为复杂的阴离子，即构成了轻质元素氢化物储氢材料。固态储氢的专利也在 20 世纪 90 年代迎来了研发热潮，增长势头迅猛，且在 2003 年达到顶峰 193 项，之后专利申请量保持在 100～135 项。

图 2.11 全球储氢技术领域发展趋势

2. 运氢技术发展趋势

在氢气运输方面，根据储氢状态的差异分为气氢输送、液氢输送和固氢输送，液氢输送和固氢输送专利研发热度较低。气氢输送为目前的主流方式，通常包含长管拖车、槽罐车、管道（纯氢管道、天然气管道混输），并在 2021 年申请量突破 100 项。

加氢站作为服务氢能交通商业化应用的中枢环节，是氢能源产业发展的重要基础设施。我国高度重视加氢站的建设，2014 年国家首次发布针对加氢站的补贴政策。2019 年，推动加氢设施建设正式写入政府工作报告。2020 年财政部出台有关开展燃料电池汽车示范应用的政策，将"运营至少 2 座加氢站且单站日加氢能力不低于 500 公斤"作为示范城市群申报的基础条件。加氢站的专利申请量也自 2018 年开始快速增长，且在 2021 年达 483 项，目前中国加氢站的数量正逐年增加，预估 2022 年加氢站专利也会突破 500 项。

全球运氢加氢技术领域发展趋势如图 2.12 所示。

3. 用氢技术发展趋势

《氢能产业发展中长期规划（2021—2035 年）》指出，"2035 年形成氢能产业体系，构建涵盖交通、储能、工业等领域的多元氢能应用生态"。氢能源将为各行业实现脱碳提供重要路径。目前氢能的成本较高，使用范围较窄，氢能应用处于起步阶段。氢能源主要应用在工业领域和交通领域中，在其他领域仍然处于探索阶段。氢燃料电池是交通领域最重要的组成部分，1960 年技术进入萌芽期，在 1996 年起逐渐进入技术成熟期。日本在 21 世纪初期是燃料电池领域的主要研发国家，2012 年起，中国布局燃料电池专利，后来居上。

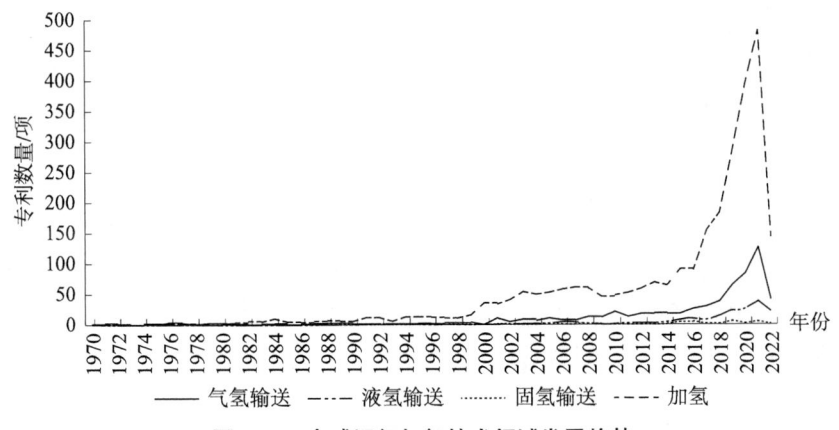

图 2.12　全球运氢加氢技术领域发展趋势

氢气是合成氨、合成甲醇、石油精炼和煤化工行业中的重要原料，还有小部分副产气作为回炉助燃的工业燃料使用。氢能在化工中的应用较早，从 20 世纪 20 年代一直延续至今，工业部门对氢的需求也日益增多。氢冶金是钢铁行业实现"双碳"目标的革命性技术。氢冶金通过使用氢气代替碳在冶金过程中的还原作用，从而实现源头降碳。氢储能目前仍处于起步阶段，2021 年国内氢储能装机量约为 1.5 兆瓦，氢储能渗透率不足 0.1%。氢储能在推动能源领域碳达峰碳中和过程中将发挥显著作用。国家发展改革委和国家能源局于 2021 年出台的《关于加快推动新型储能发展的指导意见》提出，到 2025 年实现新型储能从商业化初期向规模化发展转变；到 2030 年，实现新型储能全面市场化发展。氢储能作为新型储能方式，尽管目前专利申请量很少，但是创新空间较大，未来发展前景广阔。

全球用氢技术领域发展趋势如图 2.13 所示。

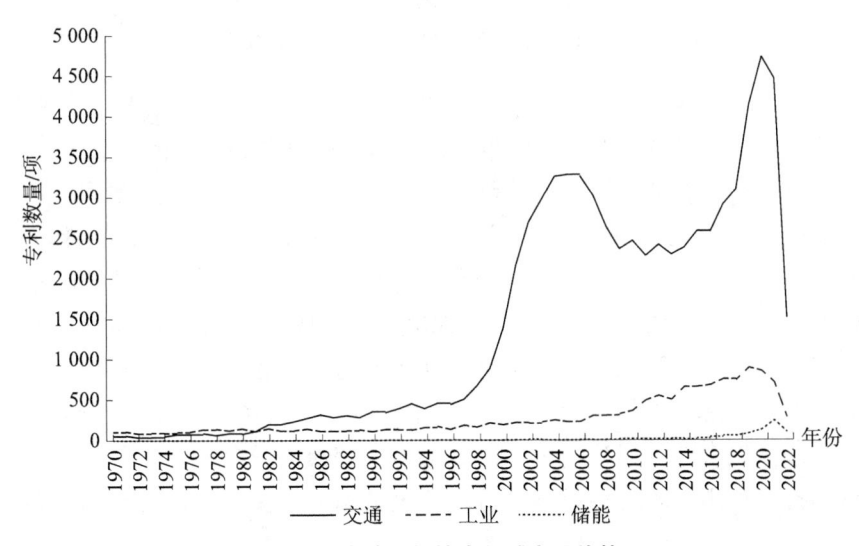

图 2.13　全球用氢技术领域发展趋势

2.6 专利法律状态与活跃率

如图 2.14 所示,制氢技术相关专利活跃率总体水平较高,各技术分支领域专利活跃率处于 48.70% 至 70.35% 范围内,研发活动最活跃的技术领域是工业副产氢技术。化石能源制氢专利技术经过长期的研发积累,虽然专利创造活动热度较高,但由于政策的扶持力度下降,专利权人的积极性不够,存在大量专利被放弃的现象。

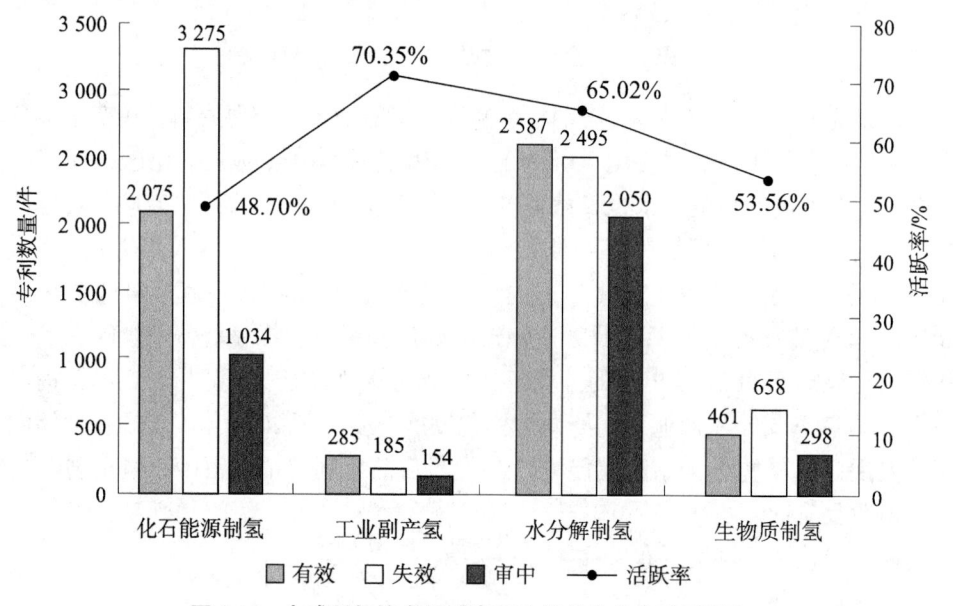

图 2.14 全球制氢技术领域专利法律状态分布及活跃率

图 2.15 所示为全球储氢技术领域专利法律状态分布及活跃率情况。在储氢领域中,值得注意的是固态储氢技术的活跃度很低,说明其失效专利数量远大于活跃专利数量,虽然该技术领域研发专利数量多,但是专利权人维持意愿不强,大多数专利价值和商业价值不高,从侧面反映出固氢输送还是在实验室研究阶段,固态储氢的工作压力低,安全性能好,且有大量的储氢合金的基础研究与相关专利,但是固态储氢的技术门槛较高,资金需求巨大,一方面是金属氢化物储氢材料的技术有待成熟,如重量储氢率、可逆性等;另一方面,尽管储氢合金本身的体积储氢密度很高,但组成储氢系统后的加热和冷却都是通过在储氢罐内部设置换热管道实现,换热管道中的介质流经不同位置的热交换将影响储氢合金的反应速率,因此储氢系统对吸放氢温度、吸放氢速度、吸放氢循环等的控制提出了较高的要求。目前储氢技术的主流仍然是气态储氢和液态储氢技术。

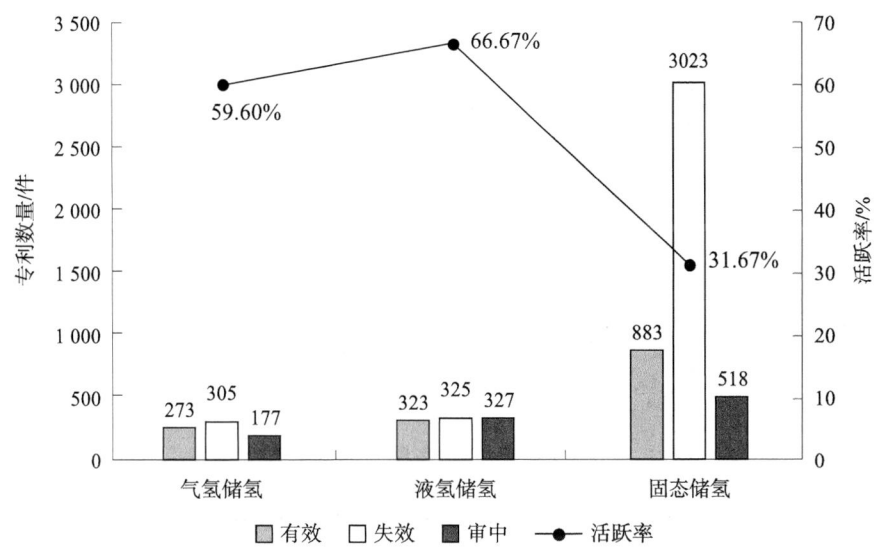

图 2.15　全球储氢技术领域专利法律状态分布及活跃率

图 2.16 为运氢加氢技术领域专利法律状态分布及活跃率情况，可以看出气氢输送、液氢输送以及加氢技术的专利活跃率均在 70% 以上，相比之下，固态储氢输送的专利申请数量和活跃率都较低，说明固态储氢技术距离实现商业化应用还有一定的距离。

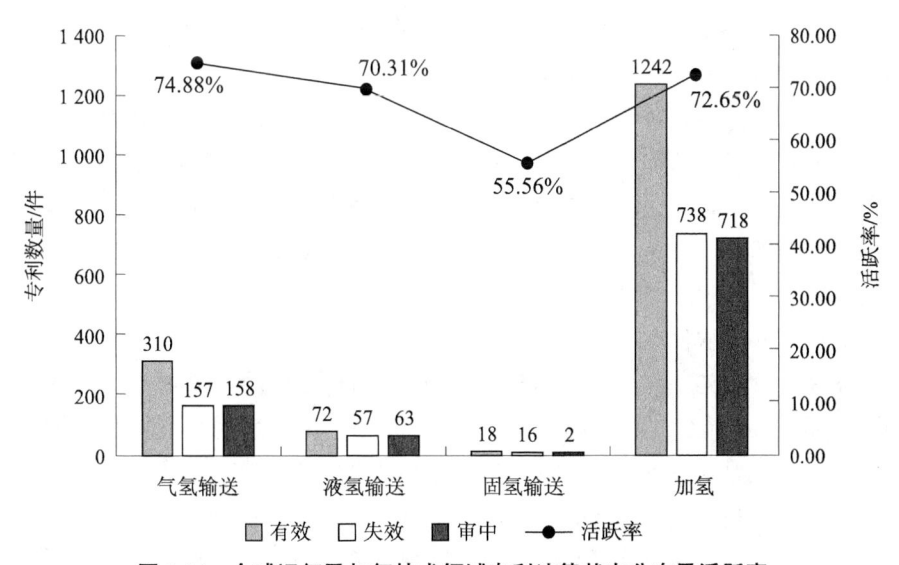

图 2.16　全球运氢及加氢技术领域专利法律状态分布及活跃率

图 2.17 为全球用氢技术领域专利法律状态分布及活跃率情况。图中显示，用氢技术领域的活跃率都大于 66%，整体活跃度较高，其中储能技术领域是"十四五"规划用氢领域的重要应用分支，活跃率高达 85.41%。交通领域不仅专利数量多，而且活跃率也很高，说明各国都在积极探索交通运输领域，特别是氢燃料电池领域凭借政策引导，推动了交通领域氢能应用的快速发展。

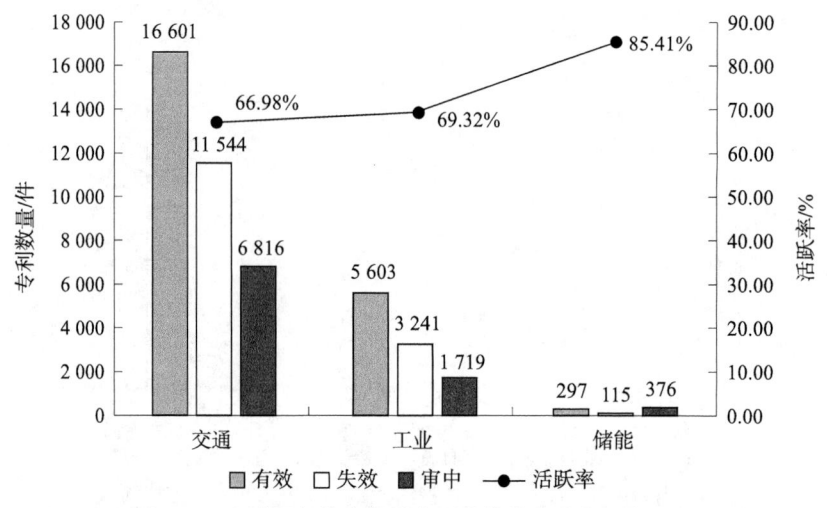

图 2.17　全球用氢技术领域专利法律状态分布及活跃率

2.7　近二十年全球专利概况

当前,全球经济和能源消费模式的快速变化将支持清洁能源的成功转型,虽然强有力的政策是使低排放氢气在成本上具有竞争力的必要手段,但技术将是这些变化的核心,如果没有针对能源系统价值链各个环节的技术改进,这将是不可能的。全球氢能产业相关技术创新速度不断加快,尤其是近二十年来,全球氢能产业领域专利申请数量迎来爆发式增长。2003年至2022年全球氢能产业领域专利申请数量达到93 576项(同族合并),涵盖了制氢、储氢、运氢加氢、用氢的氢能全产业链,其中,以氢燃料电池技术为典型代表的用氢领域专利占比最高。全球氢能技术创新处于持续活跃的时期,中国超越日美呈现爆发式增长。

图2.18展示了2003—2022年全球范围内公开的涉及氢能产业的专利申请趋势,从该图中可以看出,氢能产业的发展呈波折上升态势,主要表现为缓慢发展期(2003—2015年)、快速上升期(2016—2021年)两个阶段。全球氢能专利在缓慢发展期申请数量较为稳定,保持在每年3000～4000项左右,在2016年呈爆发式增长,迎来了研发热潮。2022年,氢能专利年度申请数量出现下降,这与部分专利申请未公开有关。总体来看,氢能技术创新处于持续活跃的时期。

中国"富煤、贫油、少气"的能源资源禀赋特点决定了我国能源结构以化石能源为主,中国氢能领域起步较晚,2003年以来中国氢能技术专利申请呈现持续增长态势,在2013年专利申请量反超日本和美国,成为氢能专利申请量第一的国家。氢能技术依次被列入我国《科技发展"十五"规划》和《国家中长期科学和技术发展规划纲要(2006—2020年)》,由于政策层面的大力支持,推动了氢能技术的快速发展。2016—

2021年，国内氢能技术专利申请呈爆发式增长，并且在全球市场中所占比例越来越高。源于2016年中国加入《巴黎气候变化协定》后，对能源利用提出了更高要求，"清洁、低碳、安全、高效"的能源变革已是大势所趋。氢作为洁净的二次能源载体可以助力不同行业实现"碳达峰""碳中和"，与此同时，中国在全球氢能发展进程中发挥着越来越重要的作用。

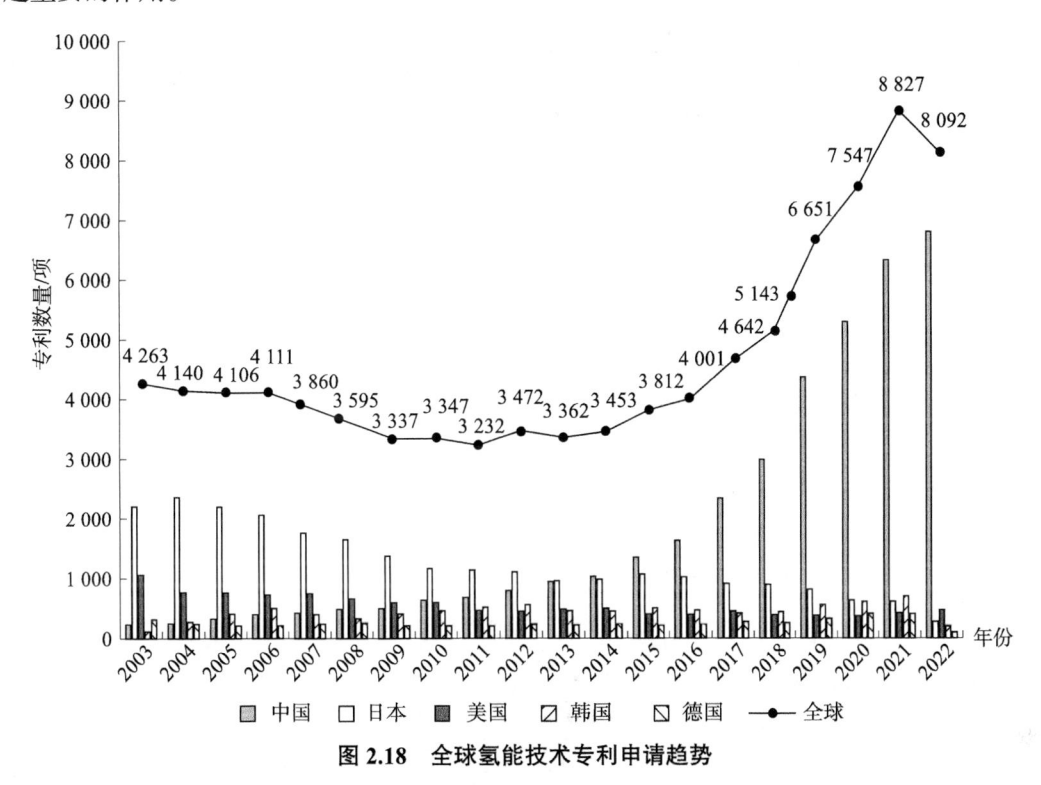

图 2.18　全球氢能技术专利申请趋势

相比之下，日本资源匮乏，并严重依赖进口石油、天然气、煤炭等能源，所以发展新能源已经成为当务之急。日本经济产业省在2002—2010年资助了"燃料电池系统示范研究"项目，涵盖"燃料电池车的示范研究"和"氢基础设施示范研究"两个主题。以丰田自动车株式会社、本田技研工业株式会社、日产自动车株式会社等为代表的日本主要汽车制造商加大研发力度，激发了创新活力，专利快速增长，且在2004年专利申请量突破2 000项。在2011年至今，日本政府在2014年的第四个基本能源计划中着重强调了氢能的重要性，2019年又制定了"氢能燃料电池技术开发战略"。值得注意的是，在这一阶段虽然政府对于氢能开发采取了一系列激励措施，但是并没有引起专利创新的热潮，反而专利申请数量逐渐下降。这可能是由于丰田自动车株式会社在2015年开放了5 680项燃料电池相关专利，进一步在2019年宣布将无偿提供其持有的关于电机、电控、系统控制等车辆电动化技术的专利使用权，专利总数约为23 740项，期限至2030年年底。这一行动一定程度上打击了专利市场布局的积极性，减缓了日本氢能技术的专利申请。

美国政府对氢能和燃料电池给予了持续支持，近十年的支持规模超过16亿美元，并积极为氢能基础设施的建立和氢燃料的使用制定相关财政支持标准和减免法规。2018年，美国通过两党预算法案，对固定式燃料电池发电和交通应用燃料电池的联邦商业投资继续进行税收抵免。美国氢能计划的实施以美国能源部（DOE）为主导，将资金集中用于解决氢能产业所面临的技术难题，保持美国在世界范围内的领先地位。DOE通过资金的投入与引导，构建了以DOE所属国家实验室为主导，大学、研究所及企业为辅的研发体系，保持了美国在世界范围内氢能源领域中的技术优势地位。美国专利申请量自2003年以来稳定保持在1 000件以内，发展较为平稳。

3 氢能产业中国专利分析

本章 3.1 至 3.6 节分析对象为公开日截至 2022 年 9 月 4 日的中国氢能领域专利申请，检索时间为 2022 年 9 月 4 日，共计 37 923 项专利族。

3.1 专利申请趋势

如图 3.1 所示，目前中国氢能领域处于持续的创新活跃期。自 1985 年中国开始有专利申请开始，氢能领域专利申请数量整体保持增长态势，2001 年中国氢能专利申请超过 100 项，到 2012 年专利申请数量突破 1 000 项，这与我国对氢能产业的重视密不可分。2001 年，国家"十五"规划提出"优化能源结构"，清洁能源产业的发展速度加快；2007 年，国家发展改革委发布的《能源发展"十一五"规划》提出"努力构筑稳定、经济、清洁的能源体系，以能源的可持续发展支持我国经济社会可持续发展"，持续性地促进氢能领域相关专利的申请；2012 年，国务院发布《"十二五"国家战略性新兴产业发展规划》，其中"专栏 20"提出新能源汽车产业发展路线图，鼓励新能源汽车动力电池等的研究开发和示范应用成为氢能产业近十几年高速发展的"催化剂"。

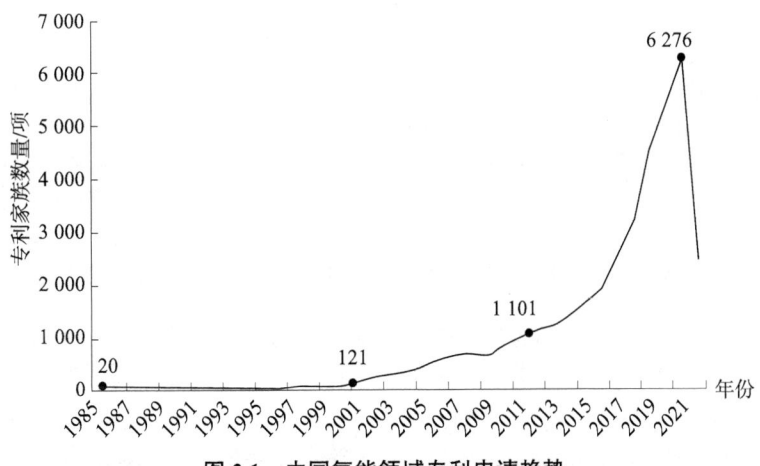

图 3.1 中国氢能领域专利申请趋势

截至目前，2021年中国氢能专利年度申请数量达到峰值6 276项，未合并的专利件数突破了8 000件。2021年也是"十四五"开局之年，《中华人民共和国国民经济和社会发展第十四个五年规划和2035年远景目标纲要》也将氢能列为前瞻谋划未来产业，持续壮大清洁能源产业。总体来看，一系列相关政策体现了对清洁能源产业的高度重视，掀起了氢能相关技术研发热潮，2012年之后的氢能领域技术创新处于相对活跃的时期，各类创新主体入局氢能领域，一定程度上推动了中国专利申请量持续增长。

3.2 专利技术来源地

图3.2为按照专利申请人国别统计的专利技术来源地TOP10情况，中国氢能专利申请技术研发热度都较高，中国国内专利申请36 005项，占中国前10位专利申请来源地提交总量的95.65%，来自其他国家的氢能专利申请量不具备领先优势，国外来华申请主要来自日本（1.68%）、美国（0.97%）。

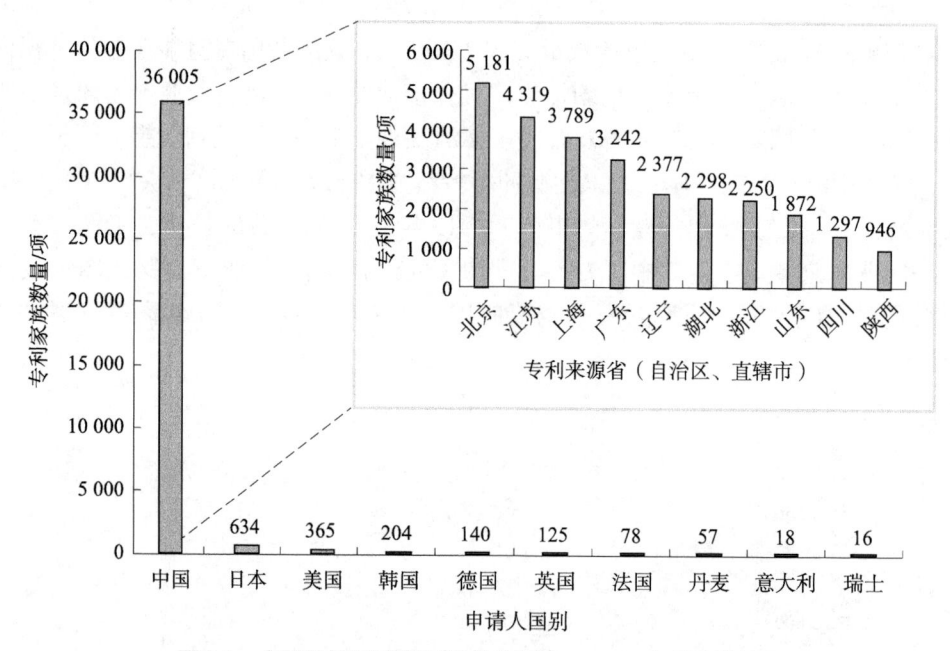

图3.2 中国氢能领域专利技术来源地TOP10专利申请情况

中国国内专利申请主要来源于北京、江苏和上海。结合图3.3也能进一步看出，很多省（自治区、直辖市）在近年来氢能专利技术研发热度都保持持续高涨，北京、江苏和上海在"十三五"期间（2016—2020年）专利申请量分别是"十五"期间（2001—2005年）的18.1倍、57.9倍和4.9倍，一定程度上体现出这些地区重视氢能领域科技研发投入，具有良好的经济基础与创新能力。

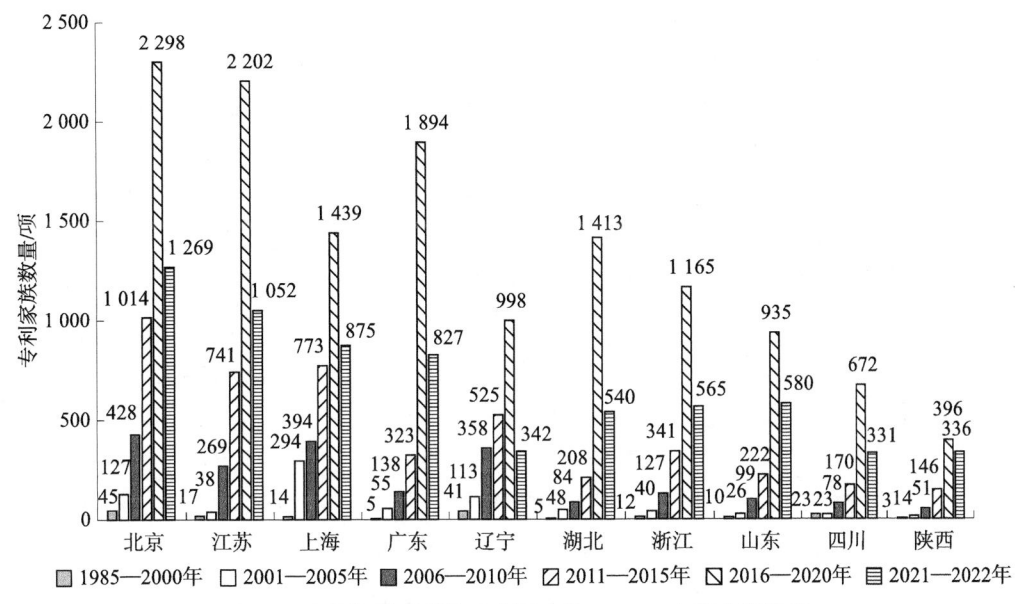

图 3.3 中国氢能专利技术来源省份 TOP10 专利申请情况

北京市无论从氢能领域专利总量还是"十三五"期间氢能专利数量来看都位居第一，氢能领域技术研发活跃，科研实力雄厚，这与北京市出台的助力氢能产业发展的系列政策举措紧密相关。2021 年，北京市人民政府印发了《北京市"十四五"时期高精尖产业发展规划》，提出"以智慧能源为方向，以氢能全链条创新为突破，推进新能源技术装备产业化，打造绿色智慧能源产业集群。"在氢能方面，北京市要重点布局昌平能源谷、中关村房山园和大兴国际氢能示范区，以冬奥会、冬残奥会筹办和京津冀燃料电池汽车示范城市群建设为牵引，开展绿色氢能全场景示范应用；加快蓝氢、绿氢制备项目建设，发展氢燃料电池发动机、电堆、双极板、车载储氢瓶及站内储氢罐、新型电解制氢装置、高压加注成套设备等新材料和装备。北部地区全面布局氢能产业科技创新应用，南部地区打造氢能高端装备制造与应用，统筹推进京津冀区域氢能供应、整车制造和应用示范，实现氢能制、储、运、加、用全产业链布局。

北京市经济和信息化局 2021 年 8 月 16 日印发了《北京市氢能产业发展实施方案（2021—2025 年）》，提出加快氢能产业发展布局，加快绿色低碳发展，全面提高资源利用效率。北京市要率先打造氢能创新链和产业链，落实首都高质量发展战略，支撑京津冀能源结构转型、引领全国氢能技术创新和产业发展。针对《北京市氢能产业发展实施方案（2021—2025 年）》，2022 年 8 月 19 日，北京市经济和信息化局发布《关于支持氢能产业发展的若干政策措施》，推出 20 条举措助力北京市氢能产业发展，鼓励新建和改（扩）建符合北京市发展规划的加氢站，对北京市行政区域范围内建成（含改扩建）的加氢站，按照压缩机 12 小时额定工作能力不少于 1 000 公斤和 500 公斤两档分别给予 500 万元和 200 万元的定额建设补贴；对北京市行政区域范围内提供加氢服务并承诺氢气市场销售价格不高于 30 元 / 公斤的加氢站，按照 10 元 / 公斤的标准给予氢气运营补贴。

当前,北京市房山区正把氢能产业作为区域高质量发展的重要动力源之一,以中关村(房山)氢能产业园建设为重点,大力扶持氢能、储能等新能源产业发展,推动氢能产业全链条多场景区域集聚式发展。中关村(房山)氢能产业园设置"一园四区",即"氢能燃料电池支撑区""氢能燃料电池产学研区""氢能燃料电池示范区""氢能小镇零碳示范区"。目前已经吸引了30余家氢能上下游企业入驻园区,产业聚合效应初步显现。2022年计划在房山区投放100辆使用氢能作为动力的公交车,目前已有48辆上路试运行。

氢能产业发展已经形成关键机遇期、窗口期,北京市在2000年之后氢能技术发展步伐加快,"十二五"期间专利数量是"十一五"期间的2.4倍并且突破了1 000项,"十三五"期间专利数量是"十二五"期间的2.3倍并且突破了2 000项,北京市在制氢、储氢、运氢及加氢、用氢等方面的激励政策与措施支撑氢能全产业链的技术创新,在专利成果方面有所体现。表3.1为北京市氢能相关产业政策措施汇总。

表3.1 北京市氢能相关产业政策措施

序号	发布日期	政策名称	氢能相关内容
1	2020-10-29	《北京市氢燃料电池汽车产业发展规划(2020—2025年)》	2023年前,培育3~5家具有国际影响力的氢燃料电池汽车产业链龙头企业,力争推广氢燃料电池汽车3 000辆,氢燃料电池汽车全产业链累计产值突破85亿元;2025年前,培育5~10家具有国际影响力的氢燃料电池汽车产业链龙头企业,力争实现氢燃料电池汽车累计推广量突破1万辆,氢燃料电池汽车全产业链累计产值突破240亿元
2	2021-8-16	《北京市氢能产业发展实施方案(2021—2025年)》	2025年前,具备氢能产业规模化推广基础,产业体系、配套基础设施相对完善,培育10~15家具有国际影响力的产业链龙头企业,京津冀区域累计实现氢能产业链产业规模1 000亿元以上,减少碳排放200万吨。交通运输领域,探索更大规模加氢站建设的商业模式,力争完成新增37座加氢站建设,实现燃料电池汽车累计推广量突破1万辆;分布式供能领域,在京津冀范围探索更多应用场景供电、供热的商业化模式,建设"氢进万家"智慧能源示范社区,累计推广分布式发电系统装机规模10MW以上
3	2020-12-8	《大兴区促进氢能产业发展暂行办法》	支持上下游企业协同发展。对企业在上年度采购燃料电池汽车零部件产品年累计采购金额达到1 000万元(含)以上的,在2022年、2023年、2024年、2025年分别按经评审的年采购金额的5%、5%、3%、3%给予采购企业资金支持,每家企业每年支持资金最高不超过1 000万元

续表

序号	发布日期	政策名称	氢能相关内容
4	2021-8-18	《北京市"十四五"时期高精尖产业发展规划》	以智慧能源为方向,以氢能全链条创新为突破,推进新能源技术装备产业化,打造绿色智慧能源产业集群
5	2021-9-26	《昌平区氢能产业创新发展行动计划(2021—2025年)》	2025年前,昌平区将引进、培育5~8家具有国际影响力的产业链龙头企业,孵化3家以上氢能领域上市企业,实现产业链收入突破300亿元;建成加氢站10~15座,实现燃料电池车辆累计推广1200辆以上,分布式热电联产系统装机规模累计达到5兆瓦
6	2021-12-31	《大兴区促进氢能产业发展暂行办法(2022年修订版)(征求意见稿)》	到2025年氢能相关企业超过200家,培育4~6家上市公司,燃料电池汽车推广数量不低于3000辆,建成至少10座加氢站,分布式热电联供系统装机累计达到5兆瓦
7	2022-2-10	《2022年北京市高精尖产业发展资金实施指南》	促进本市高精尖产业基础再造提升和产业链优化升级,推进重大项目落地建设,推动产业高端化智能化绿色化发展
8	2022-4-9	《大兴区促进氢能产业发展暂行办法(2022年修订版)》	支持企业落地发展。企业自注册之日起三年内,对首次纳入规模以上统计范围的禁限目录外的企业,自该年起每年实现正增长的,连续三年给予资金支持,每家企业每年支持资金最高不超过1000万元
9	2022-4-18	《北京市氢燃料电池汽车车用加氢站建设管理暂行办法(征求意见稿)》	新建加氢站管理程序;改(扩)建加氢站管理程序;内部加氢站建设管理程序
10	2022-7-7	《北京市2022年能源工作要点》	统筹布局制、储、运、加、用氢能全产业链,推进京北氢能产业关键技术研发和科技创新示范区、京南氢能高端装备制造与应用示范区建设
11	2022-8-2	关于对《北京市大兴区经济和信息化局关于大兴区氢能产业发展行动计划(2022—2025年)(征求意见稿)》公开征集意见的公告	2023年,实现氢能领域部分技术创新突破,初步形成新技术和产品的先行先试样板间,关键产品进入降本区间。氢能相关企业数量超过100家,2~3家链主企业落地发展,氢能产业规模超过100亿元。燃料电池汽车推广数量不低于1000辆,力争建成5座加氢站,推广分布式热电联供系统装机规模累计达到2兆瓦
12	2022-8-11	《北京市关于支持氢能产业发展的若干政策措施》	鼓励新建和改(扩)建符合北京市发展规划的加氢站,对北京市行政区域范围内建成(含改扩建)的加氢站,按照压缩机12小时额定工作能力不少于1000公斤和500公斤两档分别给予500万元和200万元的定额建设补贴

  同时,北京市大量的高校与科研院所,也为氢能相关技术研发提供了雄厚的科研支撑。集中于氢能相关技术研发较多,如图3.4所示,北京市氢能相关专利的主要申请人

为中国石油化工股份有限公司、北京亿华通科技股份有限公司、中国华能集团清洁能源技术研究院有限公司、清华大学、中国石油化工股份有限公司上海石油化工研究院、中国石油化工股份有限公司北京化工研究院、中国石油天然气股份有限公司、北京化工大学、中国石油化工股份有限公司石油化工科学研究院、华能集团技术创新中心有限公司，主要为国企研究院以及高校。

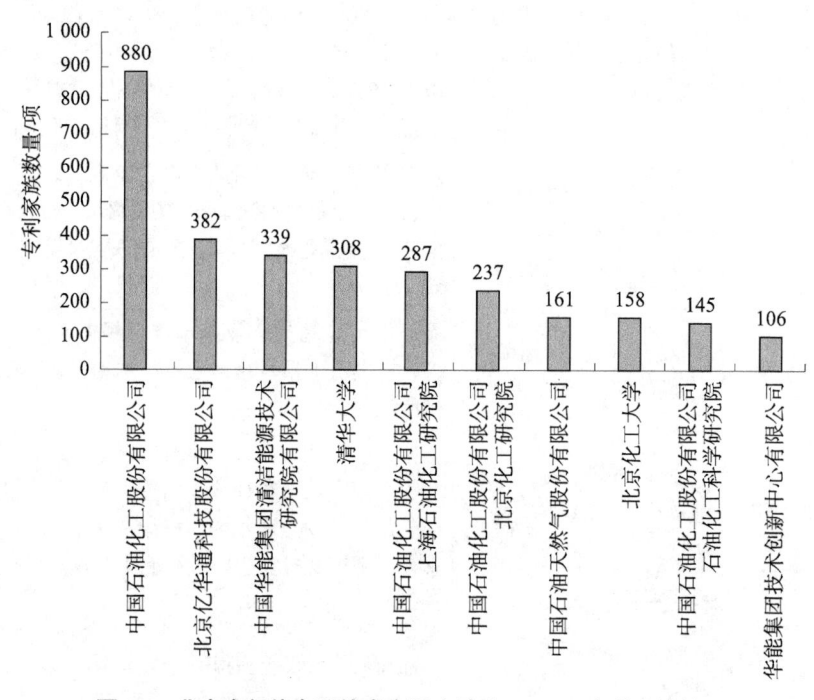

图3.4 北京市氢能专利技术主要申请人TOP10专利申请情况

申请人	专利家族数量/项
中国石油化工股份有限公司	880
北京亿华通科技股份有限公司	382
中国华能集团清洁能源技术研究院有限公司	339
清华大学	308
中国石油化工股份有限公司上海石油化工研究院	287
中国石油化工股份有限公司北京化工研究院	237
中国石油天然气股份有限公司	161
北京化工大学	158
中国石油化工股份有限公司石油化工科学研究院	145
华能集团技术创新中心有限公司	106

北京亿华通科技股份有限公司排名第二，作为京津冀地区氢能与燃料电池行业龙头，该公司成立以来就伴随着燃料电池行业进入发展期。此处统计专利数量不包含其下属公司上海神力科技有限公司。上海神力科技有限公司曾先后承担多项国家高技术研究发展计划（863计划）项目、科技部国家重点研发计划项目以及北京市科委、上海市科委等部门燃料电池领域重大专项课题，在氢能燃料电池等领域拥有大量专利申请。

北京亿华通科技股份有限公司经历了中国燃料电池产业从技术研发为主向示范运营和产业化推进的重要转变。相关专利技术储备较多，但随着当前氢燃料电池产品技术指标的逐年提升、新产品的更新换代、成本下降幅度较小、相关人才短缺、产品市场周期性等原因，北京亿华通科技股份有限公司2022年半年报显示其实现归属于上市公司股东的净利润为−6 003.85万元，与上年同期相比，减少了4 258.54万元，当前，其燃料电池技术进步速度不及预期，需要重视产业链配套建设。

3.3 主要创新主体

3.3.1 领先专利申请人

中国氢能领域前10位专利申请人共产出相关专利5 992项，如图3.5所示，包含了高校、科研机构、龙头企业三类创新主体。其中，中国科学院2 130项，排名第一，占前10位申请人专利申请总量的35.55%，中国石油化工股份有限公司位列第二，专利数量1 039项，占比为17.34%。其余8位创新主体专利申请量平均在353项左右，其中，高校是氢能领域专利申请的重要角色，相关专利共产出1 505项，5所高校入围中国前10位领先申请人，依次是：浙江大学（334项）、清华大学（315项）、华南理工大学（301项）、西安交通大学（286项）、天津大学（269项）。

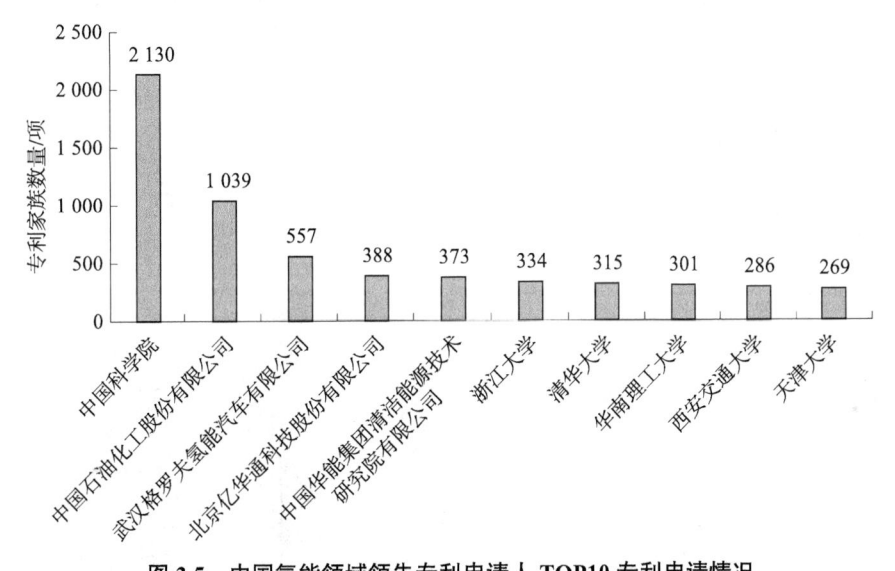

图3.5 中国氢能领域领先专利申请人TOP10专利申请情况

结合中国氢能专利技术来源省份TOP10来看，专利申请数量排名位列第二、第八的江苏和山东，未见有相关地区专利申请人入围中国前10位领先申请人名单，可能的原因在于江苏、山东在氢能领域创新主体数量较多，氢能领域专利申请较为分散。

格罗夫氢能汽车有限公司（以下简称"格罗夫"）是武汉地质资源环境工业技术研究院面向全球整合氢能汽车产业战略性创新资源，开放式系统集成创新而创建的独立氢能汽车企业。该公司由武汉地质资源环境工业技术研究院在2016年成立的氢能汽车整车项目创立，致力于打造氢能汽车时代全球引领性企业，成为国家创新发展的一张新名片。在燃料电池市场进入新阶段后，格罗夫顺应市场变化，快速切入中高端商用车领域，形成了"商乘一体"的完整汽车业务布局。除了武汉总部，格罗夫已在湖北黄冈、山西长治、内蒙古鄂尔多斯签约落户，区域布局快速展开。

集团母公司武汉地质资源环境工业技术研究院，是武汉市和中国地质大学（武汉）联合创建的科技成果转化、战略产业培育的科技创新发展平台。于 2013 年 9 月 29 日成立，建有 214 亩科技创新园区，位于国家自主创新示范区中国光谷的腹地——武汉未来科技城。面向全球整合氢能源产业战略性创新资源，着力构建以氢能汽车为主体、具有全球竞争力和影响力的氢能源全产业链发展布局，推动氢能源产业的创新发展。联合全球领先的氢能产业链合作伙伴，打通氢能全产业链，打造氢能汽车应用场景，构建氢能汽车产业生态系统。目前已初步构建从制氢储氢、加氢站建设、氢能动力系统、氢能整车及核心零部件、到氢能检测公共服务的氢能汽车全产业链布局。武汉地质资源环境工业技术研究院通过产业化公司，推动专利技术成果快速落地发展，同时产生的收益又可以反哺技术研发，形成良性循环。

从 TOP2 领先专利申请人的专利申请趋势（图 3.6）来看，二者专利申请数量近年来呈现快速上升的趋势，相对于"十五"期间（2001—2005 年）的水平，"十三五"时期（2016—2020 年）中国科学院和中国石油化工股份有限公司专利申请数量分别增加 4.23 倍和 18.26 倍。

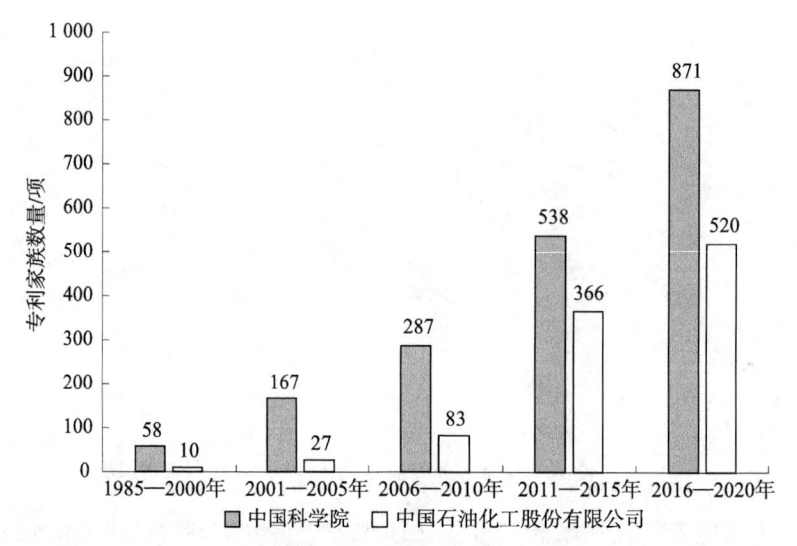

图 3.6　中国氢能领域领先申请人 TOP2 专利申请趋势

由于发展时间较早，中国科学院在氢能领域的技术积累深厚，已具备布局大量氢能相关自主技术的能力。长期的技术、产业积淀决定了其现阶段在氢能领域仍然具备强劲的实力。

中国石油化工股份有限公司则是从"十一五"开始"发力"，在氢能领域专利数量是"十五"期间的 3.4 倍，"十二五"期间保持高速增长，在氢能领域专利数量是"十一五"期间的 4.7 倍，"十三五"期间专利数量持续增加，一定程度上也反映出中国石油化工股份有限公司对该领域的重视程度，是布局氢能产业最积极的能源类央企之一。

总体来看，中国科研机构在氢能领域专利技术研发热度高，创新成果丰富，技术发展态势十分可观；科研机构与大型中央企业研发能力突出，同时具备一定的技术承接能力，科技成果产业化渠道较为通畅。在学术界、产业界双轮推进下，中国的氢能产业生态链将不断完善，进一步形成技术创新促进产业发展、产业提升牵引技术进步的良性循环。

3.3.2 活跃专利申请人

2016—2020年中国氢能领域排名前10位的活跃专利申请人如图3.7所示。其中，9位活跃申请人与领先申请人相同，说明这9位专利申请人在氢能领域的研发投入与热度持续保持，同时，相较于领先申请人，活跃申请人排名略有变化，前三名活跃申请人排名没有变化，中国科学院专利数量排名第一，为871项，近五年的专利申请占比为40.89%。广东合即得能源科技有限公司一定程度上体现了其近期增大了在氢能领域的研发投入，专利技术研发速度惊人。

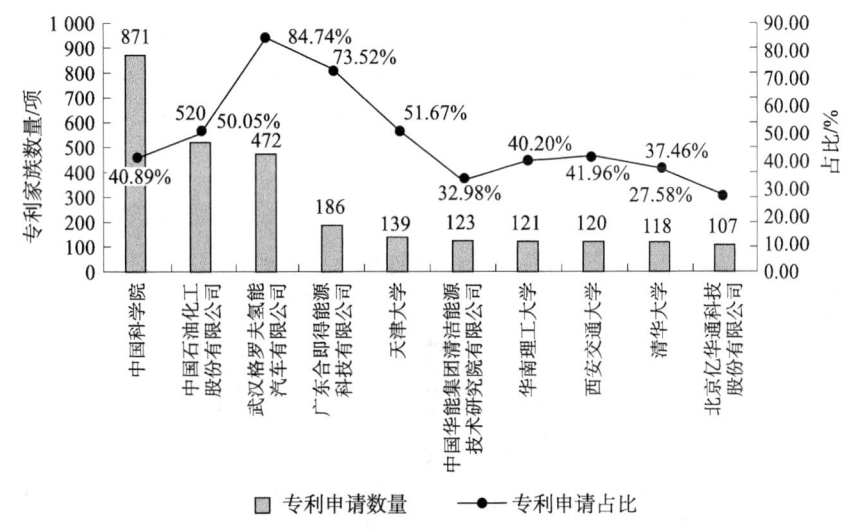

图3.7 氢能领域全球活跃专利申请人（2016—2020年）专利申请情况

整体来看，2016—2020年，产业界、学术界都保持空前研发热度，技术产出体量庞大，未来增长前景可期。

3.4 专利技术构成

中国氢能领域专利技术构成如图3.8所示，一级技术分类为四类：制氢技术、储氢技术、运氢及加氢技术、用氢技术。其中，用氢技术占比超过70%，相关专利合计 28 474 项，其次为制氢技术（7987 项，占比 20%），储氢、运氢及加氢相关专利比例较小，可能的原因在于，相较下游的用氢领域技术，储氢、运氢及加氢相关技术难度更大，需要突破一系列问题，技术成熟度不高，短期内无法实现商业化运作发展。

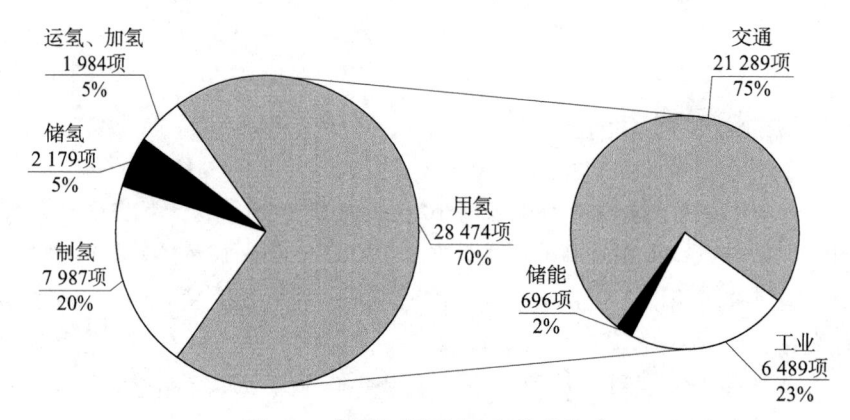

图 3.8　中国氢能领域专利技术构成

用氢领域下的交通相关专利突破两万项，在用氢领域所有专利中的占比达到 75%，也在一定程度上反映出氢能技术在交通领域已发展出较完整的体系。同时，储能占比最低，仅有 696 项专利，未来此领域尚有较大的可拓展空间。

在制氢方面，由图 3.9 可以看出，水分解制氢技术专利数量最多，占比达到 58%，其次为化石能源制氢。工业副产氢以及生物质制氢的专利数量较少。

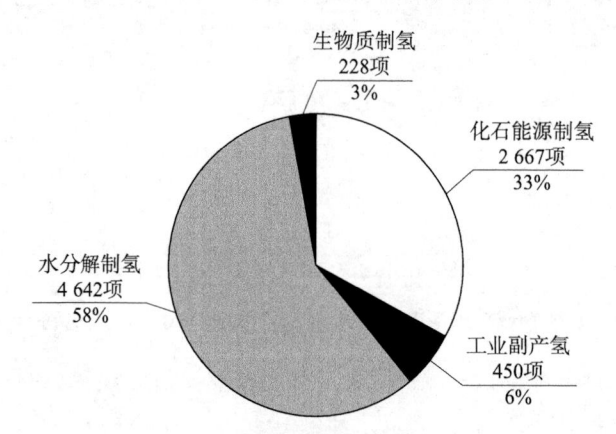

图 3.9　中国制氢领域专利技术构成

在储氢方面，图 3.10 展示了三种储氢分类下专利技术占比情况，固态储氢占比超过一半，气态储氢和液态储氢在专利数量上基本持平。

在运氢及加氢方面，图 3.11 能明显看出加氢技术领域的专利数量较多，这也与目前鼓励扶持加氢站建设的政策措施有关。此外，气氢输送相对占据领先地位，液氢输送和固氢输送占比合起来仅为 7%。

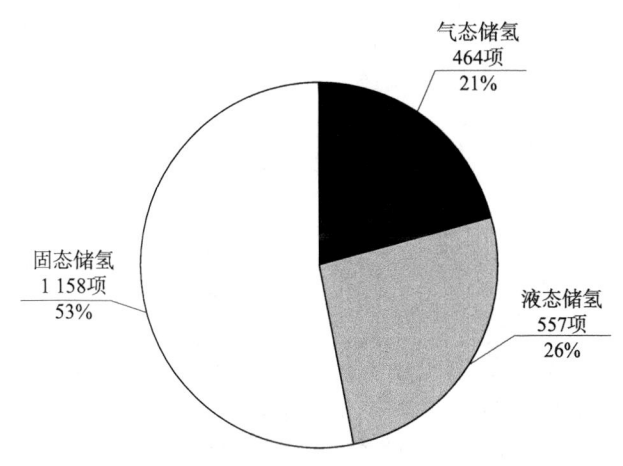

图 3.10 中国储氢领域专利技术构成

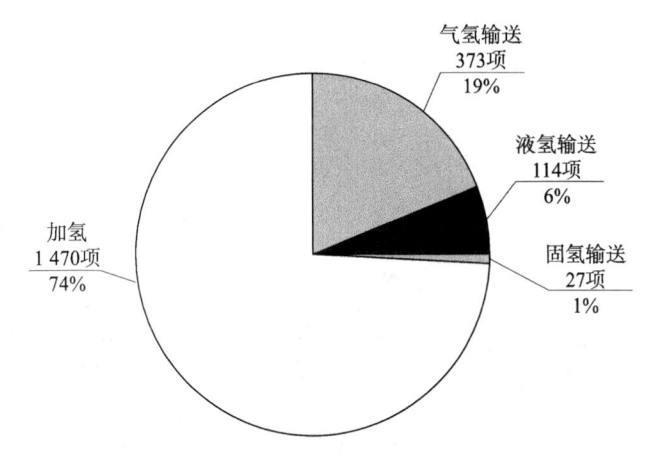

图 3.11 中国运氢及加氢领域专利技术构成

3.5 专利法律状态与活跃率

如图 3.12 所示，制氢技术相关专利活跃率总体水平较高，各技术分支领域专利活跃率处于 47.60%～74.85%，除了生物质制氢技术之外，其他技术分支均为有效专利所占比重最大，一定程度上反映出制氢领域技术发展活跃。

图 3.13～图 3.15 分别为中国储氢、运氢及加氢技术领域专利法律状态分布及活跃率情况，在储氢领域中，固态储氢技术的失效专利数量大于有效专利数量，一定程度上也能说明其技术积累相对较丰富。同时，储氢领域的液态储氢、运氢及加氢领域的气氢输送、液氢输送以及加氢四类技术的专利活跃率均在 80% 以上，属于研发热度高、高价值专利技术积累丰富的领域。

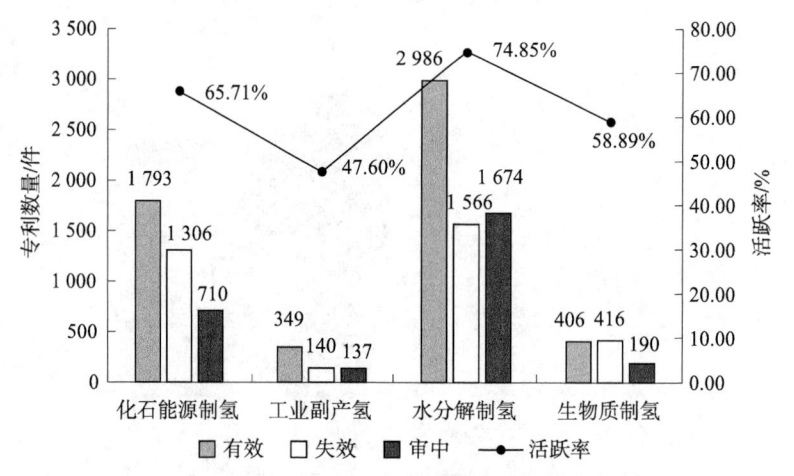

图 3.12　中国制氢技术领域专利法律状态分布及活跃率

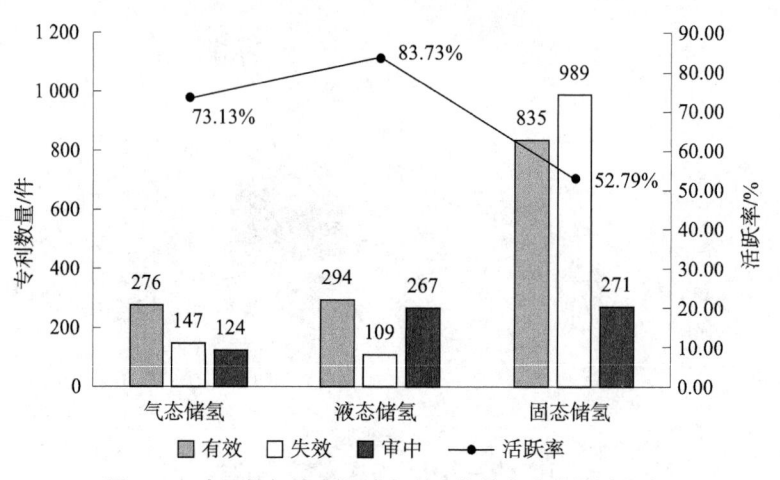

图 3.13　中国储氢技术领域专利法律状态分布及活跃率

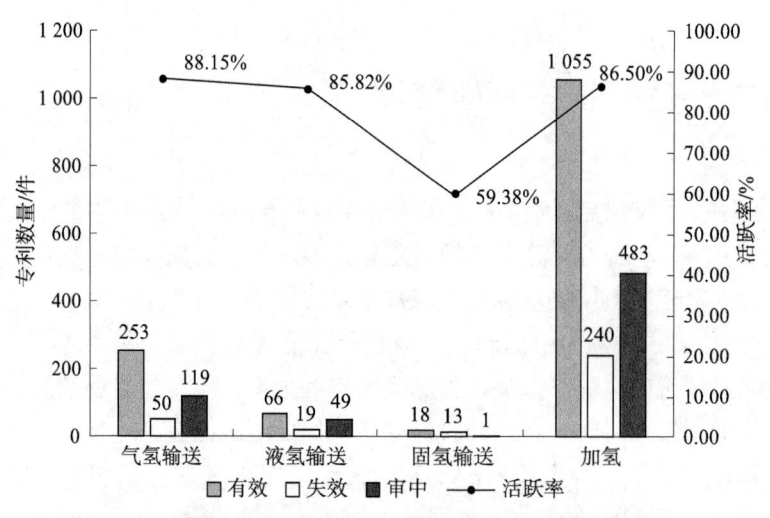

图 3.14　中国运氢及加氢技术领域专利法律状态分布及活跃率

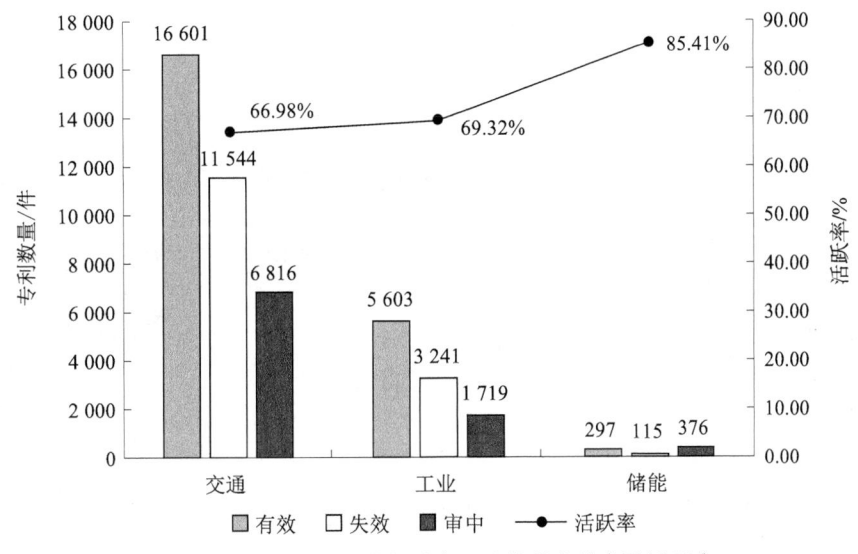

图 3.15 中国用氢技术领域专利法律状态分布及活跃率

相比之下，用氢技术领域下的交通以及工业的有效专利数量较多，同时活跃率也较高，尤其是储能技术领域。总的来看，中国氢能专利申请存活质量与权利稳定性相对较强，在制氢、储氢、运氢及加氢、用氢领域研发活跃，在二级技术领域方面，交通专利申请数量位居氢能领域之首，但专利活跃率低于氢能领域平均水平（71%）。可以推测，交通专利技术分化明显，在较高的技术研发热度的支持下，交通领域相关产业建设逐步完善，经过了竞争和筛选，高质量专利技术得到了商业化运用，其余不成熟或产业化价值较低的技术逐渐被搁置或放弃。

3.6 专利技术运营

整体来看，中国氢能领域专利的运营较为活跃，如图 3.16 所示，发生转让的专利数量 4 811 件，发生许可的专利 381 件，诉讼专利数量较少，为 45 件。在质押方面，整理了发生质押的 161 件专利的基本情况（表 3.2）。各分支技术领域的运营情况在后文详细叙述。

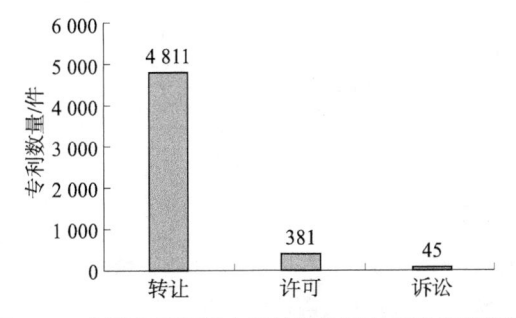

图 3.16 中国氢能领域专利转让许可与诉讼专利数量

表 3.2 中国氢能领域质押专利列表

序号	名称	公开公告日	专利类型
1	分立式循环水电解制氢工艺和设备	1996-8-21	发明申请
2	一种用于制造熔融碳酸盐燃料电池隔膜材料的锂酸铝粉末及其制作方法	2003-9-17	发明申请
3	AB$_{3.5}$型负极储氢材料的制备方法及其制得的材料和用途	2007-6-6	发明申请
4	氢气制备装置	2012-10-10	实用新型
5	高温镍氢电池用贮氢合金材料及制法	2003-1-22	发明申请
6	BGL加压熔渣气化加纯氧非催化部分氧化制取合成气或氢气的装置	2012-5-2	实用新型
7	氢氧引擎除碳机	2012-12-5	实用新型
8	镁基纳米储氢材料及其制备方法	2008-9-10	发明申请
9	一种卤代烷基苯酚化合物的加氢脱卤方法	2009-1-21	发明申请
10	用于盐酸多奈哌齐关键中间体加氢反应的催化剂及其应用	2010-4-14	发明申请
11	盐酸吡咯列酮关键中间体加氢反应催化剂及加氢反应方法	2010-4-14	发明申请
12	一种草酸二酯加氢合成乙二醇纳米催化剂	2010-10-27	发明申请
13	锌溴氧化还原液流电池正极电极及其制备	2013-6-12	发明授权
14	合成三氟乙烯用加氢脱氯催化剂和其载体的新型预处理工艺	2011-10-12	发明申请
15	高铁贮氢电极合金及制备方法以及镍氢电池负极材料	2011-11-2	发明申请
16	一种水体沉积物微生物燃料电池发电装置及该装置的阴极处理方法	2011-11-2	发明申请
17	一种对氨甲基苯甲酸催化加氢制备止血环酸的方法	2011-12-14	发明申请
18	镁基储氢合金	2011-12-21	发明申请
19	基于固体氧化物燃料电池余热回收的有机郎肯循环发电系统	2012-1-18	发明申请
20	一段法变压吸附提氢并回收富碳气的方法及装置	2012-2-8	发明申请
21	一种用于草酸酯加氢的Cu–Ag/SiO$_2$催化剂	2016-1-13	发明授权
22	一种生物质水蒸汽低温热解生产活性炭和氢气的系统和方法	2013-4-3	发明申请
23	一种镁铝合金空气电池及其催化层的制备方法	2014-4-2	发明申请
24	一种双极板	2014-6-25	发明申请
25	一种安全控制系统	2014-6-25	发明申请
26	一种质子交换膜及其制备方法	2014-7-2	发明申请
27	带有聚合物电解质膜的固态氢发电装置	2014-8-6	发明申请
28	带有银氧化镉储氢瓶的发电装置	2014-8-6	发明申请
29	一种带有聚合物电解质膜的固态氢发电装置	2014-8-6	发明申请
30	带有不锈钢储氢瓶的发电装置	2014-8-6	发明申请
31	带有非金属材料储氢瓶的发电装置	2014-8-6	发明申请
32	带有银氧化镉复合材料储氢瓶的发电装置	2014-8-6	发明申请

续表

序号	名称	公开公告日	专利类型
33	燃料电池的压力调节系统及压力调节方法	2014-9-24	发明申请
34	气基竖炉制备海绵铁的方法和系统	2014-10-8	发明申请
35	气基竖炉制备海绵铁的方法和系统	2014-10-8	发明申请
36	气基竖炉制备海绵铁的方法和系统	2014-10-8	发明申请
37	气基竖炉制备海绵铁的方法和系统	2014-10-8	发明申请
38	一种光催化制氢系统及制氢方法	2014-12-24	发明申请
39	一种聚合物电解质燃料电池用电极催化剂材料	2015-1-21	发明申请
40	水冷质子交换膜燃料电池电堆和水冷质子交换膜燃料电池	2015-2-11	发明申请
41	一种燃料电池堆结构	2015-6-17	发明申请
42	电场直流增强式燃料电池反应器的工业放大方法及装置	2015-8-26	发明申请
43	一种节能水电解制氢电解槽	2015-9-16	发明申请
44	一种催化层的制备方法	2015-9-16	发明申请
45	一种全馏分粗苯加氢工艺	2015-10-14	发明申请
46	由异麦芽酮糖通过催化加氢制备异麦芽酮糖醇的方法	2015-10-28	发明申请
47	一种纳米石墨复合的高容量 RE-Mg-Ni 基贮氢材料及其制备方法	2015-11-18	发明申请
48	氨合成循环气中甲烷气体放空节能装置	2016-1-27	发明申请
49	氧气高炉与气基竖炉联合生产系统和联合生产方法	2016-6-15	发明申请
50	氧气高炉与气基竖炉联合生产系统和联合生产方法	2016-6-15	发明申请
51	一种压缩天然气运输船及其改装方法	2016-9-21	发明申请
52	一种无人机用燃料电池活化控制系统及控制方法	2016-10-26	发明申请
53	一种模块化氢燃料电池系统	2016-11-16	发明申请
54	海绵结构合金负载三元氧化物层析氢电极材料的制备方法	2016-12-14	发明申请
55	可在低温下快速开启的质子交换膜燃料电池排氢系统	2016-12-14	发明申请
56	一种超纯氢的制备方法	2017-1-4	发明申请
57	一种氢燃料无人机及无人机续航时间估算方法	2017-1-11	发明申请
58	一种四氯化硅氢化方法	2017-2-15	发明申请
59	含有气压传感模块和电机控制模块的光催化应用系统、具有光触媒催化剂的环保装置	2017-5-24	发明申请
60	一种石墨烯复合纳米材料及其制备方法和应用	2017-7-4	发明申请
61	一种醋酸加氢耦合制备乙醇的工艺	2017-8-1	发明申请
62	粗苯加氢含硫气体的处理方法及系统	2017-8-8	发明申请
63	一种基于化学制氢的燃料电池系统及其控制方法	2017-8-25	发明申请
64	一种氢能源电池双极石墨板的微孔填充剂	2018-2-16	发明申请

续表

序号	名称	公开公告日	专利类型
65	环己烷二甲醇的合成方法、催化剂及其应用	2018-5-4	发明申请
66	一种质子交换膜燃料电池停机控制系统及方法	2018-5-15	发明申请
67	一种新型生物质制氢设备	2018-5-22	发明申请
68	荒煤气制氢的低压耐硫变换和专有吸附剂排惰技术	2018-6-5	发明申请
69	一种氢燃料电池流场板	2018-6-5	发明申请
70	一种由羟基乙腈加氢制备一乙醇胺的方法	2018-6-26	发明申请
71	一种制备（S）-MEA胺醚的方法	2018-6-29	发明申请
72	一种加氢制备二氨基二苯基甲烷的方法	2018-8-24	发明申请
73	一种催化层全有序结构燃料电池电极和膜电极的制备方法	2018-8-24	发明申请
74	一种具有层次结构的环保储氢材料的制备方法	2018-11-23	发明申请
75	一种城市环保垃圾处理方法	2018-12-11	发明申请
76	一种铝锰合金掺杂纳米零价铁的制氢合金和智能路灯	2018-12-28	发明申请
77	基于过氧化氢膜的废气催化氧化装置	2019-2-1	发明申请
78	基于随机矩阵特征谱分析的燃料电池系统状态评估方法	2019-3-15	发明申请
79	一种燃料电池堆组装方法	2019-8-16	发明申请
80	一种解决三氯蔗糖尾气分离过程中产生炭黑以及空气过量的方法	2019-10-25	发明申请
81	一种低能耗乙烷裂解气深冷分离工艺方法	2019-11-5	发明申请
82	一种分离三氯蔗糖尾气中二氧化碳和氯化氢的装置与方法	2019-11-29	发明申请
83	一种可控快速升温电解水制氢系统	2020-1-10	发明申请
84	氢能燃料电池车防止过充电的方法和能量管理分配系统	2020-6-2	发明申请
85	一种用于抽油机的储能管理方法、系统和电子设备	2020-8-28	发明申请
86	一种氢燃料电池系统网络拓扑结构	2021-1-22	发明申请
87	一种氢燃料电池混合动力系统的怠速工况控制方法	2021-2-23	发明申请
88	一种风冷式燃料电池吹扫系统及其关机方法	2021-4-23	发明申请
89	一种氢燃料电池系统正常关机方法	2021-5-18	发明申请
90	一种氢气循环泵与引射器并联集成的燃料电池供氢系统	2021-5-28	发明申请
91	一种低温条件下恢复燃料电池运行性能的自动控制方法	2021-8-27	发明申请
92	一种用于电动叉车的燃料电池双电堆封装结构	2021-9-28	发明申请
93	一种用于燃料电池的分水器以及进氢系统	2021-12-10	发明申请
94	一种基于姿态与脱落检测的智能加注装置控制方法	2021-12-14	发明申请
95	一种高收率甲醇重整制氢方法	2007-4-11	发明申请
96	一种生物质蒸汽低温热解生产活性炭和氢气的系统	2013-8-14	实用新型
97	气基竖炉制备海绵铁的系统	2014-12-24	实用新型

续表

序号	名称	公开公告日	专利类型
98	气基竖炉制备海绵铁的系统	2014-12-31	实用新型
99	甲醇制氢储能的燃料电池基站备用电源系统	2015-12-23	实用新型
100	一种燃料电池组合装置和燃料电池组件	2016-2-10	实用新型
101	电动汽车及其供电系统	2016-5-4	实用新型
102	用于燃料电池系统的氢气稀释设备	2016-8-31	实用新型
103	一种煤气化制备洁净气基竖炉还原气的系统	2016-10-12	实用新型
104	氧气高炉与气基竖炉联合生产系统	2016-11-23	实用新型
105	氧气高炉与气基竖炉联合生产系统	2016-12-28	实用新型
106	一种煤热解和催化裂解产合成气系统	2017-2-22	实用新型
107	可在低温下快速开启的质子交换膜燃料电池排氢系统	2017-3-15	实用新型
108	一种用于氢燃料电池车的集中式氢热管理控制系统	2017-5-24	实用新型
109	一种垃圾热解等离子气化制备氢气燃料的系统	2017-6-27	实用新型
110	垃圾制氢的系统	2017-7-11	实用新型
111	利用垃圾制备氢气的系统	2017-7-11	实用新型
112	垃圾渗滤液电解处理系统	2017-7-11	实用新型
113	垃圾热解制备氢气的系统	2017-7-11	实用新型
114	垃圾热解发电系统	2017-7-11	实用新型
115	用于隔离型氢燃料电池的直流升压变换器	2017-7-18	实用新型
116	一种污泥处理耦合还原炼铁的系统	2017-8-15	实用新型
117	氢燃料电池、汽车及无人机	2017-8-18	实用新型
118	一种氢燃料电池双极板结构	2017-8-25	实用新型
119	乙炔加氢制乙烯与甲醇热解制氢耦合反应的系统	2017-10-31	实用新型
120	用于串联型氢燃料电池直流升压变换器	2017-11-7	实用新型
121	燃料电池辅助系统	2018-1-16	实用新型
122	一种用于氢燃料电池双极板的冷却结构	2018-3-20	实用新型
123	一种用于氢燃料电池乘用车的散热系统	2018-5-8	实用新型
124	燃料电池系统供氢装置	2018-5-25	实用新型
125	一种加氢橇装设备	2018-6-8	实用新型
126	一种带残余氢气放散功能加氢装置	2018-8-3	实用新型
127	新型燃料电池热管理系统膨胀罐	2018-9-4	实用新型
128	一种燃料电池供氢系统	2018-10-26	实用新型
129	甲烷水蒸气重整制氢的催化剂评价装置	2019-3-8	实用新型
130	一种甲醇转化制氢转化气水冷器	2019-4-19	实用新型
131	一种己二腈加氢生产己二胺的环流反应器	2019-4-30	实用新型

续表

序号	名称	公开公告日	专利类型
132	一种燃料电池氢气回流装置	2019-4-30	实用新型
133	一种气水分离器	2019-5-31	实用新型
134	一种分体式双极板及单电池组	2019-7-26	实用新型
135	一种燃料电池尾排管路及采用其的氢能源电池汽车	2020-1-3	实用新型
136	用于氢能燃料电池车内高压电器部件冷却的系统	2020-2-25	实用新型
137	一种削减分散排污口污染入河装置	2020-6-12	实用新型
138	一种氢循环泵总成	2020-6-26	实用新型
139	一种燃料电池发动机水热管理测试平台	2020-7-24	实用新型
140	一种燃料电池发动机系统的电子电路和空压机冷却装置	2020-7-24	实用新型
141	一种安全性高的加氢站	2020-7-28	实用新型
142	一种纯水产氢电解槽	2020-9-22	实用新型
143	一种燃料电池发动机测试平台排气中水分冷凝去除装置	2020-10-9	实用新型
144	氢燃料电池车用低压配电及控制系统	2020-10-16	实用新型
145	一种用于氢燃料电池车整车低压配电的集成功率盒	2021-2-5	实用新型
146	一种荒煤气制氢变换的系统	2021-2-5	实用新型
147	一种氢气系统测试平台模拟电堆产热产湿流阻装置	2021-8-3	实用新型
148	氢能燃料电池砂尘试验箱	2021-10-15	实用新型
149	电池检测装置	2021-10-22	实用新型
150	氢能燃料电池恒温恒湿试验箱	2021-11-2	实用新型
151	氢能燃料电池高温高压冲水试验箱	2021-11-2	实用新型
152	一种燃料电池测试氢气排放汽水分离装置	2021-11-9	实用新型
153	氢能燃料电池冰水泥浆冲击试验箱	2021-11-16	实用新型
154	氢能燃料电池冷热冲击试验箱	2021-11-16	实用新型
155	氢能燃料电池淋雨试验箱	2021-11-16	实用新型
156	加氢裂化尾气回收利用系统	2021-12-3	实用新型
157	一种用于回收合成氨驰放气中氮气和氢气的装置	2021-12-7	实用新型
158	一种增湿器用中空纤维膜测试系统	2021-12-21	实用新型
159	一种基于物联网的加氢机远程监控系统	2022-1-28	实用新型
160	一种燃料电池氢气循环装置	2022-2-11	实用新型
161	一种用于碱性电解水制氢的新型电解槽	2022-6-14	实用新型

1. 专利转让活动

图 3.17～图 3.20 分别为中国制氢、储氢、运氢及加氢、用氢领域专利转让情况，制氢和用氢等技术不仅在中国专利申请数量储备丰富，并且转让数量及转让占比也较高，创新主体对技术研发与转移转化活动保持较高热度。在政策激励引导、技术研发热

潮、技术转化热潮的三重驱使下，这些技术应该会继续保持"快车道"发展。

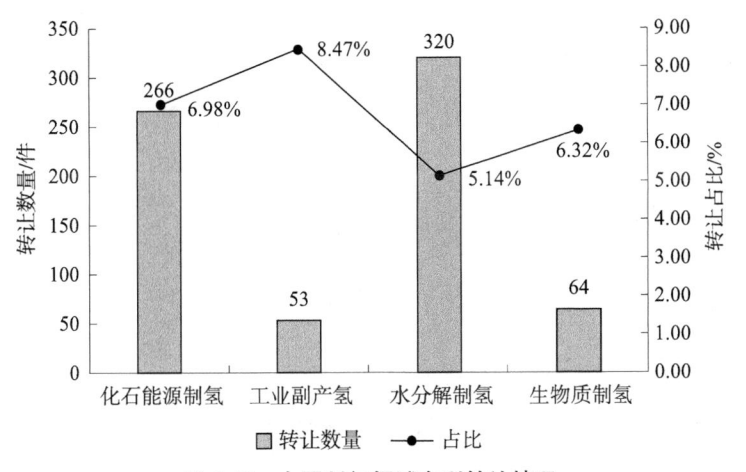

图 3.17 中国制氢领域专利转让情况

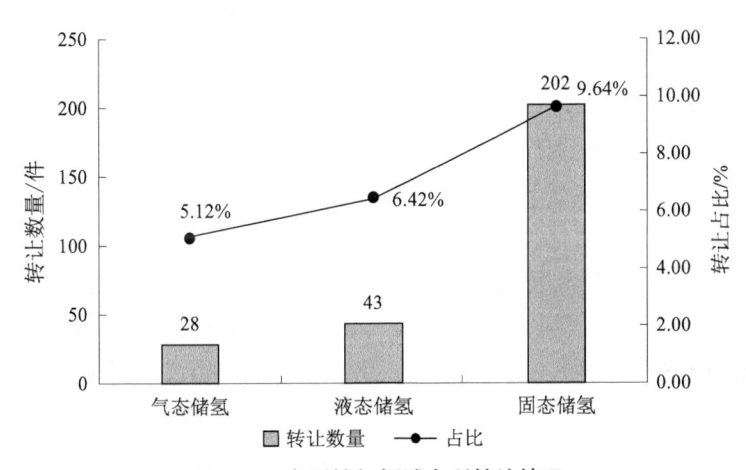

图 3.18 中国储氢领域专利转让情况

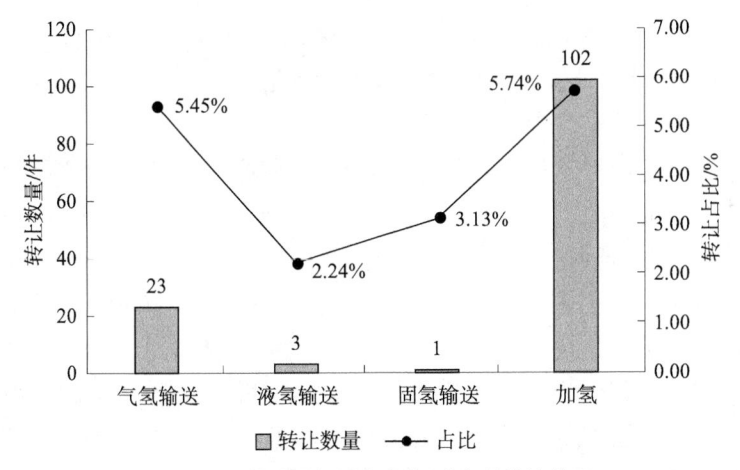

图 3.19 中国运氢及加氢领域专利转让情况

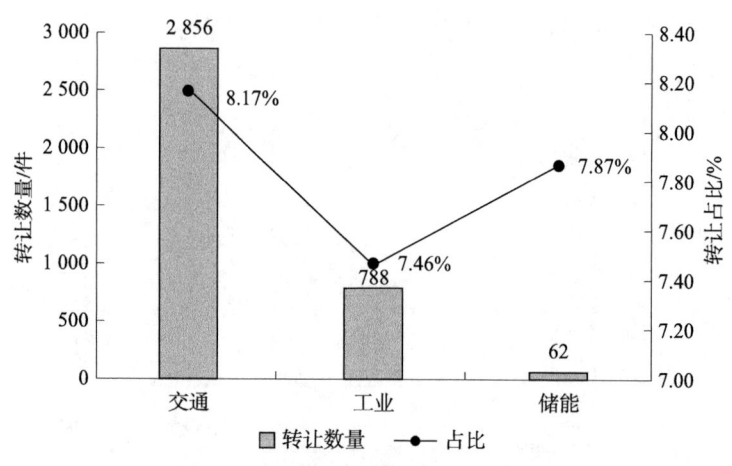

图 3.20　中国用氢领域专利转让情况

相较于制氢技术而言，储氢技术领域的专利转让数据不多，但转让率居高，平均达到 7% 以上。储氢技术领域当前的产业需求旺盛，专利转让活动活跃，但专利成果产出有限，技术供给可能尚存在一定缺口。

运氢技术的相关专利转让数量与转让率都较低，加氢技术专利申请数量储备也较为丰富，转让数量突破了 100 件。

表 3.3 为中国氢能专利转让人 TOP10 的情况，氢能领域专利转让数量领先的 10 位专利转让人中，中国机构有 9 家，包括 2 所研究机构、2 所高校与 5 所企业。上海神力科技有限公司是目前中国氢能领域专利转让数量最多的转让人，转让技术主要涉及燃料电池技术，主要受让人为国网上海电力公司。专利转让活跃的科研机构与高校还有中国科学院大连化学物理研究所（132 件）、北京有色金属研究总院（54 件）、上海交通大学（50 件）、江苏师范大学（39 件）。仅有一家转让活动活跃的国外机构——法商 bic 公司，在其转让的 52 件专利中，有 43 件转让给了智慧能源公司（外商投资企业与内资合资），主营范围包括碳减排、碳转化、碳捕捉、碳封存技术研发以及新能源领域，目前已有 47 件专利因未缴年费而失效，可能由于这些技术目前市场价值不再高昂，企业不愿意再过度投入维护。可见，此技术领域专利创造活动热度较高，但部分专利维持意愿不强，存在专利被放弃的现象。

不同于上海恒劲动力科技有限公司将专利主要转让给戈瑞屋（上海）科技发展有限公司（外商投资），中山大洋电机股份有限公司有 46 件专利转让给了自己的全资公司——大洋电机燃料电池科技（中山）有限公司。

上海神力科技有限公司成立于 1998 年，是科技部重点培育，上海市各级政府重点支持的民营新能源高新技术企业，北京亿华通科技股份有限公司是其最大股东，上海神力科技有限公司以研发生产及销售燃料电池电堆及其测试设备为主要业务活动，是国内燃料电池技术研发和产业化的先行者。承担了国家"863 计划"等多项重大课题、全程参与了"九五"至"十三五"各项国家重点项目、先后承担并完成包括国家、市级、区级重点科研攻关任务达40多项。其自主品牌燃料电池电堆，额定功率覆盖10kW～150kW，具有完全可控的自主技术和专利，各项性能技术指标优异，并批量运用于大巴、卡车、乘用车等交通领域，累计逾50款公告车型使用其自主电堆，量产以来，累计出货量超100MW，运营里程突破3 000万公里。上海神力科技有限公司已同上海汽车集团股份有限公司、上汽大众汽车有限公司、郑州宇通集团有限公司、北汽福田汽车股份有限公司、中通客车股份有限公司、中国中车股份有限公司、上海申龙客车有限公司、金龙联合汽车工业（苏州）有限公司、奇瑞汽车股份有限公司、长城汽车股份有限公司等国内知名的整车企业合作，成功开发了燃料电池新能源汽车，并在北京、上海、美国加州、英国和韩国等国家和地区成功示范运行，同时与清华大学、西安交通大学、武汉理工大学、上海交通大学、同济大学等高校研究院所有长期合作关系。

表3.3 中国氢能领域专利转让人TOP10 （单位：件）

转让人	转让数量	涉及技术领域
上海神力科技有限公司	169	燃料电池
中国科学院大连化学物理研究所	132	燃料电池、电催化剂
武汉格罗夫氢能汽车有限公司	62	氢能汽车
北京有色金属研究总院	54	电解水制氢、储氢材料
法商bic公司	52	燃料电池
上海交通大学	50	质子交换膜、过渡金属氧化物
中山大洋电机股份有限公司	50	燃料电池系统
江苏师范大学	39	光催化制氢
上海恒劲动力科技有限公司	33	质子交换膜燃料电池
苏师大半导体材料与设备研究院（邳州）有限公司	33	光触媒催化制氢

2. 专利许可活动

图3.21～图3.24分别为中国制氢、储氢、运氢及加氢、用氢领域专利许可情况。总的来看，中国氢能领域的专利许可活动活跃度整体偏低，各相关技术类别的专利许可占比为0%～1.81%。相对而言，用氢下的交通领域技术的许可活动稍多，且主要是燃料电池相关技术许可，中国专利许可数量达到177件，一定程度上也能佐证此类技术领域技术成熟度相对较好，产业关注度较高。此外，储氢技术中的固态储氢专利许可活动表现较好，占比达到1.81%，可能也是目前市场关注的重要技术方向之一。

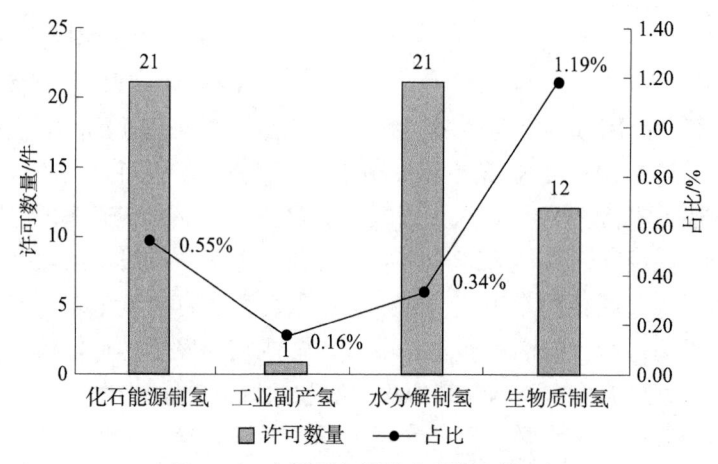

图 3.21　中国制氢领域专利许可情况

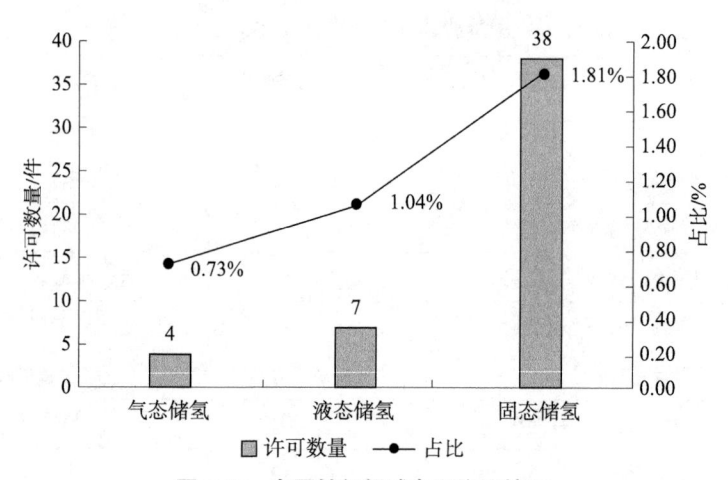

图 3.22　中国储氢领域专利许可情况

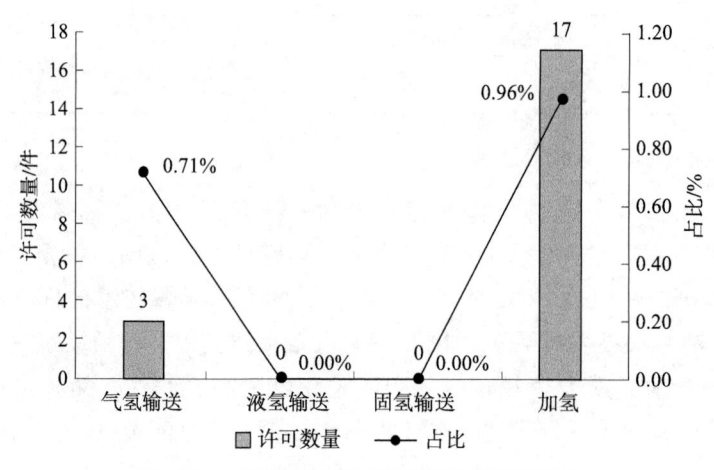

图 3.23　中国运氢及加氢领域专利许可情况

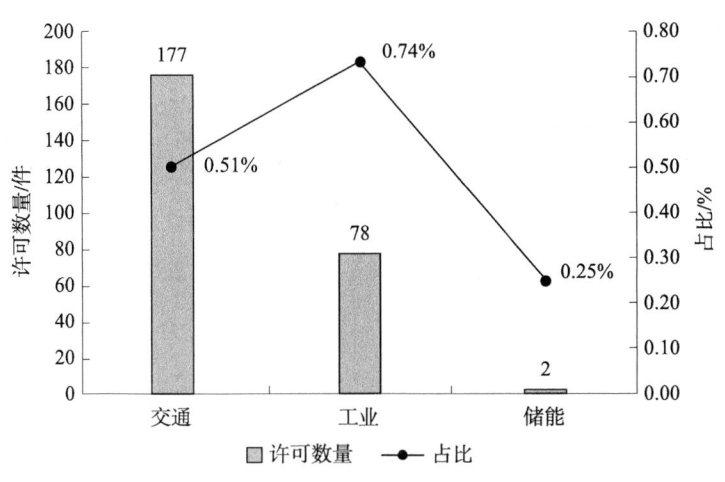

图 3.24 中国用氢领域专利许可情况

表 3.4 为中国氢能领域专利许可人 TOP10，株式会社杰士汤浅国际位列第一，许可技术主要集中在氢化物电池、储氢材料领域。第二位是上海神力科技有限公司，许可技术集中在燃料电池领域，同时也是排名第一的专利转让人，其在氢能领域的专利转化运用表现良好。汉能太阳能光伏科技有限公司现更名为嘉程永丰科技（北京）有限公司，12 件专利全部许可给了福建铂阳精工设备有限公司（主营薄膜太阳能光伏组件）。上海合既得动氢机器有限公司许可给了广东能态科技有限公司 9 件主要涉及生物质发电以及制氢的专利，同时其也是广东能态科技有限公司大股东。天能电池集团股份有限公司将 8 件专利许可给了自己的全资子公司浙江天能氢能源科技有限公司。此外，高校和科研院所的专利许可活动表现较好，许可活动最活跃的前 10 位许可人中，科研院所和高校占五分之二。

表 3.4 中国氢能领域专利许可人 TOP10　　　　　　　　　　（单位：件）

许可人（不含个人许可人）	许可数量	涉及领域
株式会社杰士汤浅国际	21	氢化物电池、储氢材料
上海神力科技有限公司	14	燃料电池
汉能太阳能光伏科技有限公司	12	甲醇重整制氢
江苏科技大学	12	固体氧化物燃料电池、储氢材料
浙江大学	12	制氢储氢
三洋电机株式会社	10	燃料电池
中国科学院大连化学物理研究所	10	燃料电池
北京航天试验技术研究所	10	液氢加注
上海合既得动氢机器有限公司	9	生物质发电、制氢
天能电池集团股份有限公司	8	燃料电池

3. 专利诉讼活动

如图 3.25 所示，氢能在华各类技术的专利涉诉活动均不活跃。相对而言，下游的用氢领域中交通和工业的在华专利诉讼稍多，可能与这两个技术领域的产业化程度较高、容易产生经济纠纷有关。

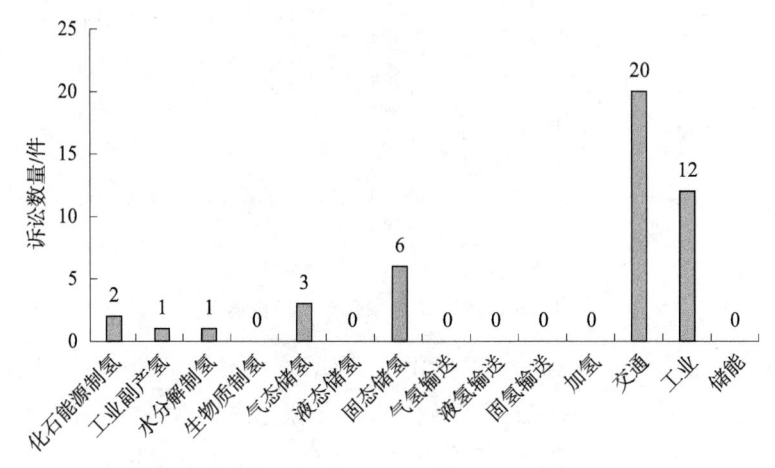

图 3.25　中国氢能领域技术诉讼情况

3.7　近二十年中国专利概况

为把握近年来中国氢能产业发展情况，本节选取申请日（2003.1.1—2022.12.31）的中国氢能专利申请数据进行分析，为氢能产业相关技术创新、产业链建设、政策制定等方面提供支撑（检索时间为 2023 年 9 月 15 日）。

国内氢能产业领域整体发展势头迅猛，中国专利申请总量达到了 43 278 件（38 459 项），从图 3.26 来看，申请趋势逐年递增，且在 2015 年后呈现爆发式增长，这些都离不开国内良好的政策环境支持。近年来，国家开始频繁出台产业下游氢燃料电池汽车相关政策，如相继推出《关于 2016—2020 年新能源汽车推广应用财政支持政策的通知》《能源技术革命创新行动计划（2016—2030 年）》《"十三五"国家战略性新兴产业发展规划》等，产业系列扶持政策都将氢能源发展提升到国家战略高度，不仅极大地激发了地方政府、企业、高校及科研院所对氢燃料电池汽车的研发热情，同时促使氢能源下游氢燃料电池汽车应用领域迎来了新的发展机遇。

从国内技术来源的地区排名（图 3.27）来看，北京、江苏、上海、广东专利申请量排名靠前。国内申请量排名靠前的地区，均属于国内经济实力较为发达的地区，这也从侧面反映出目前氢能产业中氢燃料电池汽车的研发需要以雄厚的资金为依托。排名前三的北京、江苏、上海均具有较强的经济优势和人才优势；广东省则以人才吸引力和资源整合能力强等形成了区域优势，其申请量排名全国第四；湖北省拥有武汉格罗夫氢能汽车有限公司、武汉理工大学和华中科技大学等创新主体；辽宁省拥有中国科学院大连化学物理研究所、大连理工大学和大连新源动力股份有限公司等重要申请人,具有创新资源和人才资源优势。专利总量排名前十位的地区专利总量在全国的占比超过四分之三,一定程度上能够说明,这些是氢能产业专利申请量集中度最高的地区。

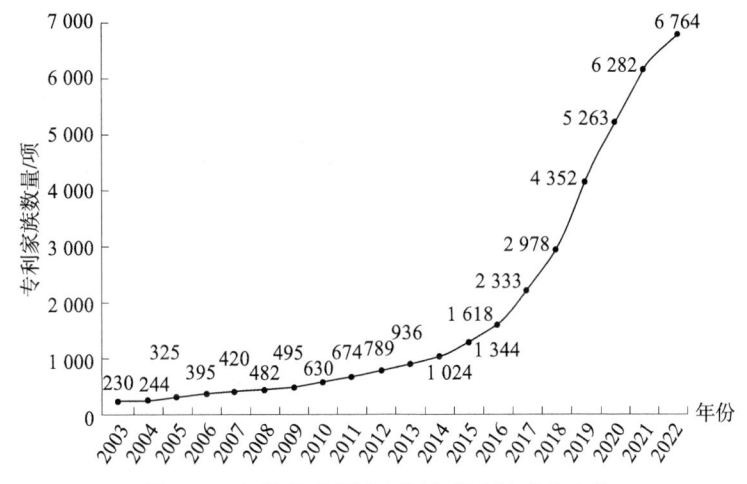

图 3.26　氢能技术领域中国专利申请趋势变化

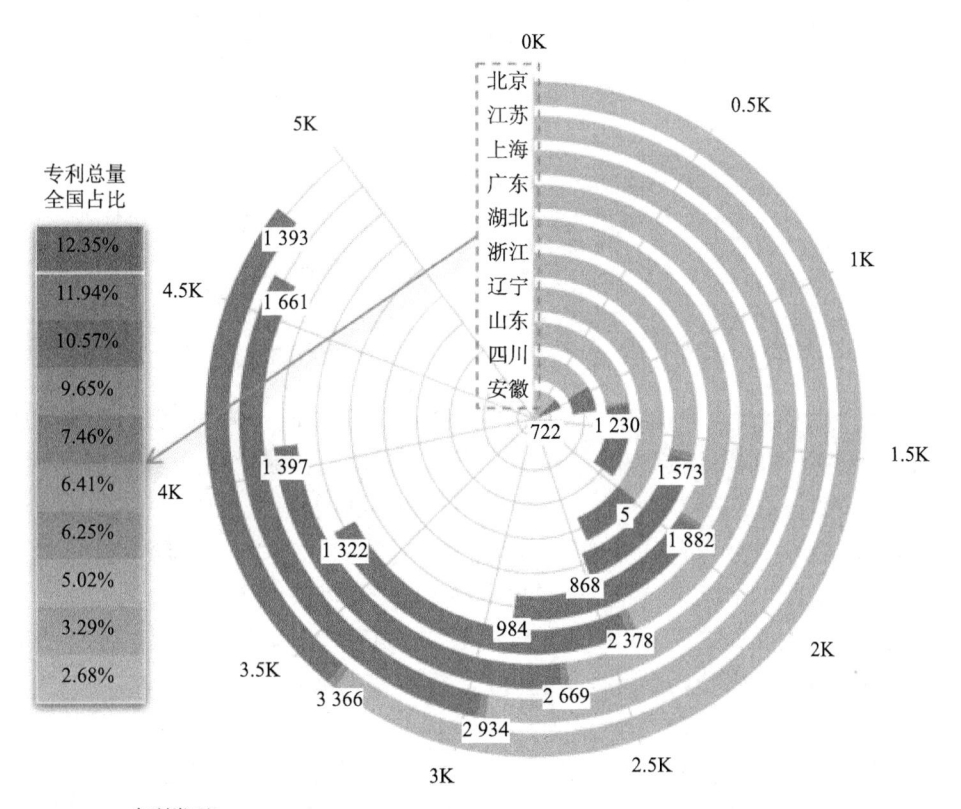

图 3.27　氢能技术领域国内地区专利申请量排名（单位:项）

063

从国内的创新主体排名词云图（图3.28）来看，排名靠前的申请人包括企业、高校、科研院所三类创新主体。其中，中国科学院大连化学物理研究所以1 156项位列第一，紧接着是国内龙头企业武汉格罗夫氢能汽车有限公司（726项）和北京亿华通科技股份有限公司（602项）。高校也是氢能领域专利申请的重要角色，4所高校入围中国前10位领先申请人，依次是西安交通大学、清华大学、浙江大学、华南理工大学。总体来看，中国在氢能领域专利技术研发热度高，创新成果丰富，技术发展态势十分可观；科研机构与企业研发能力突出。在学术界、产业界双轮推进下，中国的氢能产业生态链将不断完善，进一步形成技术创新促进产业发展、产业提升牵引技术进步的良性循环。

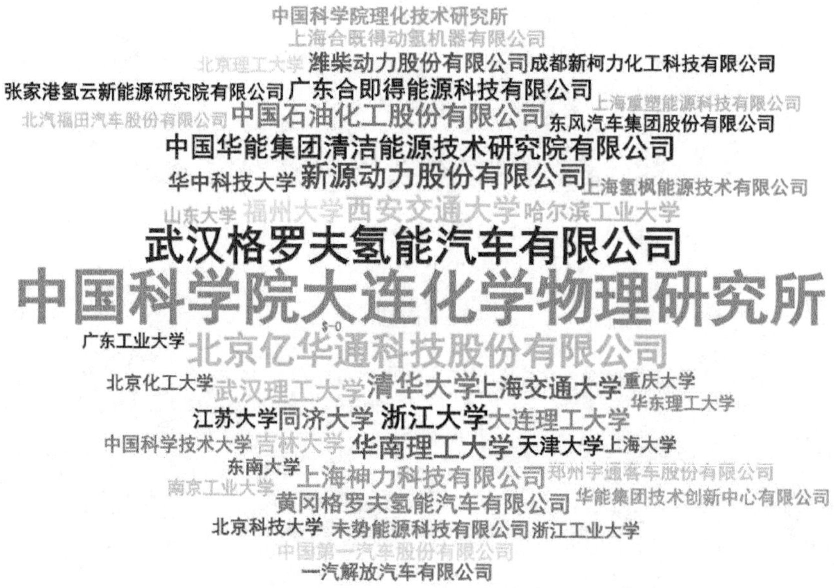

图3.28　氢能技术领域国内申请人TOP30词云图

大连市是氢能与氢燃料电池的基础研究和技术创新高地，研发资源、研发能力和创新成果在国内外占有重要的地位。早在2020年10月27日就发布了《大连市氢能产业发展规划（2020—2035年）》，提出了氢能中长期发展的路径与目标。大连市已初步形成了相对完整的氢能产业链，基础研发等相关条件资源也支撑了氢能产业的迅速发展，在氢能的制备、储运与应用等部分都提出了具体的产业路线图（图3.29）。

大连市在氢气制备方面，集中于氢气制取技术和氢气制取装备。通过近期和远期不同发展重点来进一步提升核心装备制造能力，逐步实现工艺及设备的本地化生产，降低制氢成本。

在氢气制备方面，大连市聚焦储氢装备和加氢站装备，提出了近期（2020—2025年）和远期（2025—2035年）重点发展的部件等关键装备。在储运方面，列明了重点发展的储氢新材料包括多孔聚合物氢气吸附存储材料、有机液体储氢材料、多孔碳氢气吸附存储材料，进一步推动气态储氢、液态储氢与固态储氢技术领域的发展（图3.30）。

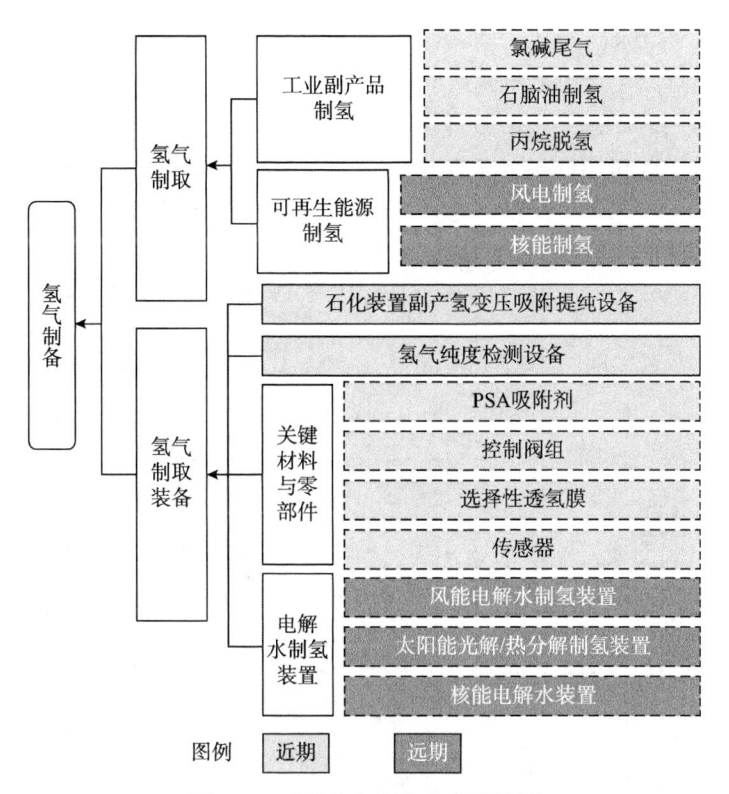

图 3.29 大连氢气制备产业路线图

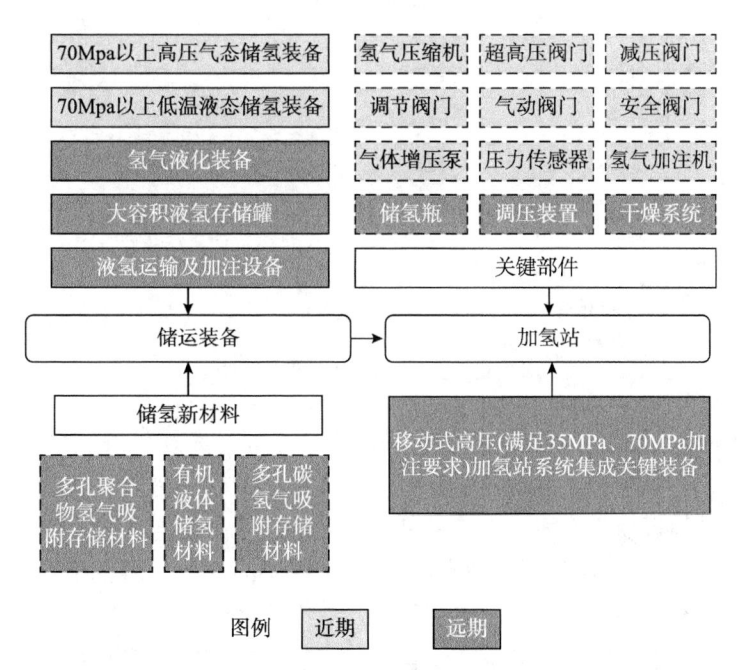

图 3.30 大连氢气储运产业路线图

在氢燃料电池方面，大连市依托中国科学院大连化学物理研究所、大连理工大学等科研院所在氢燃料电池电堆、氢燃料电池辅助系统两方面提出了大连燃料电池产业路线图。在氢能应用方面，大连市结合自身发展情况，提出了氢燃料电池汽车、氢燃料电池船舶、氢燃料电池机车以及其他四个重点应用领域（图3.31）。指出了各个领域近期（2020—2025年）和远期（2025—2035年）重点发展技术方向。

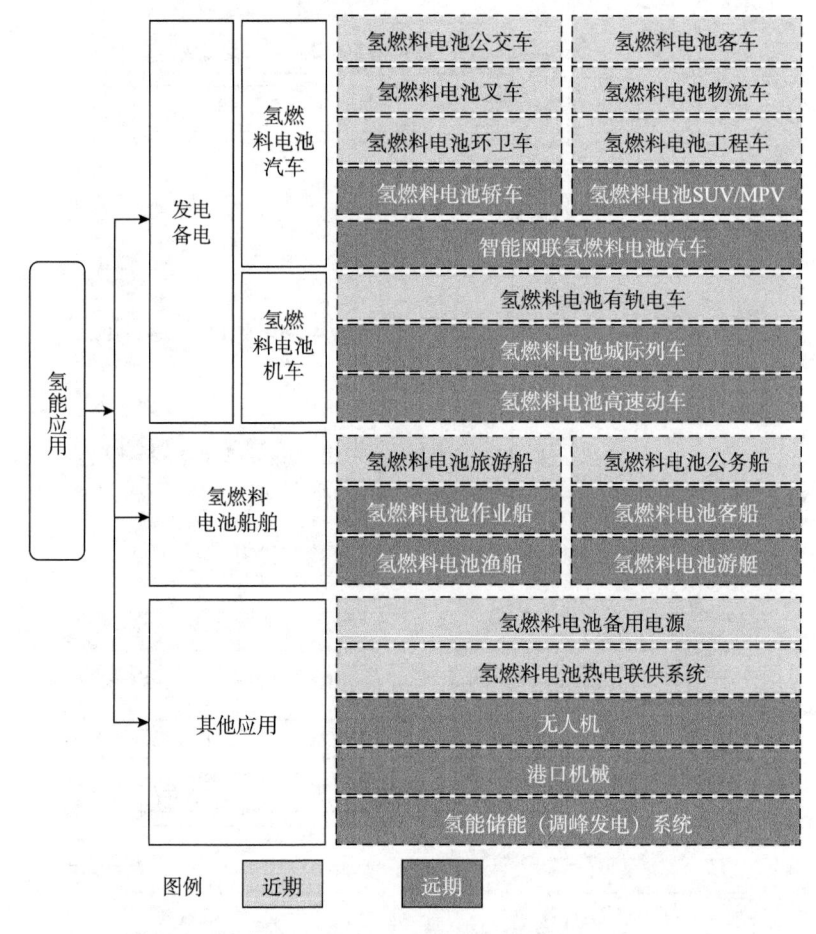

图 3.31 大连氢能应用产业路线图

图3.32展示了大连市氢能产业链布局的主要企业，大连市围绕氢能整个产业链均有一定数量的企业布局，上游的制氢环节除了体量较少的生物质制氢技术，其他制氢技术均有布局，在制氢设备方面，大连中鼎化学有限公司、大连连城数控机器股份有限公司、大连宇科创新科技有限公司等布局较多；在中游的储氢和运氢环节，主要是大连福佳大化石油化工有限公司、大连岩谷气体机具有限公司、洺源科技（大连）有限公司等主要企业布局；在下游的用氢环节，大连市在交通、工业以及能源领域都有代表性企业布局，在燃料电池方面主要包括大连锐格新能源科技有限公司、国创氢能科技有限公司、新源动力股份有限公司、洺源科技（大连）有限公司、大连氢锋客车有限公司、大

连宇科创新科技有限公司等。冰山集团在加氢环节是大连具有代表性企业；在工业方面，中国石油大连石油化工有限公司、恒力石化（大连）有限公司、三达奥克化学股份有限公司、大连大平油脂化学有限公司等均为典型代表。大连市在燃料电池方面企业布局较多，在燃料电池细分技术领域也处于相对领先的地位。

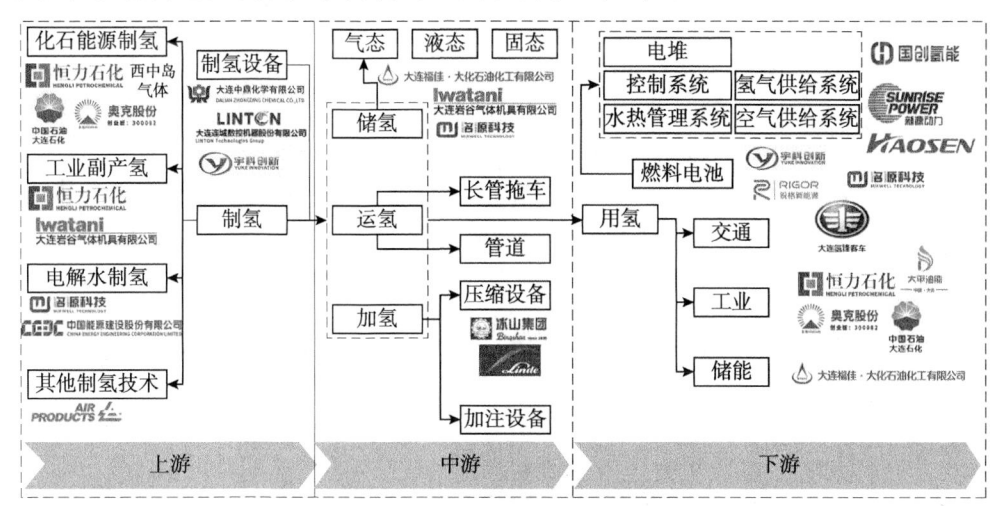

图3.32 大连市氢能产业链布局企业

对大连市近二十年氢能产业专利情况进行进一步分析，得到表3.5所示的结果。

表3.5 大连市氢能产业一级技术专利构成 （单位：项）

一级技术	全球	全国	辽宁	大连	大连在全国占比	大连在辽宁占比
制氢	10 504	6 182	297	178	2.88%	59.93%
储氢	7 026	4 448	176	73	1.64%	41.48%
运氢加氢	3 838	2 236	62	22	0.98%	35.48%
用氢	76 079	26 738	1 641	1 345	5.03%	81.96%

表3.5与图3.33反映了全球、中国、辽宁省及大连市的氢能产业一级技术分布情况。整体显示，氢能全产业链发展不均衡，相关技术专利主要集中在下游的用氢领域，中游的储氢、运加氢技术专利布局较少。从大连市氢能技术专利在全国的占比来看，明显用氢领域占比最高，为5.03%，运氢加氢技术占比最低，仅为0.98%。从大连市氢能技术专利在全省的占比来看，大连市的制氢、储氢、运氢加氢、用氢领域专利均占辽宁省相关技术领域专利量的30%以上，其中，制氢占比达到59.93%，值得注意的是，大连市用氢技术占比超过80%，一定程度上主导了辽宁省在用氢领域的技术创新。

在创新主体方面，大连市前三位的中国科学院大连化学物理研究所（1 156项）、新源动力股份有限公司（373项）、大连理工大学（268项），对大连市的氢能发展贡献了重要力量。创新主体包括科研院所、高校、企业三类。高校方面，大连理工大学研发产业链较长，大连海事大学在交通等多个领域都有所涉及，大连交通大学专利则全部属于氢燃料电池领域。企业方面，只有中国石油化工股份有限公司大连石油化工研究院和中冶焦耐（大连）工程技术有限公司产业链发展比较全面，研发方向涵盖了上下游多个技术领域。

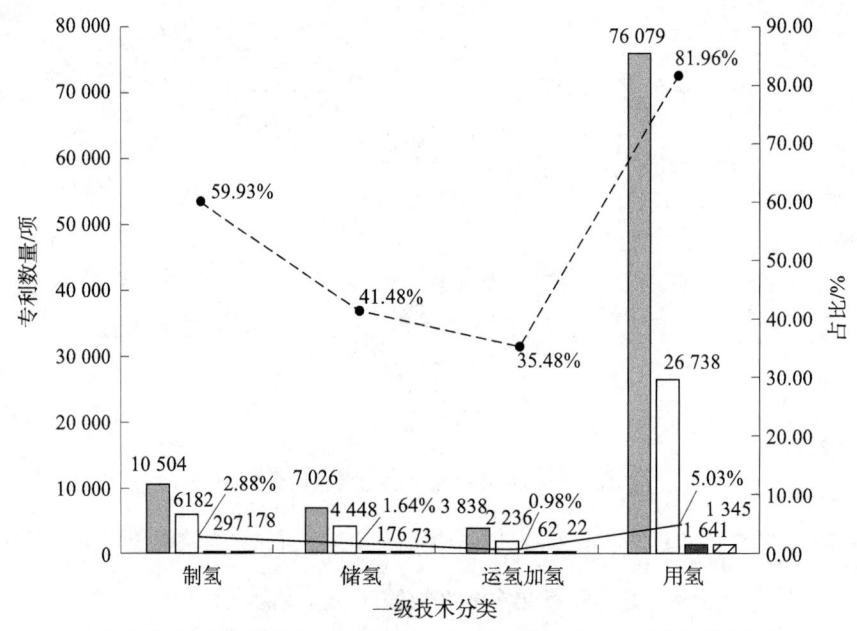

图 3.33 大连市氢能产业一级技术专利构成

大连市龙头企业创新活动集中，但尚未形成合理布局。企业都集中在下游用氢领域，氢燃料电池成为下游应用最主要的创新方向，在运氢加氢领域还是"空白"。整体而言，龙头企业的产品集中在下游用氢环节，主要依靠燃料电池研发优势来支撑产业地位，上游制氢、中游储运环节企业规模相对较小，不具备技术和产品优势，专利数量不多，质量不高，未形成合理的布局，在行业竞争中缺乏专利控制力。企业之间的同质化竞争倾向明显，基本没有体现出专利对于产业竞争地位的支撑作用，在全球产业分工中的竞争地位主要依靠氢燃料电池技术维护。

大连市高校院所人才储备丰富，但人才留用方面有待加强。氢能产业涉及很多在传统领域中较为少见的技术，如质子交换膜技术、燃料电池高效催化剂制备技术、金属双极板表面处理技术等，这些技术的研究与突破需要大量复合实用型人才，如燃料电池的开发，既需要人才熟练掌握工程设计技术，也需要熟悉电化学原理，还需要其有过相关工程设计经验。大连市依托中国科学院大连化学物理研究所和大连理工大学等高校和科研机构积累了丰富的人才（表3.6）。

表 3.6 大连市部分氢能核心研发团队及创新方向

一级技术领域	申请人名称	核心研发人员	创新方向
制氢	中国科学院大连化学物理研究所	邵志刚；俞红梅	电解水制氢
	中国科学院大连化学物理研究所	李灿；鄢洪建；雷志斌	光解水制氢
	中国科学院大连化学物理研究所	陈光文；孙公权	甲醇制氢
	中国科学院大连化学物理研究所	王树东；潘立卫；袁中山	天然气制氢、煤制氢
	中国科学院大连化学物理研究所	王峰；任濮宁；罗能超	生物质制氢
	大连理工大学	徐绍平；刘淑琴；张洪岗	煤制氢、生物质制氢
	大连理工大学	宋玉江；王学良；王盛杰	电解水制氢
	大连理工大学	赵忠奎；史彦涛	光解水制氢
	大连海事大学	沈秋婉；邹龙；李世安	光解水制氢
	大连海事大学	崔大安；孟涛	甲醇制氢
	中冶焦耐（大连）工程技术有限公司	王满；吴思妍	焦炉煤气制氢
	中国石油化工股份有限公司大连石油化工研究院	宋永一；张彪；王鑫	生物质制氢
	中国石油化工股份有限公司大连石油化工研究院	陈博；孟兆会；刘玲	天然气制氢
储氢	中国科学院大连化学物理研究所	陈萍；黄延强；孙立贤	化学氢化物
	大连理工大学	邱介山、孟长功	化学氢化物
	中国石油化工股份有限公司大连石油化工研究院	赵亮；王刚；方向晨	物理吸附材料
	大连宇晨高新材料有限公司	张笑闻；王君伟；唐殿磊	塑料内胆纤维缠绕瓶
运氢加氢	大连理工大学	刘培启；王毅琳；胡大鹏	液氢加氢
	大连海事大学	崔礼东	液氢驳船
	大连福佳大化石油化工有限公司	陈国海；金宇博；宋荣伟；林南；周世纬；于英乐；	纯氢管道输送
	中国昆仑工程有限公司大连分公司	崔亚军；张莉；陈维思；何学坤	加氢
	大连派思燃气设备有限公司	刘丰田；范广忠；张连杰	天然气管道掺氢输送
	大连交通大学	徐洪峰、田如锦	氢燃料电池

大连市在氢能产业的各个技术领域都储备了一批研发人才,既包括中国科学院大连化学物理研究所、大连理工大学等科研院所和高校,还有中国石油化工股份有限公司大连石油化工研究院等。技术全方位覆盖,特别是燃料电池领域有较为聚集的人才团队。但在一些技术薄弱环节和关键技术环节仍存在人才稀缺和人才流失的问题。

除研发人才外,大连市企业知识产权管理及专利运营方面的人才同样缺乏,很多企业甚至没有专职负责企业知识产权的人员,专利运营方面的人才则更加稀缺。建议大连市相关政府部门加大对各类人才的系统培养工作,同时做好高端人才引进和人才方面的工作。目前来看,在氢能产业的人才留用和人才激励方面还有待进一步加强。

大连市专利市场运营程度有待提高。进一步统计了大连市氢能专利运营的情况,转让专利数量132件,对技术领域分布分析可知,转让专利中氢燃料电池技术领域占比96%(图3.34),可见氢燃料电池技术领域是主要的市场产业化热点。

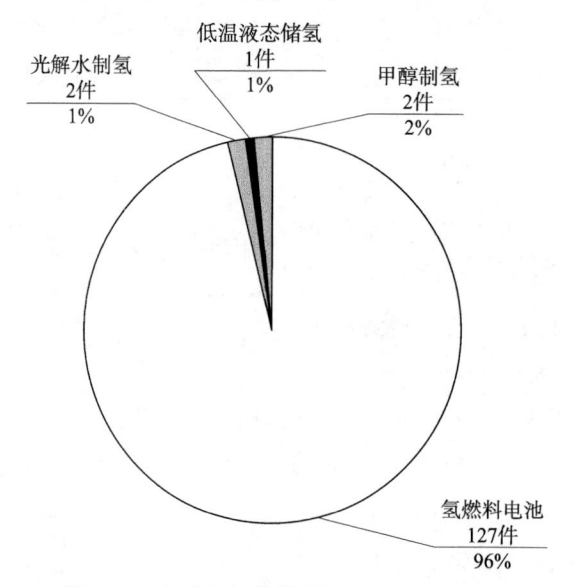

图3.34 大连市氢能领域转让专利技术构成

专利流向如图3.35所示,中国科学院大连化学物理研究所是大连市氢能领域专利转让数量最多的转让人,转让技术主要涉及燃料电池技术,主要受让人是新源动力股份有限公司,其他还包括国创氢能科技有限公司、中国科学院大连化学物理研究所张家港产业技术研究院有限公司、中科军联(张家港)新能源科技有限公司、中科嘉鸿(佛山市)新能源科技有限公司、中钛国创(青岛)科技有限公司等。

大连市氢能领域专利许可和质押情况见表3.7、表3.8。主要集中在氢燃料电池和生物质制氢两个方面。一些研究类专利或者技术成熟度欠缺的专利,成品率达不到市场要求的专利,都不会是许可的主流,尤其对一些需要专利技术进行产业化产品的企业来说更是这样。因此,专利许可活跃的技术领域一定程度上代表着该技术领域产业化程度较高,技术和市场活跃度较高,也是被竞争主体竞相看好的技术方向。

图 3.35 大连市氢能领域转让专利流向图

表 3.7 大连市氢能领域许可专利列表

序号	专利号	专利名称	许可人	被许可人	技术领域
1	CN102255085A	一种制备燃料电池催化膜电极用的催化剂浆料及其制备	中国科学院大连化学物理研究所	嘉寓氢能源科技（辽宁）有限公司	氢燃料电池
2	CN108075158A	一种燃料电池CCM膜电极的制备方法	中国科学院大连化学物理研究所	嘉寓氢能源科技（辽宁）有限公司	氢燃料电池
3	CN107623131A	基于铂或铂合金纳米管的膜电极的制备及其应用	中国科学院大连化学物理研究所	嘉寓氢能源科技（辽宁）有限公司	氢燃料电池
4	CN101140991A	一种质子交换膜燃料电池电极催化层及其制备	中国科学院大连化学物理研究所	宝应县润华静电涂装工程有限公司	氢燃料电池

续表

序号	专利号	专利名称	许可人	被许可人	技术领域
5	CN101847729A	一种高分散性有机-无机复合电解质膜的制备方法	中国科学院大连化学物理研究所	宝应县润华静电涂装工程有限公司	氢燃料电池
6	CN100586560C	坡缕石负载镍基生物质焦油重整制氢催化剂及其制备方法	大连理工大学	永兴鑫裕环保镍业有限公司	生物质制氢
7	CN101172232A	坡缕石负载镍基生物质焦油重整制氢催化剂及其制备方法	大连理工大学	永兴鑫裕环保镍业有限公司	生物质制氢

表 3.8 大连市氢能领域质押专利列表

专利号	专利名称	申请人	技术领域
CN208767400U	一种应用于燃料电池的鼓泡增湿装置	大连锐格新能源科技有限公司	氢燃料电池
CN208806308U	一种燃料电池氢气回流装置	大连锐格新能源科技有限公司	氢燃料电池
CN208911723U	一种气水分离器	大连锐格新能源科技有限公司	氢燃料电池
CN211085686U	一种燃料电池发动机水热管理测试平台	大连锐格新能源科技有限公司	氢燃料电池
CN211090450U	一种燃料电池发动机系统的电子电路和空压机冷却装置	大连锐格新能源科技有限公司	氢燃料电池
CN211635933U	一种燃料电池发动机测试平台排气中水分冷凝去除装置	大连锐格新能源科技有限公司	氢燃料电池
CN212571056U	一种燃料电池增湿器的补水预热装置	大连锐格新能源科技有限公司	氢燃料电池
CN213870225U	一种氢气系统测试平台模拟电堆产热产湿流阻装置	大连锐格新能源科技有限公司	氢燃料电池
CN214588919U	燃料电池组装产线和燃料电池电堆气密性检测系统	大连锐格新能源科技有限公司	氢燃料电池
CN214635051U	一种燃料电池测试氢气排放汽水分离装置	大连锐格新能源科技有限公司	氢燃料电池
CN215815966U	一种燃料电池氢气循环装置	大连锐格新能源科技有限公司	氢燃料电池
CN216288543U	一种大功率燃料电池喷淋增湿器	大连锐格新能源科技有限公司	氢燃料电池
CN210576233U	一种燃料电池测试系统用燃料控制装置	洺源科技（大连）有限公司	氢燃料电池
CN210692685U	一种燃料电池电堆测试装置	洺源科技（大连）有限公司	氢燃料电池
CN210846877U	一种燃料电池膜电极生产用催化剂连续喷涂装置	洺源科技（大连）有限公司	氢燃料电池
CN211045603U	一种燃料电池系统用尾气排放装置	洺源科技（大连）有限公司	氢燃料电池
CN211116547U	一种燃料电池系统空压机测试装置	洺源科技（大连）有限公司	氢燃料电池
CN215869492U	一种燃料电池氢气排气装置	洺源科技（大连）有限公司	氢燃料电池

续表

专利号	专利名称	申请人	技术领域
CN215869475U	一种燃料电池用金属双极板	洺源科技（大连）有限公司	氢燃料电池
CN102110820B	锌溴氧化还原液流电池正极电极及其制备	中国科学院大连化学物理研究所	氢燃料电池
CN207330355U	从煤制气中提纯氢气制备高纯及超高纯氢气的装置	大连中鼎化学有限公司	化工
CN210956853U	一种带压力自平衡功能的燃料电池膜增湿器装置	大连宇科创新科技有限公司	氢燃料电池

总的来看，大连市氢能领域依托科研院所与高校积累了大量创新成果，且已经孵化了氢燃料电池领域的国内龙头企业——新源动力股份有限公司和国创氢能科技有限公司，但仍然有大批存量专利有待落地转化实施，大型企业相继进入氢能领域进行技术布局，其较强的技术应用实施需求，能承接技术转化实施，同时各方不断加大研发投入，也使得技术突破存在更多的可能性，从而能打通氢能全产业链发展，畅通成果转化路径，实现氢能产业的良性发展。

4 氢能产业重点技术专利分析

4.1 氢燃料电池专利申请趋势

氢燃料电池全球专利申请趋势如图 4.1 所示，在 1900—1975 年专利较少，氢燃料电池领域还未引起关注。1976—1996 年，氢燃料电池专利申请数量整体保持增长态势。在 2000 年呈爆发式增长，迎来了两个研发热潮，第一个研发热潮是 2000—2006 年，第二个研发热潮是 2013—2020 年。2021 年，氢燃料电池专利年度申请数量出现下降，这与部分专利申请未公开有关。

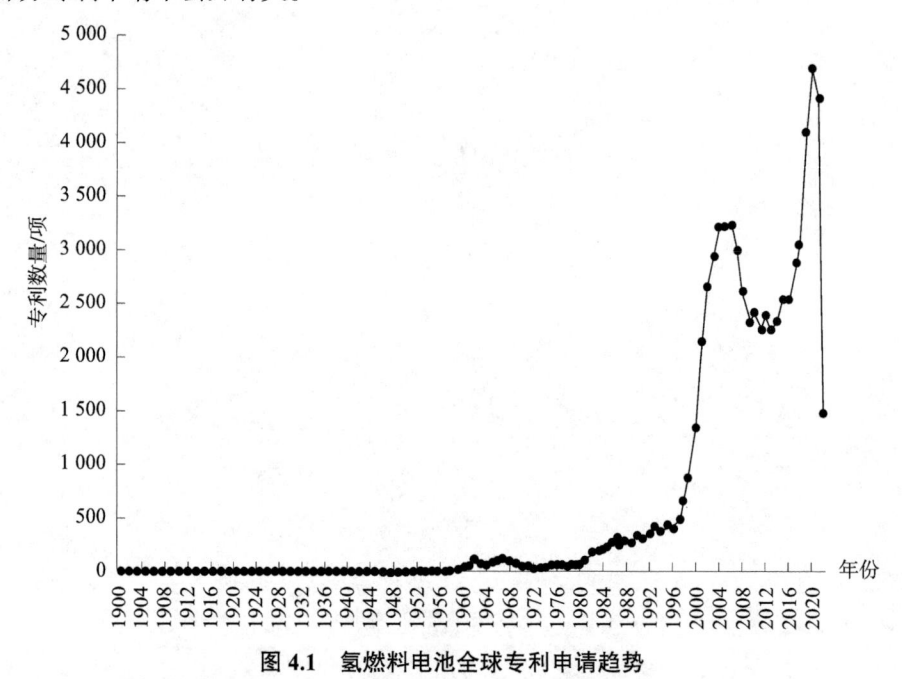

图 4.1 氢燃料电池全球专利申请趋势

4.2 氢燃料电池专利技术来源地

图 4.2 所示是结合氢燃料电池全球专利技术来源国家的专利申请趋势，可以看出，

从 1980 年开始，日本氢燃料电池专利持续增多。日本开展氢能源及燃料电池示范项目，以丰田自动车株式会社、本田技研工业株式会社、日产自动车株式会社等为代表的日本主要汽车制造商加大研发力度，激发了创新活力，专利快速增长，形成了氢燃料电池全球专利申请趋势的第一个研发热潮。另外，我国的专利申请量始终保持整体上涨态势，从 2016 年起，呈现爆发式增长，年均增速超过 20%，形成了氢燃料电池全球专利申请趋势中的第二个研发热潮。

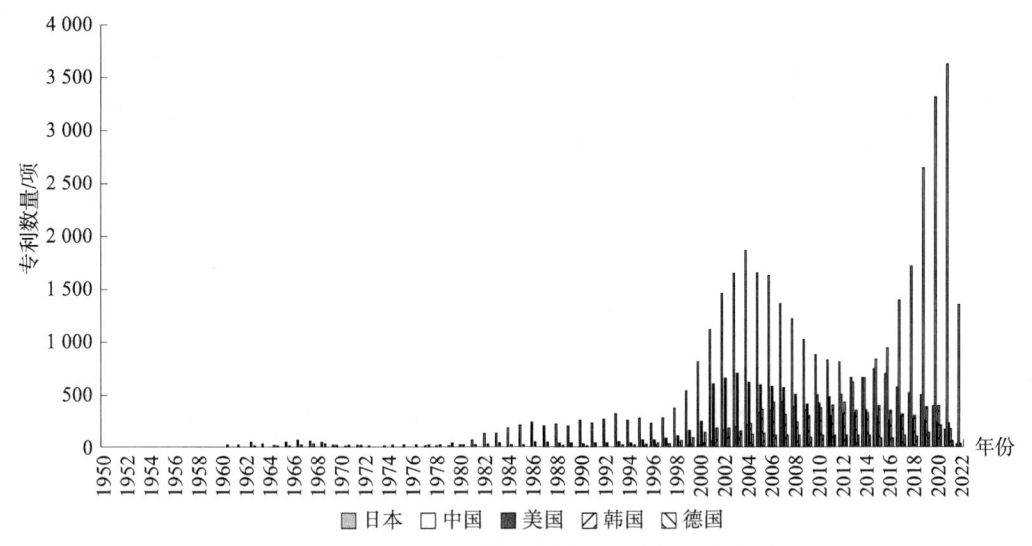

图 4.2　氢燃料电池全球专利技术来源地专利申请趋势

4.3　氢燃料电池专利技术构成

氢燃料电池技术又分为电堆和系统部件两部分。电堆专利申请量占氢燃料动力电池系统专利申请量的 62.89%，系统部件专利申请量占氢燃料动力电池系统专利申请量的 37.11%（图 4.3）。

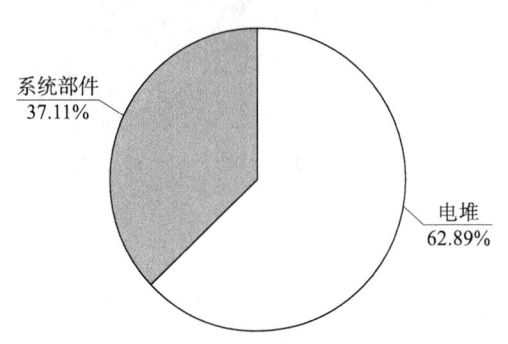

图 4.3　氢燃料电池全球专利技术构成

电堆是整个电池系统的核心，包括由膜电极、双极板构成的各电池单元以及集流板、密封件等。膜电极的关键材料是质子交换膜、催化剂、气体扩散层。本章分析了电堆组件，包括催化剂、质子交换膜、扩散层、双极板、集流板、密封件、组装工艺七个部分。

系统部件是燃料电池的重要组成部分，包括氢气供给系统、空气供给系统、水热管理系统和电路控制系统协同工作。基本工作原理是：氢气瓶向电堆供给氢气，氢气供给系统（包括引射器、氢循环泵、电磁阀、减压阀）保证氢气流量、压力的稳定供应，并实现氢气循环利用。空气供给系统（包括空气压缩机、增湿器、过滤器）通过对氢燃料电池电堆入口空气进行增压，增加氢燃料电池发动机的效率和功率密度，进而增加系统的体积功率密度。因为氢燃料电池的质子交换膜需要含有足够的水才能促进氢质子的传输，增湿器将进入电堆的空气进行增湿，保障质子交换膜的湿润性。水热管理系统（包括膨胀水箱、增湿器、散热器）通过循环水将电堆内部的温度降低，保障质子交换膜不会因为高温而灼伤出微孔。电路控制系统（包括DC/DC变换器）连接控制车辆内部用电装置。

图4.4可以看出，氢燃料电池专利电堆领域中，催化剂领域专利数量最多，占比26.75%，因为催化剂的成本最高，对燃料电池性能的影响最大。其次是质子交换膜，也是氢燃料电池的关键部件。说明氢燃料电池核心技术还是在双极板的研究方面。氢燃料电池专利系统部件领域中，按照专利数量排序依次是：电路控制系统、氢气供给系统、水热管理系统、空气供给系统。

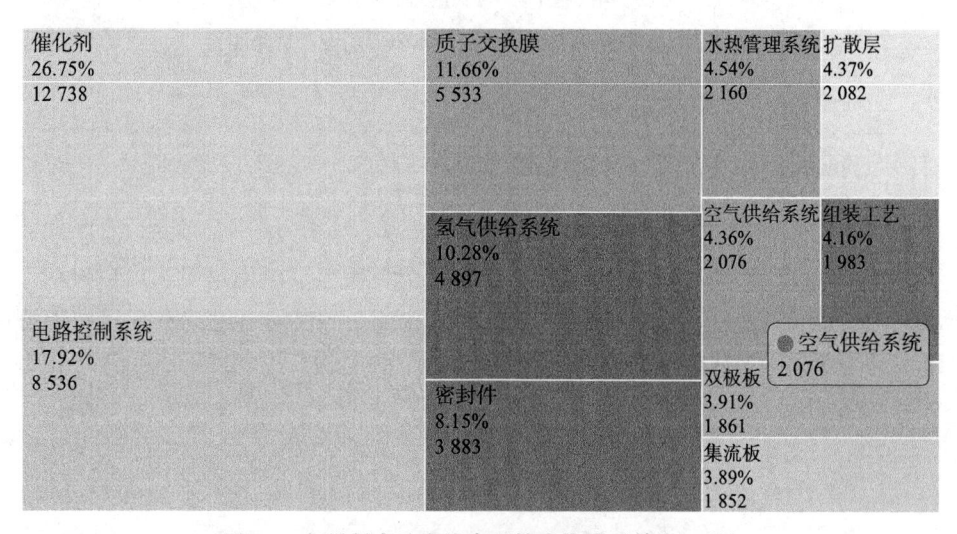

催化剂 26.75% 12 738	质子交换膜 11.66% 5 533	水热管理系统 4.54% 2 160	扩散层 4.37% 2 082
电路控制系统 17.92% 8 536	氢气供给系统 10.28% 4 897	空气供给系统 4.36% 2 076	组装工艺 4.16% 1 983
	密封件 8.15% 3 883	双极板 3.91% 1 861	●空气供给系统 2 076
		集流板 3.89% 1 852	

图4.4 氢燃料电池电堆专利技术构成（单位：项）

4.4 国外主要创新主体

由图4.5可知，燃料电池领域专利申请量排名前5位申请人中，日本企业在燃料电池技术中具有较明显的集体优势。另外，排名前 20 位的申请人全部为日本企业，其中包括丰田自动车株式会社、本田技研工业株式会社、日产自动车株式会社等，也涵盖了松下电器产业株式会社、株式会社东芝等电子公司。

申请人	专利数量
丰田自动车株式会社	2 056
本田技研工业株式会社	1 303
日产自动车株式会社	1 259
松下电器产业株式会社	828
株式会社东芝	775

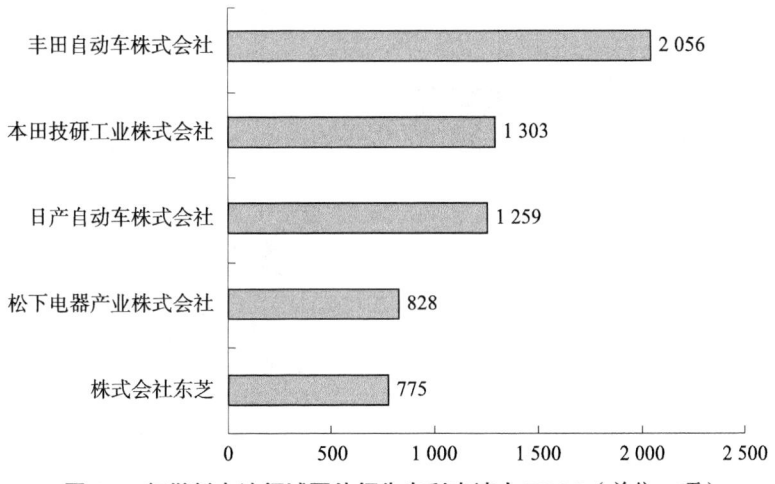

图 4.5　氢燃料电池领域国外领先专利申请人 TOP5（单位：项）

丰田自动车株式会社是全球领先的汽车生产集团和燃料电池制造商，现为世界销量排名第一的汽车制造商。丰田自动车株式会社于 1996 年成功研发出第一辆质子交换膜燃料电池（PEMFC）汽车，之后逐渐加大对燃料电池汽车的研发与生产，全面布局氢燃料电池汽车领域，已推出氢燃料电池汽车系列产品，包括乘用车 Mirai、巴士 Sora 以及卡车、叉车等。Mirai 续驶里程 650km，到 2020 年实现全球年销量超过 3 万辆。在氢燃料电池领域专利布局 2 056 项，根据丰田自动车株式会社氢燃料电池系统申请专利的技术分布发现，丰田自动车株式会社在电堆领域和系统部件领域占比分别为 52.92% 和 47.08%。前期主要集中在电堆和膜电极关键技术，后期丰田自动车株式会社的专利技术布局主要集中在系统部件（如氢气供给系统和电路控制系统）等领域，在解决了核心材料等技术问题后，氢燃料电池车的集成控制技术成为了当前主要问题。专利涉及催化剂（如铂催化剂、核壳催化剂结构、铂钴三元催化剂）519 项，氢气供给系统（如氢气供给系统、氢气循环泵、气体泄漏监测、减压阀）369 项、电路控制系统（如启停控制、氢气压力控制、电压电流控制、阀控制）352 项等技术领域（图 4.6）。

日产自动车株式会社氢燃料电池专利技术分布如图 4.7 所示。日产自动车株式会社在电堆领域和系统部件领域占比分别为 39.98% 和 60.22%。系统部件领域主要是电路控制系统和氢气供给系统。电堆领域专注催化剂领域的创新。专利涉及催化剂（如非铂催化剂、固体聚合物燃料电池、催化剂结构）296 项，氢气供给系统（如氢气循环泵、减压阀等）230 项、电路控制系统（如电源系统、发电机系统、启动控制）274 项等技术领域。

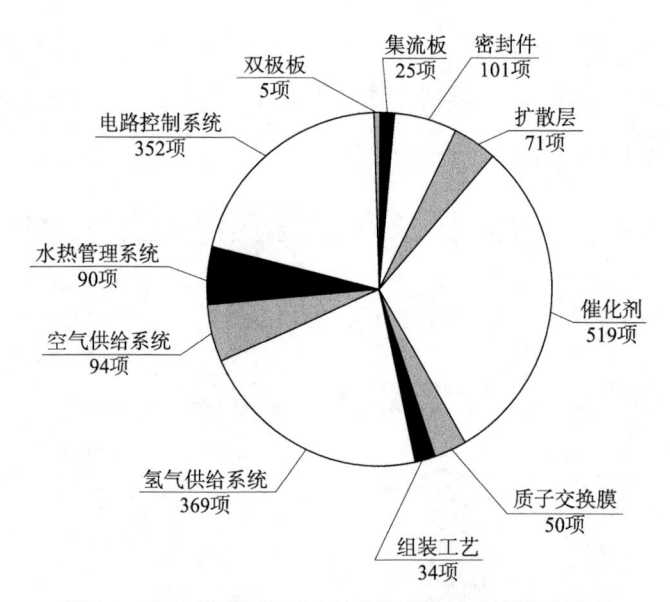

图 4.6 丰田自动车株式会社氢燃料电池专利技术构成

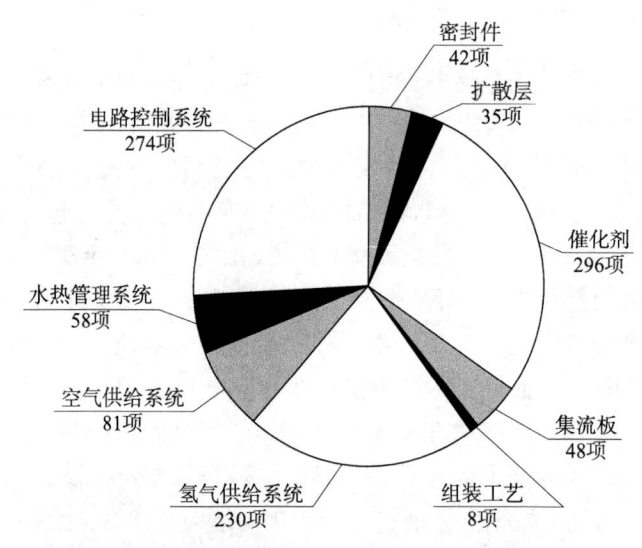

图 4.7 日产自动车株式会社氢燃料电池专利技术构成

巴拉德动力系统公司是全球领先的燃料电池制造商，在全球实际运营的燃料电池商用车中拥有领先的市场份额，产品已经广泛地应用于大巴、卡车、叉车、轻轨、船舶等不同的领域。在氢燃料电池领域专利布局246项，虽然专利数量较低，但其是世界上最大的质子交换膜燃料电池企业。专利涉及质子交换膜（如电极组件结构、改进传导率添加剂、导热率）9项、催化剂（如催化剂载体、梯度催化剂结构、聚合物涂层）27项，电路控制系统（如电存储装置、功率转化器）35项等技术领域（图4.8）。与多家车企如梅赛德斯-奔驰集团股份公司、西门子威迪欧汽车电子公司、奥迪汽车股份公司等均有技术转让。

4 氢能产业重点技术专利分析

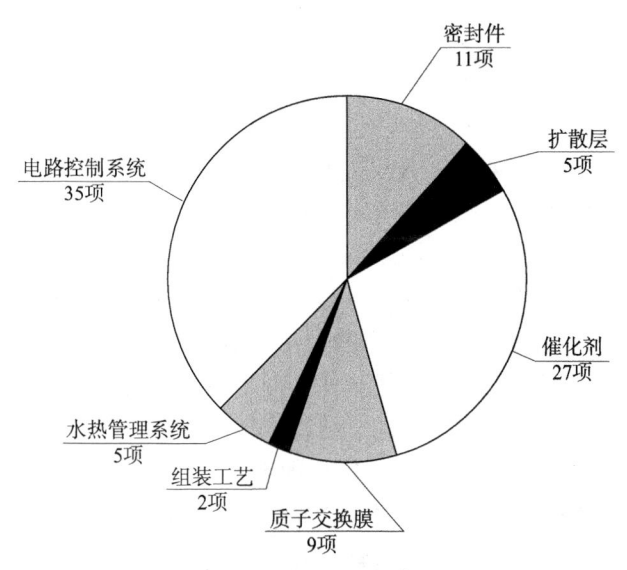

图 4.8 巴拉德动力系统公司氢燃料电池专利技术构成

4.5 国内主要创新主体

氢燃料电池领域国内专利申请人 TOP5 专利申请量如图 4.9 所示。氢燃料电池领域国内领先专利申请人排名第一是中国科学院大连化学物理研究所，其申请量遥遥领先。武汉格罗夫氢能汽车有限公司在 2016 年成立，公司较为"年轻"且专利申请量高，是典型的活跃专利申请人。北京亿华通科技股份有限公司成立于 2012 年，专利数量 379 项，仅次于武汉格罗夫氢能汽车有限公司。上海神力科技有限公司和新源动力股份有限公司专利数量超过 200 项，位于第三梯队。

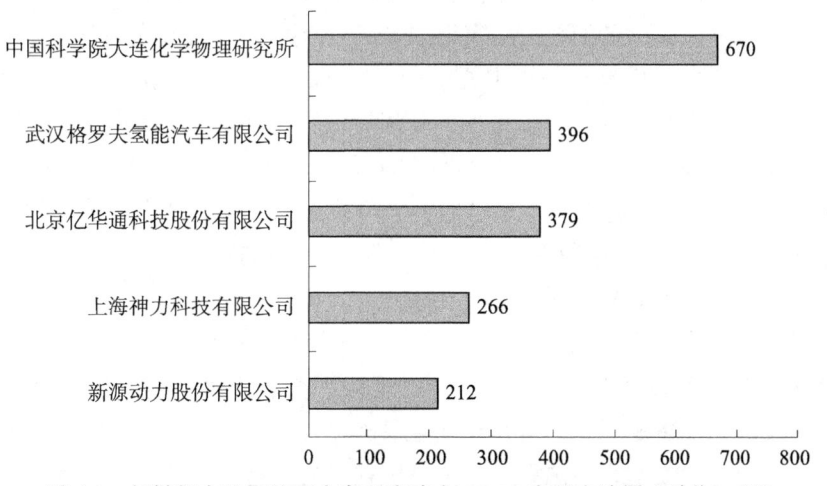

图 4.9 氢燃料电池领域国内专利申请人 TOP5 专利申请量（单位：项）

中国科学院大连化学物理研究所在氢燃料电池领域专利总量670项，国内排名第一，也是国内领先申请人中唯一的科研机构。专家团队包括衣宝廉院士团队，邵志刚、孙公权、张华民、王素力、俞红梅等研究员。专利布局在氢燃料电池各个技术领域，特别是电堆的膜电极，如催化剂和质子交换膜的创新。中国科学院大连化学物理研究所的中国专利"导电聚合物/金属/质子交换膜型复合膜及其制备和应用"（专利号：CN201110366877.9）获得第18届中国专利奖优秀奖。专利公开的复合膜具有一个沿垂直于膜表面方向上微观结构取向有序，且呈现为纳米棒阵列结构的导电聚合物层，以上述复合膜中的导电聚合物层为基底，在其导电聚合物层表面原位分散催化剂制得催化层。将该膜及催化层制备的膜电极应用到质子交换膜燃料电池中时，具有液体燃料渗透率低、催化剂利用率高、质子电导率高、热稳定性能好等优点。同时，该膜的制备工艺具有简单易得，可放大等优点，适宜于工业应用。

新源动力股份有限公司成立于2001年4月，是中国第一家致力于燃料电池产业化的股份制企业。该公司主要从事氢燃料电池膜电极、电堆模块、系统及相关测试设备的设计开发、生产制造和技术服务。燃料电池模块产品HYMOD®-36、HYMOD®-50、HYMOD®-60、HYMOD®-70已批量生产并与国内多家大型车企合作，成功用于多款燃料电池汽车。氢燃料电池领域专利总量212项，并且涵盖各个领域，燃料电池电堆包括质子交换膜、双极板等领域具有一定积累，系统部件在各个子系统也有专利布局，综合实力强。新源动力股份有限公司的中国专利"一种具有水热管理能力的燃料电池模块"（专利号：CN201010566184.X）获得第19届中国专利奖优秀奖。专利公开的燃料电池模块通过在包装壳上设置空气进出管路，使模块内泄漏的氢气能及时排除，通过建立包装壳内的冷却水循环及其与包装壳外的燃料电池系统的冷却水连通，使模块内的电池堆能在短时间达到理想工作温度。同时，在包装壳内的冷却水箱内设置电阻，电阻与电池堆的输出建立连接关系，使燃料电池堆的平均电压低于0.85V，通过在包装壳内电池堆的氢气侧设置液态水排水器，并利用热敏电阻对液态水排水器中的液态水加热使之气化后排入氢气出口，使得氢气侧排水更完全、便捷，通过在包装壳内设置保温材料和加热单元，使包装壳内的温度可控可调，从而使燃料电池模块具有更稳定的性能。

北京亿华通科技股份有限公司主要生产氢燃料电池发动机、燃料电池电压转换器、压缩气态氢系统等产品。该公司已宣布与全球领先的燃料电池制造商丰田自动车株式会社成立合资企业，在中国生产商用车燃料电池系统。氢燃料电池领域专利总量379项，系统部件方面专利布局数量最多，具体包括氢气供给系统相关技术申请专利113项，电路控制系统相关技术申请专利116项。而电堆领域专利较少，密封件27项，双极板、集流板、催化剂、质子交换膜领域10余项。

上海神力科技有限公司成立于1998年，是国家重点培育、上海市各级政府重点支持的民营新能源高新技术企业，公司以质子交换膜燃料电池研发、电堆及系统测试为主。神力科技自主品牌燃料电池电堆额定功率覆盖10～150kW，批量运用于大巴、卡车、乘用车等交通领域。北京亿华通科技股份有限公司是上海神力科技有限公司的第一大股东。上海神力科技有限公司氢燃料电池领域专利总量 365 项，各个领域发展较为平衡，电堆方面的双极板、集流板数量较多，处于国内研究前列，但是催化剂和扩散层领域研究较少，系统部件方面氢气供给系统相关技术申请专利 75 项。

武汉格罗夫氢能汽车有限公司目前已初步构建从制氢储氢、加氢站建设、氢能动力系统、氢能整车及核心零部件到氢能检测公共服务的氢能汽车全产业链布局。武汉格罗夫氢能汽车有限公司在全功率氢能动力系统、全新平台架构、创新能量管理系统、轻量化车身、整车 VCU 控制系统、热管理技术等核心领域形成具有自主知识产权的核心技术。从国内申请人氢燃料电池专利技术分布分析发现，武汉格罗夫专利主要集中在系统部件，特别是电路控制系统数量可达 181 项。而在电堆方面专利较少，仅在集流板、密封件和扩散层方面有少量布局。

国内申请人氢燃料电池专利技术构成如图 4.10 所示。

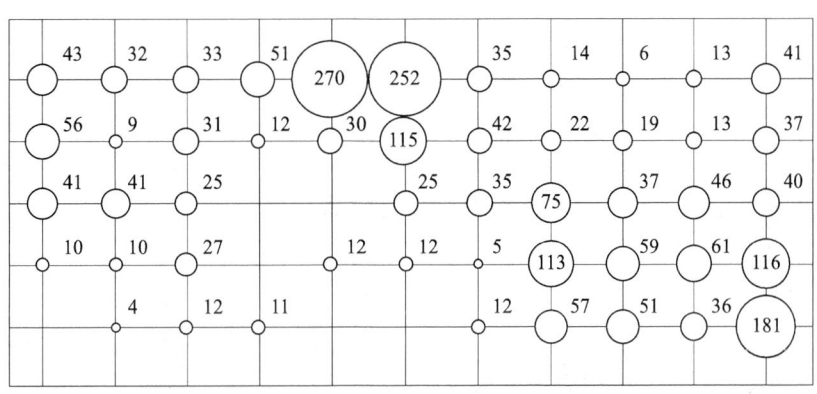

申请人	双极板	集流板	密封件	扩散层	催化剂	质子交换膜	组装工艺	氢气供给系统	空气供给系统	水热管理系统	电路控制系统
中国科学院大连化学物理研究所	43	32	33	51	270	252	35	14	6	13	41
新源动力股份有限公司	56	9	31	12	30	115	42	22	19	13	37
上海神力科技有限公司	41	41	25		25	35		75	37	46	40
北京亿华通科技股份有限公司	10	10	27		12	12	5	113	59	61	116
武汉格罗夫氢能汽车有限公司		4	12	11			12	57	51	36	181

图 4.10　国内申请人氢燃料电池专利技术构成（单位：项）

5 数智化全球专利信息检索分析公共服务平台

5.1 公共服务平台简介

5.1.1 系统说明

《知识产权强国建设纲要（2021—2035年）》《"十四五"国家知识产权保护和运用规划》均提出建设便民利民的知识产权公共服务体系，要推动知识产权信息开放共享，推进地方知识产权公共服务平台和专题数据库建设。加强知识产权信息传播利用，满足多样化的专利信息服务需求。2022年6月，中国科学院大连化学物理研究所技术与创新支持中心（以下简称：TISC）与国家知识产权局公共服务司签订数据资源共享协议，获得了权威的知识产权全量数据支持，经过深入解读加工与处理数据，2022年10月，数智化全球专利信息检索分析公共服务平台上线。平台收录了全球海量专利数据信息，集成了专利检索、专利专题库、数据可视化分析与交互等多个功能模块，搭建"一站式"的便捷数智化全球专利信息检索分析公共服务平台，深度融合数据信息资源，提供全方位、多角度、准确及时的知识产权相关服务，打造知识产权全链条服务生态。平台力图充分发挥专利信息作用，提高创新主体在知识产权信息方面的运用水平，提升知识产权支撑经济快速发展的能力，助力科技创新和产业升级。

数智化全球专利信息检索分析公共服务平台（https://energy.dicp.ac.cn/patentMain）搭载于中国科学院大连化学物理研究所低碳战略研究中心网站，面向社会公众开放使用。平台整体采用"自下而上"的建设思路，以底层数据为抓手，调研不同主体的需求，加工处理不同数据，搭建大数据检索系统，持续提升数据价值。平台部分界面见图5.1。

在数据收录及加工方面，当前，数智化全球专利信息检索分析公共服务平台已收录全球专利总量达到169 504 269条，覆盖了全球一百多个国家、组织或地区，并依据国家知识产权局发布更新数据的周期持续更新。

在首页界面，设有帮助功能，包括整体介绍以及检索帮助引导等模块，便于创新主体快速了解平台情况以及检索系统。另外，首页设置了领域专利数据库、知识产权咨询、知识产权培训、能源训练营、知识产权研究等板块的快速入口，便于创新主体直接找到需要的信息。

图 5.1　数智化全球专利信息检索分析公共服务平台部分界面

5.1.2　平台特色

当前，数字技术蓬勃发展，国际竞争日益加剧，知识产权作为国际竞争力核心要素的作用不断凸显，知识产权数据资源已成为国家发展的战略性资源之一。依托权威数据资源，搭建自主可控数据平台，保障科研创新信息安全十分必要。

平台聚焦洁净能源关键技术领域，以能源领域重点产业为服务切入点，创新知识产权信息服务和运营模式。截至目前，研究所围绕氢能产业、先进储能产业、煤基乙醇技术等开展了专利导航，为相关产业的高质量发展提供了知识产权数据信息服务。同时依托国家级洁净能源知识产权运营中心，为能源领域打造知识产权咨询导航服务和专利运营交易平台，为构建清洁低碳、安全高效的能源体系提供知识产权支撑，促进洁净能源产业知识产权转移转化。

平台的建设目标在于打造面向社会的"可用""易用""好用"的数智化全球专利信息检索分析公共服务平台，推出服务创新主体的特色领域专利专题库（洁净能源数据库、精细化工数据库等），通过标签分类等进一步加工处理专利数据信息，支撑产业经济发展深度融合的专利导航，助力掌握行业的新技术动态，推动专利信息情报挖掘。

总的来看，数智化全球专利信息检索分析公共服务平台特点如下：

一是数据来源权威与全面覆盖。平台数据来源于国家知识产权局公共服务司，具有权威性，同时收录了全球范围内专利信息，覆盖面广，数据量全。

二是检索功能较强。数智化全球专利信息检索分析公共服务平台提供了多种检索方式，便于不同类型的用户进行专利检索，快速找到目标专利。

三是结果深度分析。数智化全球专利信息检索分析公共服务平台提供多种专利分析工具，如专利智慧检索、专利可视化分析、检索结果二次统计分析等，帮助用户深入分析专利数据背后的技术脉络和竞争格局。

四是个性化服务。针对不同用户的需求，数智化全球专利信息检索分析公共服务平台提供定制化的专利检索和分析报告，为用户提供更有针对性的决策支持。

五是数据实时更新。数智化全球专利信息检索分析公共服务平台的数据根据国家知识产权局数据更新周期实时更新，确保用户获取到最新、最全面的专利信息。

当前，平台正深度融合人工智能技术与知识产权数据，开发知识产权数据的智慧检索、技术预测等功能，为企业等各类创新主体提供更加便捷化、智能化、精细化的知识产权服务，实现数据增值，为社会公众提供优质高效的公共服务产品，助力全社会的创新发展。

5.1.3 功能介绍

1. 专利检索

数智化全球专利信息检索分析公共服务平台检索界面如图 5.2 所示，检索种类包括简单检索、高级检索、法律检索等。

检索规则在"帮助"功能下列明，帮助创新主体更好地进行专利检索。主要包括布尔算符、截词符及位置运算符。

（1）布尔算符。

支持布尔算符"AND""OR""NOT"，可以分别对指定的关键词执行"与""或""非"的操作（表 5.1）。

图 5.2　数智化全球专利信息检索分析公共服务平台检索界面

表 5.1　布尔算符

布尔算符	布尔算符连接的两个检索项的关系	举例
AND	逻辑与：A 和 B 的并集	汽车 AND 发动机 car AND engine
OR	逻辑或：A 和 B 的交集	汽车 OR 发动机
NOT	逻辑非：A 排除 B 的子集	汽车 NOT 发动机

通常，OR 算符常常用来将同义词或相近的检索内容合并起来以便查全；AND 算符常常用于连接若干个不同的检索内容进行限定以便查准。

如果对关键词进行精确匹配检索，必须加半角状态的双引号，如："electronic vehicle"。

系统布尔算符的优先级是：NOT>AND>OR。例如：TA=（发动机 OR 电动机 NOT engine），在检索系统中被解析为 TA=((电动机 NOT engine) OR 发动机)；若想要先运算"发动机 OR 电动机"，则需要加括号，提高优先级，即 TA=((发动机 OR 电动机) NOT engine)。

（2）截词符。

截词符可以代替一些有不同拼写（如字母和/或数字的组合）、不同词形（如动名词、过去分词等）或某种特定规律的词。主要适用于英文单词的单复数和动词变形等情况（表 5.2）。

表 5.2　截词符

截词符	含义	示例	可检索到
+	代表任意个字符	Drill+ +SO3	drill, drilled, drilling 等 Na2SO3，K2SO3 等
#	代表 1 个字符	#MOS	PMOS，NMOS

续表

截词符	含义	示例	可检索到
?	代表 0~1 个字符	colo?r Apple?	Colour，color Apple，Apples

（3）位置运算符。

位置运算符适用于检索词相对位置的限制性检索。表5.3汇总了常用的位置运算符。

表 5.3 位置运算符

临近算符	临近算符连接的两个检索项的关系	举例
W nW	检索词之间允许插入 0～n 个词，词序不允许颠倒	Vitamin W B 航空 5W 飞机
N nN	检索词之间允许插入 0～n 个词，词序可以颠倒	Alloy N aluminum 垃圾 5N 处理

2. 统计分析

数智化全球专利信息检索分析公共服务平台能够实现检索结果十余个维度的统计，便于创新主体直接分析专利技术情况。具体如图 5.3 所示，包括专利有效性、申请日、公开（公告）日、申请人、发明（设计）人、当前权利人、代理机构 IPC 分类、申请人国别、公开国别以及当前法律状态等，并能进行筛选，进一步分析专利数据。

3. 保存下载

数智化全球专利信息检索分析公共服务平台能够实现对检索式的保存以及检索结果的下载，如图 5.4 所示。检索式可以由创新主体选择保存的检索项目，当前提供了五十余个著录项目的数据，根据需要勾选下载。

4. 可视化分析

数智化全球专利信息检索分析公共服务平台能够实现对专利的申请趋势、技术构成、申请人排名、全球地域排名、代理机构、法律状态等多个维度的可视化分析，可视化结果可以在柱形图、折线图、饼图、面积图、雷达图、旭日图等不同样式中自由切换并下载相应的图表和数据。

在检索到需要的专利后，可以点击左上角的"数据分析"按钮，如图 5.5 所示，进入可视化分析界面。

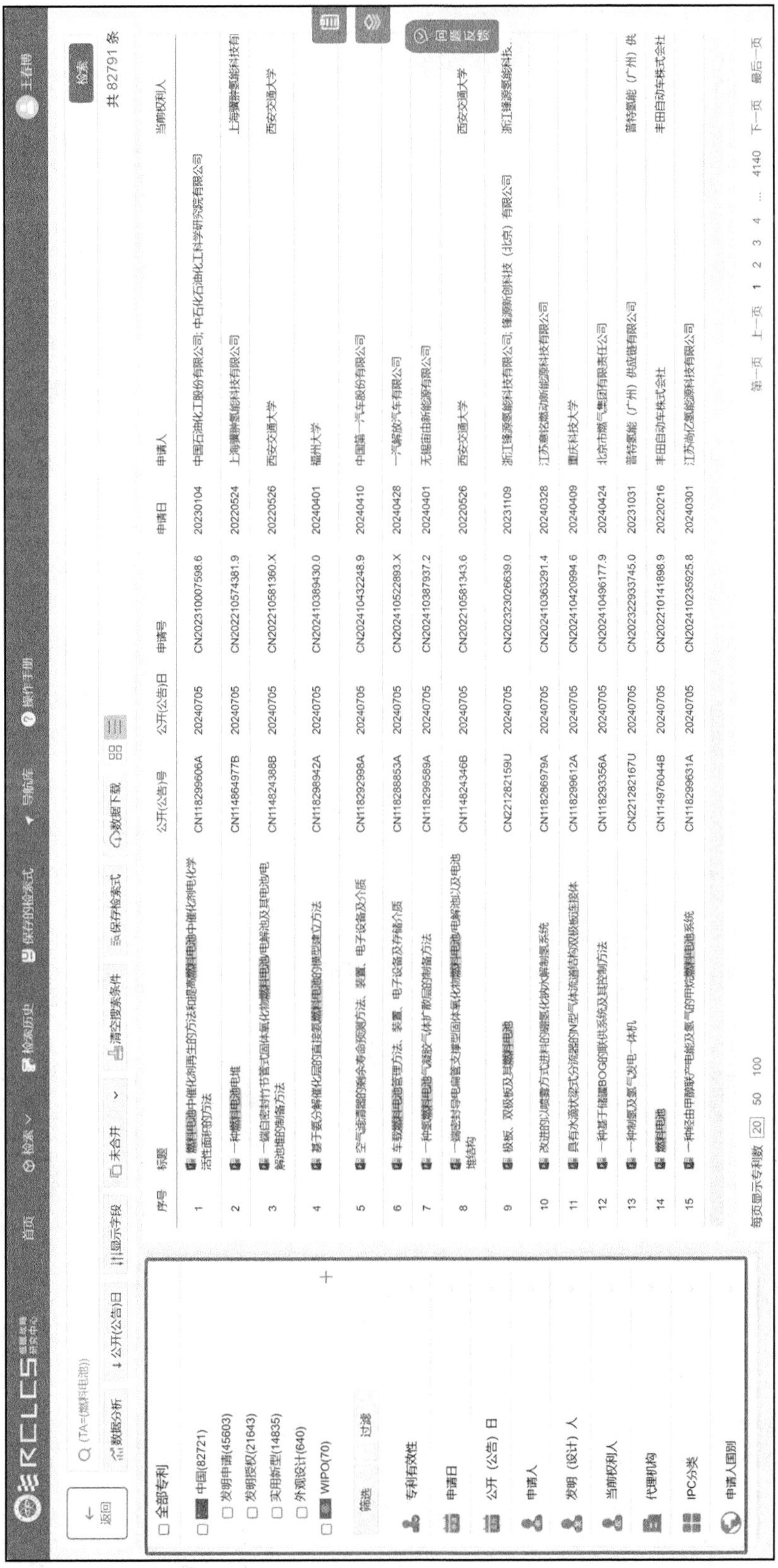

图 5.3 数智化全球专利信息检索分析公共服务平台统计分析功能

图 5.4 数智化全球专利信息检索分析公共服务平台保存与下载功能

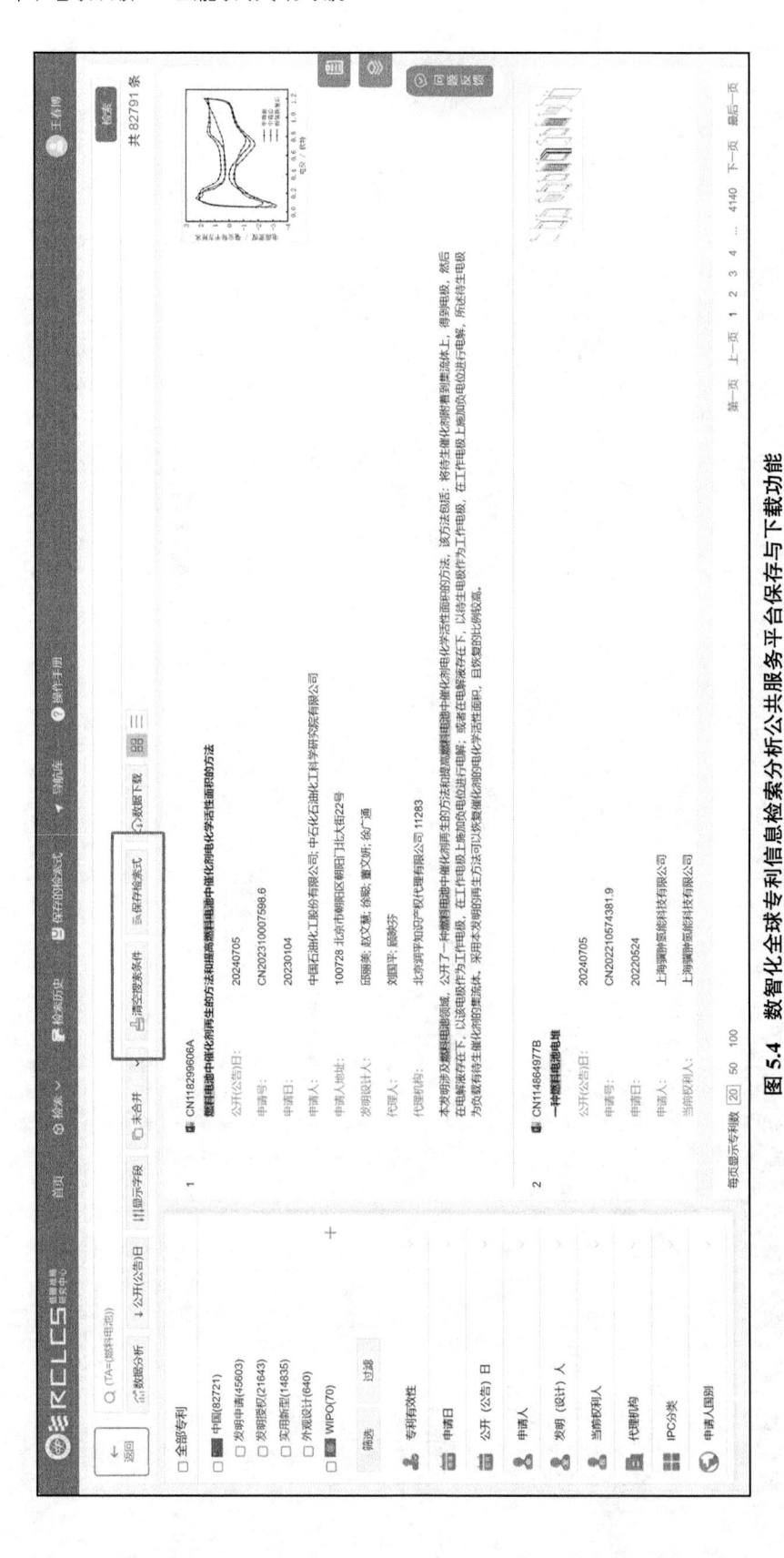

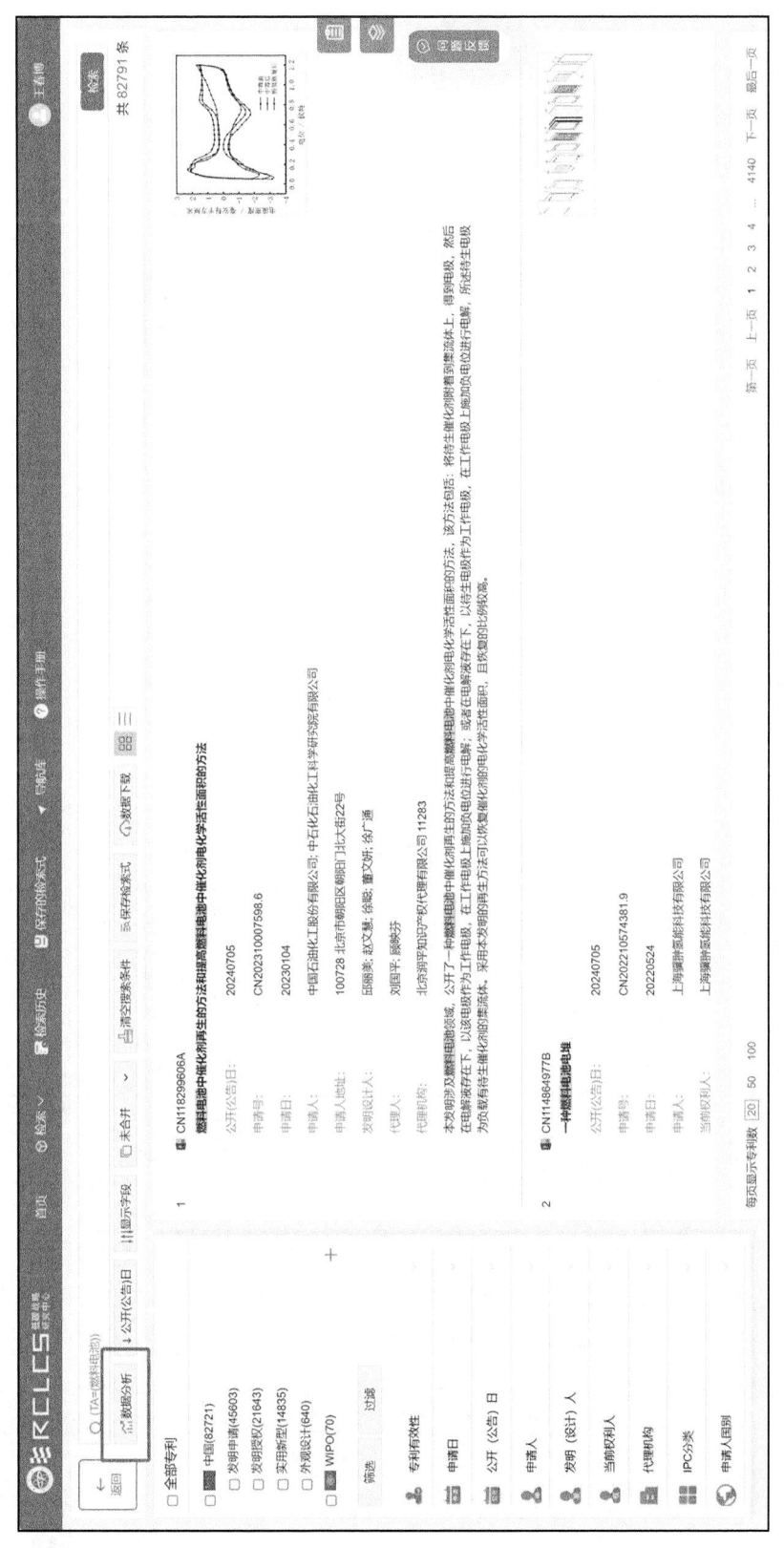

图 5.5 数智化全球专利信息检索分析公共服务平台可视化分析功能

截至目前，具体的可视化分析内容见表5.4。

表5.4 可视化分析列表

序号	分析类型	分析内容
1	趋势分析	1.1 申请趋势 1.2 公开趋势 1.3 申请-公开趋势
2	技术分析	2.1 技术构成 2.2 技术申请趋势 2.3 技术公开趋势 2.4 技术全球分析
3	申请人分析	3.1 申请人排名 3.2 申请人申请趋势 3.3 申请人公开趋势 3.4 申请人技术构成 3.5 发明人排名 3.6 发明人技术构成
4	地域分析	4.1 全球地域排名 4.2 全球申请趋势 4.3 全球公开趋势 4.4 全球技术构成 4.5 中国专利申请人国别 4.6 中国省市排名 4.7 中国省市申请趋势 4.8 中国省市公开趋势
5	法律及运营分析	5.1 中国专利当前法律状态 5.2 中国专利有效性 5.3 受让人排名 5.4 中国专利有效率
6	专业代理分析	6.1 代理机构排名 6.2 代理人排名 6.3 代理机构技术构成 6.4 代理人技术构成

5. 检索历史以及导航库

数智化全球专利信息检索分析公共服务平台能够保存注册用户的检索历史，并能全部导出，方便注册用户进行检索式的构建以及专利检索。导航库可以建设多级节点，每个子节点可保存相应检索式，可以选择检索结果展示方式，跟踪技术领域最新专利情况（图5.6）。

图 5.6　数智化全球专利信息检索分析公共服务平台检索历史以及导航库

5.1.4　检索指南

1. 注册登录

平台右上角可以进行注册登录，用户按照注册界面提示要求（图 5.7）注册账号之后，即可登录平台。

图 5.7　数智化全球专利信息检索分析公共服务平台注册界面

平台登录界面（图 5.8），根据不同用户类型，在按照注册界面提示要求注册账号之后，即可登录平台。

图 5.8　数智化全球专利信息检索分析公共服务平台登录界面

2. 简单检索

若已知特定专利的具体专利著录项目信息，如申请号、公开号、专利名称、申请人、发明人等信息，可直接在对应的简单检索框中输入专利著录项目信息。

以检索申请号为"CN201711352491.6"为例，在简单检索框中输入"CN201711352491.6"后点击检索按钮（图5.9），即可跳转到检索结果页面（图5.10），找到该专利的信息。

图 5.9　数智化全球专利信息检索分析公共服务平台简单检索界面

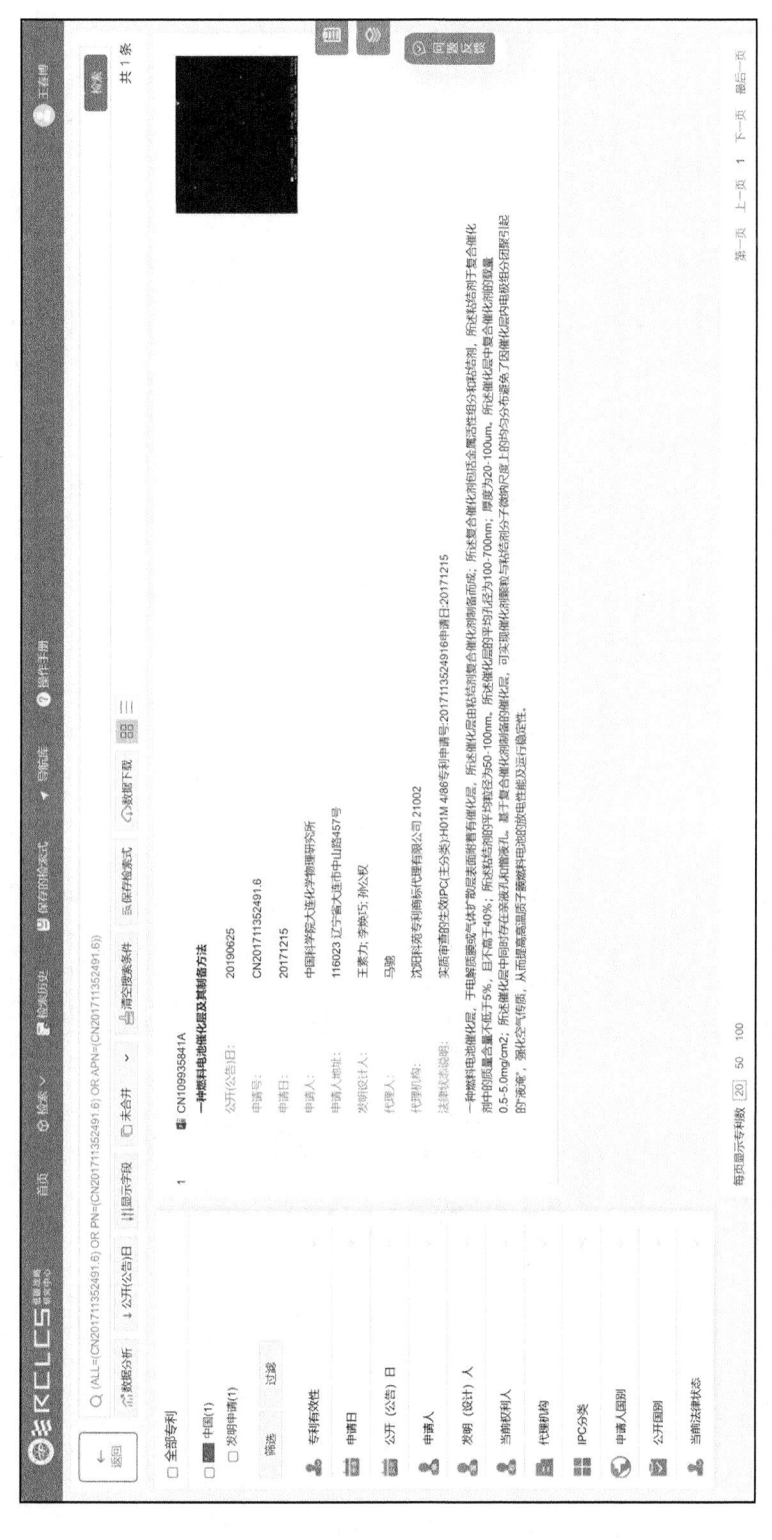

图 5.10 数智化全球专利信息检索分析公共服务平台简单检索结果

以检索申请人为"中国科学院大连化学物理研究所"为例,在简单检索框中输入"中国科学院大连化学物理研究所"后点击检索按钮,即可跳转到检索结果页面,如图5.11所示,找到相关专利的信息。

图 5.11 数智化全球专利信息检索分析公共服务平台简单检索结果

3. 高级检索

在进行高级检索时，需要通过系统可识别的检索字段来进行，数智化全球专利信息检索分析公共服务平台梳理出了 7 项检索字段（主要信息、关键词、分类号、名称和地址、号码、引证、日期）。

（1）高级检索字段。

数智化全球专利信息检索分析公共服务平台列出了主要的字段供检索，表 5.5 汇总了高级检索主要字段情况，图 5.12 为高级检索界面，其中关键词、分类号、名称和地址、号码、同族、日期等字段的右侧还可以通过"＋"号增加字段下更多信息进行检索。

表 5.5 高级检索主要字段

序号	组合检索字段	详细字段
1	主要信息	主要著录信息
2	关键词	标题、摘要、权利要求、说明书
3	分类号	IPC（国际分类）
4	名称和地址	申请人、发明（设计）人、代理人等
5	号码	公开（公告）号、申请号、优先权号
6	引证	被引证号码、被引证国别
7	日期	申请日、公开（公告）日；优先权日

以"中国科学院大连化学物理研究所公开日为 2021 年 6 月 4 日"的专利为例，在申请人处输入"中国科学院大连化学物理研究所"，在日期字段选择"公开（公告）日"，在字段窗口选择"2021-06-04"（图 5.13）。

点击检索之后，得到如图 5.14 所示的检索结果，能够搜索到公开（公告）日为 2021 年 6 月 4 日且申请人为中国科学院大连化学物理研究所的专利结果。

4. 法律检索

在氢能产业专利数据库中，可通过选择当前法律状态、专利有效性、公开类型进行检索导航（图 5.15）。

进行法律检索时，可以在专利有效性处勾选"授权后/失效"，在公开类型处选择"发明授权"（如图 5.16 所示），即可检索到已经失效的授权专利。

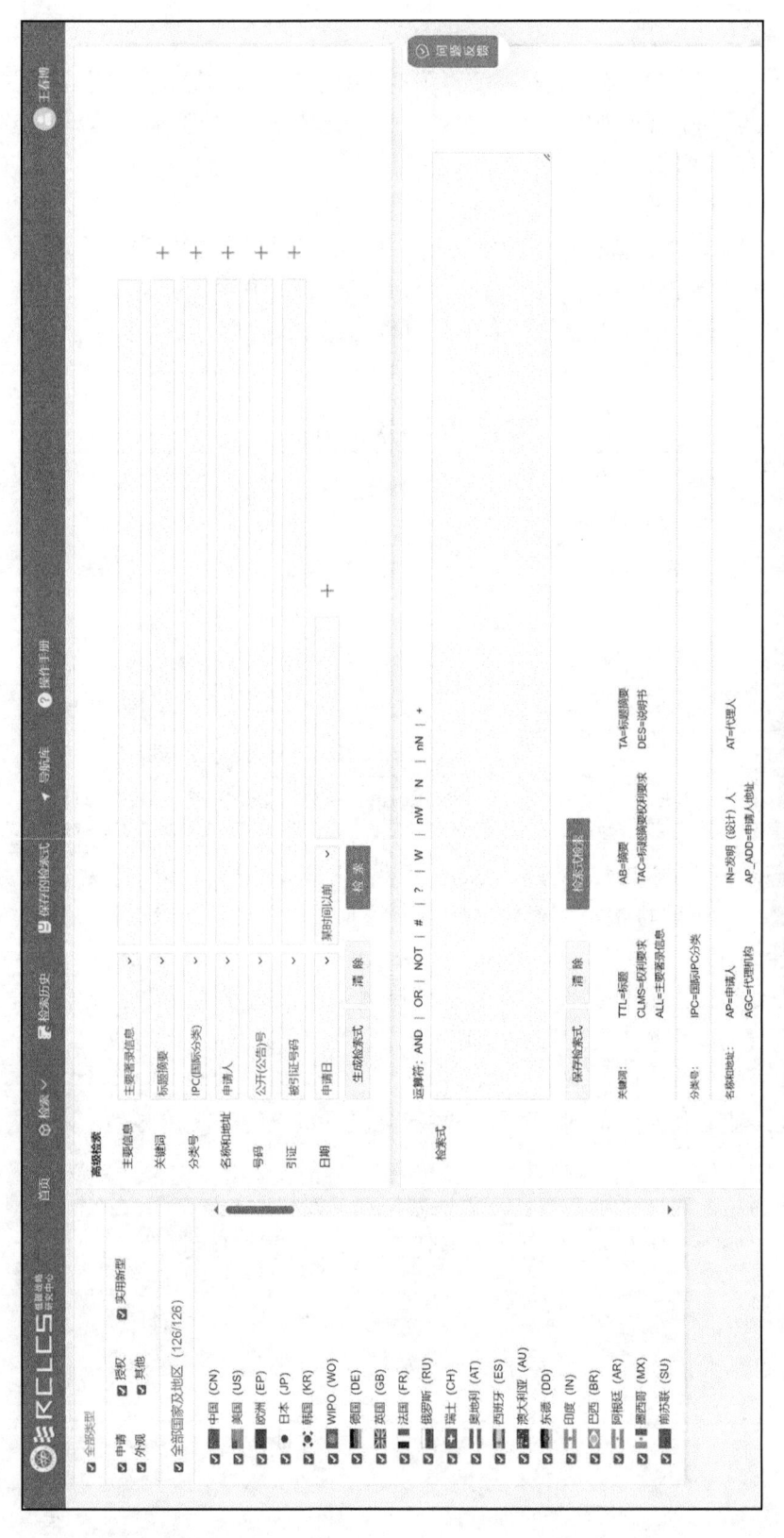

图 5.12 数智化全球专利信息检索分析公共服务平台高级检索界面

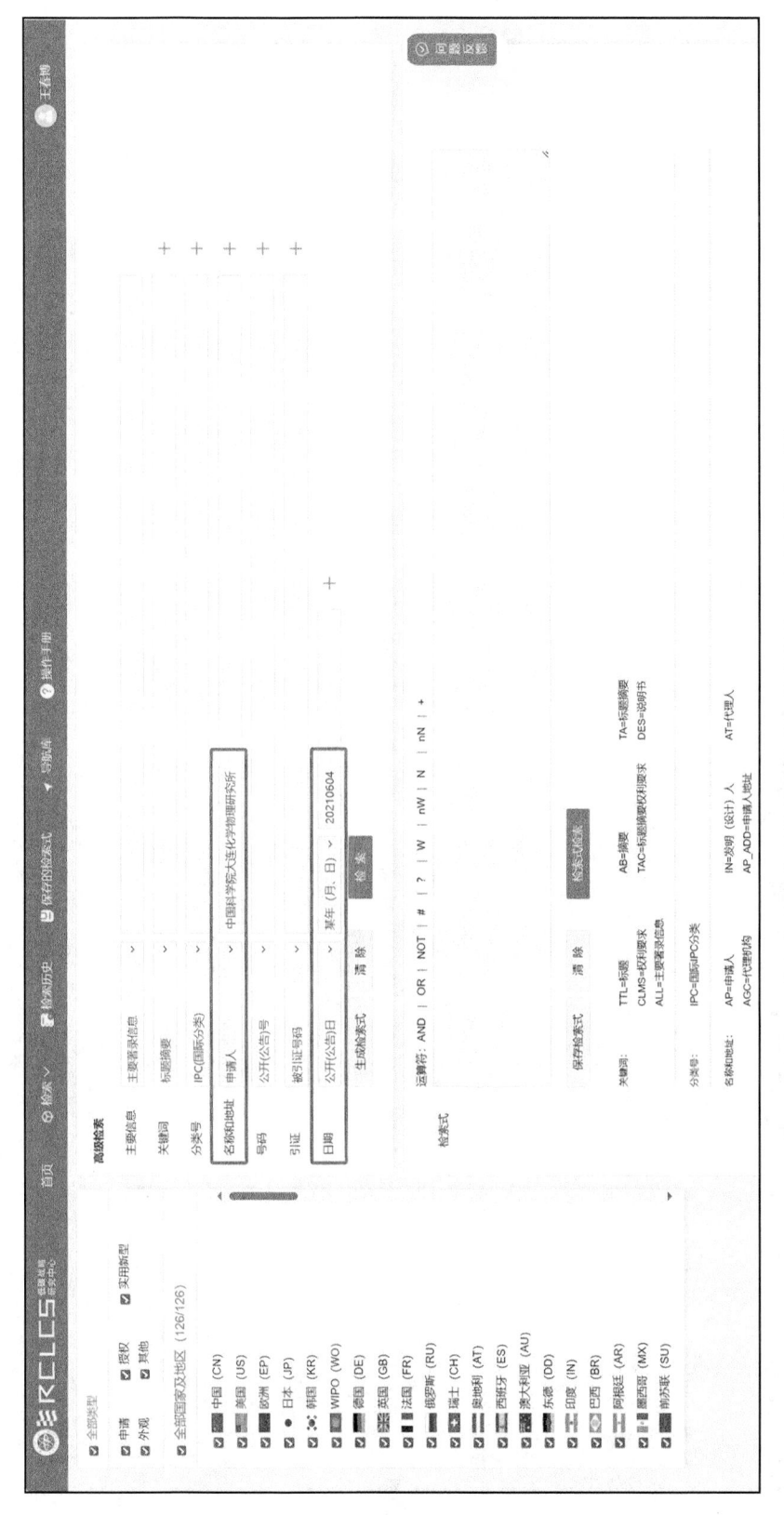

图 5.13 数智化全球专利信息检索分析公共服务平台高级检索示例

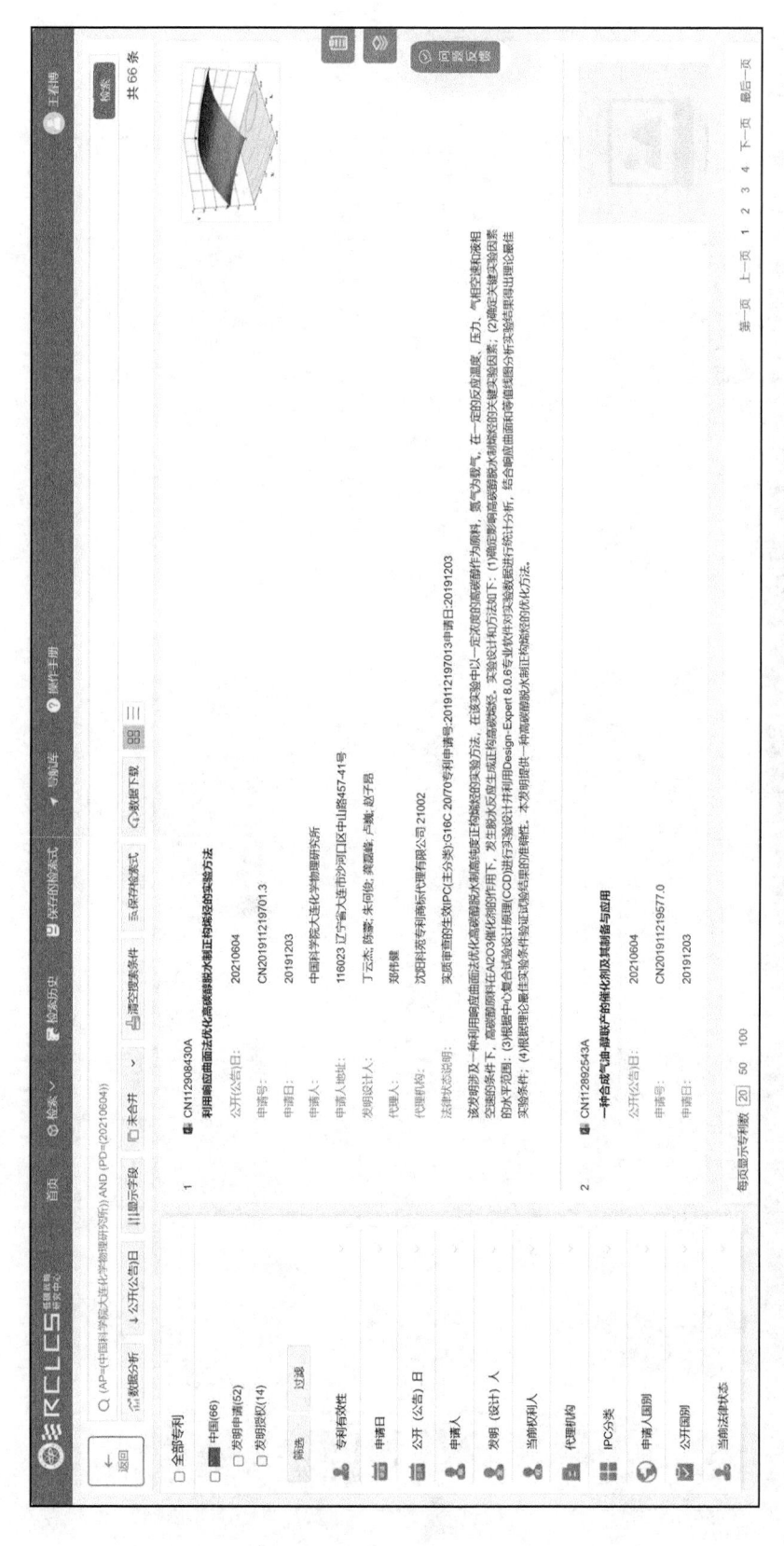

图 5.14 数智化全球专利信息检索分析公共服务平台高级检索结果

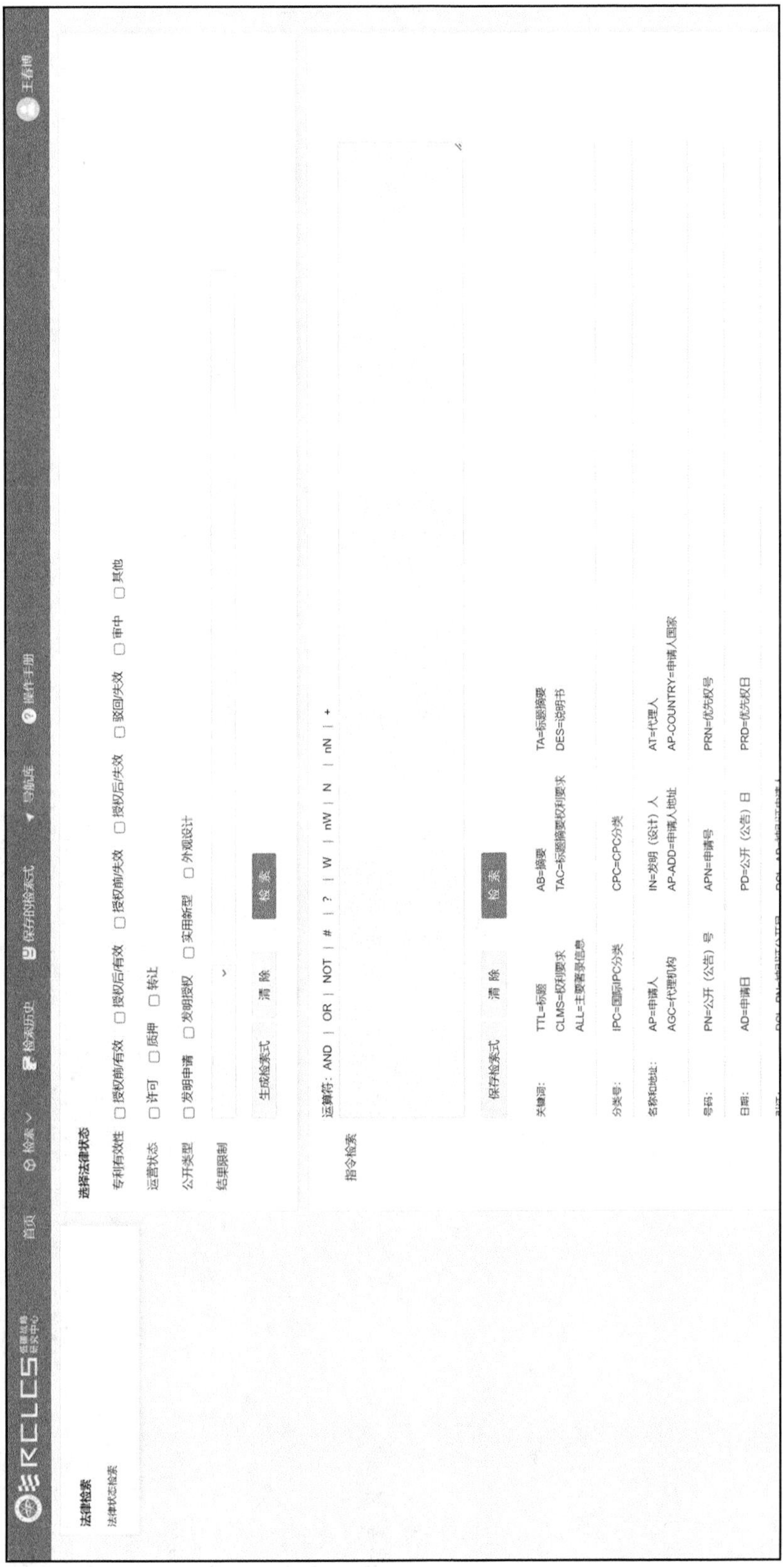

图 5.15　数智化全球专利信息检索分析公共服务平台法律检索界面

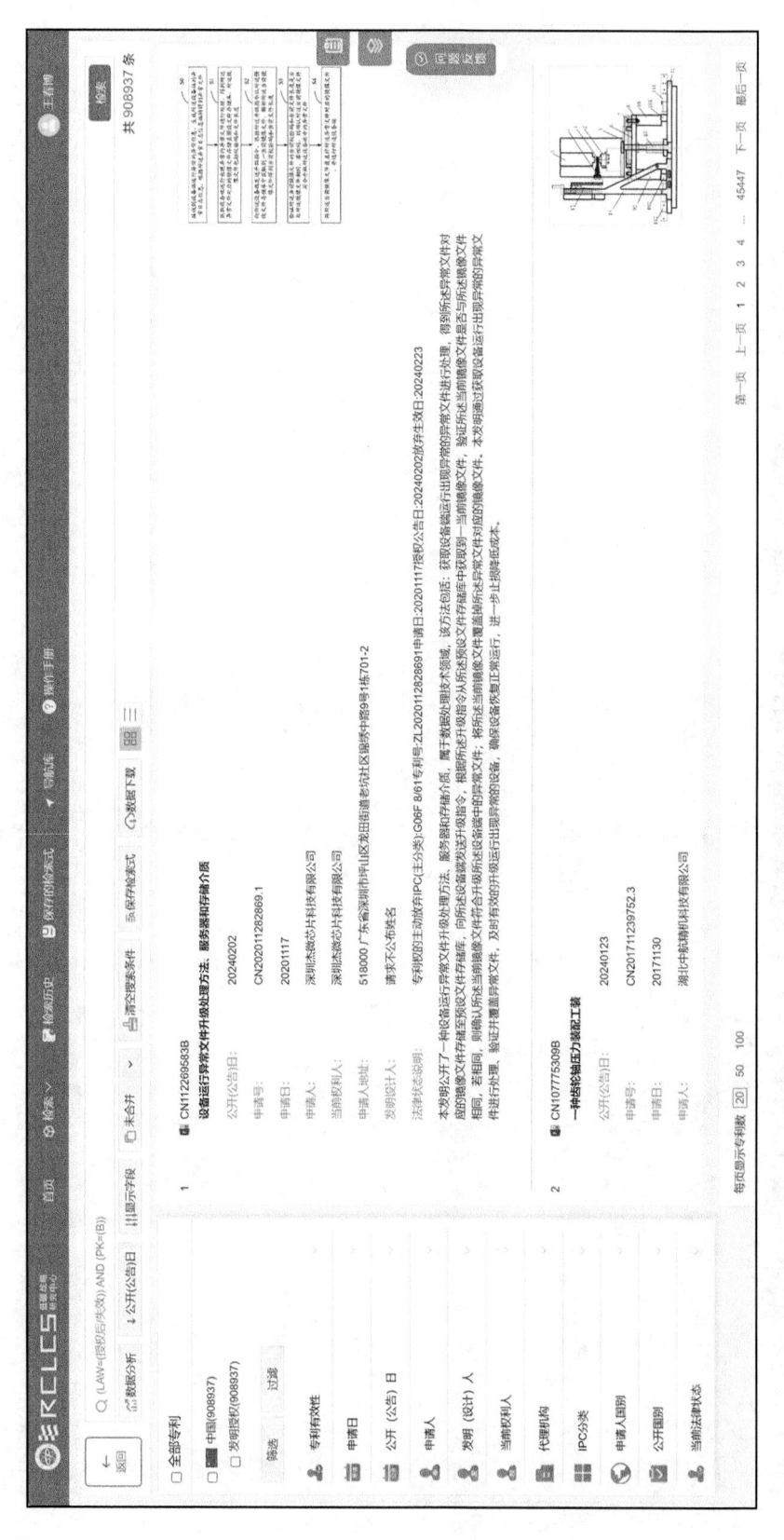

图 5.16 数智化全球专利信息检索分析公共服务平台法律检索结果

5. 关键词与分类号

数智化全球专利信息检索分析公共服务平台的关键词包含标题和摘要，以及"AND""NOT""OR"三种布尔算符连接。关键词可能有多种表达方式，单一的关键词可能会造成漏检，因此需要进行关键词扩展，关键词扩展的方法见表5.6，包括"语义扩展""上下位扩展""中心词扩展"等。

表 5.6 关键词扩展

扩展方式	含义	扩展表达
语义扩展	通过同义词、近义词进行扩展	发动机 OR 引擎 OR Engine
上下位扩展	上位概括、下位具体化	手机 OR 移动终端
中心词扩展	英文的不同时态、单复数、语态	Engine OR Engines

在分类号方面，如要检索某一技术主题的专利，可以查阅《国际专利分类表》，同时要注意分类号的准确位置和上下位点组，获取正确的分类号。值得注意的是，关键词和分类号都是检索要素的基本表达方式，二者都可以表达技术主题，不能简单、割裂地考虑两个要素，可以根据实际需要综合选择使用。

6. 可视化分析

检索结果页面点击左上角的"数据分析"，可以进入可视化分析界面（图5.17）。平台提供条形图、折线图、饼图、堆叠图、雷达图、旭日图等，分析结果和数据能够下载导出，具体包含趋势分析、技术分析、申请人排名、地域分析、法律及运营分析、专利代理分析等。

（1）趋势分析。

趋势分析通过将专利申请量和专利公开量的发展趋势进行可视化呈现，从宏观层面把握分析技术在各时期的专利布局变化。右侧菜单栏可以自选时间区间，查看不同时间下的申请数量，如图5.18所示条形图结果，右上角可以点击下载按钮保存图表以及下载数据。

（2）技术分析。

技术构成分析通过将各技术方向的数量分布情况进行可视化呈现（图5.19），可以了解分析对象覆盖的技术类别，以及各技术分支的创新热度。

（3）申请人分析。

申请人排名分析通过将申请人的专利数量统计的排名情况进行可视化呈现（图5.20），可以发现创新成果积累较多的专利申请人，并据此进一步分析其专利竞争实力。

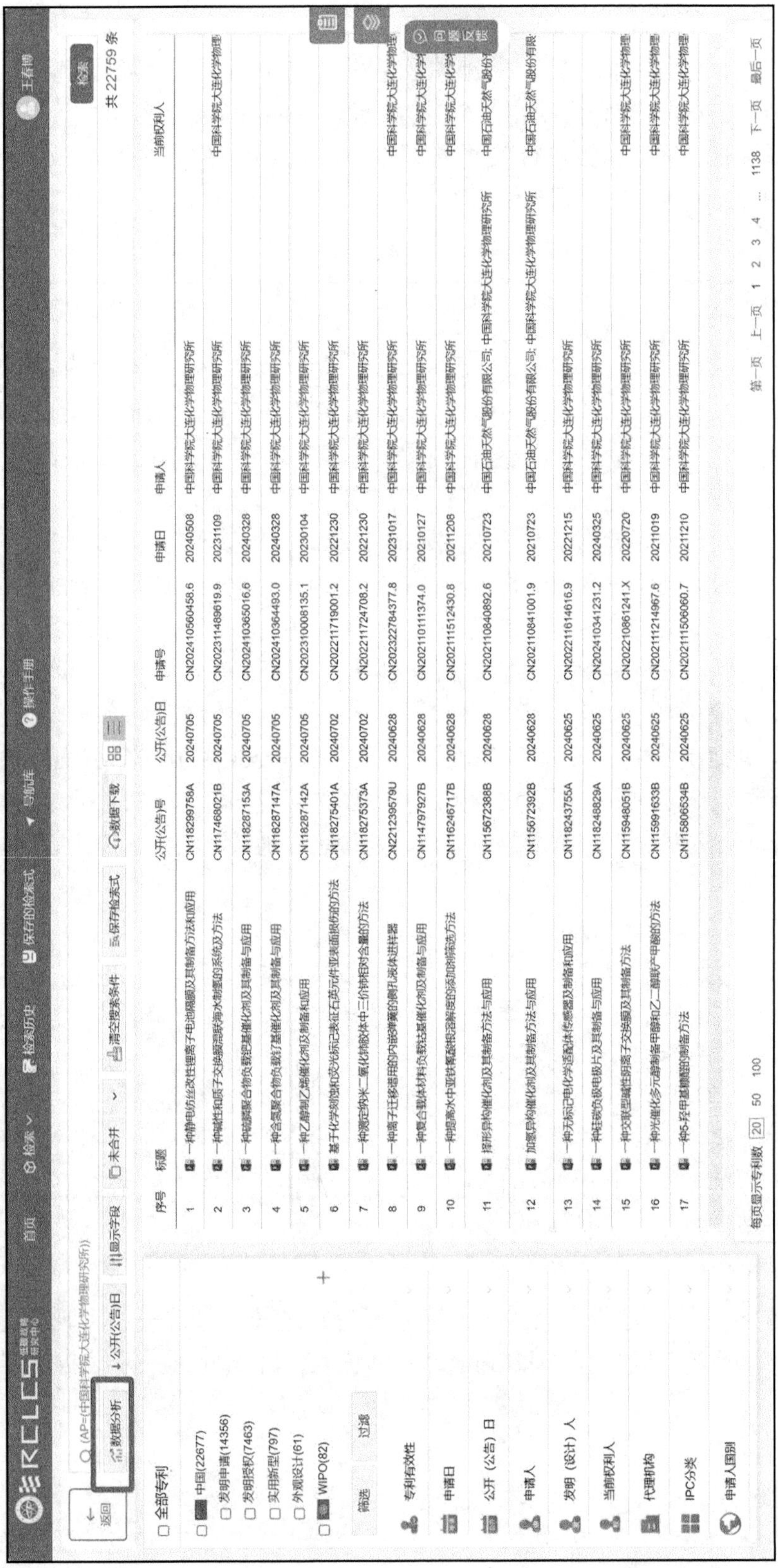

图 5.17 数智化全球专利信息检索分析公共服务平台可视化分析入口

5 数智化全球专利信息检索分析公共服务平台

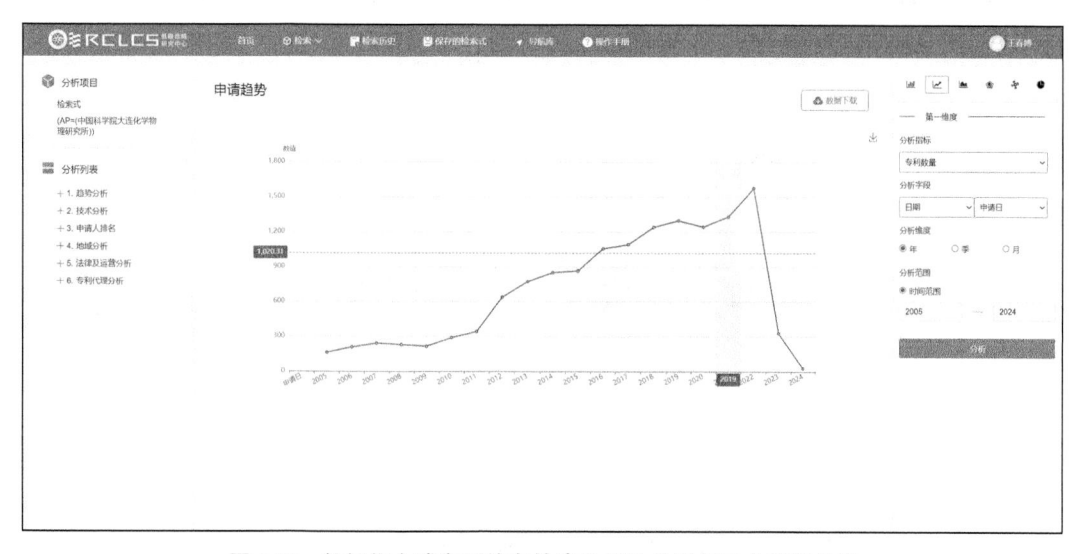

图 5.18 数智化全球专利信息检索分析公共服务平台趋势分析

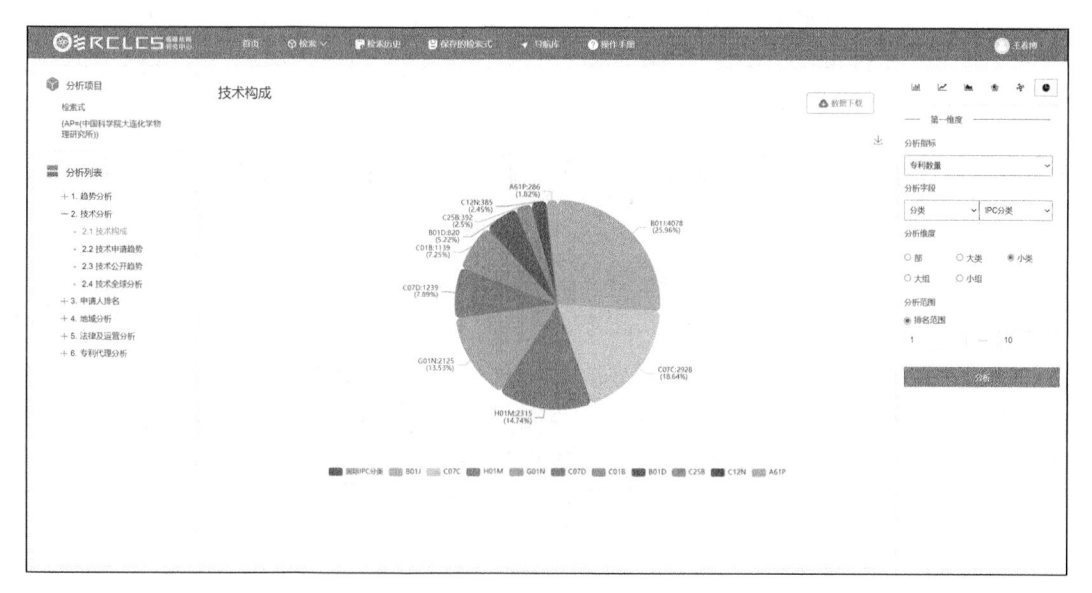

图 5.19 数智化全球专利信息检索分析公共服务平台技术构成可视化分析

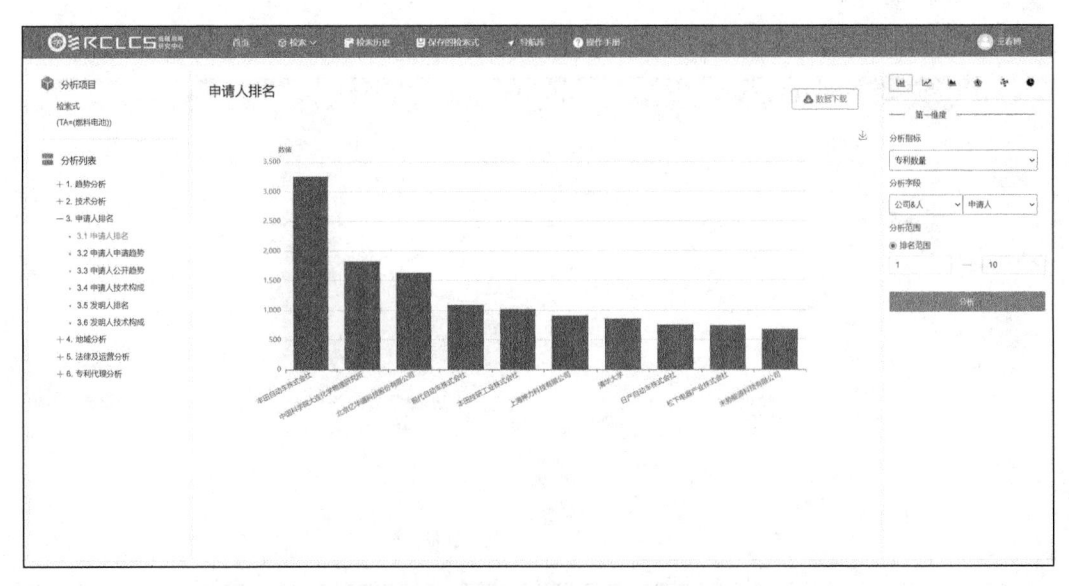

图 5.20　数智化全球专利信息检索分析公共服务平台申请人排名分析

（4）地域分析。

地域分析通过将各个国家或地区的专利申请（公开）数量分布情况进行可视化呈现，可以了解分析对象在不同国家技术创新的活跃情况，从而发现主要的技术创新来源国和重要的目标市场。数智化全球专利信息检索分析公共服务平台地域分析如图 5.21 所示。

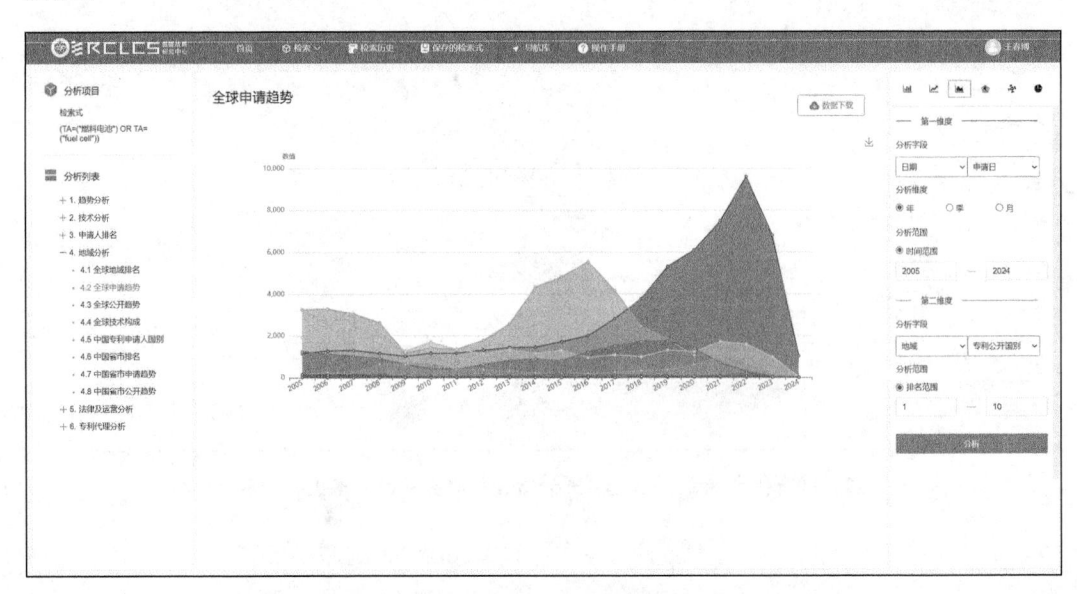

图 5.21　数智化全球专利信息检索分析公共服务平台地域分析

（5）法律及运营分析。

权利人分析通过将专利权人的专利数量统计的排名情况进行可视化呈现，可以发现创新成果积累较多的专利权人。法律状态分析通过将中国专利最新的法律信息（包括实质审查、授权、驳回、撤回等）进行可视化呈现，用户可以直接跟踪相关专利的审查状态或审查结果，在侵权诉讼、技术转让、产品研发、企业并购等方面都有重要作用。数智化全球专利信息检索分析公共服务平台法律及运营分析如图 5.22 所示。

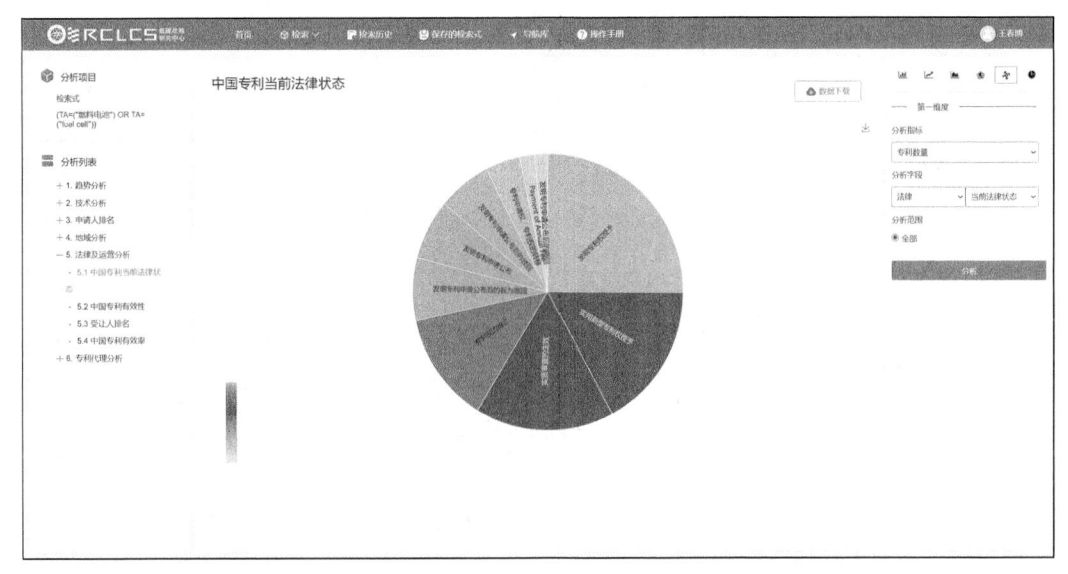

图 5.22　数智化全球专利信息检索分析公共服务平台法律及运营分析

（6）专业代理分析。

专业代理分析通过将代理机构办理专利数量的排名情况进行可视化呈现，可以了解专利代理机构的业务承接能力，帮助用户了解代理机构的代理规模和擅长技术领域。数智化全球专利信息检索分析公共服务平台代理机构分析如图 5.23 所示。

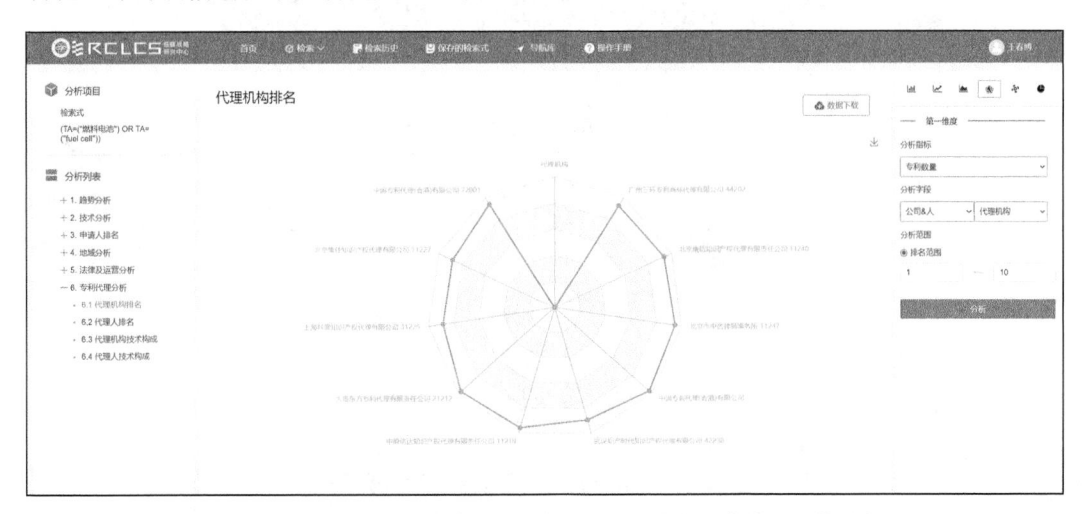

图 5.23　数智化全球专利信息检索分析公共服务平台代理机构分析

5.2 氢能产业专利导航平台

5.2.1 氢能专利检索

秉持差异化、特色化的建设宗旨，依托数智化全球专利信息检索分析公共服务平台，中国科学院大连化学物理研究所建设了氢能产业专利导航平台。建设过程中积极与学术界、产业界进行联系，追踪技术"从实验室到市场"的全链条活动，不断调整和完善，在调研各方各阶段对于氢能产业不同需求的基础上建设完成了氢能专利检索、氢能核心专利数据库以及产业信息挖掘三个模块。

氢能产业专利导航平台是一个以氢能技术为抓手，集专利检索、专利分析、信息服务为一体的综合性导航平台。该平台可以帮助创新主体快速了解氢能产业领域的技术发展状况、竞争态势和未来发展趋势，为企业的专利布局、技术创新和市场拓展提供有力支持。

平台收录了数十个国家、组织和地区的十余万项专利，并定期进行更新。氢能产业专利检索界面简洁，用户友好，检索方式简单、直观、易于学习和使用。包含了简单检索在内的5种检索方式（图5.24），并提供可视化分析工具，能够对氢能专利的申请时间、全球地域、技术构成、主要权利人和发明人进行多维度分析。

图 5.24 氢能产业专利导航平台检索界面

一是简单检索。用户可以通过关键词、IPC 分类号、申请人等字段进行快速检索（图 5.25），迅速找到目标专利。

图 5.25　氢能产业专利导航平台简单检索界面

二是组合条件检索。用户可以通过设置多个条件进行组合检索，如关键词、IPC 分类号、申请人、申请日、公开日等（图 5.26），精准查到符合需求的专利。

图 5.26　氢能产业专利导航平台组合条件检索界面

三是技术检索。通过技术分类导航检索需要的技术领域专利（图 5.27）。

四是法律状态检索。通过勾选专利有效性及公开类型等进一步筛选统计不同法律状态的专利信息（图 5.28）。

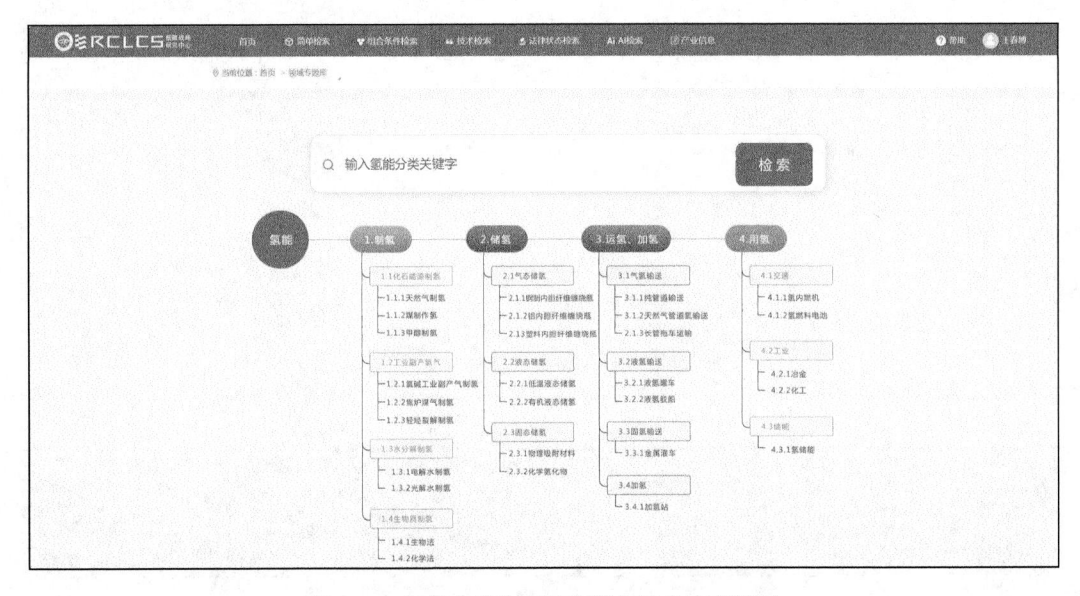

图 5.27　氢能产业专利导航平台技术检索界面

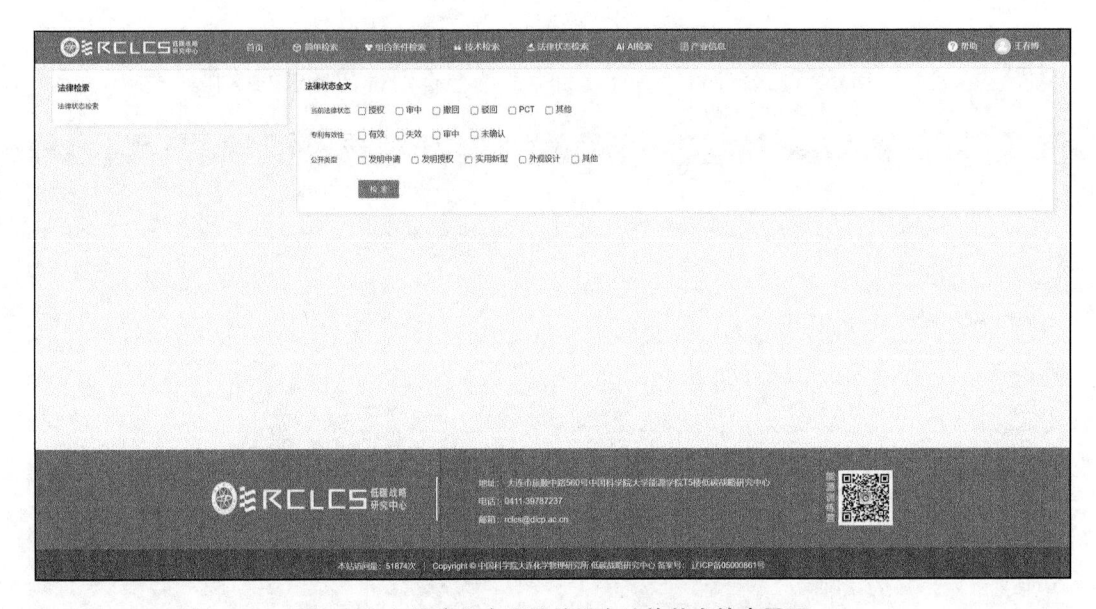

图 5.28　氢能产业专利导航平台法律状态检索界面

　　五是 AI 检索。基于氢能产业领域专利知识数据，通过大语言模型训练标题、摘要等文本数据信息，提取其中的向量特征构建本地向量数据库，实现氢能专利智慧检索功能（图 5.29）。

　　氢能产业专利导航平台能够实现对检索结果的趋势、申请人、地域等多个维度的可视化分析，具体分析内容见表 5.7。

图 5.29　氢能产业专利导航平台智慧检索界面

表 5.7　氢能产业专利导航平台可视化分析汇总

序号	分析类型	分析内容
1	趋势分析	1.1 申请趋势 1.2 公开趋势 1.3 申请 - 公开趋势
2	技术分析	2.1 技术构成 2.2 技术申请趋势 2.3 技术公开趋势
3	申请人分析	3.1 申请人排名 3.2 申请人类型构成 3.3 申请人专利类别 3.4 申请人申请趋势 3.5 申请人公开趋势 3.6 申请人技术构成 3.7 申请人国别 3.8 发明人排名 3.9 发明人技术构成
4	地域分析	4.1 全球地域排名 4.2 全球申请趋势 4.3 全球公开趋势
5	当前权利人分析	5.1 权利人排名 5.2 权利人技术构成
6	专业代理分析	6.1 代理机构排名 6.2 代理机构地域分布 6.3 代理机构技术构成
7	法律分析	7.1 专利当前法律状态 7.2 专利有效性

续表

序号	分析类型	分析内容
8	氢能产业相对技术优势	/
9	氢能专利技术领域发展速率	/
10	氢能产业专利所有权人年度授权专利整体情况	/

5.2.2 氢能核心专利

主要依据高价值发明专利的范围，采用专利被引次数、专利运营信息（转让、许可、质押）等指标，从氢能产业专利导航平台筛选出氢能产业核心专利建设核心专利数据库。如图5.30所示，通过三级技术分类展示，对专利设置了标签，为氢能产业关键技术的发展提供有力支持。

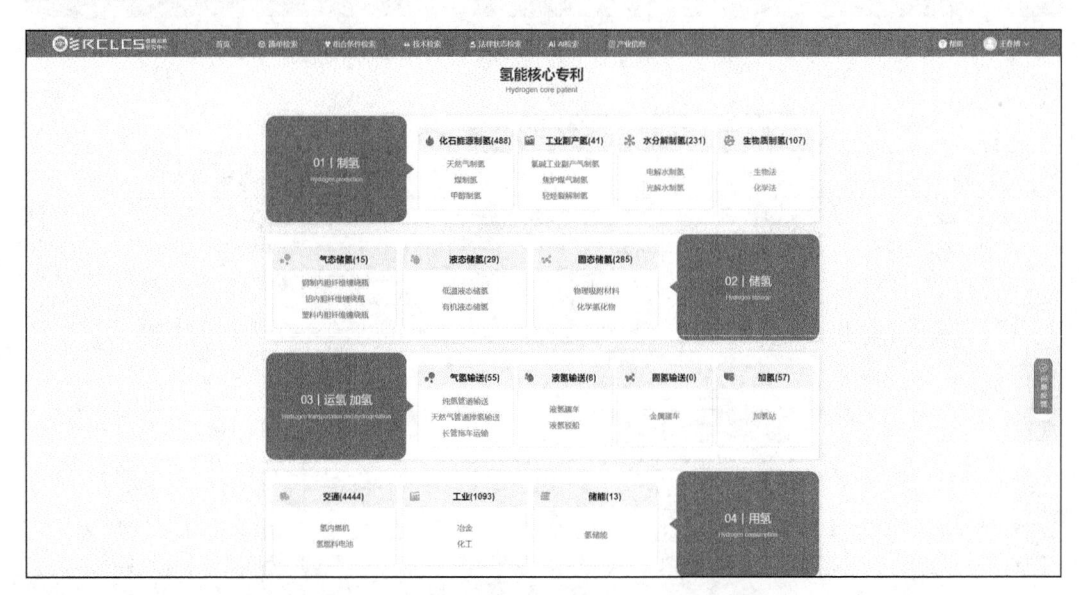

图5.30　氢能产业专利导航平台核心专利数据库

5.2.3 产业信息挖掘

氢能产业专利导航平台的产业信息挖掘模块综合了氢能政策资讯、发展路线、相关资料三部分内容，为创新主体提供了产业发展导向、技术发展趋势、专利数据信息等更加深入的参考材料，帮助创新主体把握产业整体情况，进一步提升创新主体专利信息利用能力。

如图5.31所示，氢能政策资讯、发展路线、相关资料三部分内容面向所有创新主体开放共享，具体包括国家层面以及省级层面政策文件汇总、氢能产业最新资讯；制氢、储氢、运氢和加氢、用氢发展路线；围绕氢能产业专利信息挖掘的研究报告以及氢能专利检索的指南材料等。

图 5.31　氢能产业专利导航平台产业信息挖掘界面

5.2.4　氢能专利监测

当前，氢能产业相关技术快速发展，针对不同创新主体的实际需求，依托定期更新的氢能产业专利导航平台数据，搭建了全球氢能专利数据动态监测平台（图 5.32）以及氢能产业专利监测平台（图 5.33）。

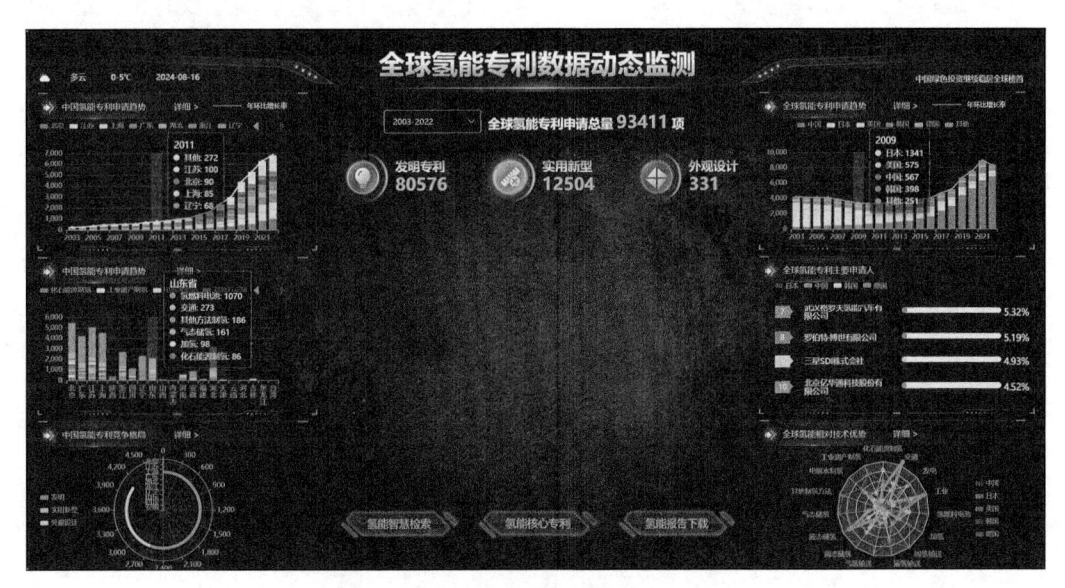

图 5.32　全球氢能专利数据动态监测平台

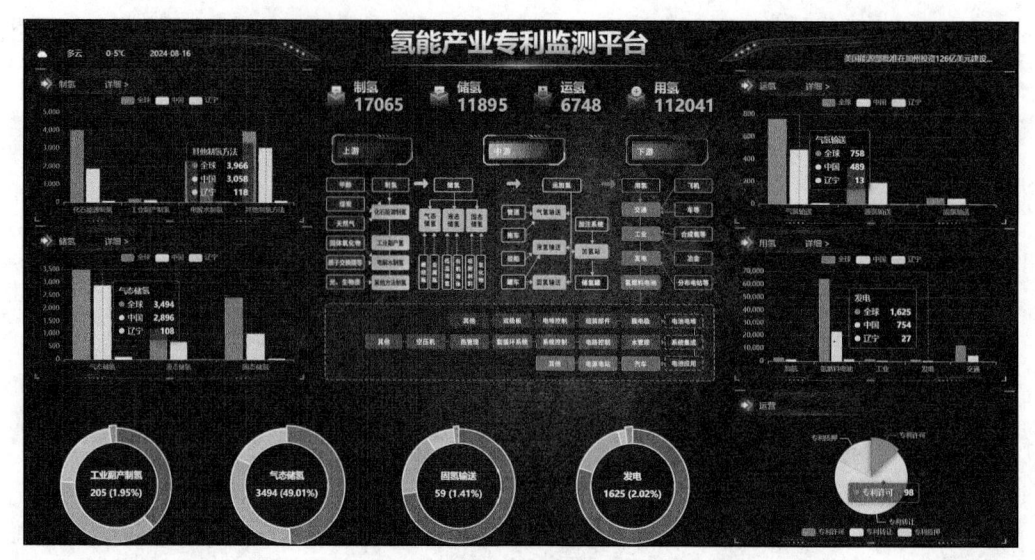

图 5.33 氢能产业专利监测平台

氢能专利监测主要通过与氢能专利导航平台的对接，实时获取氢能产业相关的专利数据，对相关专利数据进行实时监测和可视化分析展示，帮助各类创新主体及时了解全球氢能专利概况、技术动态、创新主体竞争态势、产业专利情况等等。具体包括如下功能：

一是趋势分析。通过对监测到的专利数据进行时间趋势分析展示，挖掘氢能产业内的技术发展趋势和未来走向。帮助创新主体依据分析结果制定相应的技术创新发展和市场拓展策略。

二是竞争分析。通过对监测到的专利申请人数据进行分析，评估竞争对手的技术实力和市场地位，帮助创新主体制定针对性的竞争策略。

三是技术风险预警。通过对不同技术分支专利数据进行跟踪监测，及时发现潜在的专利技术风险，帮助创新主体根据预警结果采取相应的风险应对措施。

四是定制服务。根据创新主体的具体需求，平台可以提供定制化的专利监测服务，包括监测对象、监测指标、监测频次等方面的定制。创新主体可以根据自身的实际情况和需求，选择合适的监测服务。

氢能专利监测功能通过对专利数据的实时监测和分析，帮助创新主体及时了解全球氢能专利动态，氢能产业技术发展趋势、竞争态势和潜在风险，为创新主体的技术创新和市场拓展提供有力支撑。

5.3 氢能产业专利导航平台服务案例

5.3.1 服务企业研发，促进创新发展

新源动力股份有限公司成立于 2001 年 4 月，是中国第一家致力于燃料电池产业化

的股份制企业，主要从事氢燃料电池膜电极、电堆模块、系统及相关测试设备的设计开发、生产制造和技术服务。膜电极一直以来都是氢燃料电池的核心组件，是燃料电池动力的根本来源，国内外众多科研团队聚焦膜电极技术的研发与突破，也是新源动力股份有限公司的主攻方向之一。该公司成立于2001年4月，是中国第一家致力于燃料电池产业化的股份制企业，主要从事氢燃料电池膜电极、电堆模块、系统及相关测试设备的设计开发、生产制造和技术服务，拥有自主研发的多种型号的燃料电池电堆模块。

中国科学院大连化学物理研究所TISC利用氢能产业专利导航平台数据，就新源动力股份有限公司关注的低铂膜电极电池技术进行了针对性的专利检索与分析，围绕低铂膜电极的国内外专利申请情况以及专利布局进行了调研，将挖掘的高性能低铂膜电极相关专利信息提供给企业，为企业膜电极技术研发方向与专利布局的工作提供参考。目前，该公司年产5000m^{2}MEA，累计装车600余辆，与一汽客车、宇通客车、金龙客车、北汽福田等各大客车厂商均有合作。中国科学院大连化学物理研究所TISC持续聚焦企业研发需求，挖掘专利信息，提取对企业有实质帮助的内容，为企业膜电极技术研发方向与专利布局的工作提供参考。

5.3.2 解决科研需求，助力原始创新

中国科学院大连化学物理研究所TISC与研究所各氢能相关领域的研究组深入沟通，了解其重点关注的技术方向，通过专利信息挖掘来服务研究组的技术研发工作。

中国科学院大连化学物理研究所的燃料电池研究部聚焦燃料电池及相关领域的关键材料、核心部件、系统集成、过程监控等工程与工程基础研究，在氢能燃料电池方面布局了较多专利，每年有超过百件相关专利申请，了解到其目前研发关注的重点申请人以及在质子交换膜（PEM）电解水制氢技术方面的专利信息需求——"高电位下的材料腐蚀以及高压氢气的渗漏"问题，TISC就相关专利进行检索分析，将重点关注的竞争申请人情况以及核心部件、高压电解槽密封结构设计等方面的专利技术信息提供给科研团队，为科研团队质子交换膜电解水制氢技术的研发助力。

燃料电池研究部的质子交换膜（PEM）电解水制氢技术项目的投资达到4 200万元，具有自主知识产权的兆瓦级质子交换膜（PEM）电解水制氢系统、兆瓦级氢质子交换膜燃料电池发电系统已正式投入运行。通过针对性的专利信息服务，中国科学院大连化学物理研究所TISC帮助科研团队在关键材料、核心部件、系统与控制等领域完成专利布局，助力原始创新。

5.3.3 加强信息利用，提升服务成效

中国科学院大连化学物理研究所TISC围绕氢能导航平台开展了一些行之有效的宣传推广活动。面向技术专家、社会公众、产业联盟等不同的创新主体，进行氢能相关专利分析成果展示，充分发挥专利信息价值，不断提升知识产权服务成效。

2022年8月3日，面向大连市各重点新型智库、氢能相关领域研究人员和专家的"氢能源发展现状与展望"讲座顺利开展。讲座邀请了中国科学院大连化学物理研究所低碳战略中心智库专家胡军，就氢能发展现状与展望进行了翔实又全面的介绍，参与讲座的人员反响热烈，专家讲座进一步宣贯了氢能产业发展现状，为各创新主体产业发展方向提供参考信息和有益建议。2022年9月8日，中国科学院大连化学物理研究所开展了"氢能产业研讨会"，研究所科技合作处副处长杜伟、低碳战略研究中心工作人员与辽宁省氢能联盟协会的各位专家进行了交流研讨，会上指出了目前辽宁省与大连市氢能产业发展现状与存在的实际挑战和困难，如加氢站的建设、设备供应、储氢等企业被外资收购等实际问题。辽宁省氢能联盟协会旨在推动区域氢能产业协同创新、资源整合、推广应用与交流，为技术匹配、产品配套、相互支撑的全产业链协作业态提供支撑和保障。截至目前，辽宁省氢能产业联盟主要由政策、综合等五个专门专家组构成，由新源动力股份有限公司牵头，为高校院所的实验室技术与辽宁省、大连市氢能领域企业之间的合作起到了很好的联系作用。此次氢能产业研讨会，产业联盟围绕氢能产业链从实务角度提出专利信息挖掘的需求和方向。针对实际需求，展示了利用氢能专利导航平台研究的氢能产业国内外情况、氢能产业专利态势，氢燃料电池技术等领域研发情况以及国内外氢能产业专利申请人的技术布局等，从产业、企业、研发等层面提出氢能产业发展相关对策建议，进一步引导不同主体进一步加强专利信息的利用，推动技术创新。

此外，中国科学院大连化学物理研究所 TISC 平台面向公众提供氢能相关知识产权公共服务，包括定期开展 TISC 讲座以及通过"能源训练营"微信公众号推送等方式对氢能领域专利信息进行进一步推广宣传，促进专利信息的利用和传播。其中，"能源训练营"微信公众号已通过 TISC 月刊专栏推送氢能领域技术分类等内容，为公众获取氢能专利信息情报等提供支持。同时，通过 TISC 平台系列讲座等活动进一步宣传推广氢能产业专利导航平台的使用，提升服务成效。

6 氢能产业技术创新专利情报挖掘

6.1 氢能产业核心专利挖掘

2021年3月,我国明确将以下5种情况的有效发明专利纳入高价值发明专利拥有量统计范围:战略性新兴产业的发明专利、在海外有同族专利权的发明专利、维持年限超过10年的发明专利、实现较高质押融资金额的发明专利、获得国家科学技术奖或中国专利奖的发明专利。自此,高价值专利的范围更加明晰,以此范围为重要参考依据,综合考虑高价值专利的评价因素,通过专利被引次数、专利运营信息(转让、许可、质押)、获得专利奖等指标筛选了氢能领域核心专利共计6 492件。在氢能核心专利中,四个一级分类——制氢、储氢、运氢及加氢、用氢——核心专利占比分别为12%、5%、2%、81%,用氢领域专利数量较多,相应的核心专利数量也最多,与四个一级技术分类在氢能整体数据库的占比吻合。总的来看,四个一级技术分类领域核心专利的数量与技术发展情况相适应。

分析氢能核心专利当前专利权人的情况见表6.1。前10位专利权人全部为企业,大多为汽车以及能源类企业且没有中国专利权人。美国通用汽车公司排名第一位,核心专利数量达到了168件,主要集中于燃料电池技术领域。知名车企还包括排名第三位的丰田自动车株式会社以及排名第四位的日产自动车株式会社。其中,壳牌石油公司排名第二位,核心专利数量达到141件。排名第九位的印度科学与工业研究理事会(Council of Scientific & Industrial Research,CSIR),基于其专有技术开发了10kW汽车级低温质子交换膜燃料电池(LT-PEMFC)堆栈,其膜电极组装相关技术值得关注。此外,还包括韩国的三星集团,主要涉及燃料电池相关专利。

表 6.1 氢能核心专利权人 TOP10

序号	专利权人	核心专利数量/件
1	美国通用汽车公司	168
2	壳牌石油公司	141
3	丰田自动车株式会社	107
4	日产自动车株式会社	85

续表

序号	专利权人	核心专利数量/件
5	布鲁姆能源公司	63
6	巴斯夫股份公司	46
7	通用电气公司	44
8	智通能源科技有限公司	41
9	印度科学与工业研究理事会	38
10	三星集团	36

6.1.1 国外氢能核心专利挖掘

表 6.2～表 6.5 根据不同一级技术分类领域列出了全球重点专利申请人重要的核心专利及其法律状态和所属技术领域，对于失效的专利可以合理运用，但值得注意的是，失效专利虽然可以作为开放技术得以使用，但在多数情况下，重要的失效专利往往伴随着与其他专利的依存关系，还应综合分析评估后再合理运用。

表 6.2 国外制氢领域核心专利汇总

序号	专利号	专利名称	专利申请人	法律状态	技术领域
1	US20050064577A1	利用光合生物和由其衍生的生物质生产氢气	Berzin Isaac	失效	生物质制氢
2	US6745801B1	一种移动式制氢供气系统	Air Products And Chemicals Inc	失效	甲醇制氢
3	US20100297749A1	用于生物燃料生产的方法和系统	Alex M Aravanis；Brian L Goodall	失效	生物质制氢
4	US20040170559A1	使用变压重整制氢	Hershkowitz Frank；Segarich Robert L	失效	煤制氢
5	US20050000802A1	氢气处理或分配系统	Hobbs Raymond	失效	天然气制氢
6	US20050144961A1	用于氢气与水的混合的方法和装置	Andrei Colibaba Evulet	失效	煤制氢
7	US20060057039A1	化学微反应器及其方法	Jeffrey Morse；Alan Jankowski	失效	甲醇制氢
8	US20060013759A1	用于制氢的系统和方法	Yi Jiang；Harold A Wright	失效	煤制氢
9	US20050008908A1	用于燃料电池的便携式燃料盒	Ian W Kaye；James L Kaschmitter	失效	甲醇制氢
10	US20050022450A1	重整器系统，在重整器系统中产生氢气的方法以及使用重整器系统的方法	Tan Cher Dip；Weissman Jeffrey G；Bonadies Joseph V；Kirwan John E	失效	煤制氢

续表

序号	专利号	专利名称	专利申请人	法律状态	技术领域
11	US20080038598A1	具有氢缓冲和分级膜的燃料电池燃料处理器	Berlowitz Paul J；Agnihotri	失效	煤制氢
12	US20090074611A1	光解产生过氧化氢	Bruce F Monzyk；Richard J Gilbert	失效	光解水制氢
13	US20060191199A1	产生氢气的燃料电池盒	Rosenzweig Alain；Adams Paul；	失效	煤制氢
14	US7752848B2	用于氢和电能的共同生产的系统和方法	Chellappa Balan；Andrei Colibaba Evulet	失效	煤制氢
15	US20040229090A1	电化学电池	Davis Stuart M；Brandt Klaus	失效	碱性电解水
16	US20100237291A1	用于生物质的太阳能热气化的系统和方法	Wayne Simmons；Christopher Perkins；Zoran Jovanovic	失效	天然气制氢
17	US20080176301A1	在生物质转化过程中的氢气处理以及杂质去除和清洁方法	Granda Cesar B；Holtzapple Mark T；Davison Richard R	失效	生物质制氢
18	US8409307B2	气化与蒸汽甲烷重整一体化多联产方法及系统	Raymond Francis Drnevich；Aqil Jamal	失效	天然气制氢
19	US20090313886A1	用于太阳能辅助化学和能量处理的各种方法和装置	Brian L Hinman；John Henry Stevens	失效	煤制氢
20	US8226912B2	处理包含氢气、二氧化碳和硫化氢的气体混合物的方法	Jeffrey William Kloosterman；Kevin Boyle Fogash；Andrew David Wright	失效	煤制氢
21	US20070289215A1	生产合成气的方法和设备	Hemmings John William；Bonnell Leo	失效	煤制氢
22	US20100276299A1	一种用于水制氢的高压电解槽	Nelson A Kelly；Thomas L Gibson	失效	碱性电解水
23	US20150069295A1	水凝胶纳米复合材料	National University Of Singapore	失效	光解水制氢
24	US20050211569A1	用于在碱性介质中氧化氨的电催化剂	Botte Gerardine G；Vitse Frederic；Cooper Matt	失效	碱性电解水
25	US20040181313A1	控制气-液设备中的氢气	Conocophillips Company	失效	煤制氢
26	US20060124445A1	一种用于气相重整的电加热反应器	Raynald Labrecque；Claude B Laflamme；Michel Petitclerc	失效	天然气制氢
27	US20040058230A1	可用作燃料电池，重整器或热电厂的多功能能源系统	Hsu Michael S	失效	天然气制氢
28	US20060231455A1	一种油的生产和改质方法	Olsvik Ola；Moljord Kjell	失效	天然气制氢

续表

序号	专利号	专利名称	专利申请人	法律状态	技术领域
29	US20070217995A1	制氢方法和装置	Matsumura Chi; Oshita Takahiro	失效	固体氧化物电解水
30	US20090084035A1	多联产系统	Wei Wei	失效	煤制氢
31	US20060191198A1	产生氢气的燃料电池盒	Rosenzweig Alain;	失效	煤制氢
32	US20050210881A1	用于联产氢气和电能的系统和方法	Chellappa Balan; Andrei Colibaba Evulet	失效	煤制氢
33	US20050211290A1	具有液体电解质的集成光电化学电池和系统	Xunming Deng; Liwei Xu	失效	碱性电解水
34	US20070163889A1	生产氢气的方法和设备	Kato Tohru; Nozaki Ken; Yokota Hiroshi; Matsumura Chi; Yamada Hiroyuki	失效	固体氧化物电解水
35	US6872378B2	太阳能热气溶胶流反应工艺	Alan W Weimer; Jaimee K Dahl; J Roland Pitts	失效	天然气制氢
36	US20040180249A1	用于联产电能和氢气的系统	The Regents Of The University Of California	失效	固体氧化物电解水
37	US20090314652A1	过氧羧酸的制备	Buschmann Wayne E; Del Negro Andrew S	失效	碱性电解水
38	US20040232046A1	回收烃类资源的方法和装置	Tanaka Hiroshi; Ota Kazuaki	失效	煤制氢
39	US20150218001A1	一种杂原子掺杂多功能碳量子点的制备方法及其应用	Technical Institute Of Physics And Chemisty Of The Chinese Academy Of Sciences	失效	光解水制氢
40	US20070137107A1	合成气加湿方法	Barnicki Scott D	失效	煤制氢
41	US20030208959A1	太阳能热气溶胶流反应工艺	Weimer Alan W; Dahl Jaimee K	失效	天然气制氢
42	US20120145532A1	杂化纳米粒子表面等离子光催化分解水制氢的研究	Gennady A Smolyakov; Marek A Osinski	失效	光解水制氢
43	US7481858B2	产氢燃料电池盒	Alain Rosenzweig	失效	煤制氢
44	US20050205128A1	具有固体聚合物电解质的集成光电化学电池和系统	Xunming Deng; Liwei Xu	失效	固体氧化物电解水
45	US20070000789A1	一体化制氢和处理系统及操作方法	Libby Cara S	失效	固体氧化物电解水
46	JP2015086420A	碱性电解水阳极	Yokohama National Univ	失效	碱性电解水
47	US20030162273A1	用于光合制氢的硫酸盐渗透酶的调节	Melis Anastasios	失效	生物质制氢
48	US20050194120A1	具有多个管状阵列的热交换器	Franklin D Lomax; John S Lettow; Brian D James	失效	煤制氢

续表

序号	专利号	专利名称	专利申请人	法律状态	技术领域
49	JP2007045857A	气化煤气净化的方法及装置	Nippon Steel Corp；Nippon Steel Eng Co Ltd	失效	焦炉煤气制氢-5
50	US20100113624A1	合成气的制备	Routier Arold Marcel Albert	失效	煤制氢

表 6.3 国外储氢领域核心专利汇总表

序号	专利号	专利名称	专利申请人	法律状态	技术领域
1	US20050074612A1	基于薄片和/或多层核/壳结构的储氢材料	Eklund Peter C；Furuta Terumi；Goto Hajime	失效	化学氢化物
2	US7723262B2	活性炭低温凝胶及其制备方法	Aaron Feaver；Guozhong Cao	有效	物理吸附材料
3	US20050180916A1	储氢材料及其制备和使用方法	Autrey Thomas S；Gutowska Anna；Shin Yongsoon；Li Liyu	有效	化学氢化物
4	WO2008018494A1	储氢合金，储氢合金电极，二次电池，和用于制造储氢合金的方法	Gs Yuasa Corporation；National Institute Of Advanced Industrial Science And Technology	PCT-有效期满	化学氢化物
5	JP2015158243A	氢气蓄电池	Japan Steel Works Ltd The	有效	塑料内胆纤维缠绕瓶
6	US20040173618A1	压力容器	Suzuki Tetsuya；Komada Minoru	失效	塑料内胆纤维缠绕瓶
7	US20060096993A1	压力容器，储氢罐以及压力容器的制造方法	Takashima Tasuku	失效	塑料内胆纤维缠绕瓶
8	US20040045608A1	一种手柄灵巧的阀门	Peters Mark E；Popp Gregory W	失效	纯钢制金属瓶
9	US20070077491A1	电极，其制造方法，金属-空气燃料电池和金属氢化物电池	Burchardt Trygve	失效	化学氢化物
10	US20050191236A1	一种混合制氢材料	Pinkerton Frederick E；Meyer Martin S；Meisner Gregory P	失效	化学氢化物
11	US20080107589A1	基于高微孔活性炭的高性能吸附剂	Von Blucher Hasso；Bohringer Bertram；Giebelhausen Jann Michael	有效	物理吸附材料

续表

序号	专利号	专利名称	专利申请人	法律状态	技术领域
12	US20040182869A1	高压罐	Kubo Hidehito；Tsuzuki Makoto；Toh Keiji；Kumano Akiko；Mori Daigoro；Kimbara Masahiko	失效	塑料内胆纤维缠绕瓶
13	US20090229555A1	可吸附气体燃料储存系统及其制造方法	Yuri Ginzburg；Vadim Beilin；Baruch Foux；Lev Zaidenberg	失效	物理吸附材料
14	JP2009024225A	铝的合金用于存储容器的高压力氢气的气体	Furukawa Sky Kk	有效	铝内胆纤维缠绕瓶
15	US6672078B2	氢基础设施，用于该氢基础设施的组合体储氢/单级金属氢化物氢压缩机以及用于该氢基础设施的合金	Energy Conversion Devices Inc	失效	化学氢化物
16	US20040182240A1	蒸发排放物过滤器	Bause Daniel E；Rohrbach Ronald P；Berkey Richard J；Stremler Bryon W；Smith Robert L；Unger Peter D	失效	物理吸附材料
17	US20100331179A1	活性炭低温凝胶及其制备方法	Feaver Aaron；Cao Guozhong	有效	物理吸附材料
18	US20050129996A1	再生电化学电池系统及其使用方法	Moulthrop Lawrence C Jr；Molter Trent M；Speranza A J	失效	化学氢化物
19	US20110053765A1	碳基泡沫纳米复合储氢材料	Aaron Feaver；Guozhong Cao	失效	化学氢化物
20	US6830725B2	具有高孔隙率表面层的储氢合金	Texaco Ovonic Battery Systems Llc	失效	化学氢化物
21	US20050260118A1	介孔碳膜及其制备方法	Lu Yunfeng；Pang Jiebin	失效	化学氢化物
22	US20110236301A1	用于储氢金属阳离子掺杂共价有机骨架衍生物及其使用方法	Jeung Ku Kang；Yoon Jeong Choi；Jung Woo Lee；Jung Hoon Choi	有效	化学氢化物
23	JP2009287119A	方法用于收集稀土的金属	Nat Inst Of Adv Ind Technol；Univ Kyoto；Univ Osaka	有效	化学氢化物
24	US7169214B2	高压罐	Hidehito Kubo；Makoto Tsuzuki	失效	塑料内胆纤维缠绕瓶

续表

序号	专利号	专利名称	专利申请人	法律状态	技术领域
25	US20060013753A1	可逆储氢系统	Vajo John J；Mertens Florian O；Skeith Sky；Balogh Michael P	失效	化学氢化物
26	US20050271916A1	在使用发电厂或储氢材料期间释放的热量的热电转换	Yang Jihui；Verbrugge Mark W；Herbst Jan F	失效	化学氢化物
27	US7651554B2	储氢系统	Zhaosheng Tan；Michael A Fetcenko	有效	纯钢制金属瓶
28	CN102007069A	气体存储材料，包括氢存储材料	丰田自动车工程及制造北美公司；华盛顿萨凡纳河有限责任公司	失效	化学氢化物
29	US20050191235A1	储氢系统材料的再生和包括氢化物和氢氧化物的方法	Vajo John J；Mertens Florian O；Jorgensen Scott W	失效	化学氢化物
30	US20050145224A1	蒸发排放物过滤器	Zulauf Gary B；Bause Daniel E；Smith Robert L；Rohrbach Ronald P；Berkey Richard J；Stremler Bryon W；Unger Peter D	有效	物理吸附材料
31	US20050075245A1	用于可逆储氢的碳基组合物	Goddard William A；Deng Weiqiao；Xu Xin	失效	化学氢化物
32	US7549555B2	压力容器	Tetsuya Suzuki；Minoru Komada	失效	塑料内胆纤维缠绕瓶
33	US20080236032A1	用于产生氢气组合物、装置和方法	Kelly Michael T；Ortega Jeffrey V	失效	化学氢化物
34	US6967012B2	酰亚胺/酰胺储氢材料和方法	Gregory P Meisner；Frederick E Pinkerton	失效	化学氢化物
35	US20040261866A1	氢气高压阀及氢气减压装置	Toyoda Koki Kabushiki Kaisha；Toyooki Kogyo Co Ltd	失效	纯钢制金属瓶
36	US7406987B2	用于填充燃料装置和方法	Naoyuki Takano；Kazutoshi Sato；Kanji Omori	失效	低温液态储氢-17
37	US20060013757A1	处理碳材料的方法	Emil Edwin；Bernt Henning Rusten	失效	化学氢化物
38	US20050129566A1	具有高储存容量和优异室温动力学的Mg-Ni储氢复合材料	Fetcenko Michael A；Young Kwo；Ouchi Taihei；Reinhout Melanie；Ovshinsky Stanford R	失效	化学氢化物

续表

序号	专利号	专利名称	专利申请人	法律状态	技术领域
39	US20080234527A1	一种制氢方法及其系统	Matsumoto Takaya; Enomoto Toshiyuki; Kude Yukinoro; Kobori Yoshinori	失效	化学氢化物
40	US20050130827A1	具有至少双峰孔分布和位于孔中的活性金属中心的可分解单片陶瓷材料	Schunk Stephan A; Demuth Dirk; Linden Mika; Smatt Jan H	失效	化学氢化物
41	US20080127949A1	进气系统用碳氢化合物吸附器	Herald Michael L; Carter Berry	失效	物理吸附材料
42	US6931889B1	提高氢气回收率的低温方法	Jorge H Foglietta; Paul Milios; Fereidoun Yamin	失效	低温液态储氢-17
43	US20130299505A1	高压罐的制造方法及高压罐	Hirokazu Otsubo; Shiro Nishibu	有效	塑料内胆纤维缠绕瓶
44	US20040251007A1	压力罐	Toh Keiji; Kubo Hidehito	失效	塑料内胆纤维缠绕瓶
45	US7220290B2	氢气发生系统	Steven C Amendola; Michael Binder; Stefanie L Sharp Goldman; Michael T Kelly; Phillip J Petillo	失效	化学氢化物
46	US7029649B2	包括酰胺/酰亚胺的储氢材料的组合	Gregory P Meisner; Michael P Balogh	失效	化学氢化物
47	US20040247521A1	使用掺杂碱金属氢化铝的氢的可逆存储	Bogdanovic Borislav; Felderhoff Michael	失效	化学氢化物
48	US20090044877A1	压力气罐的控制填充方法	Faudou Jean Yves; Lehman Jean Yves; Pregassame Jaya Sitra	有效	纯钢制金属瓶
49	US7094387B2	用于储氢的复合氢化物	Ragaiy Zidan	失效	化学氢化物
50	US20050191232A1	包括氢化物和氢氧化物的储氢材料和方法	Vajo John J; Mertens Florian O; Jorgensen Scott W	失效	化学氢化物

表 6.4 国外运氢加氢领域核心专利汇总表

序号	专利号	专利名称	专利申请人	法律状态	技术领域
1	US20050178463A1	一种高压氢气汽车加油站分配器的控制方法	Kountz Kenneth J; Kriha Kenneth R	失效	氢气加注
2	US20040163731A1	一种自备移动式加油站	Eichelberger Donald Paul; Farese David John	失效	氢气加注

续表

序号	专利号	专利名称	专利申请人	法律状态	技术领域
3	US7059364B2	一种高压氢气汽车加油站分配器的控制方法	Kenneth John Kountz; Kenneth Robert Kriha; William E Liss	失效	氢气加注
4	US20050000970A1	储气罐及其制造方法	Masahiko Kimbara; Daigoro Mori	失效	氢气加注
5	US20050106097A1	产生和存储加压氢气的系统和方法	Graham David R; Xu Jianguo; Meski George A	失效	氢气加注
6	US20050188847A1	储氢罐	Fujita Katsuyoshi; Kubo Hidehito; Kimbara Masahiko; Mori Daigoro	失效	氢气加注
7	US20100024542A1	储氢罐和使用方法	David W Yen; Jingying Zhang; Peter J Schubert	有效	氢气加注
8	US20140196814A1	加氢站	Kenji Nagura; Hitoshi Takagi	有效	氢气加注
9	US20100075200A1	高压罐，高压罐的制造方法以及高压罐的制造设备	Hatta Ken	失效	氢气加注
10	US20170248976A1	用于氢加注系统通信系统	Nel Hydrogen A/S	有效	氢气加注
11	US20140290790A1	一种采用主动加油速度控制的油箱加油方法及系统	Honda Motor Co Ltd	有效	氢气加注
12	US20070257043A1	向氢气罐中充入氢气的装置和方法	Izuru Kanoya; Mitsuya Hosoe	失效	氢气加注
13	US20110305515A1	一种储氢方法及系统	Drnevich Raymond Francis	有效	纯氢管道输送
14	US20140102587A1	加氢站	Kenji Nagura; Hitoshi Takagi	有效	氢气加注
15	US7418782B2	一种储气罐的制造方法	Masahiko Kimbara; Daigoro Mori	失效	氢气加注
16	US20060016512A1	用于填充燃料的装置和方法	Takano Naoyuki; Sato Kazutoshi; Omori Kanji	失效	氢气加注
17	US7431756B2	模块化金属氢化物储氢系统	Vitaliy Myasnikov; Alexandr Gerasimov; Valeriy Sobolev	有效	氢气加注
18	JP2008202619A	氢站	Hitachi Plant Technologies Ltd	有效	氢气加注
19	US6860923B2	用于氢动力车辆的具有热传递系统的车载储氢单元	Vitaliy Myasnikov; Rosa Young; Yang Li; Stanford R Ovshinsky	失效	氢气加注
20	JP2013167288A	氢站	Taiyo Nippon Sanso Corp	有效	氢气加注
21	US7992632B2	海底设施供电系统	Atle Harald Børnes; Rune Mode Ramberg	有效	纯氢管道输送
22	US7406987B2	用于填充燃料装置和方法	Naoyuki Takano; Kazutoshi Sato; Kanji Omori	失效	低温液态储氢
23	US20150090364A1	加油站管式挂车作业方法的改进	Uchicago Argonne Llc	有效	氢气加注

续表

序号	专利号	专利名称	专利申请人	法律状态	技术领域
24	US20050211573A1	模块化金属氢化物储氢系统	Vitaliy Myasnikov; Alexandr Gerasimov; Valeriy Sobolev	有效	氢气加注
25	US20150184804A1	一种燃油加注系统的控制方法	Honda Motor Co Ltd	有效	氢气加注
26	US20160348840A1	供气系统及加氢站	Kabushiki Kaisha Kobe Seiko Sho (Kobe Steel Ltd)	有效	氢气加注
27	US20030155252A1	在中等高温下操作的氢气电化学增压器/净化器（包括氢气膜发生器中的高温电化学泵	Juda Walter; Bombard R Todd; Kneger Charles W	有效	氢气加注
28	JP2005216774A	燃料电池的氢供给装置，用于工作机	Chiyoda Chem Eng Construct Co	有效	氢气加注
29	US20030209282A1	燃料加注装置和燃料泄漏检测方法	Nippon Sanso Corporation And Nitto Kohki Co Ltd	失效	氢气加注
30	US6904944B2	燃料加注装置和燃料泄漏检测方法	Kazutoshi Satou; Naoyuki Takano	失效	氢气加注
31	US20100012219A1	充氢装置	Koichi Shibukawa; Yukio Sato	失效	氢气加注
32	US20150014332A1	高压罐及高压罐制造方法	Toyota Jidosha Kabushiki Kaisha	有效	氢气加注
33	US8069885B2	用于分配液体和气态氢设备和方法	Tobias Kederer; Henning Tomforde	有效	液氢罐车
34	US20130213479A1	一种供氢方法及系统	Rommel M Oates; Solomon Dadebo	有效	纯氢管道输送
35	US20040031390A1	用于氢动力车辆的具有热传递系统的车载储氢单元	Myasnikov Vitaliy; Young Rosa; Li Yang; Ovshinsky Stanford R	失效	氢气加注
36	JP2008196590A	氢供给站	Mitsubishi Heavy Ind Ltd	失效	液氢罐车
37	US20050183425A1	低温液化气储罐的操作方法	Immel Rainer	有效	低温液态储氢
38	JP2007239956A	用于填充氢气体的方法和装置	Taiyo Nippon Sanso Corp	有效	氢气加注
39	JP2012066086A	氢的防灾害设备站	Hochiki Co	失效	氢气加注
40	US8757223B2	氢填充装置和氢填充方法	Takuro Uemura	有效	氢气加注
41	US20140202584A1	一种采用主动加油速度控制的油箱加油方法及系统	Honda Motor Co Ltd	有效	氢气加注
42	US20090127137A1	储氢器和填充储氢器方法	Golz Daniel; Keller Claude;	失效	氢气加注

续表

序号	专利号	专利名称	专利申请人	法律状态	技术领域
43	BRPI0909348A2	将连接头组装在柔性管状导管上的方法和安装以及用于运输碳氢化合物的柔性管状导管	Technip France	有效	纯氢管道输送
44	BR112013000428B1	管状管道中的控制方法，适于连接到管状管道的控制套筒和用于输送含有腐蚀性气体的碳氢化合物的管道	Ifp Energies Now; Technip France	有效	纯氢管道输送
45	US20160146400A1	一种加注储气罐的方法及加注站	L'air Liquide Societe Anonyme Pour L'etude Et L'exploitation Des Procedes Georges Claude	有效	氢气加注
46	US20170254479A1	氢加注系统中供给管的冷却	Nel Hydrogen A/S	有效	氢气加注
47	JP2005098474A	燃料充填方法	Taiyo Nippon Sanso Corp	有效	氢气加注
48	US20040191515A1	一种管道涂层	Mullen Douglas Thomas	失效	纯氢管道输送
49	US20080216913A1	用于分配液体和气态氢设备和方法	Tobias Kederer; Henning Tomforde	有效	液氢罐车
50	US7326281B2	储氢罐	Katsuyoshi Fujita; Hidehito Kubo	失效	氢气加注

表 6.5　国外用氢领域核心专利汇总表

序号	专利号	专利名称	申请人	法律状态	技术领域
1	US20040038808A1	用于质子交换膜和直接甲醇燃料电池的膜电极组件的制造方法	Hampden Smith Mark J; Kodas Toivo T	失效	氢燃料电池
2	US20070259217A1	可缩放微生物燃料电池的材料和结构	Bruce Logan	有效	氢燃料电池
3	US20070112475A1	电源管理系统和方法	Martin Koebler; Nicole G Goldstein; Stephen J Brown; Jason H Harper	有效	氢燃料电池
4	US20080122518A1	带电源提取器的多电源、多负载系统	Besser David A; Matan Stefan; Bullen Melvin J	有效	分布电站
5	JP2006107967A	固体高分子型燃料电池	Toyota Central Res Dev; Toyota Motor Corp	有效	氢燃料电池
6	US9281505B2	用于车辆电池安装结构	Toyota Jidosha Kabushiki Kaisha	有效	公路交通

续表

序号	专利号	专利名称	申请人	法律状态	技术领域
7	US20090030712A1	用于在电网和车辆之间传输电力的系统和方法	Bradley D Bogolea；Patrick J Boyle	失效	公路交通
8	US20170101031A1	燃料电池汽车	Toyota Jidosha Kabushiki Kaisha	有效	公路交通
9	JP2008239353A	多孔支撑/选择性透氢膜基材及多孔支撑燃料电池	Toyota Central Res Dev	失效	氢燃料电池
10	US20040197638A1	包含碳纳米管的燃料电池电极	Mcelrath Kenneth O；Smith Kenneth A；Bahr Jeffrey L	失效	氢燃料电池
11	US20100295506A1	非接触式受电装置及包括该受电装置的车辆	Shinji Ichikawa	有效	公路交通
12	US20070212538A1	包含碳的纳米线结构	Chunming Niu	有效	氢燃料电池
13	US20050238810A1	纳米管/金属基复合材料及其制备方法	Robert P Scaringe；Dwight D Back	失效	氢燃料电池
14	JP2006089040A	车辆装备与燃料电池	Toyota Motor Corp	失效	公路交通
15	US20040197641A1	活性金属/含水电化学电池和系统	Polyplus Battery Company	失效	氢燃料电池
16	US20030143448A1	高温燃料电池发电装置	Questair Technologies Inc	失效	氢燃料电池
17	US20050123810A1	用于联产氢气和电能的系统和方法	Balan Chellappa	失效	氢燃料电池
18	US20040251241A1	含碳化合物的电感耦合等离子体/部分氧化重整以生产用于能量生产的燃料	Nuvotec Inc	失效	氢燃料电池
19	US20090162750A1	锂离子储存/释放材料的制造方法、锂离子储存/释放材料、以及使用该材料的电极结构和储能装置	Soichiro Kawakami；Norishige Kakegawa；Akio Kashiwazaki；Toshiaki Aiba；Rie Ueno；Mikio Shimada；Kaoru Ojima；Takashi Noma	失效	氢燃料电池
20	US7141321B2	使燃料电池动力车辆产生的电力能够实时购买和销售的系统和方法	Grant Mcarthur；Aaron Hardwick	失效	公路交通
21	US20090114463A1	插入式混合动力车辆的自学习控制系统	Devault Robert C	失效	公路交通
22	US20050052080A1	自适应电动车	Maslov Boris A；Pavlov Kevin	失效	公路交通
23	JP2006032132A	固体氧化物燃料电池空气电极材料的粉末，空气电极和固体氧化物燃料电池	Hosokawa Funtai Gijutsu Kenkyu	失效	氢燃料电池

续表

序号	专利号	专利名称	申请人	法律状态	技术领域
24	US20050048334A1	具有可逆燃料电池的联合储能和燃料发电	K R Sridhar；Matthias Gottmann	有效	氢燃料电池
25	US20070284159A1	蓄电池系统、车载电源系统、车辆及为蓄电池系统充电的方法	Takami Norio；Inagaki Hiroki；Tatebayashi Yoshinao	有效	公路交通
26	US20070031722A1	在钯合金和金合金纳米粒子核上铂单层的电催化剂及其用途	Adzic Radoslav；Zhang Junliang	有效	氢燃料电池
27	US20060097577A1	车辆供电系统	Akira Kato；Katsunori Tanaka；Masaru Kamiya；Takashi Senda	有效	公路交通
28	JP2013180643A	一燃料电池供电的车辆和燃料电池单元	Toyota Motor Corp	有效	公路交通
29	JP2011238360A	燃料电池系统	Denso Corp；Toyota Motor Corp	有效	氢燃料电池
30	US20040087441A1	铂基纳米尺寸催化剂	Bock Christina；Paquet Chantal；Macdougall Barry	失效	氢燃料电池
31	JP2004165138A	到燃料电池的剩余燃料量有关的警报系统	Toyota Motor Corp	失效	氢燃料电池
32	US20040224193A1	优化燃料电池运行效率的方法	Ion America Corporation	有效	氢燃料电池
33	US20080248350A1	产生氢气和螯合二氧化碳的电化学装置	C Deane Little；Timothy C Heffernan；Joseph V Kosmoski；C Gordon Little	有效	氢燃料电池
34	US20030162067A1	用于燃料电池的燃料水蒸气补充系统	Ion America Corporation	失效	氢燃料电池
35	US7849944B2	插电式混合动力汽车自学习控制系统	Robert C Devault	失效	公路交通
36	US20070215841A1	包含碳纳米管和金属碳酸盐的复合材料	William E Ford；Jurina Wessels；Akio Yasuda；Jack Barger	失效	氢燃料电池
37	US7338335B1	一种混合动力电动重型车辆驱动系统	Messano Frank	失效	公路交通
38	US20070009801A1	非水电解质电池，电池组和车辆	Inagaki Hiroki；Takami Norio	有效	公路交通
39	US6916872B2	非球形纳米粉体衍生的纳米复合材料	Tapesh Yadav；Clayton Kostelecky	失效	氢燃料电池

续表

序号	专利号	专利名称	申请人	法律状态	技术领域
40	US20060093890A1	燃料电池堆压缩系统，燃料电池堆和燃料电池系统	Steinbroner Matthew P	失效	氢燃料电池
41	US20050106429A1	高效负载跟随固体氧化物燃料电池系统	Bowie G Keefer	失效	氢燃料电池
42	US20070099054A1	用于燃料电池的磺化-全氟环丁烷聚电解质膜	Fuller Timothy J；Schoeneweiss Michael R	失效	氢燃料电池
43	US20050074643A1	用于燃料电池的燃料盒及其制造方法	Adams Paul；Curello Andrew J；Fairbanks Floyd；Lefebvre Guy；Lefebvre Yann；Frigiere Rene；Doucet Michel	有效	氢燃料电池
44	US7277782B2	电动车辆的控制系统和方法	Christopher K Yakes；Jon J Morrow；Duane R Pillar；Bradley C Squires	失效	公路交通
45	US20040191597A1	具有选择性阳极尾气循环的固体氧化物再生燃料电池	Ion America Corporation	失效	氢燃料电池
46	US20060135359A1	铂和铂合金包覆的钯和钯合金颗粒及其用途	Adzic Radoslav；Zhang Junliang；Mo Yibo；Vukmirovic Miomir B	有效	氢燃料电池
47	US20120232728A1	车辆电力管理与分配	Karimi Kamiar J；Liu Shengyi；Liffring Mark E；Helton Steven B；Fu Sheau Wei Johnny	有效	公路交通
48	US7254468B2	用于车辆的多网络控制系统	Duane R Pillar；Dale E Frampton	有效	公路交通
49	US20040167014A1	纳米结构质子交换膜燃料电池	The Regents Of The Univ Of California Office Of Technology Transfer University Of California	失效	氢燃料电池
50	US20070006528A1	用于自动化，模块化，生物质发电的方法和设备	James P Diebold；Arthur Lilley；Kingsbury Browne；Robb Ray Walt；Dustin Duncan；Michael Walker；John Steele；Michael Fields；Trevor Smith	有效	氢燃料电池

6.1.2 国内氢能核心专利挖掘

表 6.6～表 6.9 根据不同一级技术分类列出了国内制氢领域重要的核心专利及其法

律状态和所属技术领域。对国内核心技术进行挖掘,争取在创新和产业化方面有所突破,对于抢占国内的先发优势或者帮助创新主体明确研发重点和改进发明具有重要意义。

表6.6 国内制氢领域核心专利汇总表

序号	专利号	专利名称	专利申请人	法律状态	技术领域
1	CN101058404A	生物质废弃物超临界水流化床部分氧化制氢装置及方法	西安交通大学	有效	生物质制氢
2	CN1654313A	煤与生物质共超临界水催化气化制氢装置及方法	西安交通大学	有效	煤制氢
3	CN101565629A	垃圾生物质多联产处理的工艺、系统及设备	周开根	有效	煤制氢
4	CN103979491A	一种污泥与生物质共混气化制氢的方法与装置	青岛理工大学	有效	生物质制氢
5	CN102229806A	以煤焦化为主体的绿色循环经济工艺	金能科技有限责任公司 山东瑞普生化有限公司	有效	煤制氢
6	CN101597025A	太阳能热驱动的生物质超临界水气化制氢吸收反应器	西安交通大学	有效	生物质制氢
7	CN101285004A	一种多功能能源系统	中国科学院工程热物理研究所	有效	天然气制氢
8	CN103160294A	一种全方位煤炭分质利用多联产的系统及方法	陕西煤业化工技术研究院有限责任公司	有效	煤制氢
9	CN102061182A	煤加氢热解与气化耦合的方法	吴道洪	有效	煤制氢
10	CN101391746A	小型煤汽化制氢方法	上海标氢气体技术有限公司	有效	煤制氢
11	CN102400173A	连续法制备电子级四甲基氢氧化铵的方法	赵文洲	有效	阴离子交换膜电解水
12	CN103979491B	一种污泥与生物质共混气化制氢的方法	青岛理工大学	有效	生物质制氢
13	CN103204470A	电石炉气变换深度净化用于分离提纯CO与H_2的工艺	新疆天业(集团)有限公司	有效	煤制氢
14	CN1795257A	能移走CO_2并产生H_2的热固体气化器	阿尔斯托姆科技有限公司	失效	煤制氢
15	CN101597026A	聚焦太阳能热驱动的生物质超临界水气化制氢系统与方法	西安交通大学	有效	生物质制氢
16	CN1944239A	一种高收率甲醇重整制氢方法	四川亚连科技有限责任公司	有效	甲醇制氢
17	CN104134811A	一种可以回收利用变压吸附解析气的重整制氢装置及工艺	北京正拓气体科技有限公司	有效	天然气制氢

续表

序号	专利号	专利名称	专利申请人	法律状态	技术领域
18	CN104148040A	一种铝基体-介孔氧化铝复合材料及其制备方法和应用	华东师范大学	有效	甲醇制氢
19	CN1292979C	煤与生物质共超临界水催化气化制氢装置及方法	西安交通大学	有效	煤制氢
20	CN102064209A	一种转光增强型光催化复合材料及其制备方法	南京工业大学	有效	光解水制氢
21	CN104093884A	用于运行电解系统的方法以及电解系统	西门子公司	有效	质子交换膜电解水
22	CN103928696A	一种利用甲醇水重整发电的电器系统及控制方法	上海合既得动氢机器有限公司	有效	甲醇制氢
23	CN107511161A	一种磷掺杂石墨烯量子点-石墨相氮化碳p-n结光催化剂及其制备方法和应用	浙江理工大学	有效	光解水制氢
24	CN1923974A	双燃料重整化工系统生产化工产品的方法	中国科学院工程热物理研究所	有效	天然气制氢
25	CN101597028A	一种耦合式富氢燃料重整制氢系统	汉能科技有限公司	有效	天然气制氢
26	CN101624178A	一种重整制氢系统	汉能科技有限公司	有效	煤制氢
27	CN102277197A	一种生物质垃圾裂解炉系统	福州市英袖能源科技有限公司	有效	生物质制氢
28	CN1869165A	双燃料重整多功能能源系统及方法	中国科学院工程热物理研究所	有效	天然气制氢
29	CN101632929A	一种高温甲醇水蒸气重整制氢催化剂及其制备方法	汉能科技有限公司	有效	甲醇制氢
30	CN101597027A	生物质超临界水气化与多碟聚焦供热耦合制氢装置及方法	西安交通大学	有效	生物质制氢
31	CN105220173A	一种便携式富氢水发生装置	深圳市智慧水科技有限公司	有效	固体氧化物电解水
32	CN106242946A	一种太阳能制氢合成甲醇的设备及工艺	广东合即得能源科技有限公司	有效	固体氧化物电解水
33	CN101289238A	一种氨氮废水处理方法	浙江丰登化工股份有限公司	有效	煤制氢
34	CN106190195A	一种生物质热解化学链燃烧制备高纯氢气的装置及方法	清华大学	有效	生物质制氢
35	CN103421678A	一种生物质发酵制混合氢烷的系统及生产方法	北京低碳清洁能源研究所	有效	生物质制氢

续表

序号	专利号	专利名称	专利申请人	法律状态	技术领域
36	CN102784544A	一种基于IGCC的燃烧前CO_2捕集系统	中国华能集团清洁能源技术研究院有限公司	有效	煤制氢
37	CN105862066A	一种高压质子膜水电解装置及方法	淳华氢能科技股份有限公司	有效	固体氧化物电解水
38	CN102134513A	等离子体热解水制氢和煤气化联产造气的装置	周开根	有效	煤制氢
39	CN101687634A	方法	氢能源国际有限公司	失效	天然气制氢
40	CN102300977A	用于从工业有机废弃物和生物质生产氢和甲烷的集成系统	西安大略大学	有效	生物质制氢
41	CN103184469A	一种电解液及使用该电解液的光电催化制氢系统	新奥科技发展有限公司	有效	光解水制氢
42	CN103925663A	一种甲醇水重整发电空调系统及控制方法	上海合既得动氢机器有限公司	有效	甲醇制氢
43	CN106914268A	一种石墨烯复合纳米材料及其制备方法和应用	郑州汉东科技有限公司	有效	光解水制氢
44	CN207166137U	一种应用清洁能源发电电解制氢注入燃气管网的系统	赫普热力发展有限公司	有效	固体氧化物电解水
45	CN1998106A	燃料电池的燃料盒及其制造方法	法商BIC公司	失效	甲醇制氢
46	CN102400173B	连续法制备电子级四甲基氢氧化铵的方法	镇江润晶高纯化工有限公司	有效	阴离子交换膜电解水
47	CN205292310U	一种太阳能辅助发电的燃料电池汽车	广东合即得能源科技有限公司	有效	甲醇制氢
48	CN106000474A	一种卟啉/二氧化钛均匀共组纳米球的制备方法及其应用	河南大学	有效	光解水制氢
49	CN106319558A	一种高效多孔的MoS_2-Zn析氢电极及其制备方法	天津市大陆制氢设备有限公司	有效	碱性电解水
50	CN1576379A	碳质资源的有效利用方法	新日本制铁株式会社	有效	煤制氢

表 6.7 国内储氢领域核心专利汇总表

序号	专利号	专利名称	专利申请人	法律状态	技术领域
1	CN102007069A	气体存储材料，包括氢存储材料	丰田自动车工程及制造北美公司；华盛顿萨凡纳河有限责任公司	失效	化学氢化物
2	CN101629255A	一种低成本高性能稀土系AB5型储氢合金及其制备方法	厦门钨业股份有限公司	有效	化学氢化物

续表

序号	专利号	专利名称	专利申请人	法律状态	技术领域
3	CN102563339A	一种金属氢化物储氢装置	北京浩运金能科技有限公司	有效	纯钢制金属瓶
4	CN101254918A	吸附精馏技术提纯二氧化碳装置	大连理工大学	有效	物理吸附材料
5	CN103816921A	甲醇水蒸气重整制氢催化剂及其制备方法、制氢方法	上海摩醇动力技术有限公司	有效	有机液态储氢
6	CN1609499A	金属氢化物储氢装置及其制作方法	北京有色金属研究总院	有效	纯钢制金属瓶
7	CN101113497A	一种RE-Mg-Ni-M系贮氢合金的制备方法	北京有色金属研究总院	有效	化学氢化物
8	CN200957200Y	气化过氧化氢灭菌装置	叶大林	失效	有机液态储氢
9	CN102392167A	一种添加稀土元素的镁基储氢材料及其制备方法	上海交通大学	有效	化学氢化物
10	CN105600752A	一种用于生物质燃气中氢气的提纯方法及其系统	河北天善生物技术有限公司	有效	物理吸附材料
11	CN101260492A	镁基纳米储氢材料及其制备方法	安泰科技股份有限公司	有效	化学氢化物
12	CN1580305A	一种镁基储氢材料及其机械合金化法制备方法	北京有色金属研究总院	有效	化学氢化物
13	CN101994030A	一种低成本高性能AB5型储氢合金及其制备方法	北京有色金属研究总院	有效	化学氢化物
14	CN101407883A	RE-Fe-B系储氢合金	包头稀土研究院	有效	化学氢化物
15	CN101905881A	一种石墨化程度高的纳米碳材料制备方法	无锡诚信碳材料科技有限公司	有效	化学氢化物
16	CN101962737A	一种多元合金化超高强度抽油杆钢及其制造方法	莱芜钢铁股份有限公司	有效	化学氢化物
17	CN102286684A	镁基储氢合金	安泰科技股份有限公司	有效	化学氢化物
18	CN1739210A	密闭型镍氢蓄电池及其制造方法	株式会社汤浅	有效	化学氢化物
19	CN101624660A	一种高容量长寿命稀土镁基储氢合金的制备方法	北京有色金属研究总院	有效	化学氢化物
20	CN103515620A	一种电极材料、其应用、直接燃料电池、及电化学加氢电解槽	中国地质大学（武汉）	有效	有机液态储氢
21	CN1580306A	用氢化燃烧法制备镁基储氢材料的方法及其镁基储氢材料	北京有色金属研究总院	有效	化学氢化物

续表

序号	专利号	专利名称	专利申请人	法律状态	技术领域
22	CN101238231A	储氢合金、储氢合金电极、二次电池和储氢合金的制造方法	株式会社杰士汤浅；独立行政法人产业技术综合研究所	有效	化学氢化物
23	CN102762775A	电解用阴极结构体及使用该结构体的电解槽	氯工程公司	有效	化学氢化物
24	CN101170173A	一种低成本稀土系储氢合金及其制备方法和用途	北京有色金属研究总院	有效	化学氢化物
25	CN101886737A	一种集成的流体灌充控制方法及其装置	上海穗杉实业有限公司	有效	纯钢制金属瓶
26	CN103185196A	一种金属氢化物储氢系统及其制作方法	北京有色金属研究总院	有效	纯钢制金属瓶
27	CN104500966A	集装箱式LNG加气装置及站控方法	成都华气厚普机电设备股份有限公司	有效	纯钢制金属瓶
28	CN106830467A	一种基于铁泥回用的Fenton法污水处理一体化装置及其方法	上海电气集团股份有限公司	有效	有机液态储氢
29	CN101501896A	储氢合金、储氢合金电极、二次电池及储氢合金的制造方法	株式会社杰士汤浅；独立行政法人产业技术综合研究所	有效	化学氢化物
30	CN101624660B	一种高容量长寿命稀土镁基储氢合金的制备方法	北京有色金属研究总院	有效	化学氢化物
31	CN101936452A	高压气瓶	西安德威重型机电装备有限责任公司	有效	钢制内胆纤维缠绕瓶
32	CN1646419A	蒸汽重整燃料处理机	益达科技责任有限公司	失效	化学氢化物
33	CN101120111A	用于储氢的镁合金	昆士兰州大学	有效	化学氢化物
34	CN101613818A	一种低成本贮氢合金及其制备方法和应用	厦门钨业股份有限公司	有效	化学氢化物
35	CN101293630A	一种纳米催化复合氮化物储氢材料及其制备方法	北京有色金属研究总院	有效	化学氢化物
36	CN101849305A	镍氢蓄电池及贮氢合金的制造方法	株式会社杰士汤浅	有效	化学氢化物
37	CN101752557A	Pr_5Co_{19}型负极储氢材料及其应用	珠海金峰航电源科技有限公司	失效	化学氢化物
38	CN109114233A	一种液化天然气钢瓶充气连接保护装置	银川特锐宝信息技术服务有限公司	有效	纯钢制金属瓶
39	CN101853937A	具有高孔隙率表层的储氢合金	双向电池公司	有效	化学氢化物

续表

序号	专利号	专利名称	专利申请人	法律状态	技术领域
40	CN101213691A	镍氢电池及其制造方法	株式会社杰士汤浅	有效	化学氢化物
41	CN101572311A	一种过化学计量比低成本贮氢合金及其制备方法和应用	厦门钨业股份有限公司	有效	化学氢化物
42	CN201407485Y	一种多功能的钢瓶阀座	王建中	失效	纯钢制金属瓶
43	CN103918118A	用于运行船只的能量源	埃朗根 纽伦堡弗里德里希 亚力山大大学	有效	有机液态储氢
44	CN108534463A	多晶硅还原尾气深度净化方法及系统	新特能源股份有限公司	有效	低温液态储氢
45	CN104779408A	一种快速启动的甲醇燃料电源系统	李然	失效	铝内胆纤维缠绕瓶
46	CN103890480A	生产四型气缸及将其安装在用于气态流体运输的运输厢体中方法	天然气运输有限公司	有效	塑料内胆纤维缠绕瓶
47	CN202188303U	液化气钢瓶阀门的防拆装置	周志轩	失效	纯钢制金属瓶
48	CN203883078U	一种快速启动的甲醇燃料电源系统	李然	有效	铝内胆纤维缠绕瓶
49	CN201180899Y	密闭采样钢瓶	冯永生	失效	纯钢制金属瓶
50	CN202209523U	液化气钢瓶口塞	吴昌敏；吴昌冲	失效	纯钢制金属瓶

表 6.8 国内运氢加氢领域核心专利汇总表

序号	专利号	专利名称	专利申请人	法律状态	技术领域
1	CN102563339A	一种金属氢化物储氢装置	北京浩运金能科技有限公司	有效	纯钢制金属瓶
1	CN105090738A	一种天然气和氢气的多功能混合加气站和加注方法	上海舜华新能源系统有限公司；扬州清玛汽车科技有限公司	有效	天然气管道掺氢输送
2	CN110068242A	基于PID控制的自适应智能化注水系统及注水方法	浙江理工大学	有效	氢气加注
3	CN211315766U	一种氢加注系统	中国科学院理化技术研究所	有效	氢气加注
4	CN101270846A	低压液化氢储存箱	株式会社 NK	有效	氢气加注
5	CN110939860A	加氢站控制系统、方法以及加氢站	国家能源投资集团有限责任公司；北京低碳清洁能源研究所	有效	氢气加注

续表

序号	专利号	专利名称	专利申请人	法律状态	技术领域
6	CN112922806A	一种氢气天然气分离系统、方法及气体压力传递装置	深圳润德工程有限公司	有效	天然气管道掺氢输送
7	CN104986050A	一种沼气电动运输工具	上海合既得动氢机器有限公司	有效	金属罐车
8	CN205365273U	无尾气排放的水氢动力汽车	上海合既得动氢机器有限公司	有效	金属罐车
9	CN113791570A	一种基于姿态与脱落检测的智能加注装置控制方法	厚普清洁能源股份有限公司	有效	氢气加注
10	CN110939860B	加氢站控制系统、方法以及加氢站	国家能源投资集团有限责任公司；北京低碳清洁能源研究所	有效	氢气加注

表6.9 国内用氢领域核心专利汇总表

序号	专利号	专利名称	专利申请人	法律状态	技术领域
1	CN103579654A	一种即时制氢发电系统及方法	上海合既得动氢机器有限公司	有效	氢燃料电池
2	CN1862857A	一种燃料电池用多酸自增湿复合质子交换膜及其制备方法	中国科学院大连化学物理研究所	有效	氢燃料电池
3	CN102700427A	带超级电容的车载燃料电池与蓄电池直接并联动力系统	武汉理工大学	有效	公路交通
4	CN102097844A	一种智能电池管理系统	余维	有效	分布电站
5	CN105070929A	一种甲醇水重整制氢发电机	广东合即得能源科技有限公司	有效	氢燃料电池
6	CN1661839A	一种带有动态控制装置的燃料电池	上海神力科技有限公司	有效	氢燃料电池
7	CN1949570A	一种低温燃料电池用气体扩散层及其制备方法	中国科学院大连化学物理研究所	有效	氢燃料电池
8	CN1817679A	一种燃料电池汽车的能量混合型动力系统	清华大学	失效	公路交通
9	CN102110853A	锂离子二次电池、其负极、电动工具、电动车和能量储存系统	索尼公司	有效	公路交通
10	CN1612381A	用于质子交换膜燃料电池的膜电极结构及其制备方法	中国科学院大连化学物理研究所	有效	氢燃料电池
11	CN101538483A	一种利用煤制气和焦炉气为原料多联产的工艺	中国科学院山西煤炭化学研究所	有效	合成氨

续表

序号	专利号	专利名称	专利申请人	法律状态	技术领域
12	CN101572319A	用于全钒液流电池的电解液及其制备方法、以及包括该电解液的全钒液流电池	湖南维邦新能源有限公司	有效	氢燃料电池
13	CN103236555A	一种固体氧化物燃料电池系统及热电协同控制方法	华中科技大学	有效	氢燃料电池
14	CN105084311A	一种零碳排放的甲醇水重整制氢系统及其应用和制氢方法	广东合即得能源科技有限公司	有效	氢燃料电池
15	CN102358201A	基于燃料电池的增程式电动汽车动力系统及控制方法	武汉理工大学	有效	公路交通
16	CN102610838A	燃料电池热管理系统、燃料电池系统及具有该系统的车辆	中国东方电气集团有限公司	有效	公路交通
17	CN103806129A	一种氮掺杂多孔碳纤维材料及其制备方法与应用	中国科学院化学研究所	有效	氢燃料电池
18	CN1787261A	一种冲压金属双极板结构及其制备方法	中国科学院大连化学物理研究所	有效	氢燃料电池
19	CN102025184A	电动汽车复合多功能电源的无线感应充电系统	电子科技大学	有效	分布电站
20	CN105390715A	一种低温冷启动燃料电池系统及利用方法	北京氢璞创能科技有限公司	有效	氢燃料电池
21	CN101798774A	一种碳纤维纸及其制备方法	东华大学	有效	氢燃料电池
22	CN102329006A	同时产电、产氢及污水处理的微生物光电化学系统	西安交通大学	有效	氢燃料电池
23	CN106054672A	基于RT LAB的真实微电网运行动态仿真测试平台	天津天大求实电力新技术股份有限公司	有效	氢燃料电池
24	CN101079494A	质子交换膜燃料电池电堆的制造方法	上海交通大学	有效	氢燃料电池
25	CN102803006A	汽车及其控制方法	株式会社 V ENS	失效	公路交通
26	CN104409750A	一种燃料电池尾气循环系统	航天新长征电动汽车技术有限公司	有效	氢燃料电池
27	CN105033241A	一种超薄金属镍纳米片、其制备方法和作为电极材料的应用	北京化工大学	有效	氢燃料电池
28	CN106784960A	一种一体式可逆燃料电池系统	上海恒劲动力科技有限公司	有效	氢燃料电池
29	CN110459786A	一种燃料电池发动机吹扫系统及其控制方法	佛山市清极能源科技有限公司	有效	氢燃料电池

续表

序号	专利号	专利名称	专利申请人	法律状态	技术领域
30	CN103367785A	一种全钒液流电池及其运行方式	大连融科储能技术发展有限公司	有效	氢燃料电池
31	CN102035002A	一种具有水热管理能力的燃料电池模块	新源动力股份有限公司	有效	氢燃料电池
32	CN1564360A	自呼吸空气的便携式电源	清华大学	失效	氢燃料电池
33	CN104238601A	空冷型氢燃料备用电源监控系统	李然	有效	氢燃料电池
34	CN1435339A	一种车及其获能方法与应用	任文林	失效	公路交通
35	CN103123974A	导电聚合物/金属/质子交换膜型复合膜及其制备和应用	中国科学院大连化学物理研究所	有效	氢燃料电池
36	CN1569495A	一种车	任文林	审中	公路交通
37	CN101289238A	一种氨氮废水处理方法	浙江丰登化工股份有限公司	有效	工业
38	CN101445041A	一种混合动力驱动系统及采用该系统的汽车	比亚迪股份有限公司	有效	公路交通
39	CN105970031A	一种水解制氢铝合金及其制备方法	湖北工业大学	有效	氢燃料电池
40	CN112864420A	一种氢气循环泵与引射器并联集成的燃料电池供氢系统	烟台东德实业有限公司	有效	氢燃料电池
41	CN103904353A	一种移动式氢燃料电源车	北京碧空氢能源科技股份有限公司	失效	氢燃料电池
42	CN106887614A	一种燃料电池空气供应装置	杰锋汽车动力系统股份有限公司	有效	氢燃料电池
43	CN203883080U	一种移动式氢燃料电源车	李然	有效	氢燃料电池
44	CN104779408A	一种快速启动的甲醇燃料电源系统	李然	失效	工业
45	CN204674396U	电动汽车以及双向逆变式电机控制器	深圳电擎科技有限公司	有效	公路交通
46	CN105056942A	一种直接甲醇燃料电池用磷酸功能化碳纳米管载铂催化剂及其制备方法	广西师范大学	有效	氢燃料电池
47	CN1659046A	一种车	任文林	失效	公路交通
48	CN106004236A	一种车	任文林	审中	公路交通
49	CN203883078U	一种快速启动的甲醇燃料电源系统	李然	有效	工业
50	CN101908638A	用于电动汽车的新结构电池及相应的电动汽车结构	王国成	有效	公路交通

6.2 氢能产业相对技术优势

渐进式创新是指连续的、渐进的微创新，通过以用户为中心的设计研究，不断迭代完善，使现有技术不断成熟，满足复杂市场的需求。不同技术领域的渐进式创新具有差异性，这种差异在时间推进的过程中持续积累，而同一技术领域内的技术创新态势和发展水平又呈现出地域性的明显差异。专利技术优势通过连续的渐进式创新逐渐累积，转化为产业技术创新不同的静态特征。中国各技术分支的相对技术优势指数（以下简称 RTA 指数）定义为：中国某三级技术分类专利数量在该国氢能领域专利总量中所占比重与该技术分类在所有国家氢能领域专利总量中所占比重的比。

测算出的 RTA 指数在同一国家的不同技术领域中表现不同，大于 1 的情况说明该国在该技术领域具有相对优势，小于 1 则说明该领域处于相对劣势的情景。利用本项目的氢能数据计算了中国三级技术分类对应的 RTA 指数情况，具体如表 6.10、图 6.1 所示。

表 6.10 中国三级技术分类对应 RTA 指数

三级技术分类	RTA	三级技术分类	RTA
天然气制氢	0.74	物理吸附材料	1.01
煤制氢	0.86	化学氢化物	0.70
甲醇制氢	1.91	纯氢管道输送	1.24
氯碱工业副产气制氢	1.98	天然气管道掺氢输送	2.06
焦炉煤气制氢	2.30	长管拖车运输	2.52
轻烃裂解制氢	1.78	液氢罐车	1.66
电解水制氢	1.56	液氢驳船	1.39
光解水制氢	2.49	金属罐车	2.37
生物法	1.18	加氢站	1.52
化学法	1.49	氢内燃机	0.71
钢制内胆纤维缠绕瓶	2.28	氢燃料电池	0.84
铝内胆纤维缠绕瓶	2.41	冶金	1.30
塑料内胆纤维缠绕瓶	1.30	化工	1.17
低温液态储氢	1.13	氢储能	2.43
有机液态储氢	2.06		

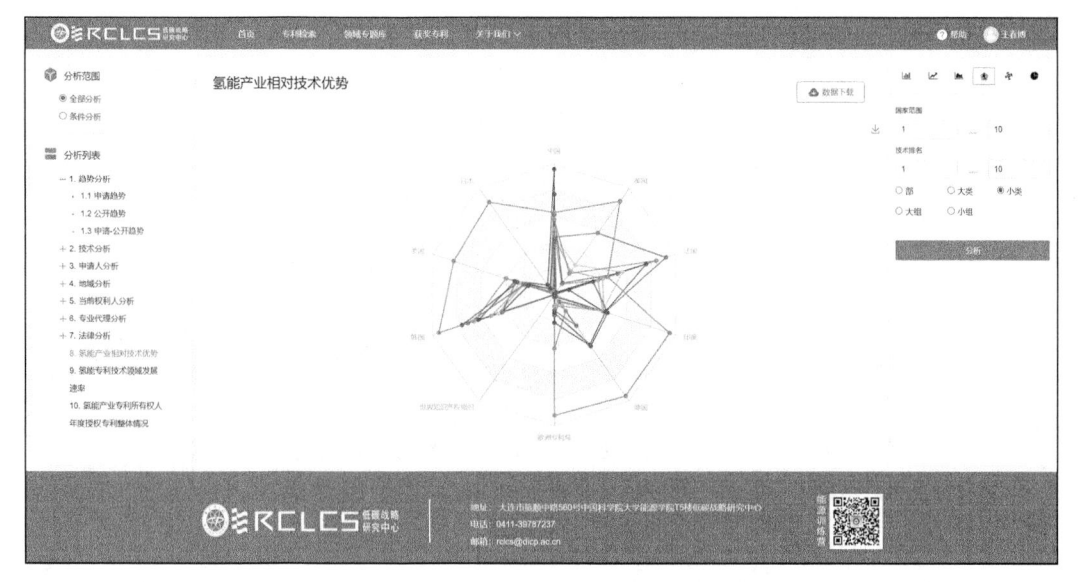

图 6.1　氢能产业相对技术优势可视化分析

中国在氢能主要技术领域都具有相对发展优势，在长管拖车运输、光解水制氢以及氢储能技术领域发展优势明显，在铝内胆纤维缠绕瓶、金属罐车方面也具有相对优势。而煤制氢、氢燃料电池、天然气制氢、氢内燃机以及化学氢化物的 RTA 指数小于 1。总体来看，目前氢燃料电池技术并没有在国内被大规模商业化应用，中国在此领域技术研发与成果应用落地还有待进一步加强。

6.3　氢能产业专利技术发展速率

不同技术领域的发展速率不尽相同，研究技术增长速率能够衡量技术发展的动态特征。技术领域发展速率（Relative Growth Rate Percent，RGRP）是假设技术增长最快的领域是未来发展占优势的领域。

本节选取 2016—2020 年中国在氢能三级分类下的专利数据，分析中国氢能产业各个技术领域的增长速率。计算出的技术领域发展速率在不同技术领域中表现不同，指数大于 1 说明中国在该技术领域中专利数量相对增长速率较快，技术水平发展潜力大；指数小于 1 则反之。

专利数量的绝对和相对增长速度动态反映出各技术领域技术创新发展的机遇差异，中国在氢能大部分技术领域均呈现正向增长的趋势，尤其在液氢驳船、氢储能、长管拖车运输、天然气管道掺氢输送、电解水制氢、钢制内胆纤维缠绕瓶、冶金、加氢站以及纯氢管道输送等技术，RGRP 指数较高，增长速率超过 100%，一定程度上是未来发展较快的领域。如表 6.11、图 6.2 所示，中国还在低温液态储氢、铝内胆纤维缠绕瓶、液氢罐车等技术方面增长较快。化学氢化物、光解水制氢、生物法、煤制氢、化工、甲醇制氢的 RGRP 指数小于 1，说明我国近年来在氢能领域整体呈现快速发展的情况下，制氢储氢领域中相关技术的发展速率还有较大的提升空间。

表 6.11　中国三级技术分类对应 RGRP 指数

三级技术分类	RGRP	三级技术分类	RGRP
天然气制氢	1.26	物理吸附材料	1.24
煤制氢	0.91	化学氢化物	0.99
甲醇制氢	0.51	纯氢管道输送	2.06
氯碱工业副产气制氢	1.60	天然气管道掺氢输送	2.45
焦炉煤气制氢	1.20	长管拖车运输	2.56
轻烃裂解制氢	1.08	液氢罐车	1.70
电解水制氢	2.33	液氢驳船	6.85
光解水制氢	0.99	金属罐车	1.33
生物法	0.96	加氢站	2.12
化学法	1.30	氢内燃机	1.37
钢制内胆纤维缠绕瓶	2.27	氢燃料电池	1.36
铝内胆纤维缠绕瓶	1.76	冶金	2.13
塑料内胆纤维缠绕瓶	1.03	化工	0.74
低温液态储氢	1.80	氢储能	2.78
有机液态储氢	1.53		

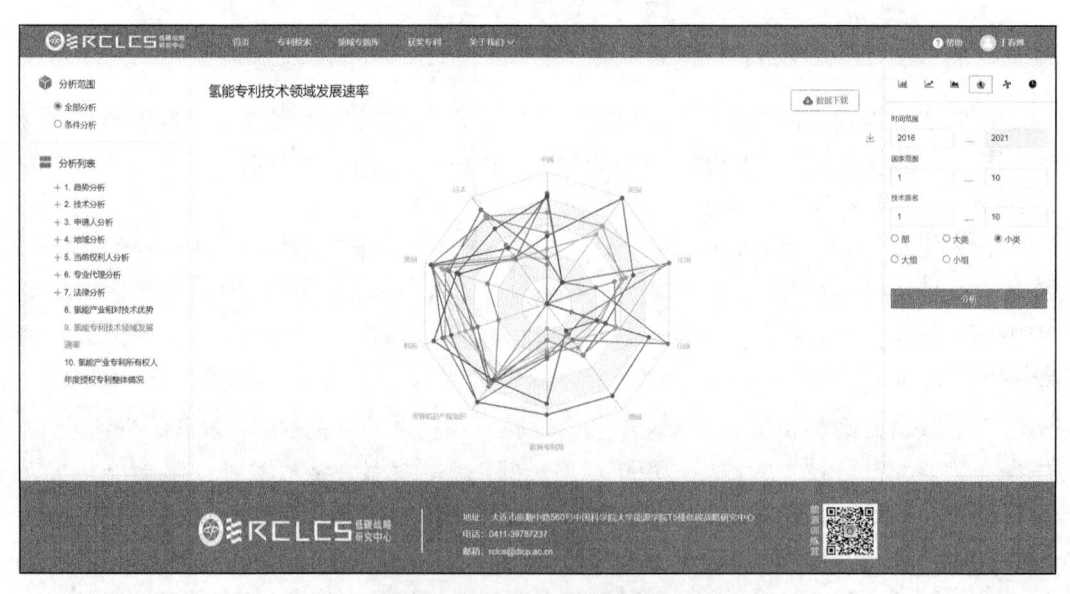

图 6.2　氢能专利技术领域发展速率可视化分析

总的来说，我国氢储能技术具有明显的竞争优势且发展速率也较快，相较而言，光解水制氢技术具有明显的竞争优势但发展速率较慢。

6.4 氢能产业技术创新发展方向

随着全球性能源结构变革以及氢能产业相关的激励政策引导，越来越多的创新主体加入氢能领域技术的研发，氢能相关专利增长较快，每年都会出现新的专利持有人。更多的研发投入和市场激励是持续创新的基础和动力，专利数量的快速增长及大量创新主体的涌现，促使淡化了拥有多数专利的权利人在具体技术领域的相对优势。帕累托位序规模法则可用于整体描述或测量各技术领域的所有专利权所有人年度授权专利的整体情况。帕累托指数得名于意大利经济学家和社会学家帕累托。在经济学中，它测量了收入或财富分布的宽度，当应用于收入分布时，帕累托法则有时被通俗地表述为：20%的人占有80%的收入，将其应用于专利分析，可以一定程度上反映出专利权的分布，具有一定的科学性。

根据专利的审查周期，选取2010—2019年授权专利和专利权人数等数据进行分析。通过计算帕累托系数测算专利权人分布状况，具体计算公式如下：

$$\ln N = \ln A - \alpha \ln P \qquad (6-1)$$

其中，P 为技术专利的数量；N 为专利权人数量；A 为固定常数；α 为帕累托系数。公式表明，权利人的专利数量分布随着 α 的增大趋向均匀。随着 α 数值的变小，持有少量专利的权利人数量越来越多，权利人所持有的专利数量也呈现不均匀的现象。占据垄断地位的专利数量减少，呈现出扩散的趋势。

运用OLS回归模型和Stata分析工具计算 α 的值，即帕累托系数，如表6.12所示，均在1%的统计水平上显著，模型整体拟合优度表现较好，α 值随年份呈整体下降的趋势，特别是2015—2019年帕累托系数持续下降。

表6.12 帕累托系数

年份	帕累托系数	标准差
2010	1.137[***]	0.937
2011	1.047[***]	0.896
2012	1.044[***]	0.934
2013	0.893[***]	0.935
2014	1.034[***]	0.977
2015	1.143[***]	0.933
2016	1.032[***]	0.928
2017	0.950[***]	0.957

续表

年份	帕累托系数	标准差
2018	0.879***	0.938
2019	0.880***	0.975

注：*** 表示 $p<0.01$，** 表示 $p<0.05$，* 表示 $p<0.1$。

帕累托结果表明，持有少量专利的权利人数量越来越多，权利人所持有的专利数量呈现不均匀的现象。表现为专利扩散的变化趋势，意味着处于创新活跃阶段的氢能技术领域目前整体竞争加剧，"专利丛林"现象可能逐步显现。

专利丛林的概念出自美国经济学家卡尔·夏皮罗（Carl Shapiro），他认为大量的专利申请相互交织，形成了庞大的专利权网络丛林，一个企业想要把产品商业化，必须穿越"专利丛林"，这将产生高昂的专利许可费，进而抑制了企业市场价值的提升。帕累托结果也提醒企业，必须做好氢能技术的专利布局以应对日益激烈的市场竞争，可以采用专利联盟战略等"越过专利丛林"，规避在自主创新的过程中"专利丛林"可能带来的负面影响，进一步推动自己产品的市场化。

7 氢能产业知识产权智慧情报服务

7.1 服务现状研究

7.1.1 智慧情报服务研究与实践现状

随着第四次工业革命的到来，数字化、网络化、智能化发展催生新技术、新业态、新模式，产生新的经济增长动能和发展路径，数字化转型已经成为世界经济发展大势所趋，逐步引领全球未来主要发展方向。数字化转型对情报学和情报服务也带来了深刻的影响，情报服务智能化被认为是未来情报学发展的重要方向和趋势，智慧服务是情报科学继文献服务、信息服务、知识服务后又一新的发展阶段。

1. 情报与智能、智慧的关系

情报工作的目的是保障决策，解决决策过程中信息不完备、不对称的问题。情报工作的产生就是人类为解决"信息激增"问题而寻求的基本对策。情报工作的基本任务是解决信息的组织、控制、开发和利用问题，使信息有序化、增值化、智能化，为决策提供有价值的洞察。情报工作的演进和发展始终与智能、智慧紧密相关。20 世纪 90 年代初，情报学学者就指出情报服务是把分散的不为人注意的信息变为有价值的情报，情报人员的智慧和创造力尤为重要，开发情报资源从根本上说就是开发人的情报智慧。王延飞等认为，情报产品的生产是运用智能、产生智慧的过程。情报、智能、智慧在英文中均对应"intelligence"一词，这也体现了三者的紧密关系。情报工作中对情报素材的采集、凝练与组织、情报结论体现的谋略性、情报产品的生成和提供都是智慧的体现。同时，情报的获取、存储、加工、分析和服务都需要运用数字化技术，情报服务机构为了提升情报产品的智慧性和质量、提高情报服务的效能，不可避免地要关注和使用智能技术手段。

随着数字时代的来临，情报的智慧性跃升更为显著地体现在智能技术手段的应用方面。罗立群等认为人工智能技术给情报服务和情报工作带来的影响，可能是"颠覆性"或"替代性"的。包括深度学习、知识计算、自然语言处理等在内的人工智能技术，与情报采集、知识组织、情报态势感知、情报分析等有交叉。人工智能的发展对情报的数据库、检索、分析和结果展示将带来革命性的变革,可以帮助高效获取一次信息,精确检索二次信息,生成科技查新报告、情报综述报告、分析报告等三次信息。在现代情报分析中,既要有人类智能,如专家智慧、专业背景、师傅带徒弟与长期"工匠"的积累,又要有人工智能,利用神经网络、机器学习等智能算法对大规模的数据进行信息与知识的融合并使其转化为情报。以大数据、云计算、人工智能、物联网、虚拟现实、区块链、数字孪生等为代表的新技术、新概念和新场景的快速发展和应用,为情报服务提供了更加多元的情报产品研发方向和服务内容,推动情报服务向智慧情报服务发展。

2. 智慧情报服务研究现状

数字经济时代,数据要素是国家基础性战略性资源。随着大数据、人工智能等技术在数据资源采集、组织、管理、分析、服务中的应用,数智驱动下的智慧情报服务成为情报服务领域的热议话题。

在理论研究方面,对智慧情报服务的研究还处于起步阶段,还没有统一公认的定义。国内外学者从智慧情报服务的内涵、特性、关键技术、服务框架等方面开展研究,针对特定领域的实证研究也不断涌现。国外研究者中,叶鹏飞(PuongFei Yeh)通过举证大量人工智能技术应用在情报领域的案例说明智能化和自动化是未来情报服务发展的方向,美国国防高级研究所的沈伟德(Wade Shen)和道格塞尔巴赫(Doug Cel-bach)基于现有开源的大数据和人工智能技术提出了一种全新的智慧情报服务框架XData。美国政府在情报工作中越来越多地应用人工智能技术进行情报自动分析和智能决策,例如针对开源情报开发自动化的分析和预测技术,根据分析结果(定量、定性)自动生成报告,面向情报服务的大数据、人工智能等核心算法的研究和应用等。国内研究者中,梁光德认为智慧服务是建立在知识服务基础上的运用创造性智慧对知识进行搜寻、组织、分析、重组,形成实用性的知识增值产品,有效支持用户的知识应用和知识创新。吴丹等认为数据来源广泛、数据融合服务全面、服务精准化、注重数据隐私和安全是智慧情报或信息服务的未来发展态势。化柏林等提出,智能情报分析系统在资源方面具有数据集与知识库、模型库与方法库,借助知识获取、知识表示与组织、自然语言处理、人机交互、新型计算与深度学习等,实现情报需求智能感知,海量信息智能获取,多源信息动态融合、多维关联综合分析、分析结果智能解读、情报报告自动生成、面向场景实时服务。罗立群等以情报服务关注对象作为依据将情报服务划分为文献服务、信息服务、知识服务、智慧服务四个阶段,对智慧情报服务的概念、基本特性、核心问题、研究内容进行了系统阐释,认为智慧情报服务包括三层含义:一是基于多源大数据融合和人工智能情报计算的智能化、敏捷化、自动化分析;二是对人类处理情报过程、模式的仿真;三是由人、机器、网络构建的一个社会情报网络。杨倩等分析总结了大语言模型对情报研究工作在检索、加工、分析和服务等方面的影响,研究提出了大语言模型在科技情报阅读与理解、科技查新、专业报告研究思路拓展及网络搜索等应用场景中的使用策略。郑荣等认为，总体国家安全观、科技强国等国家战略的实施赋予了情报学更高的使命，在数智驱动的大背景下的智慧情报服务应服务于国家重大战略实施，为国家安全、科技发展、产业规划提供战略支持和情报数据支撑。

在知识产权智慧情报服务方面，国内外已有学术文献的研究较少，主要聚焦于服务模式与知识产权信息服务等方面。国外相关学术研究较早地聚焦于知识产权信息服务，实际应用方面的研究相较而言更加深入。如建立专利信息中心，服务中小企业的产品开发集成；挖掘专利信息情报，服务于政府决策与战略制定等方面；通过检索模块实现技术趋势分析、组合评估分析和竞争对手分析，提供可专利性和侵权专利检索等服务企业发展。研究通过分析具体图书馆的专利信息服务案例，强调专利服务对创新活动以及降低科研风险的必要性和重要性。基于知识产权信息服务开展的专利检索、专利查新、专利战略制定等服务已经较为普遍，但对于知识产权智慧情报服务方面的学术理论研究尚不充分，随着AI技术的不断发展，智慧情报服务的应用场景不断增加，需要越来越强大的算力提供支撑，智慧情报服务相关的大模型也将会不断涌现。不同于国内知识产权公共服务的繁荣发展，国外知识产权智慧情报服务主要由市场化机构提供，德温特专利数据库（Derwent Innovations Index，DII）成立于1951年，是世界上国际专利信息收录最全面的数据库之一，当前已开发上线基于算法的"语义检索"等智能化功能，帮助普通用户便捷高效地检索到需要的专利技术信息。同时随着图像识别的不断发展，当前部分国外专利数据库商已上线图像检索功能（主要用于外观设计专利），可以使用套索工具、裁剪处理识别检索。国内对于智慧情报服务的研究主要集中在高校图书馆的智慧服务模式。以往的服务模式无法高效地满足用户从普适性的文献资源等相关的服务需求转向个性化的知识服务需求，在当前ChatGPT的成功应用以及数据驱动背景下，图书馆等纷纷进行服务模式的"转型"，在各种技术工具帮助下，开展针对性更强、更加精准的服务，同时，积极借鉴国外高校图书馆的智慧服务经验，改进现有知识服务模式。有学者研究了集科技查新站、双一流学科、知识产权信息服务中心等于一体的高校院所的图书馆知识产权信息服务情况，并针对问题提出对策；有研究探索立项、研发、应用科研全过程的高校图书馆专利情报服务模式，以及从不同视角构建高校图书馆知识产权信息服务模式等研究。科技情报相关服务机构也正从大数据（Big Data）到智慧数据（Smart Data）、从科技情报大数据服务向科技情报智慧数据服务转变。科技情报智慧数据服务是指基于科技情报智慧数据利用与挖掘，为决策支撑一线、科技创新一线、产业创新一线所提供的直接或间接的服务，针对性、准确性、预测性等相比于大数据服务更强。中国科学院文献情报中心积累了海量科技情报数据资源，覆盖领域专题、人才机构、地区项目、知识图谱等，向着科技创新情报智慧服务方向不断推进，以满足人工智能时代下产业、行业智能化服务的现实需求。

3. 智慧情报服务现有实践

著者调研了科技情报、行业竞争情报及知识产权领域服务智能化智慧化的部分实践案例，以体现传统情报服务向智慧情报服务发展的趋势，总结智慧情报服务的典型应用场景、主要技术手段和服务模式。

（1）科技领域智慧情报服务——中国科学院文献情报中心。

中国科学院文献情报中心面向大数据和智能化发展趋势，在"十三五"发展规划中提出了建成有效支持中国科学院科技创新和国家科技发展的智慧型知识服务中心体系的目标，全面推动中国科学院文献情报服务向智能化、精准化、及时性的科技知识服务转型。中国科学院文献情报中心持续集成中心创新知识服务成果，建立主动、精准、泛在、开放与智能的文献情报大数据服务平台，并提供桌面版、移动 App 版、微信版一体化的文献情报知识服务门户。中国科学院文献情报中心主服务系统建设架构如图 7.1 所示。

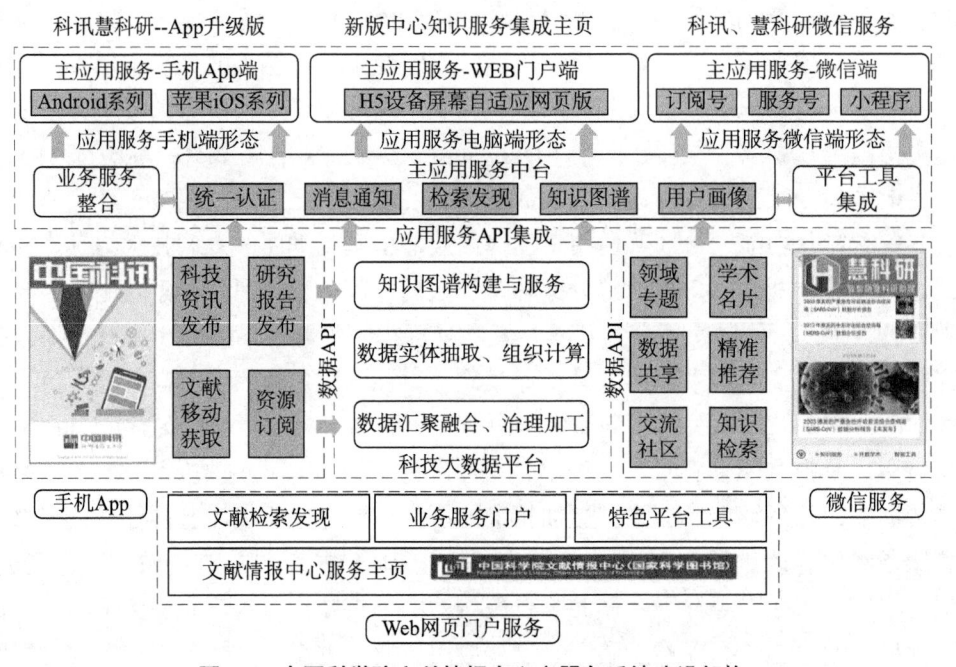

图 7.1　中国科学院文献情报中心主服务系统建设架构

以"慧科研（https：//scholarin.cn/#/ 或 https：//inst.scholarin.cn/changeInsLogin）"为代表的"慧"系列智能知识服务产品是在中国科学院支持下为科学家研发的智能知识服务产品。依托知识图谱与深度学习技术，实现了海量科技大数据在广度与深度上的计算组织，打造集成文献检索、精准推送、智能分析、学术交流、资源共享、科研管理等贯穿"科研—交流—管理"全链条的开放学术生态系统。慧科研提供海量科技数据的高质量检索。提供了论文、图书、专利、标准、项目、期刊、会议、学者、资讯、报告、机构、政策等 12 类多达"4 亿 +"的科技数据实体的一体化检索与发现。每类科技数据实体的检索发现结果都基于知识图谱提供关联分析服务。面向寻求人才发现、机构合作的情报需求，平台提供基于开源数据对学者、机构等数据实体的全面自动画像功能，为寻找人才与寻求机构合作提供客观的数据支撑。慧科研提供高价值知识精准推荐。利用热度推荐、协同过滤推荐、基于内容推荐等多种算法进行混合计算，得出最优的计算指标，并根据用户应用需求，面向不同的推荐资源进行不同的加权算法，智能计算出不同类型资源推荐的 Rank 值，从而将满足用户需要的推荐信息排在前列，为用户推荐高价值知识。智慧感知用户场景，智能推送关注人的学术圈动态、会议动态，以及用户主导参与的项目动态，按时间、位置等信息智能提醒学术活动。

科技文献知识人工智能引擎（SciAI Engine），是一款科技文献知识驱动的人工智能（AI）引擎，其功能如图 7.2 和图 7.3 所示。利用科技文献大数据和深度学习技术方法，从科技文献中自动学习获取科技文本挖掘的重要知识，并基于这些知识构建科技文献挖掘、计算机辅助阅读、数据自动化处理、情报智能化分析等人工智能组件，解决科技文献中的自动关键语句识别、自动文献分类、自动抽取关键词等问题，支撑科技文献的深入挖掘和利用。

语步识别	科技文献分类	关键词识别	命名实体识别
自动识别科技文献摘要的研究目的、研究方法、研究结果、研究结论等重要句子，显性揭示科技文献的重要内容	自动对科技文献进行分类。AI引擎创新性地利用了多层分类模型以提升文献分类的准确率	自动识别科技文献中的关键词。以先进的关键词识别模型为基础	自动识别科技文献中出现的命名实体，包括面向通用领域的人名、地名、机构名等以及面向专业领域的模型方法、仪器设备等
概念定义句识别	**文本标题生成**	**审稿人推荐**	**投稿期刊推荐**
自动识别科技文献中的概念定义句子	自动生成表达科技文献内容的文献标题	自动推荐适合评审某篇论文的审稿专家	自动推荐适合的投稿科技期刊
研究问题句识别	**引用句识别**	**深度聚类**	**结构化自动综述**
自动识别科技文献中表达研究问题的句子	自动识别科技文献中引用句并判断其引用情感和引用意图	自动聚类科技文献，生成类簇标签	自动综合科技文献，快速以结构化的形式自动梳理文献集的研究脉络

图 7.2　科技文献知识人工智能引擎功能

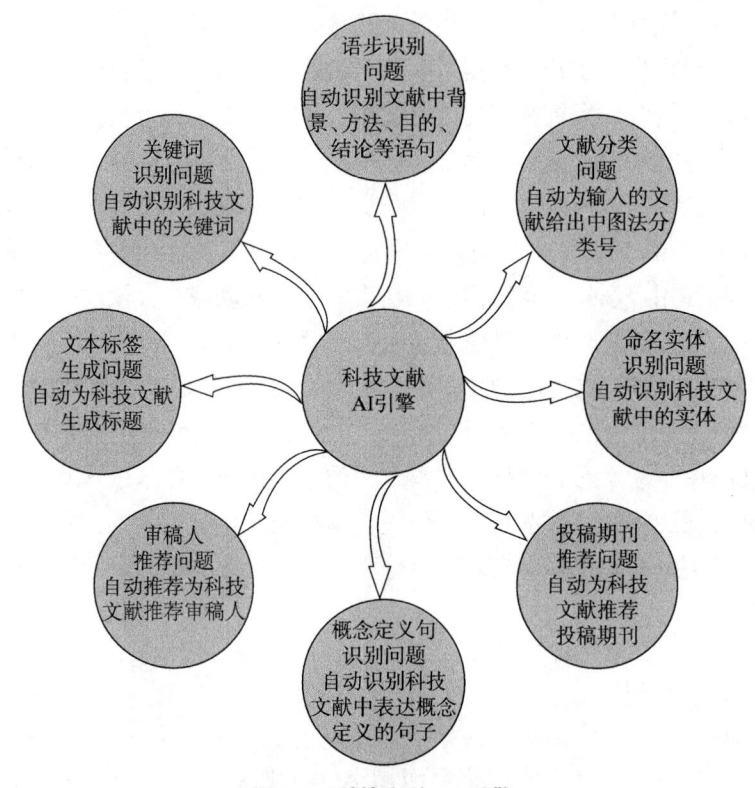

图 7.3 科技文献 AI 引擎

（2）行业智慧情报服务——中国化工信息中心有限公司竞争情报系统。

中国化工信息中心有限公司是国家级化工行业信息研究、信息咨询和信息服务机构。中国化工信息中心有限公司竞争情报研究院近年来积极探索人工智能技术在新一代竞争情报系统中的应用，引入人工智能领域算法技术及大模型接口，对竞争情报系统进行了全面升级，建设了中国化工信息中心有限公司竞争情报系统（图 7.4）。

该系统中搭建了统一数据底座，灵活切入、自动融合了多源异构数据。在数据加工环节，基于 AI 技术的智能摘要、多语种翻译、实体识别等挖掘数据特征，提升数据应用拓展性；对行业、主题、地域等多类型自动标签，支持数据高效分类和统计。在"AI+ 情报"服务方面，可通过生成知识图谱、数据自动解读、文献总结与智能问答等方式提升情报分析智能化。

中国化工信息中心有限公司还建设了面向整个石油和化工行业的专利服务平台，平台集成国家知识产权局专利数据，并利用大数据、人工智能等信息技术处理和挖掘专利信息。目前已形成基于国民经济分类的十四大类石油和化工行业分类导航，并包含专利检索、行业专利排行榜、企业看板、一键报告等多重功能，帮助政府、企业、高校等用户快速获取高相关性专利信息、探知细分领域专利态势、洞察目标权利人的专利发展情况等。

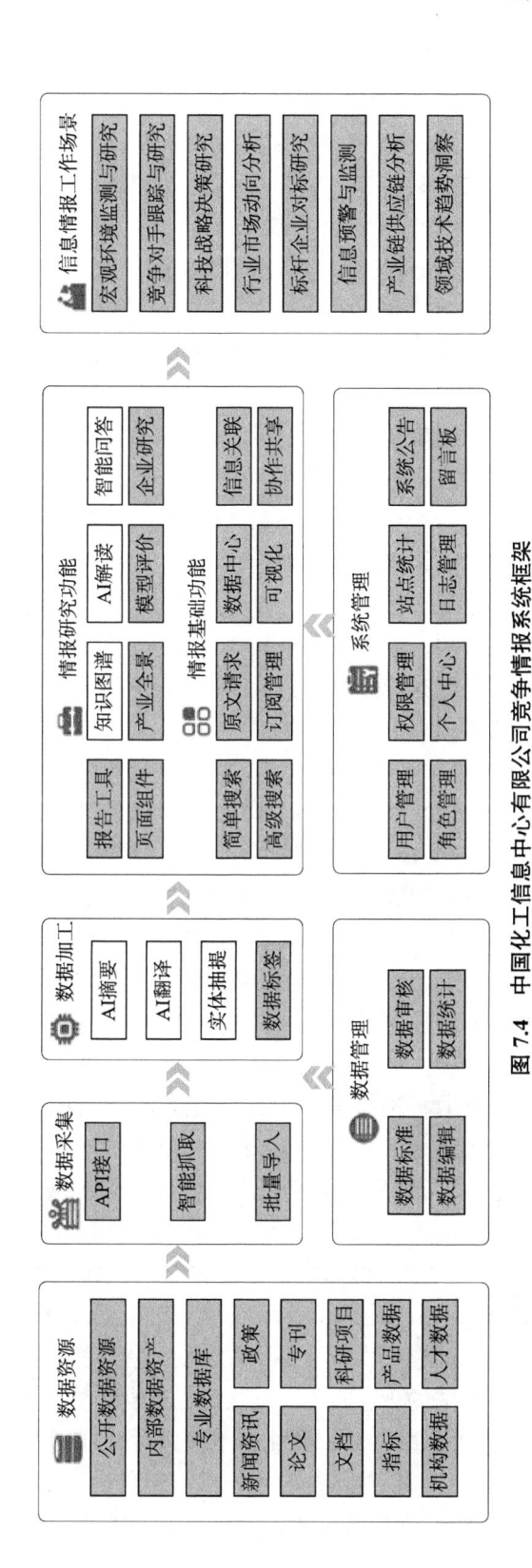

图 7.4 中国化工信息中心有限公司竞争情报系统框架

（3）知识产权服务的智能化、智慧化发展。

在知识产权领域，全球主要知识产权局持续开展人工智能和前沿技术应用方面的研究和探索，已逐步取得进展，在各类系统工具中尝试采用人工智能新技术，从最早应用于检索和分类两个领域，向专利审查、检索、分类、咨询和信息服务等多个领域全方位、立体化地拓展。据世界知识产权组织（WIPO）的统计，全球主要知识产权局在专利现有技术检索（14个）、专利分类（13个）、图像检索（12个）、专利和商标审查（11个）、机器翻译（9个）、数字化和业务自动化（6个）、客户服务（6个）、商标分类（5个）、数据分析（4个）和版权注册（1个）等方面采用大数据、人工智能等新技术。

各知识产权局在深入研究、比较和验证后选择了较为成熟的算法、模型、技术，分阶段、分步骤稳步推进大数据和人工智能等新技术的应用。人工智能技术的逐步应用主要呈现出四方面特点：一是推动专利现有技术的辅助检索转变为对文字及图片的全自动语义检索，二是实现对技术方案的语义分析辅助专利审查，三是专利分类由系统根据已有的分类号自动推送至对应的审查员转变为系统自动给出分类号，四是知识产权公共服务向个性化、精准化、智慧化发展，以多源数据融合为基础，利用智能化技术，形成智慧化工具，如推出申请辅助工具和智能客服等，提供智慧服务，揭示知识洞见。

①在专利现有技术检索中的应用。

将人工智能技术应用于现有技术检索中，提高检索质量和效率，是各知识产权局最为关注的业务应用场景。美国专利商标局（USPTO）使用了语义检索的技术，采用BERT语言模型，将人工智能工具集成到新一代检索工具中，帮助审查员快速找到现有技术，以提高专利和商标审查的质量和效率。系统体现"人工+AI辅助"的功能定位，遵循"审查员人工执行布尔检索""审查员判断检索结果""审查员依据结果选择使用AI工具进行辅助检索"的思路，还具有针对不同领域自动推荐检索关键词、针对人工检索结果自动排序等功能。USPTO还采用图形检索技术用于外观设计和商标的检索。目前USPTO正在评估，计划为公众提供AI赋能的新一代检索工具。欧洲专利局（EPO）采用人工智能和机器学习等技术辅助检索，不断优化算法，利用BERT模型和基于Google神经网络的机器翻译功能，提高审查检索效率。EPO于2016年推出专利检索工具ANSERA，逐步推动其在成员国国家局的应用，为各国家局提供一个在功能性、适用性和安全性上都有更佳表现的新检索工具。英国知识产权局（UKIPO）于2023年启用了供内部审查员使用的新一代专利检索系统"SEARCH"，成为首家启用ANSERA工具的国家局。"SEARCH"检索系统采用了AI算法等智能搜索技术，提供排名算法、文本相似度匹配和实时统计等功能，可大幅提升检索精度，能够协助审查员对检索结果进行分析和优化，快速获取最相关的现有技术，从而确保检索质量，提高检索效率。日本特许厅（JPO）在2017年首次公布《人工智能技术应用行动计划》，在2022年又公布新一个五年的行动计划，对人工智能技术的应用领域涵盖到专利分类、专利现有技术检索、专利审查管理、图形检索、商标检索等。在现有技术检索上，应用语义检索技术、图形检索和机器翻译的技术，采用机器学习模型，实现了自动检索，并根据文本相似度，对结果进行排序，提高检索质量和效率。中国国家知识产权局（CNIPA）的智能检索系统，运用云计算、大数据分析、自然语言处理等智能化技术，一是实现了检索资源集约化：专利和非专利数据资源整合，提供机器翻译功能，统一的检索平台。二是实现了检索功能智能化：语义检索、布尔检索多种检索功能融合，支持中英文数据库的智能检索、智能检索基础上的布尔筛选以及布尔检索基础上的语义排序功能，利用大数据分析实现检索要素的辅助推荐、关键词及分类号的辅助扩展等功能。三是检索流程标准化，设置人机交互及标准化操作功能，促进机器智能与人工智慧的融合，提升系统的易用性。

②在专利分类中的应用。

各主要知识产权局采用不同的人工智能技术，持续开展智能辅助分类和自动分类的研究和实践。WIPO 开发专利自动分类系统（IPCCAT 系统），主要用于把专利文献归类到 IPC 的大类、小类或大组。该系统使用 Olanto 开源工具，基于神经网络算法，通过已有数据构建训练语料库，为分类层级的每个节点构建神经网络，结合边界控制方法，实现文本的自动分类。IPCCAT 可以根据文献的摘要和全文对分类结果做出预测，用户输入要分类的摘要或包含专利信息的文本，选择预测等级（如大类、小类或大组）后，该工具会将分析出来的 IPC 分类号按相关度排序。各局充分利用 BERT 模型可以进行再训练的特点，开发了更适用于专利技术的表征的模型工具，用于专利分类的各工作场景。EPO 在 Google 训练过的 BERT 模型的基础上，使用专利文献进行了迁移训练，获得了 EPO 独有的 EP BERT 模型。韩国知识产权局（KIPO）基于韩国专利文献开发了 KorPat BERT 作为训练模型。JPO 利用 SVM、BERT 等技术，对非日文文献进行分类。澳大利亚知识产权局开发了基于机器学习算法的自动分类工具 PAC（Patent Auto-Classifier）进行案源自动分配。巴西知识产权局和墨西哥知识产权局将神经网络技术引入自动分类，进行案源自动分配。USPTO 于 2020 年 12 月部署了基于机器学习的自动分类系统，该系统能够自动推荐 CPC 分类号，并通过与申请文本段落关联的方式向使用者解释赋予相关分类的原因。CNIPA 开发了自动粗分引擎，将案件分配至相应分类员。CNIPA 还开展了《基于人工智能技术的 CPC 智能分类研究》，基于 BERT 模型、神经网络模型等设计了利用人工智能技术开展基于 IPC 的 CPC 智能分类的主要技术路线和基本技术框架，分析了性能结果的评判标准，进行了测试和分析及实验验证，认为基于 IPC 的人工智能 CPC 分类技术在检索领域具备可实用性，为进一步开展 CPC 智能研究和应用、提升智能分类建设水平奠定了基础。

③在用户服务中的应用。

利用人工智能工具辅助用户完成专利或商标的申请前的检索，提高申请质量和工作效率。UKIPO 目前利用 AI 为用户提供预申请帮助工具，用户导入预申请文件后即可进行预检索，并可使用机器人对话聊天框与用户就检索结果进行沟通。例如，在商标检索中，系统自动提取商标中的符号（如艺术字体）。通过使用光学字符识别工具，用户在不用自行选择商标类型的情况下即可实现全部商标的检索。USPTO 采用人工智能技术开发了发明人检索辅助工具（Inventor Search Assistant Tool，ISAT），引导发明人进行申请前的检索。

利用人工智能技术提供智能问答服务，提高客服支持的质量和效率，为用户提供更智能化、个性化的帮助。USPTO 采用机器学习技术，在 2020 年和 2023 年先后上线了商标和专利的虚拟助理服务（Virtual Assistant）。智能小助理可回答用户的常见问题，还可以帮助用户快速获取一件专利申请的法律状态。用户只需要输入一件专利申请的文献号，智能小助理会引导用户确认文献号的类型，之后会直接展示专利申请的法律状态信息。欧盟知识产权局利用人工智能开发了聊天机器人，为申请人提供了全天候的商标问答服务。

随着专利信息资源的建设完善，大数据、人工智能等技术在专利信息工具中的应用，用户需要的不再局限于获取专利信息，更重要的是从专利信息中获得为其特定目的的服务的知识和洞见。近年来，EPO 的专利信息服务工作理念从专利数据、专利信息服务逐步转变为专利知识服务。2023 年 10 月，EPO 启用了新的专利与技术观察站。该观察站是欧洲专利网络的经济和技术分析平台，致力于量化和探索整个创新生态系统的趋势和挑战。它还将为产业界、创新者、投资者、政策制定者以及创新生态系统的所有参与者提供可靠的证据，以帮助他们做出明智的决策。首次活动主题为"利用知识产权促进初创企业发展"，探讨"深科技"初创企业如何利用知识产权的力量来推动创新解决方案的开发并吸引投资。为此 EPO 开发了一款名为"深科技发现者（Deep Tech Finder）"的工具，将全球初创企业情报数据平台 Dealroom 中的商业信息与 EPO 自有专利数据相结合，帮助投资者发现和评估那些拥有欧洲专利的投资型初创企业，这些企业在关键技术领域为市场带来颠覆性发明。该工具实现了从单一的专利数据到多源数据的融合，提供一个"深科技"初创企业的数据可视化的平台。

随着人工智能、大数据、云计算等技术的不断发展，知识产权服务更加智能化、个性化，知识产权数据与多源数据有机融合，知识服务的无缝集成，各主要知识产权局为用户提供精准化、智慧化的情报工具。WIPO 与外部数据商合作，将原有的专利信息平台 PATENTSCOPE，集成为全球专利和科技信息一体化检索的服务平台。该平台提供了专利和非专利文献的自动翻译，使用算法自动匹配国际专利分类与科技文献，专利文献与非专利文献被一同无缝集成到检索结果中，同时还采用了人工智能技术根据相关度的高低对检索结果进行排序。JPO 基于专利、互联网等多源信息，提出了一种利用 AI 技术提供高效率、低成本信息分析工具的方法，帮助中小企业发挥自身知识产权优势，促进市场开拓、新产品研发等工作。JPO 研究了 BERT、DeBERTa、GPT-2、T5 等自然语言处理模型的结构和特点，以上述模型为基础，依据不同任务目的建立了具有发散性思维特性或收敛性思维特性的 4 个模型，用于信息的分析分类、文本生成和总结等；引入了奥斯本检核表法，用于揭示技术实施和运用的可能性，启迪创新思路。利用上述方法，企业将自有技术以自然语言形式作为输入信息，通过 AI 模型对专利等技术信息进行分析挖掘，借助奥斯本检核表法生成技术创新或改进思路，并以可视化方式进行输出，帮助企业了解自身技术实施和运用的可能性。CNIPA 开展《基于多信息融合和人工智能辅助的关键核心技术识别监测方法及其应用研究》，建立面向国家战略需求的多源信息试验语料库，包含国家政策、科技、经济投资、专利及行业协会等多类信息，探索构建关键核心技术识别与监测模型，运用机器学习、文本聚类等技术，从多源信息中识别关键核心技术相关技术主题及重要创新主体，以新型储能等领域开展实证，为基于关键核心技术识别结果开展针对性的专利分级分类审查、情报监测与推送等服务奠定基础。

知识产权信息服务机构也在积极推动数智赋能知识产权服务。智能化手段、智慧化服务在专利文本的自动分类和翻译、提高专利检索的便捷性和准确性、辅助阅读理解专利技术方案、快速识别技术主题、分析预测技术趋势、自动实现专利价值评估、促进供需对接等场景中均有实践应用。江苏省专利信息服务中心为创新主体搭建了江苏省知识产权大数据平台，在专利资源基础上，融入商标、标准、地理标志、集成电路等知识产权资源，实现知识产权基础数据与市场主体信息的融合，打造知识产权在线交易模块，集成专利质量评价、价值评估、线上撮合、买技术专利推送、人才推送、找资金评估、金融机构推送等 7 项智能化服务工具包。知识产权出版社有限责任公司利用人工智能赋能知识产权全链条服务与大数据产品。在大数据资源的加工环节，应用人工智能技术进行图片类型识别，图片切割，化学结构识别。打破数据孤岛，建设知识产权大数据 API 平台，专利、商标、期刊、标准、判例等多源数据彼此关联。利用人工智能技术助力知识产权创造、运用、保护、管理和服务的全产业链条服务。在知识产权创造环节，可提供的智能化平台有：一是多源数据融合的知识产权大数据与智慧服务系统；二是多语种服务的专利信息服务平台 CNIPR；三是提供专利大数据、语义理解、技术文档评定优先等级服务的专利申请预评估系统，可评估技术文档的可专利性、技术竞争、市场前景，并逐条给出结论和建议；四是专利导航分析系统 InteCovery，具有数据智能标引，分享合作，大数据计算等功能，可有效分析挖掘专利信息；五是知识产权信用查询系统"知企查"，中国企业专利数据和商情数据融合，实现企业知识产权深度调查。在运用环节，可提供的智能化平台有：专利价值评估系统，运用大数据处理技术和语义理解技术，对海量专利数据进行加工，构建面向专利运营的价值评估指标体系；高价值专利挖掘培育系统，简易交互即可发现；企业知识产权科创能力评估系统。在保护环节，可提供的智能化平台有：知识产权侵权检测系统"专利声呐"，高效自动化地识别互联网电商的侵权与违规行为。在保护方面，可为地方保护中心建设提供一体化解决方案。在知识产权管理环节，一方面可提供知识产权数据可视化及监测服务，提供智能分析报告，可视化监测大屏；另一方面开发了沉睡专利探索助手，可筛查、预警、智能匹配和预测未充分实施的专利。在知识产权服务环节，应用人工智能和大数据等新技术，优化信息化服务体系，运营服务体系，金融服务体系，咨询培训服务体系，跨语言服务体系，国际服务体系和会展服务体系等。

4. 小结

在广泛调研智慧情报服务现有理论研究与实践案例，以及其在知识产权领域相关应用的基础上，本课题认为，智慧情报服务是数字化、智能化时代情报服务的发展方向，当前呈现出理论研究兴起、应用实践活跃的趋势。智慧情报服务以多源大数据为基础，深度应用大数据、人工智能、知识图谱等智能化技术，实现情报挖掘与知识发现，完成智慧化、自动化、精准化、个性化、前瞻性和及时性的情报服务，具有需求敏感性、数据多源性、分析智能性、服务可嵌入性、产出智慧化等特点。数据资源、智能技术与智慧算法、场景化应用、服务产品与平台是智慧情报服务的核心要素。当前，智慧情报服务主要体现在自动化的海量数据处理、智能化的情报辅助分析、智慧化的情报交互服务等方面，典型应用包括信息的自动抽取和标注、AI自动分类、摘要和翻译、智能生成文献综述和情报报告、知识图谱提取、智能问答等。随着大数据、人工智能等技术的快速发展和应用，智慧情报服务将呈现更多样的应用场景和多元的产品和服务。

在知识产权信息服务领域，智能化手段、智慧化服务在专利文本的自动分类和翻译、提高专利检索的便捷性和准确性、辅助阅读理解专利技术方案、快速识别技术主题、分析预测技术趋势、自动实现专利价值评估、促进供需对接等场景中均有实践应用。随着传统信息服务、情报服务向智慧情报服务发展，知识产权信息服务也不断向智能化、智慧化方向发展，并与智慧情报服务融合，为实现高水平科技自立自强和高质量发展提供更加全面、精准、主动、高效的情报支撑。一方面，知识产权信息蕴含丰富的技术、经济和法律信息，是技术情报、市场竞争情报的重要来源，是建设创新型国家的战略性基础数据资源。因此，知识产权数据是智慧情报服务多源大数据的重要构成。另一方面，当前，国际学科领域发展状况、前沿技术进展追踪、关键核心技术攻关、国际关键技术专利布局和危机事件预警等方面都强烈需要知识产权情报的支持，尤其是知识产权数据与经济、科技、金融等数据深度融合，以能够实时跟踪和监测目标市场格局、知识产权布局、关键技术动态、政策法规变化等关键要素，为产业转型升级、提高国内国际市场竞争力提供有效的情报支撑。

综上，知识产权智慧情报服务是以知识产权支撑全面创新的新形势新任务为目标引领，以大数据+智能化为驱动，构建知识产权数据与经济、科技、金融等数据融合的多源数据底座，面向知识产权创造、运用、保护、管理、服务全链条的多种应用场景，运用数字化智能化手段实现自动化的海量数据处理、智能化的情报辅助分析、智慧化的情报交互服务，主动、精准、高效满足科研、市场、管理等多类用户的复杂情报需求，以更好地发挥知识产权技术供给和制度供给的功能，为全面创新提供有力支撑。

7.1.2 氢能产业服务现状

当前，氢能产业蓬勃发展，相关技术创新不断涌现，相关数据信息增量越来越多。

创新主体很难从海量信息中准确、快速地获取自身发展实际需要的信息情报等,尤其是对于专利为载体的技术创新态势的把握。知识产权等相关智慧情报的服务,能够帮助其了解产业政策引导,产业发展态势,前沿技术发展状况,市场价格与运营情况等。当前,市场化服务机构已经出现专注于氢能制、储、运、加、用的物联网和相关产业大数据统一收集、统一分析、统一监控、统一赋能的企业智能化服务商,以及香橙会研究院(专注氢燃料电池行业研究)等以氢能数据库为依托,为行业提供数据定制、融资并购、政府咨询、招商引资等服务的氢能数据服务商。在产业联盟方面,2018年2月11日,由国家能源集团牵头,国家电网公司等多家央企参与的跨学科、跨行业、跨部门的国家级产业联盟——中国氢能源及燃料电池产业创新战略联盟(简称"中国氢能联盟")成立,打造了集政策、咨询、技术、价格、成本等多源数据于一体的氢能产业大数据平台,提供企业、事件、政策、报告、标准以及行业统计分析等信息和数据服务,氢能产业大数据平台对于企业和机构来说是面向用户的信息展示平台。同时联合全球顶尖的服务商为企业提供如绿氢认证、氢安全认证等服务。目前,服务包括但不限于行业报告、线下线上活动以及定制的数据和信息服务等,主要的产品形态包括氢能产业大数据平台网站、移动应用、API、微信公众号等第三方平台媒体矩阵、小程序等。如图7.5所示,还提供部分公共服务。通过信息和数据的生产、聚合、挖掘、加工、处理,帮助用户节约时间和金钱、提高效率,以辅助其各类决策行为。

图 7.5 氢能产业大数据平台——公共服务

各地氢能产业知识产权公共服务平台的服务产品集中于氢能产业链图谱、氢能专利数据库、氢车及关键部件价格数据库、氢能政策库、氢能研究报告等,集成于可视化、交互式数据平台,表7.1汇总了部分氢能知识产权相关服务。可以看出,国家、省级层面知识产权信息相关服务平台,主要提供氢能相关专利数据库以及专利检索、产业报告等产品。

表 7.1 国家、省级层面氢能知识产权相关服务（部分）

序号	氢能知识产权相关服务产品	网址
1	国家重点产业专利信息服务平台 - 绿色低碳产业 - 氢能	http：//chinaip.cnipa.gov.cn/chinaip/content.html?name=lsdtcy&id=3754
2	广东省知识产权公共信息综合服务平台 - 氢能数据库、汽车产业专利统计分析报告等	https：//s.gpic.gd.cn/route/hostingplatform/customer/overview?includeSelf=1&pId=835_DOUBLE_TENTH&id=895_DOUBLE_TENTH&source=cardNav https：//s.gpic.gd.cn/static/stand-alone/guangdong/double/report/%E5%B9%BF%E4%B8%9C%E7%9C%81%E6%B1%BD%E8%BD%A6%E4%BA%A7%E4%B8%9A%E4%B8%93%E5%88%A9%E7%BB%9F%E8%AE%A1%E5%88%86%E6%9E%90%E6%8A%A5%E5%91%8A20220129.pdf
3	山东省新旧动能转化十大产业专利库 - 新能源新材料	http：//123.233.113.67：8090/searchContent.html
4	江苏省先进制造业集群及重点产业链知识产权公共服务平台 - 氢燃料电池汽车	https：//ip.jsipp.cn/ZSCQ/app/zscq.app/ZHFW/ZTK/14GJQ50CY/50CY.spg
5	上海市知识产权信息服务平台 - 新能源与环保产业数据库	https：//www.shanghaiip.cn/search/#/mysql-result
6	北京市知识产权公共信息服务平台 - 新能源智能汽车及零配件批发	http：//search.beijingip.cn/search/navigate/favornavi
7	福建省战略性新兴产业专利数据库 - 新能源	https：//data.fjippc.com/patent/api/temp/index
8	湖北专利运用公共服务平台 - 氢能源产业导航	http：//zh1.hbipdc.com：8090/hbPatentPublic/patentNavigation/libList
9	重庆市知识产权公共服务平台 - 新能源汽车专利数据库	http：//cqxxzx.patsev.com/pldb/access/hostingplatform/nav/route/byDefaultUser/showNav?parameter=aW5kdXN0cnlGbGFnPTEmbm9kZUlkPTEwMDAw
10	新疆知识产权公共服务平台 - 氢能源产业链创新链以及企业专利画像	https：//r.xjip.info/#/chain/detail/12/%E6%B0%A2%E8%83%BD%E6%BA%90%E4%BA%A7%E4%B8%9A%E9%93%BE%E5%88%9B%E6%96%B0%E9%93%BE https：//r.xjip.info/#/portrait
11	青海省知识产权公共服务平台 - 新能源专利数据库	http：//pat.jsips.org.cn/search/searchHomeIndex.do?searchMenuId=724477debeda4415935e7d916dc10203&menuId=a530c0362a6243da9f17c01741bcc7aa
12	内蒙古知识产权公共服务（保护）信息化系统（平台）- 新能源产业 - 氢能数据库	http：//dlzl.patsev.com/neimeng/mytreeStrategic.do

总的来看，当前市场化服务机构以及知识产权公共服务平台均有服务氢能产业相关知识产权信息产品推出，主要集中于氢能专利数据库等，但一定程度上已经无法满足创新主体的服务需求。随着情报服务的不断发展，创新主体"定制化""精准化""智能化"的服务需求与日俱增，以需求为导向的知识产权智慧情报服务已经成为整个产业发展亟须解决的关键环节之一。研究服务产业发展的知识产权智慧情报服务能够畅通氢能数智技术合作研发渠道，进一步促进氢能产学研合作，服务科研团队技术研发与转化。

科研团队是科技创新的重要主体，是由知识技能互补、分工明确的以科研人员为主组成的群体，其以科学研究与开发为主要工作内容，以科技创新为主要目标，有着共同的科研目标。国家重点实验室是国家创新型科研团队的代表。中国科学院大连化学物理研究所成立于1949年，拥有催化基础国家重点实验室、分子反应动力学国家重点实验室、低碳催化技术国家工程研究中心、膜技术国家工程研究中心、燃料电池及氢源技术国家工程研究中心、国家催化工程技术研究中心、国家能源低碳催化与工程研发中心等国家级实验室8个，省院级实验室6个，所级研究室（部）23个（表7.2）。

表 7.2　中国科学院大连化学物理研究所研究系统设置

国家级实验室	1	国家能源低碳催化与工程研发中心
	2	国家催化工程技术研究中心
	3	燃料电池及氢源技术国家工程研究中心
	4	膜技术国家工程研究中心
	5	低碳催化技术国家工程研究中心
	6	分子反应动力学国家重点实验室
	7	能源催化转化全国重点实验室
	8	催化基础国家重点实验室
省院级实验室	1	中国科学院电化学储能技术工程实验室
	2	中国科学院航天催化材料重点实验室
	3	中国科学院燃料电池及复合电能源重点实验室
	4	中国科学院分离分析化学重点实验室
	5	中国科学院化学激光重点实验室
	6	辽宁滨海实验室
所级研究室（部）	1	低碳战略研究中心
	2	能源材料研究部（筹）
	3	能源基础和战略研究部
	4	能源研究技术平台
	5	氢能与先进材料研究部
	6	储能技术研究部
	7	太阳能研究部

续表

所级研究室（部）	8	低碳催化与工程研究部
	9	节能与环境研究部
	10	化石能源与应用催化研究部
	11	生物能源研究部
	12	燃料电池研究部
	13	本草物质科学研究室
	14	大连光源科学研究室
	15	生物技术研究部
	16	催化与新材料研究室
	17	化学动力学研究室
	18	化学激光研究室
	19	催化基础国家重点实验室
	20	精细化工研究室
	21	仪器分析化学研究室
	22	动力电池与系统研究部
	23	先进生物制造研究部

中国科学院大连化学物理研究所聚焦国家能源安全和能源自主可控重大战略需求，在国际上率先突破化石能源清洁高效耦合利用、清洁能源规模化利用等原创性科学理论和关键技术，提出并率先示范多种能源互补融合的新型能源系统，以能源技术革命推动能源革命，集合中国科学院能源领域优势力量，组建能源科技"集团军"，打造国家能源战略科技力量。2011年10月，围绕国家能源发展战略，启动了洁净能源国家实验室（DNL）的筹建工作。2017年10月，中国科学院大连化学物理研究所筹建了中国科学院洁净能源创新研究院。2018年4月，承担了中国科学院A类先导专项"变革性洁净能源关键技术与示范"，其中包含氢能相关技术。研究所的氢能与先进材料研究部、太阳能研究部、燃料电池研究部、生物能源研究部等均涉及氢能相关技术研发。

研究所集合科研团队力量，近年来在氢能方面取得了一系列研究成果。在国内首次实现了氢-空气燃料电池在无人/有人驾驶飞机等领域的示范应用，实现燃料电池游艇海上示范；建成了国内首套具备自主知识产权的万台级金属板氢燃料电池电堆自动化生产线，产品在多款氢燃料电池汽车车型中得到应用，单车运行超12万公里；研制出新一代高性能氢燃料电池系统，联合航天投资控股有限公司、北京国创新能源汽车基金等合作方共同设立产业化公司，注册资本2.0亿元，技术作价8000万元；突破两项关键创新技术：新型电解水制氢催化剂——目前规模化碱性电解水制氢效率最高；以及高选择性二氧化碳加氢制甲醇催化技术，运行3000小时无失活现象；在燃料电池标准领域，研究所科研团队牵头制定十余项燃料电池国家标准，牵头制定 1 项国际标准。历年来，研究成果获得了中国科学院科技促进发展奖、大连市科技进步奖一等奖、辽宁省自然科学二等奖、大连市技术发明一等奖等荣誉奖励。氢燃料电池的相关成果已通过技术转让、技术入股以及技术许可（非排他）等方式转移转化百余件，总金额突破 1.0 亿元。

科研团队在技术从"实验室到市场"的全过程均需要知识产权提供一定的服务。在关键技术突破方面，需要掌握最新的技术发展情况并实时动态跟踪前沿，形成常态化的情报信息推送等产品，尤其是当前 AI 驱动的实验和模拟不断发展，借助 AI 工具一定程度上可以探究在实验中难以达到的时间尺度上的生物、化学或物理过程，科学家们对于"AI for science"方面的内容与进展也越来越关注。专利信息挖掘方面，各技术分支的主要竞争主体、具体技术的生命周期、专利技术发展脉络、产业技术集中度、全球竞争格局、专利技术许可、技术识别与追踪以及核心专利的布局策略等方面的内容展开。氢能相关科研团队具体聚焦于氢燃料电池关键材料、核心部件、系统与控制等方面的核心专利分析，以及国际前沿技术和重点研发方向的把握。在科技成果转移转化方面，需要实时跟踪氢能相关专利技术的布局运营、交易市场价格与成本、优惠政策补贴申报等。

在知识产权工作方面，中国科学院大连化学物理研究所是全国首家通过《科研组织知识产权管理规范》认证的科研机构，知识产权管理和运营工作系统化、规范化、标准化进一步提升。2023 年，导入装备承制单位知识产权管理要求，实现军民全覆盖知识产权管理体系融合运行。制定或修订《知识产权管理工作实施细则》《科技成果奖励实施细则》《专利奖励实施细则》等 7 项制度，进一步规范成果转化与知识产权行为。知识产权管理体系覆盖 14 个研究领域和 10 个职能部门。全面覆盖知识产权创造、保护、运用和管理；覆盖人、财、物、信息等业务线条的管理网络。10 多年来培养院所两级知识产权专员 100 多人，其中，中国科学院专员 34 人（保证每个研究组有 1 名专员），形成深入科研一线、具有研究所特色的知识产权专员队伍。将知识产权管理工作融入科研活动的全过程，即把知识产权创造、管理、运用和保护与科研项目的立项、实施、结题和成果推广应用紧密结合，用知识产权统筹科研和创新活动，提高科研和创新活动的效率。能够满足科研团队从原始创新突破到中试放大平台，再到技术转化示范全链条的需求。

此外，中国科学院大连化学物理研究所同时也是第四批 TISC 机构，自 2020 年 9 月开始筹建，按照国家知识产权局的安排和部署，严格依据 TISC 建设规范，开展高水平、高标准、高质量的建设工作，在知识产权创造、信息利用、战略制定、价值运用、知识产权管理等活动中积极提供知识产权公共服务，2021 年 12 月正式签署协议挂牌运行。聚焦洁净能源关键领域，以能源领域重点产业为服务切入点，发挥科研院所的资源和人才优势，依托科技成果转化能力和能源战略研究的能力，为社会提供知识产权和成果转化方面的服务。

7.2 氢能产业知识产权智慧情报服务模式

当前，氢能产业发展迅猛，技术更新迭代速度不断加快，但关键的技术与成本等问题在"科研新范式、产业新模式"涌现的时代，氢能产业相关的科研团队、企业等创新主体更加需要及时把握技术发展趋势、产业发展态势、专利布局情况、产业链的关键技术等情报信息，即氢能产业目前在科研创新、成果布局、转化应用等方面涌现出多样化、精细化、智能化的情报服务需求。针对氢能产业当前发展需求，尤其是对知识产权情报方面的服务需求，需要研究氢能产业知识产权智慧情报服务模式，探索规范化的服务供给，赋能产业发展。本章从氢能产业知识产权智慧情报服务架构、关键要素等方面展开，"自上而下"地厘清氢能产业知识产权智慧情报服务体系，总结出氢能产业知识产权智慧情报服务模式，为氢能产业智慧情报服务实践打下理论研究基础。

7.2.1 氢能产业知识产权智慧情报服务架构

本节将氢能产业知识产权智慧情报服务架构分为四个层面：用户层、服务设计层、数据资源层、智慧服务层（图 7.6）。在服务前，通过对不同类型用户的信息以及需求进行广泛收集和规范化处理，深度挖掘，提高需求分析精准度；在服务中，通过数据收集、智能分析等方法，挖掘多源、异构的数据情报信息，并进行智能化加工，为数据信息增值，辅助用户制定最符合自身发展的解决方案，如企业专利运营战略等并执行；在服务后，通过跟踪评价获取实时应用数据并进行反馈循环，一定程度上形成"全生命周期"的情报协同服务机制。

用户层	企业	科研团队	公众	…
	需求牵引供给，供给创造需求			
服务设计层	热点主题	运营战略	技术布局	…
数据资源层	项目数据	专利数据	论文数据	…
智慧服务层	关键技术	专利图谱	趋势预测	…

图 7.6 氢能产业知识产权智慧情报服务架构

（1）用户层。
用户层是能源产业发展的"源头"，也是氢能产业知识产权服务的"终端"对象，为知识产权智慧情报服务提供原始需求，验收应用服务成果，是整体服务架构的初始和终端环节。用户层主要关注氢能产业知识产权智慧情报服务的对象，社会公众、企业、科研团队等不同类型的用户对于知识产权智慧情报的需求不同，用户层对服务结果起到了一定的决定性的作用，因此，需要充分挖掘和分析用户层的显性需求和隐形需求等不同类型的具体服务需求，并不断积累用户需求方面的数据，逐渐形成需求数据库，尝试结合 AI 技术形成精准的用户画像。很多时候，用户的需求存在内在模糊性、动态变化性，氢能产业知识产权智慧情报服务一定程度上需要解决以往根据用户静态需求得到的总结分析报告无法解答其实际发展动态中遇到的知识产权相关问题。

（2）服务设计层。

服务设计层是知识产权智慧情报服务架构的关键一环，基于服务对象的具体需求，提供切实可行的分析结果，可能围绕创新主体自身或关注的技术布局、技术发展态势、专利运营战略等方面设计服务，服务设计要遵循切实性、可行性、并根据用户需求进行及时优化，在用户层充分挖掘隐藏用户需求的基础上，增强服务的精准性、高效性，依托数据挖掘技术等方法推动智慧服务的发展。服务设计层要实现有效计划和组织服务中所涉及的各相关要素，通过不断交互，将需求对应的解决方案具体化，借鉴"双钻模型"的设计方法，调研用户需求、商业模式等，可列举出用户可能遇到的真实场景并研究，形成解决方案并交付，此过程需要服务团队不同部门的协同参与，保障服务设计合理性，科学指导后续的智慧服务流程。服务设计层一定程度上决定了用户体验和服务质量评价。

（3）数据资源层。

如果类比氢能产业链，数据资源层是氢能产业知识产权智慧情报服务的"中游环节"，收集服务分析所需的数据资源，并进行有效地处理和分析，是氢能产业知识产权智慧情报服务的核心环节之一。在"数智"时代，服务手段智慧化离不开数据资源的重要支撑，数据资源层主要需要对数据资源（具体包括氢能产业相关项目数据、论文数据、专利数据、案例资源等）进行收集和清洗，充分挖掘专利等数据资源价值，结合人工智能等手段，形成一定的"语料库"，为下一层的智慧服务方案做好数据准备。数据资源是进一步推动虚实融合、智慧交互的关键因素和核心生产力。当前，已有通过实时物联网数据感知基础设施，服务于智慧交通引导、交通安全治理等领域。依托数据资源与环境的不断交互以及多源数据跨平台融合协同等正在不断提升智慧服务的质量与水平。

（4）智慧服务层。

智慧服务层主要是在数据资源层收集和清洗的海量信息资源的基础上，通过人工智能等技术，为用户提供智能化、个性化、便捷化的服务方案。信息领域涵盖了产业界、学术界等，形成的智慧服务产品包括进行海量识别和机器学习建模等智能化手段处理后识别出的产业关键技术以及趋势预测分析结果等。智慧服务层的"智慧"体现于从实际需求到数据再到智慧情报的过程中产生的动态"知识增量"，根据实际多样的需求场景来挖掘和组织数据及其内在关系，把场景与解决方案对标，尝试打造数据丰富、协同有效、交互友好的一体化服务生态体系，通过一体化的智慧服务平台呈现。智慧服务是用户层、服务设计层、数据资源层的递进整合，需要形成多元化、高质量的服务产品并不断创新和优化，动态跟踪、及时更新，为用户提供高效便捷、更有价值的服务。

7.2.2 氢能产业知识产权智慧情报关键要素

1. 数据资源

数据资源是知识产权智慧情报的关键要素之一。2020年，数据成为一种新型生产要素被写入《中共中央 国务院关于构建更加完善的要素市场化配置体制机制的意见》，与土地、劳动力、资本、技术等传统要素并列。当前，数据已经渗透到各行业和领域，挖掘海量数据中有价值的信息，应用到风险管理、市场预测、用户分析等方面。"数智"时代，各信息情报类服务平台不再局限于单一数据类型，已经涵盖海量的高质量数据，包括但不限于期刊、论文、专利、项目、政策、资讯、技术、专家人才、企业、价格、成本、指数、发展路线图等。

截至 2020 年 8 月，中国科学院文献情报中心建成了覆盖各类实体数据 4 亿，领域专题数据 200 多个，人才数据 9 000 万 +，机构数据 1 100 万 +，重要国家地区项目数据 600 万 +，知识图谱关系数据 60.5 亿 +。从科研主体、科研活动、科研成果、科研装置与科学数据五大维度设计了基础数据资源建设模型，已经建成了拥有专家学者、科研机构、学术期刊、资助机构、科研项目、学术会议、情报资讯、科技政策、论文、专利、报告、获奖、专著、标准、软件著作等 10 多种基础数据资源。同时该基础数据资源库也集成了 NSTL 研制的 STKOS（科技知识组织体系），其中规范概念达到 65 万 +，规范术语达到 230 万 +，覆盖理工农医。通过集团引进开通网络数据库 170 余个，涵盖 1.9 万种外文电子期刊，1.8 万种中文电子期刊，18.4 万卷（册）外文电子图书，35 万种中文电子图书。数据体量庞大，类型丰富。

中国化工信息中心有限公司与全球两百多家顶级情报数据库（如路孚特、道琼斯、彭博、惠誉、GlobalData、Enerdata 等）战略合作提供丰富的专业数据覆盖多个行业，构建新一代石化信息数据库，收录 900 多种石化行业外文核心期刊和会议录，超过 3 000 个行业报刊和媒体来源，数据涵盖学术论文、专利、资讯、报告、标准等多种文献类型。多领域专题专业数据资源包涵盖了宏观环境、电力、绿色双碳等专题。数据行业特色突出，同时结合 AI 大语言模型，提供更具竞争力的行业情报。

中国科学院大连化学物理研究所低碳战略研究中心网站平台的数据资源覆盖政治、经济、环境、社会、科技各个方面，具体包含技术、碳排放、政策、资讯、论文、专利、项目、人才专家、观点、期刊、指标、价格、成本、机构等类型。平台集成的海量多源数据结合 AI 大模型，助力产业技术的快速发展。

总的来看，由于数据的多源性，需要对于数据类型、数据结构、数据内容、数据模态等进行解析，为氢能产业多样化需求与氢能产业多维化智慧服务提供数据支撑。

2. 服务平台

数据资源支撑了服务平台的搭建，服务平台是以数据资源为基石的智慧服务关键要素之一。2022年中国研发经费总投入超过3万亿元，然而专利转化仍有巨大的提升空间，充分发挥智慧情报服务的作用，助力专利转化运用离不开服务平台这一有力"介质"。

服务平台的构建要立足于氢能产业战略决策、产业技术创新和产业转型升级等目标，通过各数据、主体、情报供需之间的协同交互，挖掘增值信息，全面立体地展现氢能产业发展智慧情报。当前，许多传统服务平台正向着"数智化"方向转型，结合算法模型开发新型的科技人才、企业主体画像，线上线下联动开展沉浸式体验服务，提供全面立体的科技成果评价分析等功能。服务平台可以说是氢能智慧情报多样产品内容的"展台"，是多源信息融合映射的空间，是定制化专业化服务需求交互的窗口。服务平台关键要素在一定程度上提高了氢能产业智慧服务与用户需求之间的匹配度，扩展了氢能产业智慧服务的覆盖面。

当前已有的专利检索平台开发的算法多样，结合大模型等方法，打造功能丰富的智慧化服务平台。知识产权出版社的 Inspiro 专利检索系统，聚类分析功能旨在基于语义算法，提取专利标题、摘要和权利要求中的关键词，根据语义相关度聚出不同类别的主题并通过可视化地形图进行展示。通过聚类地形图，可以方便用户直观了解专利技术布局情况。Inspiro 聚类分析功能最大可支持 5 000 个专利文献；关联关系分析是通过对文献因子，包括申请人、发明人、IPC、关键词等共现矩阵的可视化处理形成的关系网络图谱。针对申请人、发明人、IPC 和关键词四种分析对象的分析，智慧芽专利信息服务平台在已有成熟的算法之外，结合人工智能技术开发了智慧芽生物医药大模型，包含330亿参数，整合了专利、论文、书籍、临床试验等 100B+tokens 的行业数据，支持用户进行多轮对话，集成了专家检索、语义检索等功能，据悉该大模型的应用能力已达到高分通过全国专利代理师资格考试的水平，临床结果大模型可实现数十倍提升信息处理效率，且准确率达到 85% 以上。其开发的 Eureka 服务平台，上线了基于 AI+ 大模型的 AI 技术问答功能，辅助技术想法查新、行业技术路线、项目技术预研等研发方面的相关信息。Patentics 专利信息服务平台开发了基于算法的语义排序功能；incoPat 专利信息服务平台提供 AI 检索、专利 DNA 图谱比对……

各类服务平台在智慧情报服务方面不断拓展，加强 AI 大模型等的应用，提供不同产业的智慧服务方案，助力新质生产力的加快形成。

3. 服务场景

场景已成为创新的战略资源，成为科技竞争的焦点。氢能产业的应用场景一般是在产业链的下游环节，将氢能相关技术应用到具体实践场景中。随着人工智能相关技术的不断发展，氢能产业知识产权智慧情报服务需求场景也向着多样化发展。服务场景按照需求主体、具体用途等划分。在查询/检索方面，氢能产业知识产权智慧情报服务可能包含氢能相关专利查询、氢能专利下载、氢能技术分类、氢能专利主题聚类、氢能产业链上的企业主体画像等；在评价/评估方面，氢能产业知识产权智慧情报服务可能包含氢能创新机构评价、氢能相关政策评估、氢能工业项目评估、氢能技术评估等；在预测/预警方面，氢能知识产权智慧情报服务可能包含氢能产业发展方向预测、氢能技术发展趋势预测、氢能产业关键专利预警等。

总体来看，自 ChatGPT 推出以来，现有各类型知识产权平台的服务场景更快地向着智慧服务方向发展，推出面向产业的 AI 大模型，在专利检索、技术交底书、技术发明点等具体服务场景中辅助不同领域专家，高效赋能技术研发。在氢能产业服务场景方面，具体以下三种类型用户的服务场景为例，进行详细说明。

（1）服务氢能科研团队技术情报挖掘。

科研团队是氢能产业技术发展的"攻关队"，对于技术研发方面的信息情报需求具有持续性、精确性、及时性，尤其在前沿新技术开发方面，预印本论文、产业资讯、社群社区等信息情报的及时跟踪一定程度上影响了技术发展速度。需要充分发挥知识产权智慧情报服务的"技术研发助理"作用，对影响原始创新端的多源信息及时挖掘，形成常态化的服务产品，助力科研团队的前沿技术研发。

（2）服务氢能企业技术发展方向战略。

企业是科技创新的主体，是技术研发的"主力军"。随着氢能产业技术发展迭代速度的不断加快，企业的技术发展方向需要科学合理的战略指导，尤其是在科技研发投入不断加大的当下，技术发展方向在一定程度上决定了氢能相关企业的存亡。氢能产业智慧情报服务动态把握技术发展趋势，科学预测技术发展态势，能够帮助氢能企业规划发展项目，为相关企业的重大技术研发投入提供参考信息。

（3）服务相关公众专利信息资源获取。

当前，氢能产业的关注度较高，相关公众对于氢能专利信息资源的需求越来越多，但由于数据资源的获取、专利信息的难度、服务需求的模糊等原因，公众对于相关信息资源的利用尚有较大进步空间。为公众提供氢能专利 AI 智慧检索等情报服务，尤其针对不熟悉专利信息的公众，可以通过输入关注的氢能技术关键词，获取到与其想要获取的专利相关性较高的技术方案。能够使得社会公众便利化、高效化、多样化地获取到氢能专利信息资源，实现更广范围的氢能专利信息利用。

4. 服务产品

服务产品是氢能产业知识产权智慧情报服务的"具体产出"，针对氢能产业相关创新主体的具体需求：把握氢能产业链整体发展情况；了解氢能产业研发热点技术；识别氢能产业链关键技术；智慧检索以及技术研发辅助等，对应开展可视化图谱产品（如产业链全景图、产业专利图谱、创新主体专利画像等）、多源数据信息集成的咨询服务产品（如产业关键技术识别、技术发展趋势跟踪、案例研讨和观点推送等）、AI 智慧检索问答与分类产品（如专利检索助理、信息查询助手、技术咨询专员等）等的研究。

（1）可视化图谱产品。

根据氢能产业发展情况，收集氢能企业信息绘制上游、中游、下游产业链全景图。

同时整合氢能产业链不同环节专利数据，从热点技术、创新主体、产学研合作三个方面绘制专利图谱，形成可视化图谱产品。热点技术一定程度上能够展示出氢能产业当前的研发热点，帮助创新主体掌握产业链不同环节的发展情况，主要依托机器学习下的聚类算法，将文本进行分词等预处理之后，抓取高频词进行展示；创新主体的关联信息一直与市场竞争等高度相关，氢能产业链上的创新主体图谱为企业等挖掘出更多与自身发展的相关信息，服务企业的发展战略与合作布局，主要依托共现分析，挖掘创新主体合作情况进行展示；在当前进一步推动专利转化运用的背景下，厘清氢能产业链上产学研合作情况能够提供一定的参考信息，一定程度上支撑相关方案或办法的出台，主要依托 ECharts 开源可视化库，将氢能产学研进行可视化动态展示。

（2）信息集成化咨询服务产品。

关键技术产品基于多源数据信息的集成与整合，面向氢能产业发展的共性需求——关键技术的识别，采用论文、专利、项目等类型的数据，运用了机器学习等方法得到信息集成化咨询服务产品。不同产业领域需要集成的数据类型有所不同，医学领域除专利、论文、图书之外还需要临床试验数据等；知识产权出版社的 Inspiro 系统较早地集成了专利、商标、地理标志、标准、判例、版权、其他（期刊、集成电路检索、植物新品种检索、企业、知识产权海关备案）多源数据，实现大数据信息挖掘。也基于此，开发了专利价值评估、高价值专利培育、企业知识产权科创能力评估、知识产权侵权监测系统、知识产权数据可视化及监测、沉睡专利探索助手等一系列服务产品。

（3）AI 智慧检索问答与分类产品。

基于专利数据+大模型的方法，形成智能化的检索与分类方式，服务创新主体更高效、便捷地获取到专利信息。如智慧芽专利信息平台已经嵌入 GPT 接口，基于专利知识数据训练与大模型交互，如图 7.7 所示，在其 Eureka 平台的 AI 技术问答可以进行氢能产业相关检索提问。

图 7.7　智慧芽 AI 技术问答检索入口

智慧检索的背后是基于大语言模型（Large Language Model，LLM），即使用大量文本数据训练的深度学习模型，生成自然语言文本或理解语言文本的含义，实现文本分类、问答等等，以"如何降低制氢成本"为例尝试提问并进一步选择关注的"催化剂、低成本的技术"得到的结果如图 7.8 所示，较为快速地抓取到相关的专利技术信息进行展示。

> **搜索 制氢成本确定方法、装置及非易失性存储介质的技术**
> 以下是我的答案，供参考：
>
> 1. 制氢成本确定方法、装置及非易失性存储介质
> 　　这篇专利介绍了一种制氢成本确定方法、装置及非易失性存储介质技术方案。通过获取电解槽在制氢周期内的预期制氢总量、制氢周期内的电网供电单价和清洁能源装置的装置成本单价，确定电解槽在制氢周期内的最低氢气生产成本。这种方法解决了引入清洁能源后无法确定经济最优的制氢工程方案的技术问题。该技术具有广泛的应用前景，可在装置、制氢成本确定方法和非易失性存储介质领域发挥重要作用。

> **搜索 催化剂、低成本的技术**
> 以下是我的答案，供参考：
>
> 1. 低成本制氢催化剂及其制备方法
> 　　这篇专利介绍了一种低成本制氢催化剂的制备方法。通过回收废旧镍系烃类蒸汽转化催化剂作为原料，制备相同类型的新催化剂，实现了催化剂中氧化镍的完全回收和载体中Al2O3的重复利用。这种方法不仅能够降低催化剂的制备成本，还能够消除废渣造成的环境污染。制备的催化剂适用于天然气蒸汽转化催化剂，具备与常规方法制备的工业催化剂相当的物化性能、活性和活性稳定性。这种创新技术解决了回收复用难题，达到了消除废渣污染和降低生产成本的效果。

图 7.8　智慧芽 AI 问答检索结果

图 7.9 为 HimmPat 专利信息服务平台的智能分类检索页面，嵌入了机器学习（Machine Learning，ML）分类方法，辅助进行技术分类，提高检索效率。可以尝试进行氢能产业的智能分类，辅助技术分解，完善技术边界。

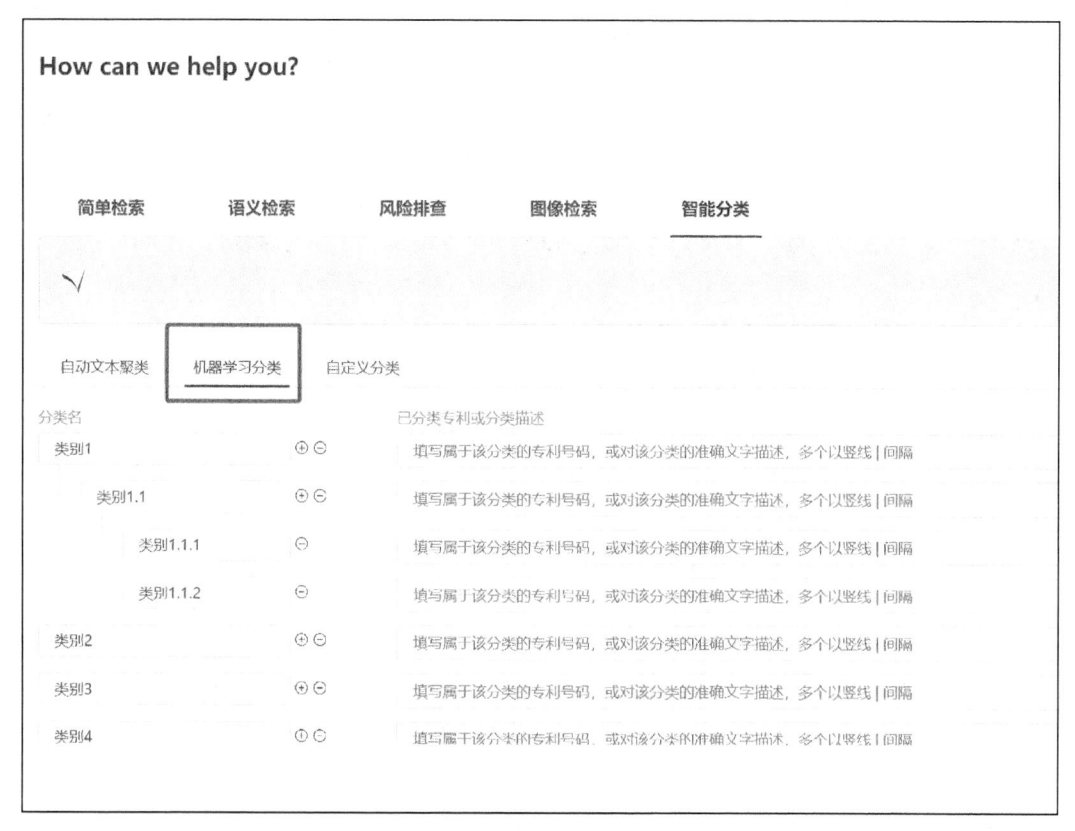

图 7.9　HimmPat 智能分类页面

7.2.3　氢能产业知识产权智慧情报服务模式

《"十四五"国家知识产权保护和运用规划》提出："优化知识产权服务业集聚区建设，引导知识产权服务链上下游优势互补、多业态协同发展。"国家知识产权局出台系列文件，持续推动知识产权服务业的聚集发展，2022 年出台了《国家知识产权局等 17 部门关于加快推动知识产权服务业高质量发展的意见》，提到"推进知识产权服务业集聚区优化升级，聚焦区域产业优势，打造知识产权服务集群品牌。"2023 年，国家知识产权局发布了《关于开展知识产权服务业集聚发展区建设优化升级工作的通知》，进一步落实和推动集聚发展区建设工作。知识产权服务业的发展在产业发展过程中发挥着举足轻重的作用。在"数智化"时代，知识产权服务业的发展也面临自身的"转型升级"，由于用户对知识产权相关服务的需求不再是面对面的沟通，更多的是虚拟交互、即时交互、沉浸式交互，需要在 AI 等相关技术的支撑下提供更加智慧的服务方式，形成智慧情报服务模式，不断增强服务能力，探索平台化服务功能，打造智能、便捷、高效的服务工具。

氢能产业知识产权智慧情报服务模式是以需求为导向，将知识产权智慧情报服务和氢能产业发展相融合，表现为海量数据资源信息的整合，结合生成式人工智能等分析手段展开服务模式的重塑，旨在为氢能产业高质量发展提供智慧情报支撑。氢能产业知识产权智慧情报服务模式基于四层服务架构与四类关键要素形成，服务的开端与最后的终端反馈均是服务对象，服务对象主要是指氢能产业不同类型的创新主体，挖掘其需求是整个智慧情报服务的核心。氢能产业的服务对象包括但不限于科研团队、企业主体、相关公众，需求牵引供给，服务对象具体情报需求的变化，引导着服务供给的发展与升级。另一方面，供给创造需求，服务对象的隐性需求需要进行充分的沟通与挖掘，结合当前人工智能的手段，提供智慧化的解决方案，为服务对象提供多样化的服务选择。

当前，针对特定领域知识数据训练学习形成的智慧服务产品在不断推出，基于"多源数据"驱动的产业竞争情报智慧服务不断发展，多源数据与分析处理是产业情报形成的重要环节，是数据驱动和智慧化实现的核心和重要支撑，氢能产业的多源数据采集与处理是有价值的智慧情报信息形成的"基石"。

从氢能产业知识产权智慧情报服务的维度来看，在产业链层面，能为氢能产业的整体布局等提供科学决策的数据与情报支撑，进而从产业链的角度去对产业内的各类主体进行引导，提出宏观层面的建设性意见。在创新主体层面，提供智慧化、个性化的知识产权情报服务，打造氢能产业智慧情报信息一体化利用平台，能够服务不同类型创新主体的发展。在技术层面，能为具体氢能产业技术预见、氢能关键技术识别等提供参考信息息和有益启示。

如图 7.10 所示，本节研究的氢能产业知识产权智慧情报服务模式包含服务对象、需求分析、数据采集、智慧服务 4 个核心内容，面向氢能产业内众多的创新创业服务对象开展服务，力图满足氢能产业服务需求精细化、服务场景多元化、服务方式多样化等发展需求。

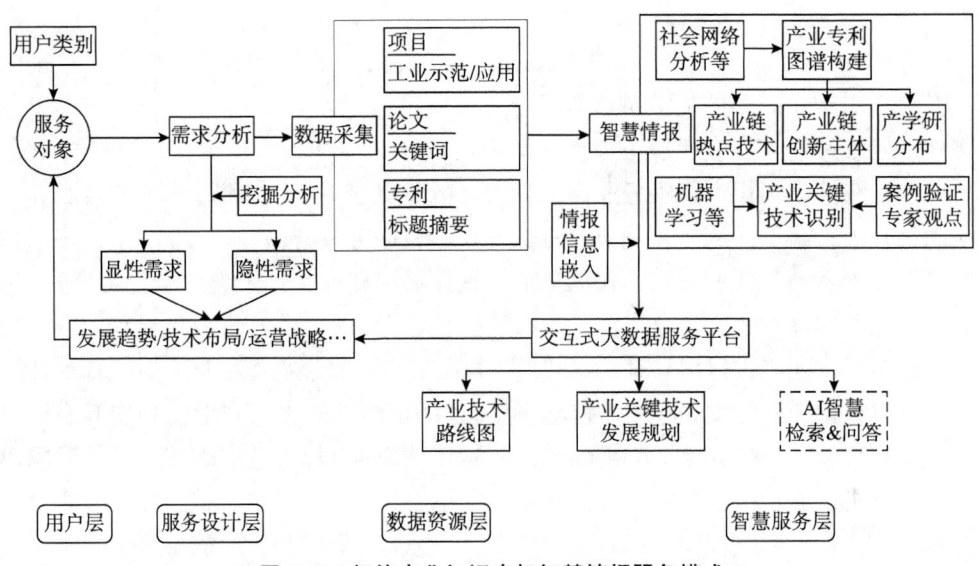

图 7.10　氢能产业知识产权智慧情报服务模式

首先，根据用户类别进行服务对象的简单区分，通过反复沟通，深入挖掘其服务需求，发现用户的显性需求和隐性需求。收集氢能产业发展信息，分析氢能产业发展现状，根据氢能产业政策等进行科学的技术分解。其次，是数据采集部分。数据信息采集需要深入服务对象具体应用场景和环境中，兼顾数据来源的权威性，将搜集到的数据进行清洗筛选，消除数据冗余。同时，通过不断提升检索策略的精度，调整扩展关键词等控制数据噪声，保证数据的有效性。最后，是智慧情报部分，运用语义分词处理、自然语言处理技术等多种方法得到智慧情报信息，嵌入到交互式大数据服务平台进行可视化展示，形成的氢能产业知识产权智慧情报服务产品反馈给服务对象。

其中，在数据资源层，采集的数据类型要基于用户侧的具体分析需求，仅关注氢能产业专利图谱的创新主体，可以单一采集氢能专利数据信息，根据需求分析相应的专利著录项目；对信息集成化咨询服务产品有需求的创新主体，需要采集论文、项目技术以及其他的多源数据，综合挖掘有价值的情报内容提供给服务对象。总的来说，根据服务对象的不同需求，在数据资源层要采集的数据也不尽相同，后续数据的清洗、处理以及用于下一步的具体分析等也有一定的差别。在智慧情报分析服务方面，基于不同的数据源，采取不同的分析方法，绘制的氢能产业链全景图与氢能专利图谱等服务产品都可集成为交互式大数据平台，打造"用户""数据""产品"等一体化的服务平台，助力专利检索效率的提升，降低创新主体的时间成本，通过"端到端"的一站式解决方案，赋能氢能产业创新主体的转型升级。智慧服务最终形成的服务产品反馈给创新主体，形成"服务闭环"。整个服务过程总体看来也能够实现对用户行为特征的分析，不同用户需求与关注方向的不同也形成了不同的"用户画像"，沟通与反馈结果作用于服务产品的改进与升级以及服务模式的发展与完善。

氢能产业知识产权智慧情报服务模式需要重点关注"用户""数据""产品"之间的驱动与衔接运转的情况，分析处理技术的升级与海量数据的沉淀有助于挖掘更深层次的用户需求，由此可进一步优化服务产品，通过服务产品的质量实现用户的留存及用户规模再扩大。简单来说，服务机构向全链条、一体化服务方向不断发展，不断提升特定领域专业化服务水平，能够提供的产品种类在不断丰富、产品供应侧的效率在不断提升、对用户差异化个性化需求的满足程度在不断进步。服务模式的演变发展一定程度上可归结为"用户""数据""产品"正向驱动的增长模型。

氢能产业知识产权智慧情报服务模式一定程度上随着智慧分析手段的发展与多源数据量的指数级增长而有所变化，智慧情报服务要求也会相应提升，但无论知识产权智慧情报服务发展到哪个阶段，以用户为中心、以需求为导向都是知识产权服务产业发展的出发点和落脚点。

总的来看，氢能产业知识产权智慧情报服务需要多维度探索、多领域融合、多层级联动、多主体参与，服务模式发展与完善的全过程需要同类服务机构高效协作，形成合力，不断推广已较为成熟的智慧服务产品；需要各服务机构内部形成合力，不断迭代更新分析与研究方法，更新服务模式，共同努力助推智慧情报服务体系的形成，发挥出知识产权服务产业发展的成效。

7.3 氢能产业智慧服务实践

将氢能产业知识产权智慧情报服务模式应用于氢能产业实践,从产业发展概况出发,根据氢能发展政策与产业发展现状形成氢能产业的技术分解,确定氢能产业的范围与边界。然后依照氢能产业知识产权智慧情报服务模式,首先分析氢能产业需求,然后进行氢能产业相关数据资源的采集,最后是氢能产业智慧情报的形成,力图得到的智慧情报信息能够服务于产业发展实际。

7.3.1 需求分析与数据采集

根据氢能产业知识产权智慧情报服务模式,主要针对科研团队与企业等对象进行需求分析以及数据采集。调研了氢能企业等主体的具体服务需求后,有针对性地采集相关专利、论文以及项目数据进行分析。其中,产业可视化图谱产品需要在前述技术分解的基础上,构建检索式收集产业链不同环节的专利数据信息;信息集成化咨询服务产品主要基于多源异构数据,结合机器学习等人工智能手段,综合挖掘有价值的技术信息,需要氢能产业的专利、论文以及项目数据进行分析;AI 智慧检索等产品需要训练氢能专利数据信息等。因此本节在需求分析的基础上进一步针对氢能产业的专利数据、论文数据、项目数据进行采集。

(1)需求分析。

当前,氢能产业飞速发展,氢能相关产品与技术也不断迭代,"低成本""高效率"也使得氢能商业化步伐不断加快。但与此同时,产业发展确实还面临很多挑战,需要不断加强以企业为主导的产学研深度融合,聚焦氢能产业场景,瞄准氢能关键技术突破的产学研合作创新,强化企业科技创新主体地位,驱动专利链与产业链、创新链、资金链、人才链深度融合,拉动企业融通创新。已有研究针对产业需求的分析涵盖各产业,如农业、制造业等,主要集中于具体技术、不同场景的应用。中国氢能产业装备自主化发展迅速,但在氢液化、储氢容器、燃料电池等关键技术和零部件方面仍存在一定短板,主体产品性能指标参差不齐,缺乏第三方视角准确、公正的检测评价体系。在关键技术攻关、氢能产品质量保障体系、完善装备及品质检测等方面还需继续发力。产业可以被看作是生产相似产品或提供相似服务的不同企业所构成的一个组织生态,企业对于氢能产业整体发展态势需要实时全面的了解,尤其是氢能全产业链当前专利技术布局情况,企业自身发展在全产业链所处的节点位置,氢能产业当前的关键技术以及技术升级突破等。

(2)数据采集。

①国内外氢能产业专利数据。

国内外氢能产业专利数据来源于 incoPat 科技创新情报平台,incoPat 科技创新情报平台当前共收录了专利文献 182 035 136 件（专利家族 100 883 890 项），覆盖全球 170 个国家、组织和地区。基于 1.4 节的技术分解（检索式详见 https：//www.cnipa.gov.cn/art/2023/6/20/art_3166_185808.html）收集了氢能"制、储、运加、用"四个环节的专利数据，进行清洗后分别得到 18 398 项、7 144 项、4 132 项、99 772 项，通过聚类、社会网络等方法直观揭示产业链上热点技术、创新主体及产学研分布情况等，为创新主体提供产业发展全景以及竞争主体的关联性。同时，专利数据信息还用于信息集成化咨询服务产品与 AI 智慧检索的训练文本等。

②国内外氢能相关论文数据。

论文数据来源于 Web of Science 数据库的核心合集，检索日期为 2023 年 7 月 28 日。按照制氢、储氢、运加氢、用氢 4 大分类检索相关论文，对应检索式分别为 TI=（"hydrogen produc*" OR（"electrolysis of water" OR "photolysis of water" OR "from biomass"）and hydrogen*）、TI=（"hydrogen storag*" OR（"gaseous" OR "liquid" OR "solid"）and "hydrogen storage"）、TI=（"hydrogen transpor*" OR（"gaseous" OR "liquid" OR "solid"）and "hydrogen transpor*"）OR "hydrogen* station"、TI=（"hydrogen fuel cell"）OR（"hydrogen metallurgy" OR "hydrodesulfurization" OR "hydrotreating" OR "hydrogenation" OR "hydrofining" OR "hydrocracking"）OR（"hydrogen energy storage"），分别收集了 26 818 篇、7 417 篇、413 篇、30 862 篇论文的关键词等信息数据，通过共现分析揭示产业共性科学问题。

学术论文的关键词是论文内容的提示符，也是研究者学术思想与观点的高度凝练。两个或者多个关键词在同一篇文章中的同时出现称为关键词共现。关键词共现分析通过描述关键词与关键词之间的关联与结合，揭示学术领域研究内容的内在相关性和学科领域的微观结构，用于信息集成化咨询服务产品的形成。

③国内外氢能产业项目数据。

收集了百余项国内外部分氢能相关工业示范、工业应用项目信息（详见第 1 章表 1.2、表 1.4），并列出了项目主要涉及的技术名称，一定程度上能反映当前投入的氢能项目主要聚焦的相关技术，结合专利数据与论文数据分析的技术结果，共同形成信息集成化咨询服务产品。

7.3.2 氢能产业智慧情报服务

1. 可视化图谱产品——氢能产业链全景与专利图谱

随着国内外学者对产业链研究的不断深入，其内涵涵盖了产品链、技术链、供需链、价值链、空间链等，技术链是最终形成产品或服务的支撑环节。

氢能拥有从上游到中游，再延伸到下游的非常广泛的产业链条。氢能产业链通常包含 4 个部分：制氢、储氢、运加氢、用氢。具体按照上游、中游、下游三个阶段来划分：如图 7.11 所示，处于产业链上游的是制氢；产业链中游是储氢、运氢、加氢阶段；产业链的下游是各种应用场景（包括交通、工业、储能等）。

图 7.11 氢能产业链全景

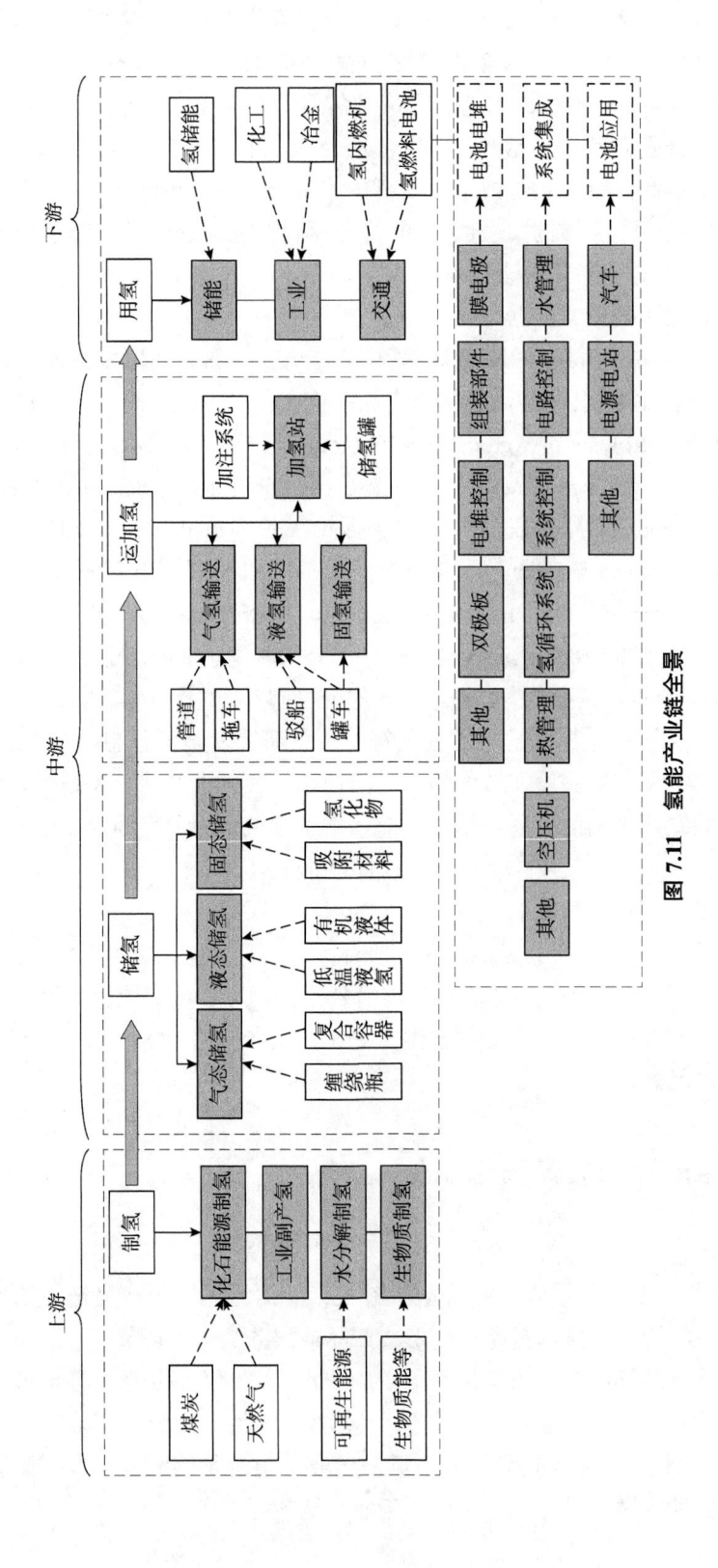

7 氢能产业知识产权智慧情报服务

产业链上游主要是制氢。我国也是世界最大氢气生产国，氢源以煤炭为主，碳排放高，目前氢气产能约为 4 000 万吨/年，产量约为 3 300 万吨/年，随着"双碳"战略的深入推进，我国正稳步推进绿氢的规模化应用，作用于氢能产业链的整体发展。

产业链中游的储氢、运加氢环节较长。当前我国的储氢和运氢技术集中于气氢，如气态储氢技术、气氢拖车运输技术等，目前，在长距离天然气管道掺氢技术方面也取得了一定突破，掺氢比例达到了 24%，此技术领域备受关注。

产业链下游的应用则以交通领域的氢燃料电池为典型代表。《氢能产业发展中长期规划（2021—2035 年）》也提出，2025 年，燃料电池车辆保有量达到 5 万辆。自燃料电池的迅猛发展打开市场需求之后，中国企业围绕氢能源动力车制造，展开此领域的战略布局，拓展和延伸了氢能产业链。

依托氢能产业专利数据，绘制产业专利图谱，主要包括产业链热点技术、产业链创新主体合作网络、产学研分布等。

（1）产业链热点技术。

专利的标题和摘要是专利主要内容的提示符，也是技术发明的高度凝练，本节使用氢能产业链不同环节的专利文献数据，提取标题与摘要数据进行清洗等预处理之后，进行分词并根据词频形成词云图，试图揭示产业链上、中、下游聚焦的不同研究热点。

图 7.12 为产业上游制氢环节词云图。可以看出上游制氢技术主要聚焦于电解水制氢。

图 7.12　上游制氢环节词云图

中游的储氢环节主要研究热点在碳纤维、金属合金等储氢材料，集中于高压气态储氢方面，也有部分低温液态储氢技术受到关注（图 7.13）。

图 7.13　中游储氢环节词云图

同时，中游的运加氢环节可以明显看出管道运氢技术、加氢站技术研究较热，以气氢运输技术较多（图 7.14）。

图 7.14　中游运加氢环节词云图

最后是下游的用氢环节，由图 7.15 可以看出，下游技术研究热点集中于燃料电池相关领域，主要包括电极、氧化物等。

图 7.15　下游用氢环节词云图

（2）产业链创新主体合作网络。

一个产业领域的创新主体一定程度上影响了该领域的技术发展现状及前沿性，创新主体之间的合作可以有效组织各类要素资源，高效开展创新活动，从而推动产业创新生态的良好发展。当前，合作创新已成为加快技术进步和结构转型的重要途径。本节试图通过可视化的方法对氢能产业链上游、中游、下游的专利申请人数据进行清洗，得到此技术领域创新主体申请专利的合作网络，剖析产业链上的专利申请人合作情况，更好地识别现阶段氢能产业链的"领头"机构及其影响力，找到最具影响力的一些主体，揭示创新主体间的合作关系。

图 7.16 为氢能产业链上游申请人合作网络情况。图中的节点代表不同专利申请人，节点的大小表示其申请专利数量的多少。由图可以看出，氢能产业链上游的专利申请人数量较多（节点较多），但合作情况较少。

在上游制氢方面，中国和日本的创新主体积极申请专利，从专利数量来看，中国和日本相较全球其他国家和地区具有一定的领先优势。中国主要创新主体包括科研院所和企业。科研院所方面，中国科学院大连化学物理研究所、西安交通大学、福州大学等在制氢领域技术研发活跃。在企业方面，中国华能集团清洁能源技术研究院有限公司申请专利数量较多同时合作创新活跃，与华能集团控股的公司合作紧密，如与华能集团技术创新中心有限公司、四川华能氢能科技有限公司等形成合作网络。中国石油化工股份有限公司也多与全国各地的石油化工研究院合作申请专利。总的来看，主要企业均为大型国企，其他类型的企业如上海合既得动氢机器有限公司与其控股公司广东合即得能源科技有限公司，在上游制氢的专利申请也较多，但基本没有合作创新网络，多为独立专利申请人。

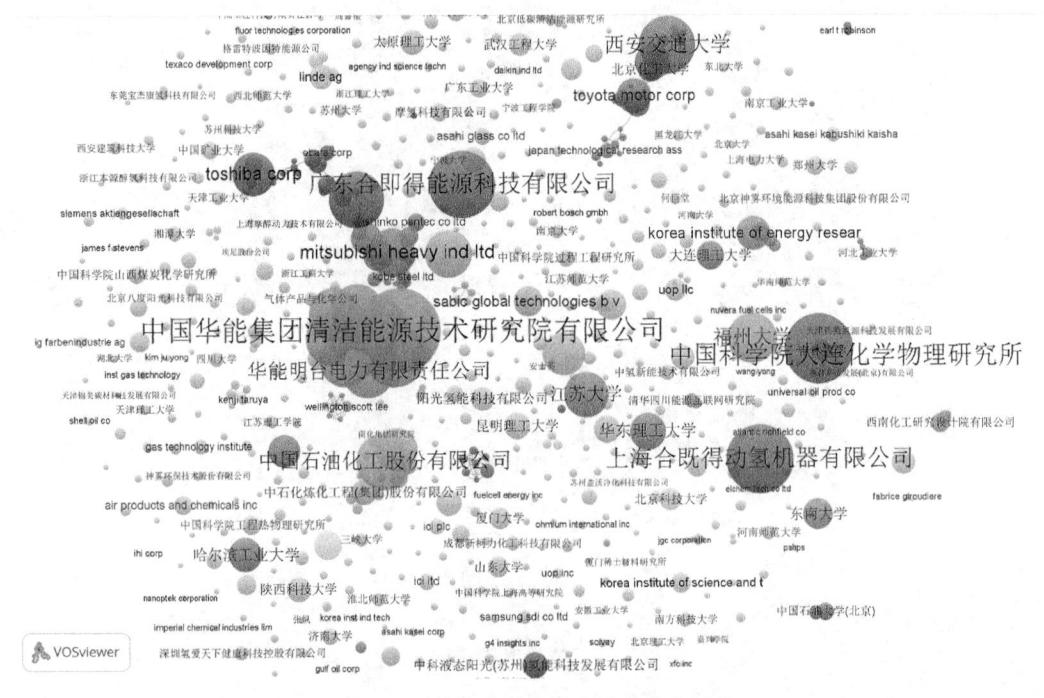

图 7.16　氢能产业上游申请人合作网络

对比来看，日本在上游主要创新企业为三菱重工业股份有限公司、东芝公司、丰田自动车株式会社、本田技研工业株式会社等，并且均形成了合作申请网络，合作创新形成的合力可能也在一定程度上加速了日本在上游制氢领域技术的发展。

氢能产业链中游较长，包含了储氢、运氢、加氢三个环节，但整体来看，申请专利的数量有限，合作申请的情况也较少，如图 7.17 所示。

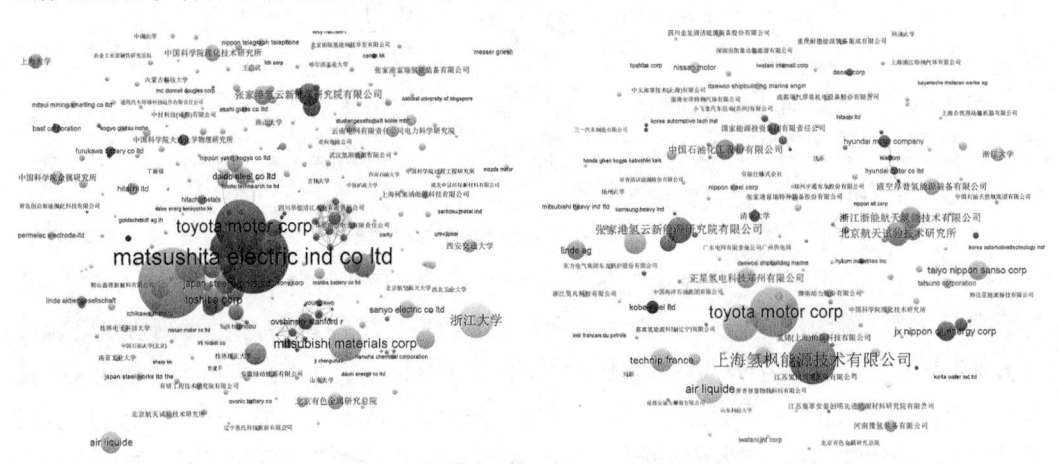

图 7.17　氢能产业中游申请人合作网络

从专利数量来看，中游储氢环节中，日本创新主体具有一定的领先地位，尤其是三菱电机株式会社、丰田自动车株式会社，同时，二者合作创新联系紧密。中国高校院所申请专利数量较多，如浙江大学、中国科学院大连化学物理研究所、上海大学等，但高校院所的合作创新不如企业间"紧密"，如张家港氢云新能源研究院有限公司、江苏国富氢能技术装备股份有限公司等在储氢环节合作申请专利较多。

从专利数量来看，中游运加氢环节中，中国企业整体申请专利较多。上海氢枫能源技术有限公司、浙江浙能航天氢能技术有限公司等运加氢技术研发活跃，同时创新合作活动较多。上海氢枫能源技术有限公司成立于2016年，于2017年完成了4座加氢站建设，经过不断的发展，2022年公司千吨级智能化、自动化镁基固态储氢材料生产线正式下线，其主营业务覆盖了氢气制取、储备、运输、加氢站建设及运营、氢燃料电池车等氢能产业链各环节，尤其在镁基固态储运方面具有一定的技术优势。日本的丰田自动车株式会社、本田技研工业株式会社等大型汽车企业也有一定的运加氢技术申请合作。

总的来看，随着产业链向下延伸，中国企业的发展势头逐渐凸显，中国企业在运加氢技术领域创新相较储氢领域更加活跃。

相较而言，氢能产业链下游专利数量最多，且国外专利数量多于国内，国外的大型企业占据主要地位，国内鲜见较大专利体量的相关企业。

如图 7.18 所示，国内除大型国企（如中国石油化工股份有限公司等）之外，就是中国科学院大连化学物理研究所等科研院所的用氢技术创新活跃。当前，在氢能产业链下游，国内尚未出现专利体量方面的领军企业。

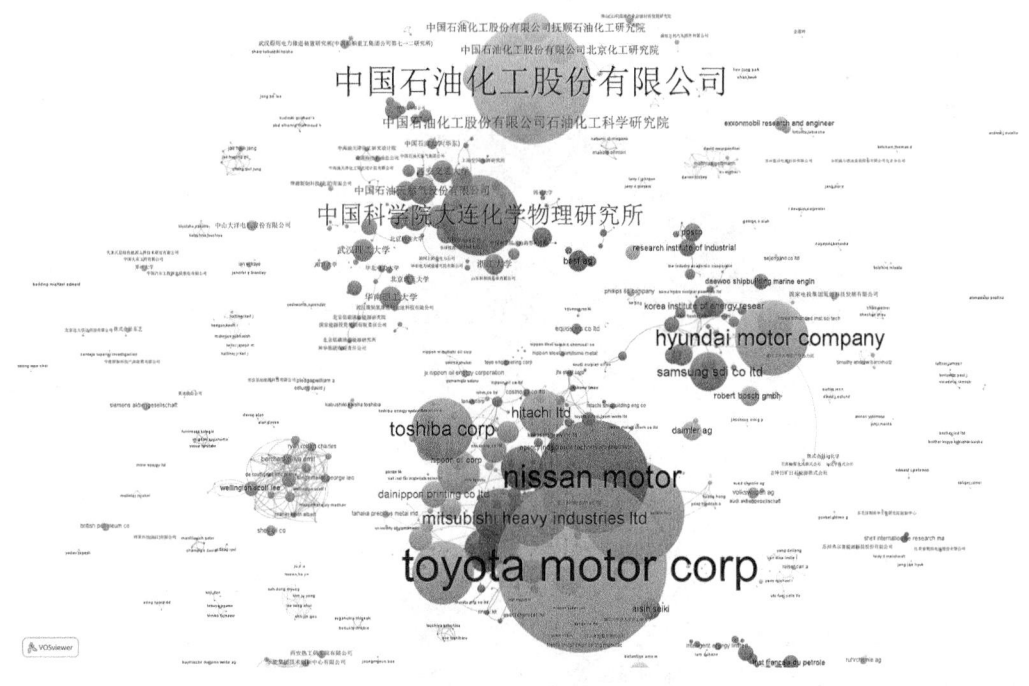

图 7.18　氢能产业下游申请人合作网络

此外，下游的创新合作较上游和中游明显增多，随着氢能产业链的不断延伸，创新主体的联系不断加强，产生强大的创新合力，推动氢能多元场景应用的实现。

具体来看，如图 7.19 所示，日本在氢能下游的主要汽车企业包括丰田自动车株式会社（Toyota Motor Corporation）、日产自动车株式会社（Nissan Motor Corporation）、本田技研工业株式会社（Honda Motor）等。其中，丰田自动车株式会社（Toyota Motor Corporation）主要与株式会社丰田中央研究所（Toyota Central R&D Labs.，Inc）、日本爱信精机株式会社（Aisin Seiki）、株式会社电装（Denso Corporation）、京瓷株式会社（Kyocera Corporation）等主要制造汽车零部件的企业合作。日产自动车株式会社（Nissan Motor Corporation）的合作者主要有东京工业大学（Tokyo Institute of Technology）、东北大学（Tohoku University）等，日产自动车株式会社与日本国内高校合作紧密。本田技研工业株式会社（Honda Motor）主要与日本芯片和显示材料制造商 JSR Corporation、军工企业 IHI 株式会社（Ishikawajima-Harima Heavy Industries）、三菱瓦斯化学株式会社（Mitsubishi Gas Chemical Company，Inc）等创新主体合作。

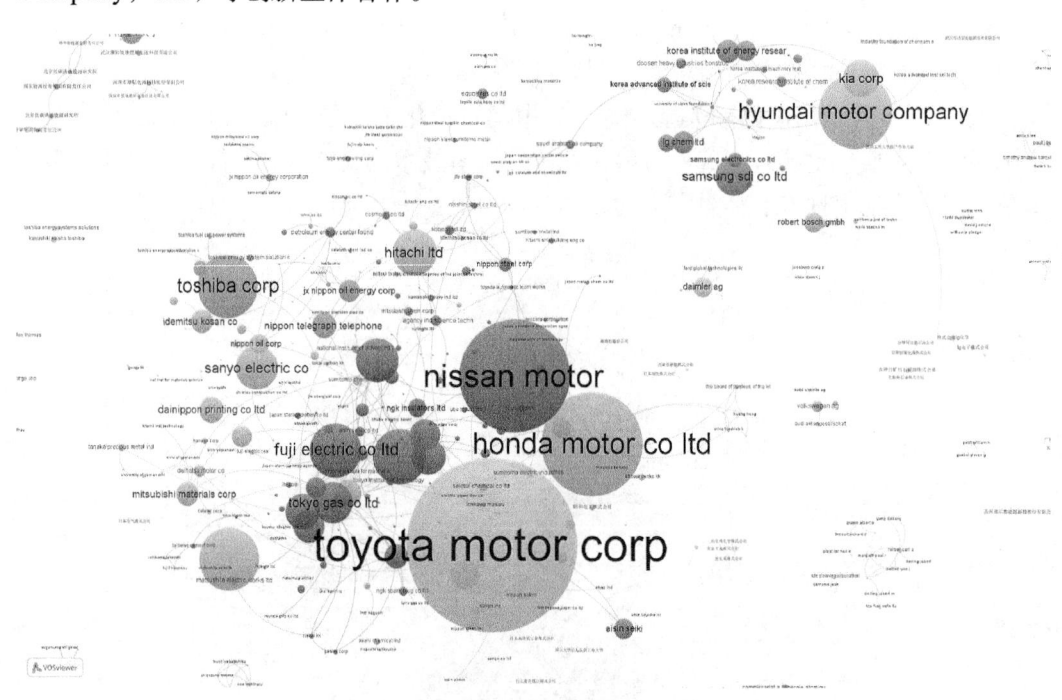

图 7.19　氢能产业下游申请人合作网络

韩国的现代汽车公司（Hyundai Motor Company）也与其本国创新主体形成合作网络，主要包括起亚公司（Kia Corporation）等市场主体以及韩国科学技术院（Korea Advanced Institute of Science and Technology）、浦项工科大学（Pohang University of Science and Technology）等科研院所，产学研合作较为紧密。

在国内方面，从图 7.20 可以看出，氢能应用环节创新合作较多的主要是高校、科研院所与国企，以中国科学院大连化学物理研究所和中国石油化工股份有限公司为典型代表。

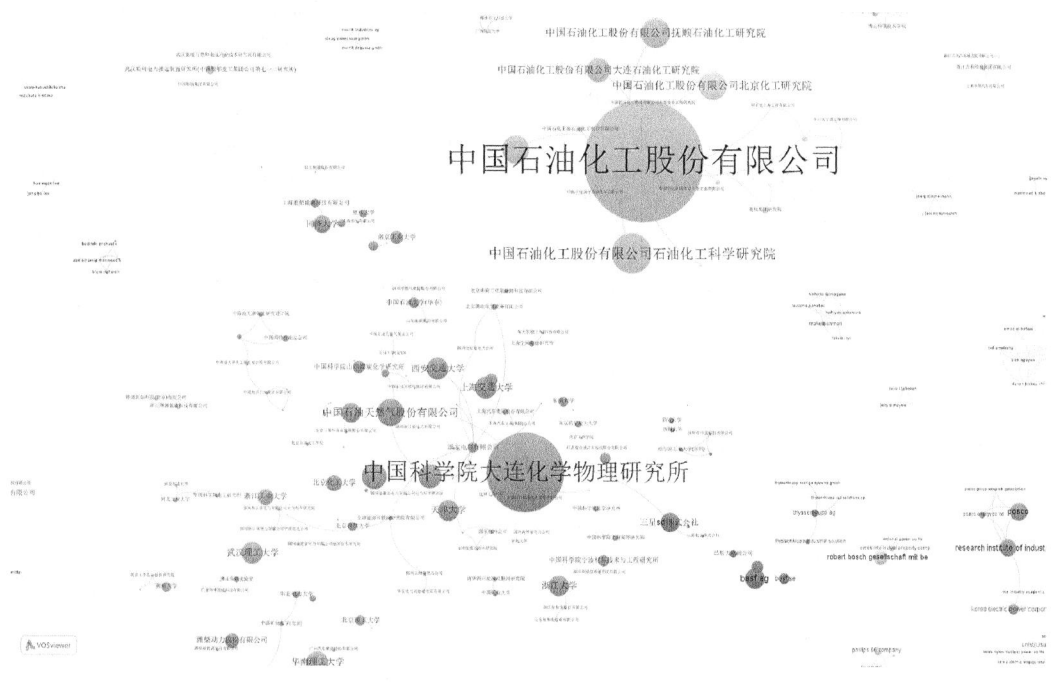

图 7.20　氢能产业下游申请人合作网络

中国石油天然气股份有限公司主要与抚顺、大连、上海等石油化工研究院合作申请专利。中国科学院大连化学物理研究所主要与中国石油天然气股份有限公司、江苏索普（集团）有限公司、大连融科储能技术发展有限公司等合作申请专利，在氢能的应用环节积极与产业公司合作，能够保障相关技术成果的市场化落地，快速打通氢能产业链的"堵点"。

整体来看，下游用氢领域，日本整体申请专利体量较大，创新主体主要为汽车企业，并且合作较为紧密。其中，丰田自动车株式会社除了上游制氢领域外，在整个中游的储氢、运加氢及下游的用氢环节都具有一定的领先优势。

（3）产学研分布。

产学研合作对企业创新有积极影响，开展产学研合作，可以有效实现资源互补，降本增效。产学研合作的模式发展已久，现有很多重大科技成果都是由此模式产出，随着科技发展水平的不断提高，产学研合作的模式也不断变化。当前，产学研的深度融合加快了区域产业结构转型升级的速度，近年来各地产学研工作取得了显著的成效。

本小节研究氢能产学研的分布情况，借助可视化方法，试图进一步挖掘氢能产业链信息。由于全球氢能专利数量较多，对应大量申请人，因此统计了各三级技术分类下，申请专利数量排名前10位的创新主体，区分了大专院校、企业、个人、科研单位、其他（主要为国外创新主体）五种类型。

制氢技术领域细分为10个三级技术分支，图7.21展示了每一类三级技术专利申请前10位的创新主体，在制氢领域积极开展创新活动的100个创新主体主要为企业（67个，含其他类型中的部分外国企业），占比达到67.0%，尤以天然气制氢技术和电解水制氢技术为代表，二者的排名前十位的专利申请人均为企业，一定程度上说明这些领域技术已较为成熟，而光解水制氢技术，主要还是与科研单位、大专院校联系紧密，如中国科学院大连化学物理研究所、江苏大学、福州大学等，说明光解水制氢相关技术可能离商业化还有一定的距离。

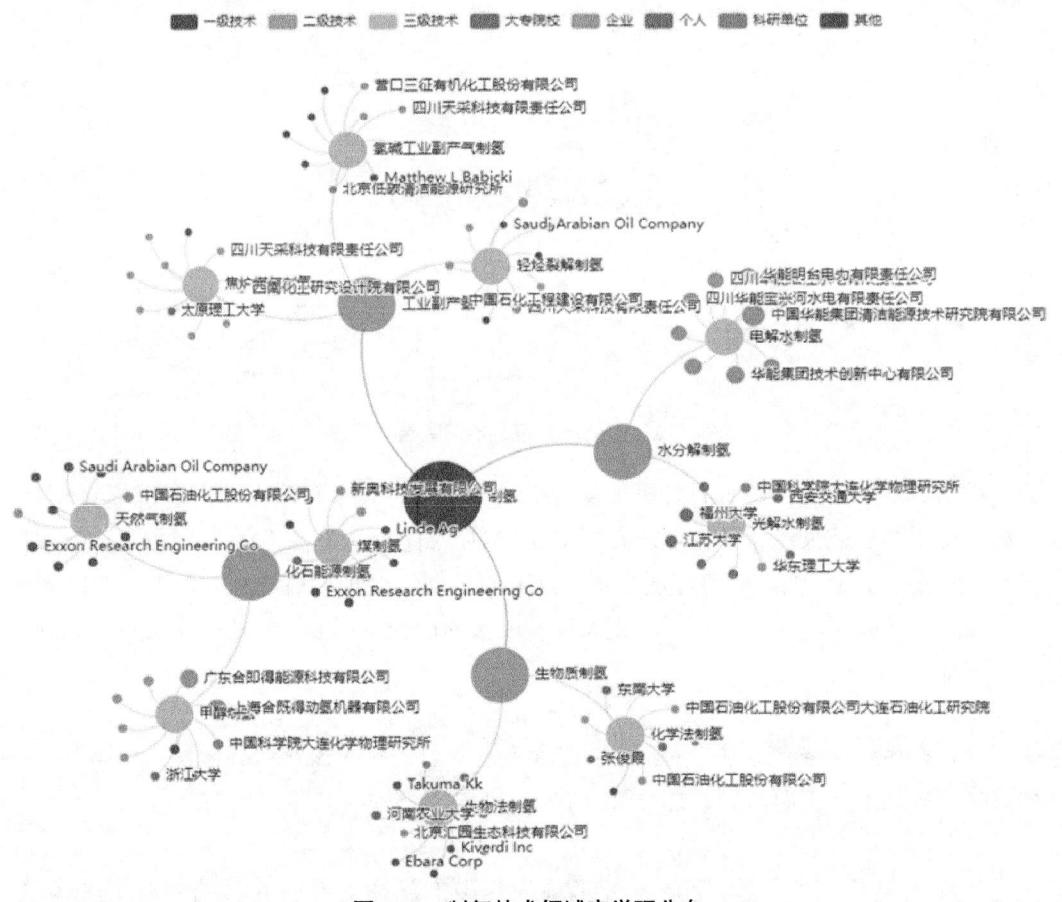

图7.21 制氢技术领域产学研分布

储氢技术领域细分为7个三级技术分支，图7.22展示了每一类三级技术专利申请前10位的创新主体，在储氢领域积极开展创新活动的70个创新主体主要为企业（58个，含其他类型中的部分外国企业），占比达到82.9%，尤以化学氢化物技术为代表，由图7.22可以看出，除中国科学院大连化学物理研究所一家科研单位之外，其余创新主体均为外国企业。

气态储氢技术下的钢制内胆纤维缠绕瓶技术、铝内胆纤维缠绕瓶技术、塑料内胆纤维缠绕瓶技术均有不同类型的创新主体集聚，即科研单位、企业、大专院校、个人等多元主体参与，一定程度上也使得气态储氢技术整体发展较液态储氢和固态储氢技术更加成熟。

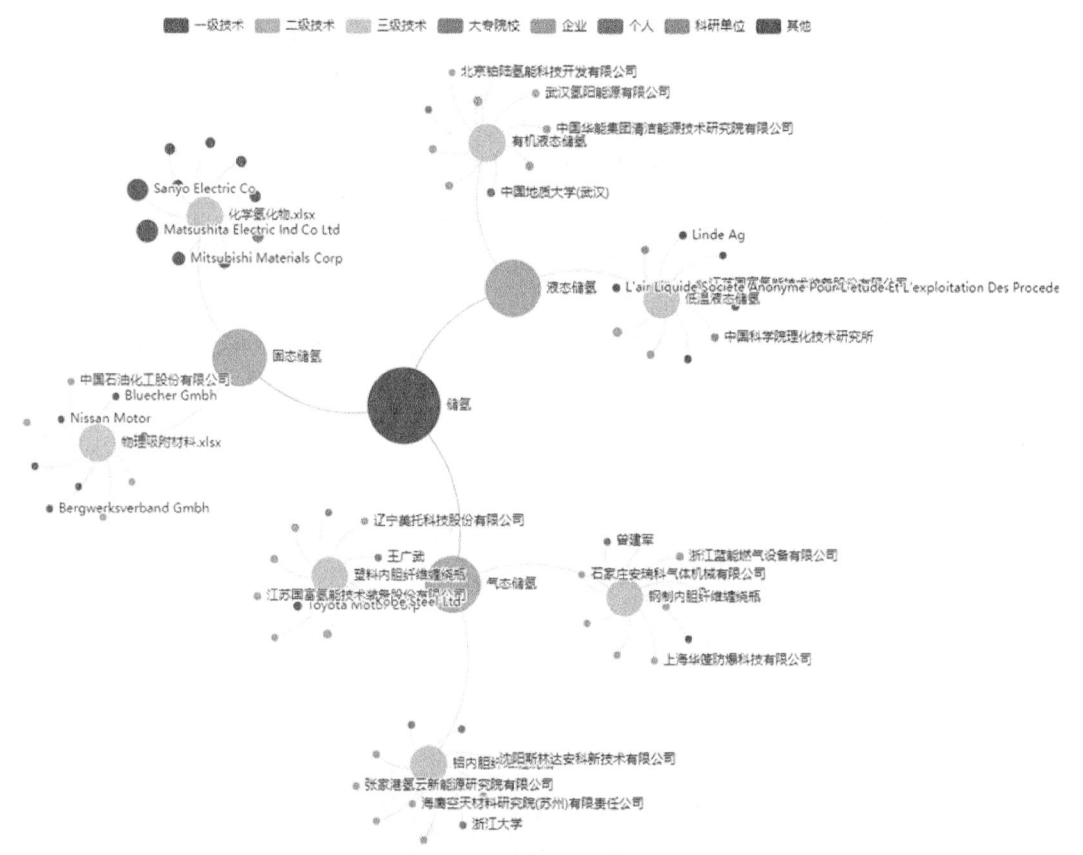

图 7.22　储氢技术领域产学研分布

运加氢技术领域细分为 7 个三级技术分支，图 7.23 展示了每一类三级技术专利申请量居前 10 位的创新主体，在运加氢领域积极开展创新活动的 70 个创新主体主要为企业（61 个，含其他类型中的部分外国企业），占比达到 87.1%，以气氢输送二级技术为代表，其中长管拖车运输技术企业类的创新主体集聚，且主要为中国企业，如中国石油化工股份有限公司、上海氢枫能源技术有限公司、潍柴动力股份有限公司等，很大程度上也反映了气氢输送相关技术的商业化程度较高。

由图 7.23 可以看出，加氢站技术也是企业集聚的技术领域，尤其是国外大型汽车企业丰田自动车株式会社、本田技研工业株式会社等；国内的上海氢枫能源技术有限公司、浙江浙能航天氢能技术有限公司在此领域也具有一定的优势地位，一定程度上得益于长三角产学研一体化的发展战略，为创新主体打破产学研壁垒，推动重大成果产业化，提供企业发展新动能。

图 7.23　运加氢技术领域产学研分布

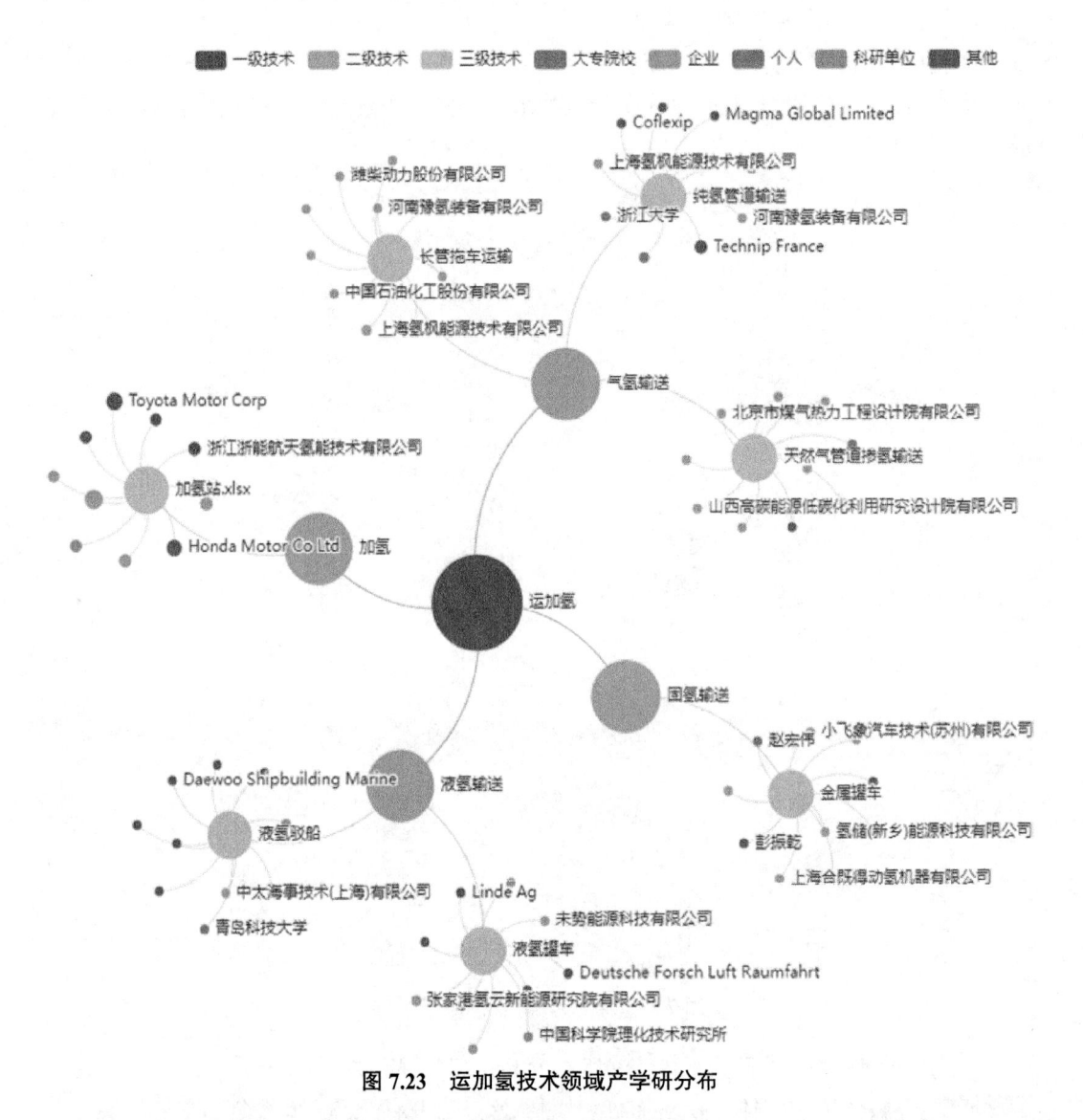

用氢领域产学研主体数量较多，申请专利数量庞大。用氢技术领域细分为 5 个三级技术分支，图 7.24 展示了每一类三级技术专利申请前 10 位的创新主体，在用氢领域积极开展创新活动的 50 个创新主体主要为企业（43 个，含其他类型中的部分外国企业），占比达到 86.0%，其余科研单位和大专院校等主体以中国科学院大连化学物理研究所为代表，在化工技术以及氢燃料电池技术领域占据领先地位。氢燃料电池技术领域专利数量最多，科研单位和国内外大型汽车企业集聚，是技术成果产业化的典型代表。

由图 7.24 还可以看出，氢内燃机技术也是企业集聚的领域，尤其是日本的大型汽车企业、钢铁重工企业等。

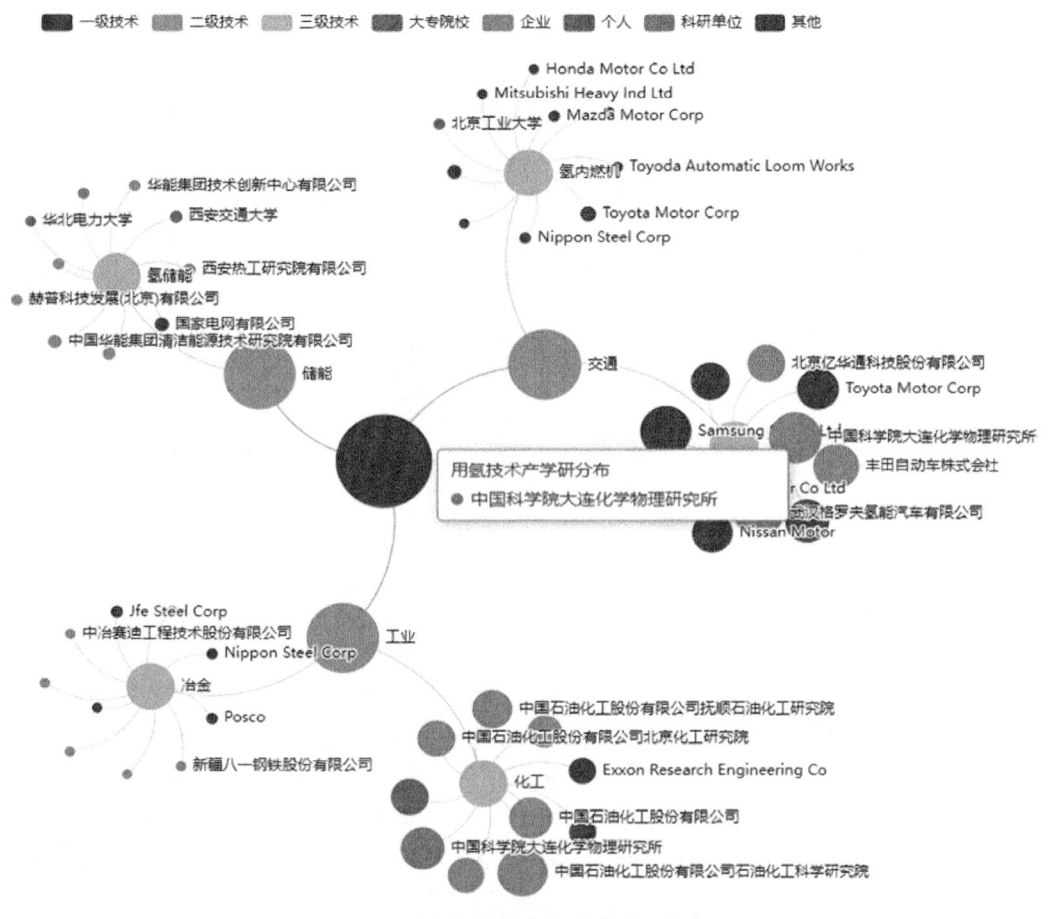

图 7.24 用加氢技术领域产学研分布

2. 信息集成化咨询服务产品——氢能产业关键技术识别

氢能产业关键技术的识别是产业密切关注的问题，随着产业发展速度的不断加快，技术也在不断更新迭代，依托产业发展经验等已经无法及时回应企业对于产业关键技术的关切，关键技术关系企业的发展方向与战略布局，制约整个产业的转型与发展。"数智"时代下已有基于"多源异构数据驱动＋机器学习方法"进行关键技术识别的有益尝试，挖掘各类型数据的价值，形成较为科学的信息集成化识别结果。

（1）关键技术特性框架。

当前，国内外对于关键技术识别的研究很多，但现有研究对于产业关键技术没有形成统一的定义，有学者认为产业关键技术是在某一技术领域中占据重要地位并具有引领作用、对整个产业或多个产业产生重大影响的重要技术。也有学者通过识别高被引专利来判定产业领域的关键技术。此外，还有研究从特性特征的角度梳理产业关键技术。本节通过国内外文献研究，梳理出关键技术的前瞻性、稀缺性、价值性，构建产业关键技术特性框架，通过论文、专利、项目多源数据信息综合识别关键技术（图 7.25）。

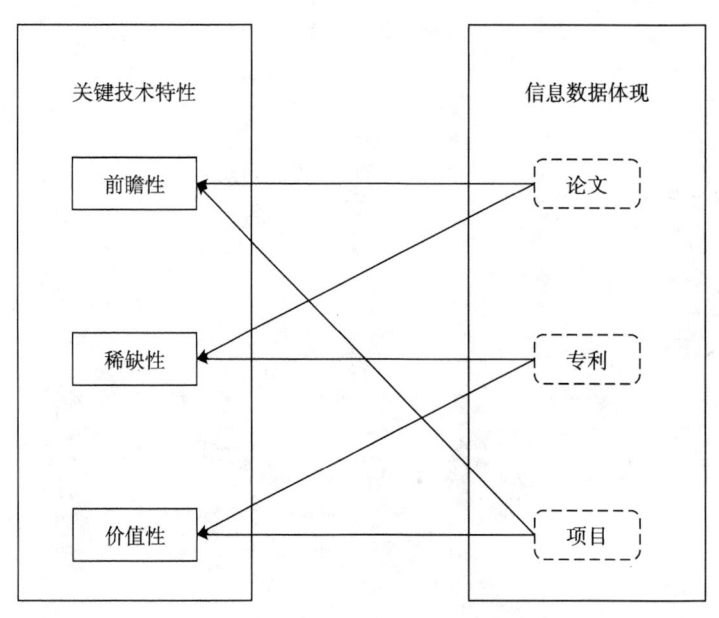

图 7.25　关键技术特性框架

（2）关键技术识别。

共性科学问题是指在某个领域或行业被广泛应用或者具有普遍共同特征的问题，对整个行业或领域的发展以及前沿方向调整具有举足轻重的作用。解决共性科学问题能从根本上带动整个领域或产业的改造升级，促进经济的高质量发展。本节根据上节收集的论文关键词，利用定量研究方法——社会网络分析，测定氢能研究领域的共性科学问题。

在社会网络中处于"桥"位置的技术领域或研究主题是关键技术领域或技术主题，而且往往也是一个新技术领域或新兴产业形成的起点，对产业领域的进一步发展能够起到关键的作用。关键词的中介中心性（Betweenness Centrality）决定技术的共性科学问题，中介中心性较大的关键词就是处于"桥"位置的关键词，在整个领域的社会网络中能链接调动较多的要素资源，因此，对整个网络起着至关重要的作用。

利用复杂网络可视化软件 Gephi 对制氢、储氢、运加氢、用氢领域的关键词进行可视化分析，得到关键词的可视化结果如图 7.26～图 7.29 所示。其中，节点大小与节点中介中心性的大小成正比，节点之间连线的粗细与节点之间的连接强度成正比。同时，表 7.3～表 7.6 统计了 Gephi 计算的制氢、储氢、运加氢、用氢领域关键词的中介中心性，分别列出了 4 个领域中介中心性最高的前 25 个关键词，进一步归纳分析，得出制氢、储氢、运加氢、用氢领域的共性科学问题。

主要的共性科学问题包括催化剂设计与性能、氢储存、氢输送、选择性氢化等。

制氢领域聚焦于催化剂设计与性能、电解水制氢、生物质制氢等技术。随着全球能源结构的转型和气候环境的变化，可再生能源制氢发展趋势明显，如何设计催化剂、不断提升其性能，从而提高水电解水制氢、生物质制氢效率成为关注的问题。

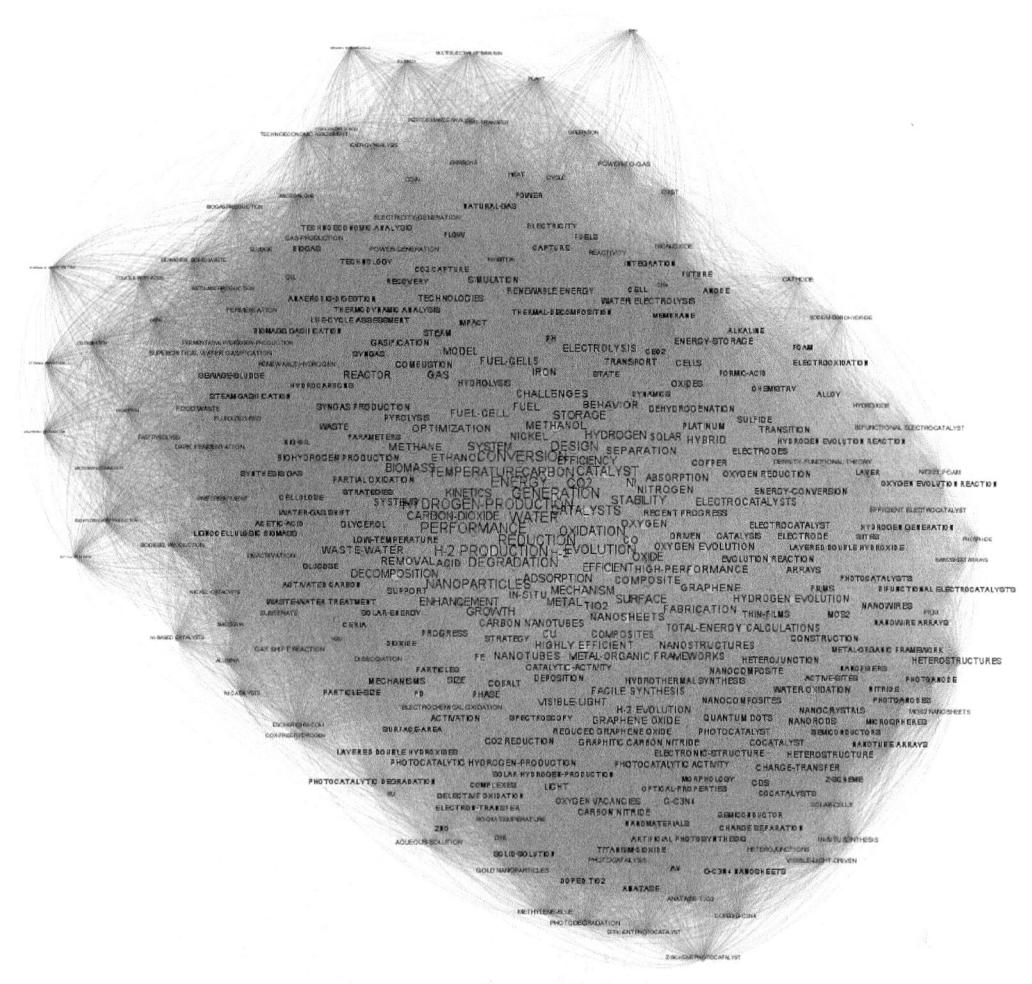

图 7.26 制氢领域共性科学问题关键词网络

表 7.3 制氢领域中介中心性较高的关键词

序号	关键词	中介中心性
1	PERFORMANCE	337.321 519
2	WATER	324.340 503
3	ENERGY	322.712 259
4	HYDROGEN-PRODUCTION	321.320 885
5	H-2 PRODUCTION	312.015 080
6	GENERATION	305.610 955
7	TEMPERATURE	303.663 874
8	CONVERSION	294.821 177
9	REDUCTION	290.636 441
10	CARBON	272.740 691
11	OXIDATION	265.396 664
12	NANOPARTICLES	254.595 739

续表

序号	关键词	中介中心性
13	DESIGN	253.401 796
14	CATALYST	238.334 546
15	CATALYSTS	237.632 898
16	CO2	235.985 872
17	DEGRADATION	235.731 015
18	EVOLUTION	234.634 867
19	CARBON-DIOXIDE	228.370 104
20	SYSTEM	216.415 548
21	BIOMASS	214.957 647
22	HYDROGEN	209.275 289
23	KINETICS	206.360 798
24	ENHANCEMENT	204.249 517
25	EFFICIENCY	202.936 862

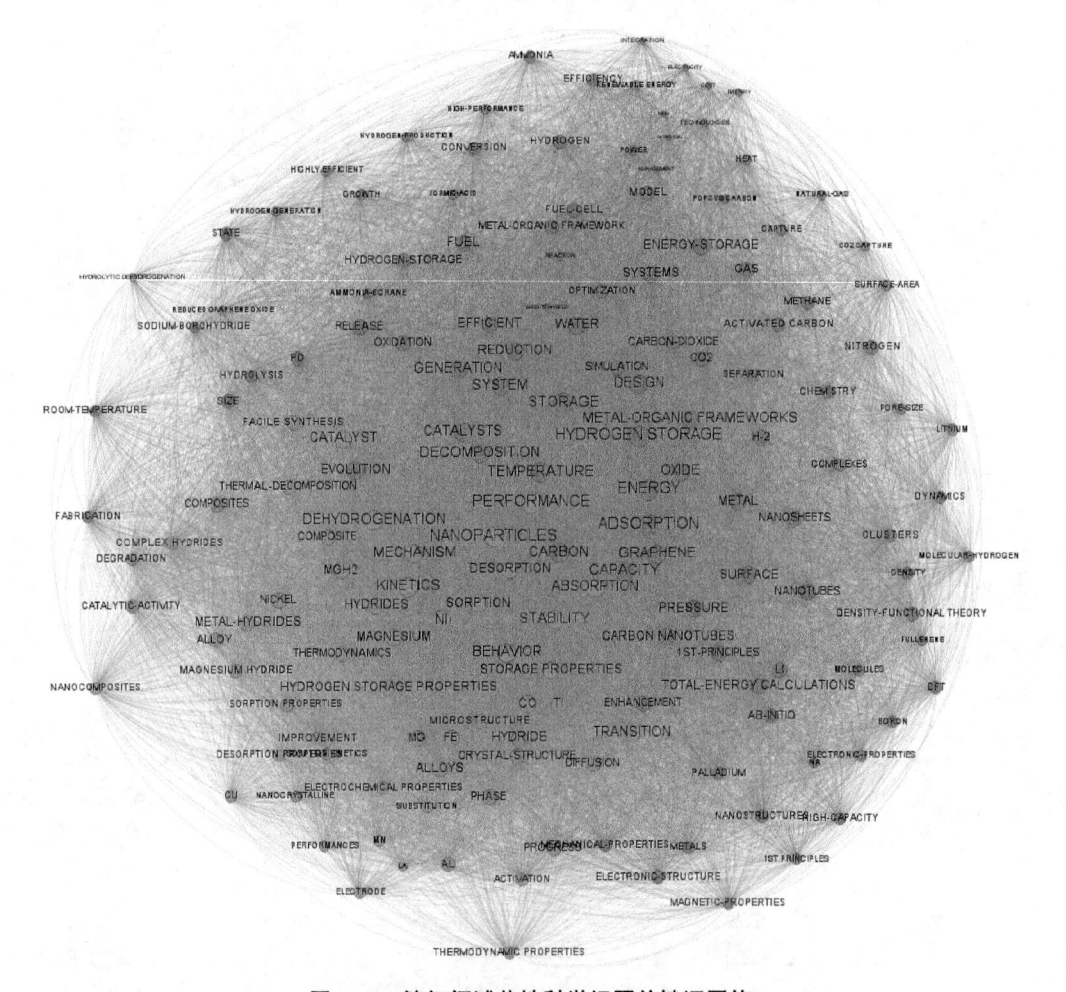

图 7.27　储氢领域共性科学问题关键词网络

储氢领域聚焦于催化剂设计与性能、容量、稳定性等共性问题。化学储氢技术是基于不饱和化合物，如二氧化碳等，在催化剂作用下进行加氢反应生成稳定化合物，当需要氢气时再通过改变反应条件实现放氢的技术，催化剂的性能影响此过程整体的效率。物理储氢下的高压气态储氢技术较为成熟，但提高技术稳定性以及储氢容量是亟待解决的问题。

表 7.4 储氢领域中介中心性较高的关键词

序号	关键词	中介中心性
1	PERFORMANCE	103.615 438
2	ENERGY	101.955 077
3	HYDROGEN STORAGE	99.524 840
4	STORAGE	93.879 072
5	CARBON	85.923 933
6	TEMPERATURE	79.262 137
7	ADSORPTION	75.433 893
8	SYSTEM	73.559 835
9	CAPACITY	71.596 153
10	DESIGN	71.509 453
11	NANOPARTICLES	71.500 528
12	GENERATION	70.720 131
13	DEHYDROGENATION	66.424 520
14	STABILITY	61.375 045
15	KINETICS	61.326 149
16	CATALYSTS	60.717 688
17	ENERGY-STORAGE	60.663 358
18	GRAPHENE	59.076 817
19	DECOMPOSITION	57.644 194
20	NI	55.512 783
21	FUEL	54 183 337
22	OXIDE	54.067 349
23	CATALYST	53.680 060
24	ABSORPTION	53.333 963
25	BEHAVIOR	53.322 178

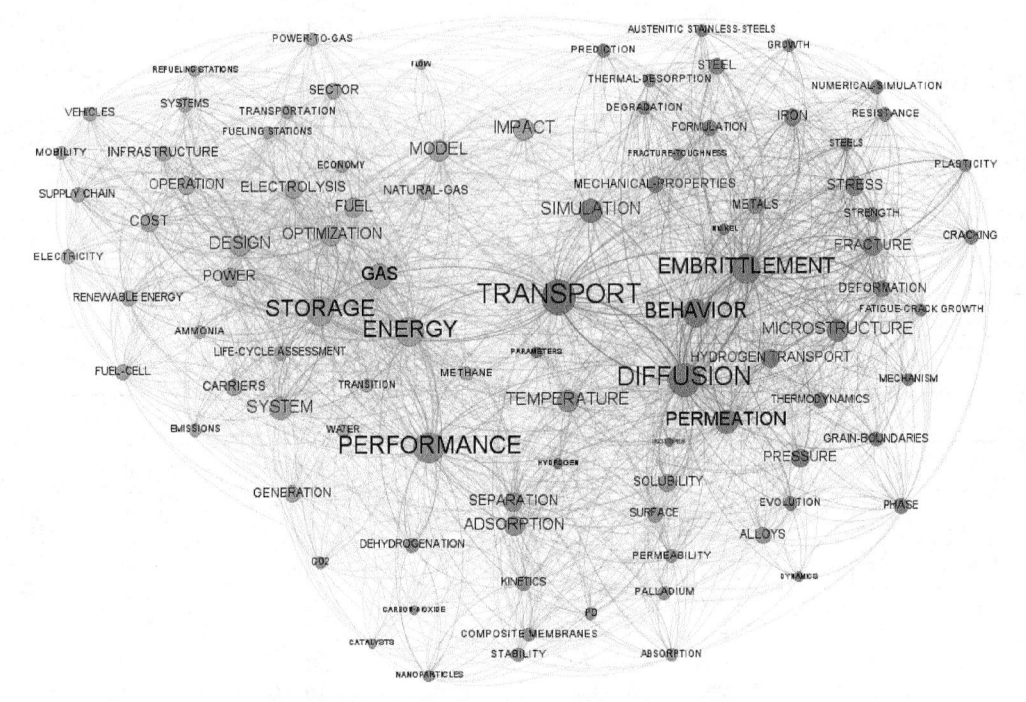

图 7.28 运加氢领域共性科学问题关键词网络

运加氢领域聚焦于氢输送、压力、扩散等。氢输送对于氢能整个产业链的贯通有着举足轻重的作用，其关键技术突破能进一步推动氢能大规模产业化的实现，气态氢气运输需要将氢气加压至一定压力后，利用工具输送，同时由于氢扩散系数大，液氢输送对装置的要求较高。

表 7.5 运加氢领域中介中心性较高的关键词

序号	关键词	中介中心性
1	TRANSPORT	352.202 541
2	DIFFUSION	307.942 193
3	PERFORMANCE	233.210 087
4	ENERGY	175.351 506
5	STORAGE	159.981 253
6	BEHAVIOR	157.162 116
7	EMBRITTLEMENT	131.242 792
8	SYSTEM	104.348 994
9	SIMULATION	103.554 863
10	PERMEATION	98.358 826
11	GAS	89.822 708
12	IMPACT	86.520 648
13	MODEL	82.977 478
14	ADSORPTION	67.464 001
15	DESIGN	63.525 567

续表

序号	关键词	中介中心性
16	TEMPERATURE	56.623 288
17	MICROSTRUCTURE	51.346 012
18	NATURAL-GAS	48.743 665
19	PRESSURE	48.081 064
20	OPTIMIZATION	46.837 001
21	FUEL	41.449 877
22	GENERATION	38.414 536
23	HYDROGEN TRANSPORT	37.726 140
24	ELECTROLYSIS	36.215 990
25	SURFACE	36.103 354

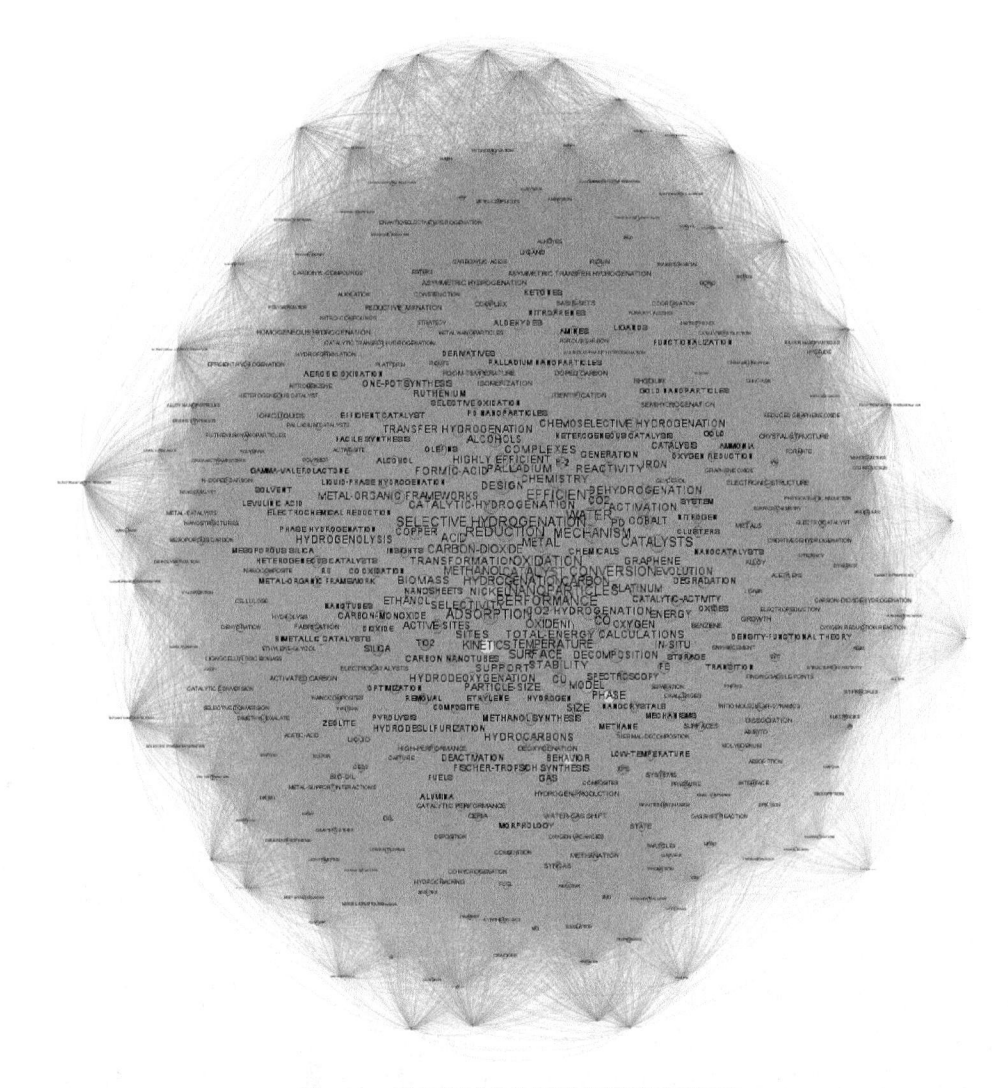

图 7.29　用氢领域共性科学问题关键词网络

用氢领域聚焦于催化剂设计、氧化、选择性加氢等。催化剂主要构成催化层，催化层、扩散层、质子交换膜一起组成膜电极，膜电极（MEA）被誉为氢燃料电池的"心脏"，在此处发生氧化还原等各种反应，影响电堆性能和使用寿命等。

表 7.6　用氢领域中介中心性较高的关键词

序号	关键词	中介中心性
1	MECHANISM	358.645 954
2	OXIDATION	340.961 473
3	CATALYSTS	336.922 964
4	REDUCTION	335.175 463
5	CONVERSION	334.718 689
6	SELECTIVE HYDROGENATION	329.941 984
7	EFFICIENT	329.385 084
8	HYDROGENATION	327.679 467
9	NANOPARTICLES	325.561 911
10	PERFORMANCE	317.546 771
11	METAL	314.331 678
12	WATER	307.664 020
13	ADSORPTION	306.231 304
14	ACID	303.974 227
15	CATALYST	292.719 064
16	CARBON	288.098 854
17	CARBON-DIOXIDE	281.769 465
18	DESIGN	275.847 722
19	TEMPERATURE	268.971 151
20	METHANOL	265.959 711
21	NICKEL	264.221 294
22	KINETICS	261.125 312
23	ACTIVATION	260.995 127
24	OXIDE	260.560 603
25	SURFACE	257.313 078

随着针对大规模数据样本的分析方法不断发展与应用，很多学者通过文本挖掘来识别关键技术。Latent Dirichlet Allocation（以下简称"LDA"）是由布雷（Blei）等于2003年提出的一种基于概率的主题模型，是一种机器学习的文本挖掘技术，利用隐含狄利克雷分布，识别大规模文本中潜在的主题信息，假设文本中的每个词是从一个潜在

隐藏的主题中抽取出来的，每个词都通过一定的概率选择了某个主题，即每个文本包含了若干个主题，每个主题包含若干个词语，文本、主题、词语三者之间基于一定的概率进行选择。已有利用此模型展开的相关研究集中于政策文本分析、热点主题研究、关键技术识别等方面，应用范围较广。

作为无监督机器学习，需要先确定3个超参数 α、β、k，本节将 α、β 选为默认值，最优主题数 k 通过困惑度计算确定。在 LDA 主题模型中，困惑度计算公式如下：

$$\text{perplexity}(D_{\text{test}}) = \exp\left\{\frac{\sum_{d=1}^{M} \log p(w_d)}{\sum_{d=1}^{M} N_d}\right\} \tag{7-1}$$

其中，D 为测试集；M 为文本篇数；N_d 为每篇文档 d 中的单词数；w_d 为文档 d 中的词；$p(w_d)$ 为文本中词语 w_d 产生的概率。

困惑度能够衡量 LDA 主题模型预测样本的精确程度，理论上困惑度越小说明模型预测精准度越高，困惑度最低或是"拐点处"对应的 k 就为最佳主题数。

本节采用 Python 软件的 LDA 模型进行氢能产业关键技术识别。首先，提取专利文献的标题和摘要信息形成 LDA 模型的语料库来源。其次，用 Python 中的 Jieba 分词工具进行分词操作，得到文档—词矩阵。具体在分词阶段，加入自定义词典，存放计算机难以识别的专业词汇，如"甲醇重整制氢""氢化物""加氢站"等，使机器在分词时可以保留固定的专业词。同时使用停用词表，消除无意义的词，如代词、介词等，同时针对数据样本特点，还过滤掉了"本申请""本发明""本实用新型"等词，提高文本挖掘阶段的主题辨识度。在此基础上，采用 TF-IDF 算法将专利文本向量化和统计，TF-IDF 算法通过分配权重来反映每个词的重要程度，计算公式为：

$$\text{TF-IDF} = \frac{n_{i,j}}{\sum_k n_{k,j}} \times \log \frac{D}{\{j: t_i \in d_j\}} \tag{7-2}$$

其中，$n_{i,j}$ 为词语 i 在文本 j 中出现的频数；$\sum_k n_{k,j}$ 为文本 j 中所有词语的词频总和；D 为文本总数；$\{j: t_i \in d_j\}$ 为包含词语 t_i 的文本总数。

最后，将基于 LDA 模型的主题识别结果使用 Python 中的 pyLDAvis 工具包实现聚类及可视化，判定关键技术、验证困惑度模型确定的最优主题数量的有效性。

本节将同一主题下出现概率高的主题特征词定义为关键技术主题。在判定与解读阶段，根据产业关键技术的特性框架，将专利主题聚类可视化结果（稀缺性）与前述总结的国内外氢能项目信息（价值性）、氢能论文反映的共性科学问题（前瞻性）进行综合分析，判定关键技术。

pyLDAvis 工具是一种主题可视化方法，以特征词和主题的关联程度选择表示主题的特征词，能够实现交互式地观察各主题与词的联系。

本节按照氢能产业链的上游制氢、中游储氢、运加氢、下游用氢四个环节收集专利的标题和摘要数据信息，经过清洗后分别得到 18 398 项、7 144 项、4 132 项、99 772 项。分别采用 Python 软件的 LDA 模型进行主题分析，最后将每项专利摘要原文、摘要原文分词结果、概率最大的主题序号和每个主题对应的概率以行的形式存储在 Excel 中。

由于在使用 LDA 模型时，需要自定义主题数量 k，需要先利用困惑度模型计算最优主题数量，制氢领域困惑度随主题数量的变化情况如图 7.30 所示，可以发现"拐点处"对应的 k 值为 7，即出现"肘形"，满足最优主题数条件，确定 k 值后就可以使用 LDA 模型进行主题识别，得到的主题聚类可视化结果如图 7.31 所示。

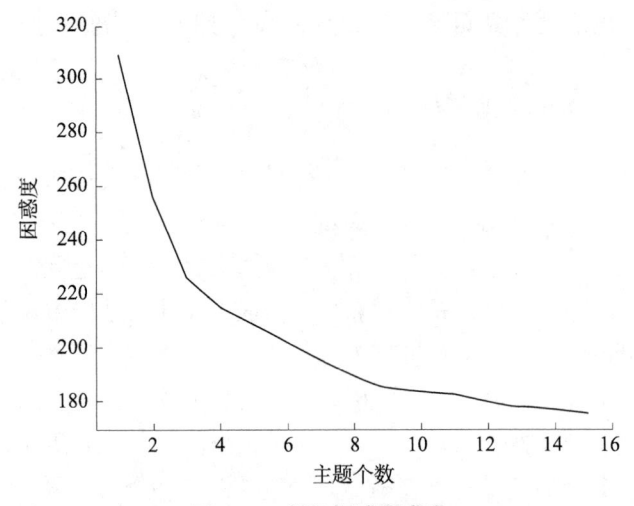

图 7.30　制氢领域困惑度

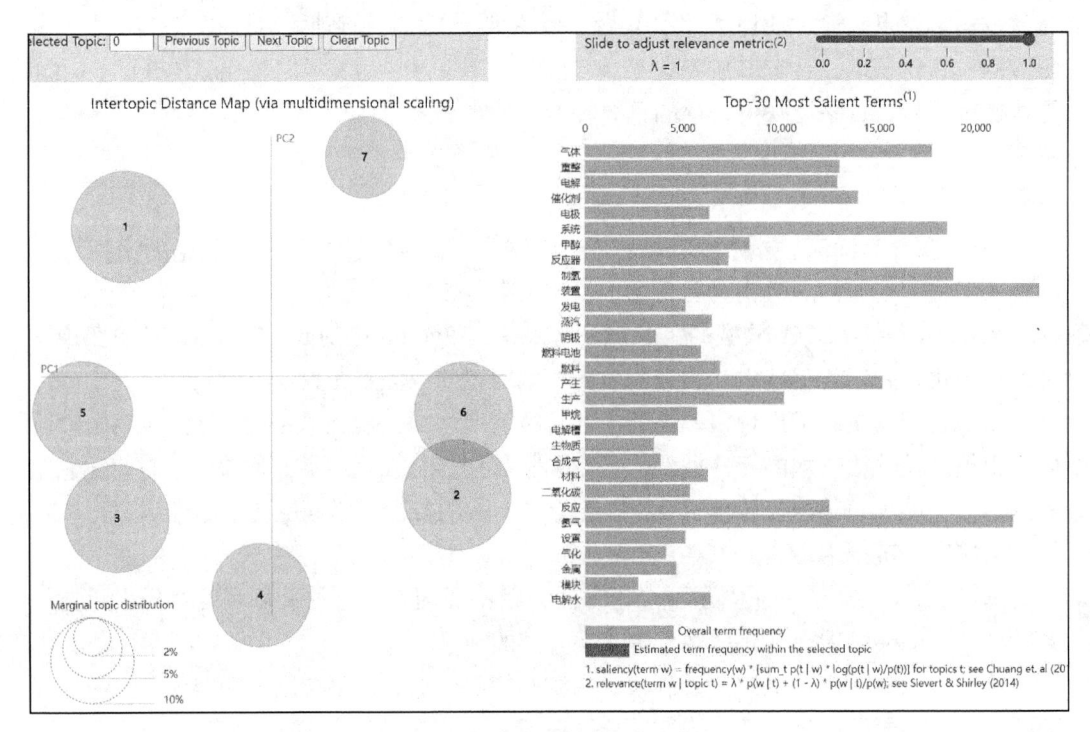

图 7.31　制氢领域主题聚类可视化

分别提取 7 个主题中出现频率 TOP25 的特征词形成制氢关键技术主题特征词表（表 7.7）。

表 7.7 制氢关键技术主题特征词

主题编号	高频主题词（TOP25）
主题 1	气体 重整 催化剂 蒸汽 反应 产生 混合物 温度 部分 供给 装置 生产 一氧化碳 氧化物 甲烷 压力 空气 含氢 气态 甲醇 混合 溶液 容器 问题 燃烧器
主题 2	甲醇 装置 氢气 制氢 重整 系统 单元 反应 利用 原料 水蒸气 天然气 高温 反应器 出口 工艺 净化 尾气 气化 煤气 变压 设备 技术 换热器 垃圾
主题 3	电极 电解 阴极 产生 电池 电解质 装置 电解水 电解槽 溶液 生产 离子 电解液 氢气 导电 电化学 表面 电解池 海水 隔膜 水溶液 质子 电流 电压 碱性
主题 4	系统 装置 氢气 燃料电池 发电 制氢 产生 燃料 模块 利用 单元 电解 太阳能 能量 电解水 电能 设备 储氢 能源 储存 电力 功率 发动机 供应 供给
主题 5	催化剂 材料 制氢 金属 反应 结构 活性 领域 产氢 表面 溶液 性能 颗粒 技术 有机 混合 石墨 载体 复合材料 步骤 利用 稳定性 条件 氮化 氧化物
主题 6	生产 反应器 产生 氢气 甲烷 二氧化碳 合成气 燃料 生物质 气化 产物 反应 气体 步骤 原料 系统 生物 物流 进料 工艺 一氧化碳 过程 产品 气流 部分
主题 7	装置 制氢 氢气 电解 设置 电解槽 氧气 电解水 设备 组件 压力 分离器 系统 出口 氢氧 壳体 水箱 容器 机构 产生 结构 气体 循环 气液 技术

根据主题 1 中 TOP25 的主题词聚焦的方向，进一步结合前述总结的国内外氢能项目信息、制氢领域共性科学问题，可以判定此主题下的关键技术为天然气制氢技术。其中，甲烷二氧化碳干重整技术，以富含甲烷和二氧化碳的气体为原料，制取一氧化碳和氢气，具有环境保护与资源利用的双重效益，相关反应中催化剂的研发是重点。

根据主题 2 中 TOP25 的主题词聚焦的方向，进一步结合前述总结的国内外氢能项目信息、制氢领域共性科学问题，可以判定此主题下的关键技术为甲醇重整制氢技术。甲醇与水蒸汽重整技术较为成熟，反应需要的温度较高。

根据主题 3 中 TOP25 的主题词聚焦的方向，进一步结合前述总结的国内外氢能项目信息、制氢领域共性科学问题，可以判定此主题下的关键技术为海水直接电解制氢技术。全球海水资源丰富，海水直接电解制氢技术的效益可观。由于海水成分复杂，相关电极结构、催化剂的研发是重点。

根据主题 4 中 TOP25 的主题词聚焦的方向，进一步结合前述总结的国内外氢能项目信息、制氢领域共性科学问题，可以判定此主题下的关键技术为太阳能分解水制氢技术。太阳能分解水制氢目前主要有三条途径，第一条以太阳能电池发电为主，利用电解等技术把水分解成氢气和氧气；第二条为光电催化分解水制氢；第三条就是光催化分解水。第三条途径的问题在于捕获太阳能发生水氧化反应，把氧气释放出去，再把储存的太阳能收集起来，集中生产氢气，关键在于光催化剂的开发设计。

根据主题5中TOP25的主题词聚焦的方向，进一步结合前述总结的国内外氢能项目信息、制氢领域共性科学问题，可以判定此主题下的关键技术为制氢催化剂技术。制氢催化剂的研发方向之一是减少或替代贵金属催化剂，提升催化活性及稳定性。

根据主题6中TOP25的主题词聚焦的方向，进一步结合前述总结的国内外氢能项目信息、制氢领域共性科学问题，可以判定此主题下的关键技术为生物质制氢技术。研究主要集中在气化反应装置、生物质原料类型、气化技术和催化剂研究等方面。

根据主题7中TOP25的主题词聚焦的方向，进一步结合前述总结的国内外氢能项目信息、制氢领域共性科学问题，可以判定此主题下的关键技术为电解槽及辅助系统技术。科技部《关于对"十四五"国家重点研发计划"氢能技术"等18个重点专项2021年度项目申报指南征求意见的通知》中也提到了"高效大功率碱水电解槽关键技术开发与装备研制"等专项。

储氢领域困惑度随主题数量的变化情况如图7.32所示，可以发现"拐点处"对应的 k 值为3，即出现"肘形"，满足最优主题数条件，确定 k 值后就可以使用LDA模型进行主题识别，得到的主题聚类可视化结果如图7.33所示。

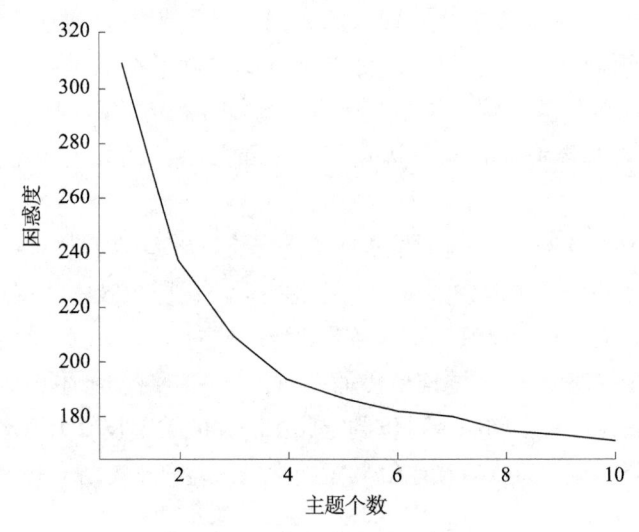

图 7.32　储氢领域技术困惑度

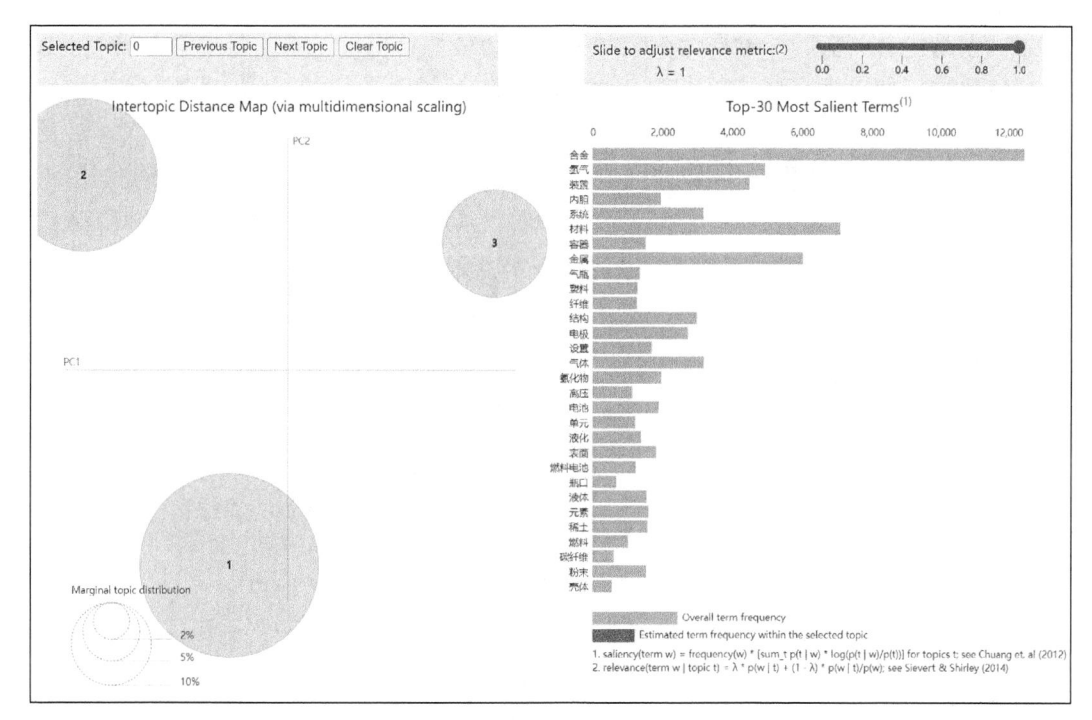

图 7.33 储氢技术主题聚类可视化

分别提取 3 个主题中下出现频率 TOP25 的特征词形成储氢关键技术主题特征词表（表 7.8）。

表 7.8 储氢关键技术主题特征词

主题编号	高频主题词（TOP25）
主题 1	内胆 容器 气瓶 塑料 纤维 结构 设置 金属 高压 瓶口 表面 碳纤维 方法 壳体 部分 压力 内衬 低温 复合材料 树脂 真空 气体 外壳 空间 铝合金
主题 2	氢气 装置 系统 气体 方法 反应 产生 液体 液化 单元 燃料电池 低温 液氢 燃料 有机 储存 制氢 利用 反应器 供给 设备 储罐 温度 设置 压力
主题 3	合金 材料 方法 金属 电极 氢化物 电池 结构 溶液 元素 稀土 粉末 催化剂 颗粒 温度 问题 混合 表面 性能 化合物 碱性 特性 蓄电池 容量 生产

根据主题 1 中 TOP25 的主题词聚焦的方向，进一步结合前述总结的国内外氢能项目信息、储氢领域共性科学问题，可以判定此主题下的关键技术为储氢瓶内胆、复合材料技术。目前，储氢瓶内胆多为铝合金、塑料等材料。

根据主题 2 中 TOP25 的主题词聚焦的方向，进一步结合前述总结的国内外氢能项目信息、储氢领域共性科学问题，可以判定此主题下的关键技术为低温液态储氢技术，尤其是液氢储罐相关的技术。

根据主题 3 中 TOP25 的主题词聚焦的方向，进一步结合前述总结的国内外氢能项目信息、储氢领域共性科学问题，可以判定此主题下的关键技术为金属氢化物储氢技术。作为固态储氢的一种载体，金属氢化物储氢是利用金属或合金与氢气反应生成金属氢化物，加热后又释放氢，安全性强、污染小、发展前景较好。储氢合金材料主要分为镁系（A2B 型）、钛系（AB 型）、稀土系（AB5 型）等。

运加氢领域困惑度随主题数量的变化情况如图 7.34 所示，可以发现"拐点处"对应的 k 值为 4，即出现"肘形"，满足最优主题数条件，确定 k 值后就可以使用 LDA 模型进行主题识别，得到主题聚类可视化结果（图 7.35）。

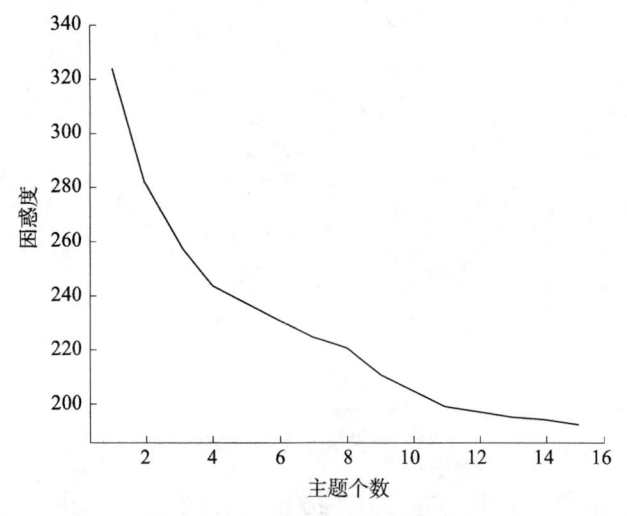

图 7.34　运加氢领域技术困惑度

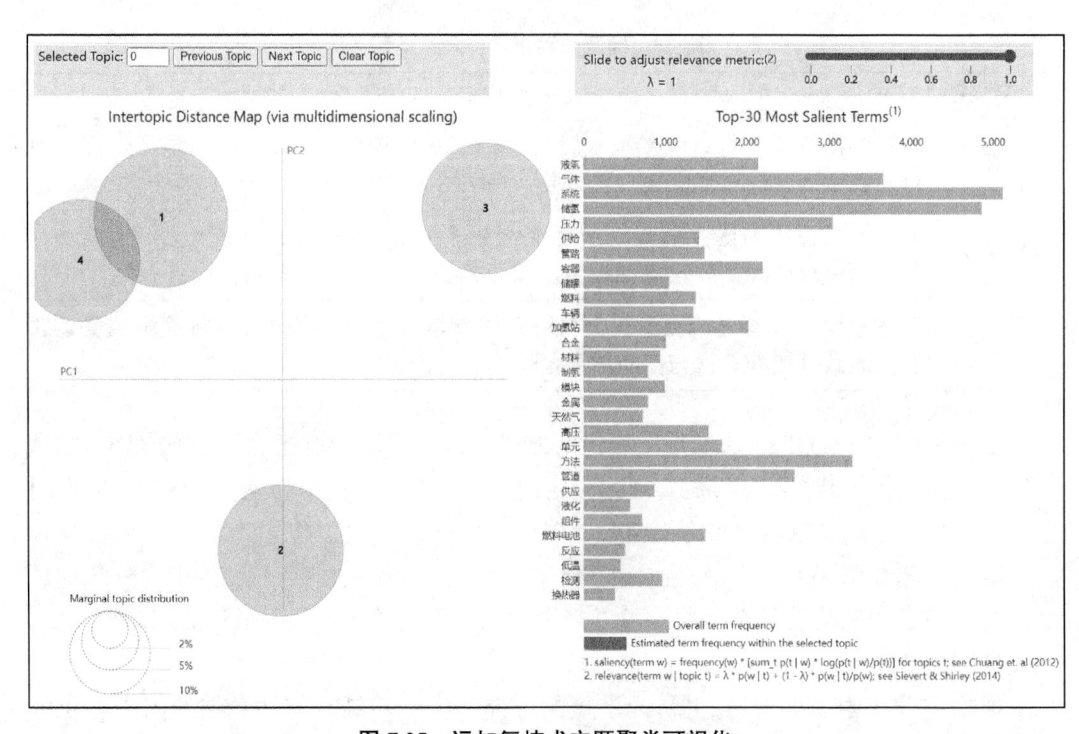

图 7.35　运加氢技术主题聚类可视化

分别提取 4 个主题中下出现频率 TOP25 的特征词形成运加氢关键技术主题特征词表（表 7.9）。

表 7.9　运加氢关键技术主题特征词

主题编号	高频主题词（TOP25）
主题 1	气体 压力 装置 方法 供给 燃料 车辆 容器 系统 单元 温度 供应 燃料电池 问题 流体 氢罐 部分 设置 检测 步骤 测量 状态 液体 信息 溶液
主题 2	储氢 装置 管道 容器 方法 合金 材料 金属 天然气 设置 气体 反应 结构 表面 罐体 氢化物 固态 产生 硫化氢 生产 净化 部分 壳体 废气 反应器
主题 3	系统 设置 装置 管路 储氢 加氢站 管道 模块 设备 压力 高压 组件 压缩机 检测 机构 技术 气瓶 领域 氮气 控制器 结构 阀门 流量 移动 气管
主题 4	系统 液氢 储罐 装置 高压 制氢 加氢站 燃料电池 单元 储氢 液化 储存 低温 利用 管道 压缩机 方法 换热器 能源 设备 发电 管线 液态氢 产生 出口

根据主题 1 中 TOP25 的主题词聚焦的方向，进一步结合前述总结的国内外氢能项目信息、运加氢领域共性科学问题，可以判定此主题下的关键技术为气氢输送技术。高压长管拖车运输是当前气氢输送的重要方式之一，技术较为成熟。

根据主题 2 中 TOP25 的主题词聚焦的方向，进一步结合前述总结的国内外氢能项目信息、运加氢领域共性科学问题，可以判定此主题下的关键技术为天然气掺氢管道运输技术。

根据主题 3 中 TOP25 的主题词聚焦的方向，进一步结合前述总结的国内外氢能项目信息、运加氢领域共性科学问题，可以判定此主题下的关键技术为压缩机相关技术。氢气压缩机是加氢站的重要装置之一，也是将氢加压注入储气系统的核心装置，其输出压力和气体封闭性能是重要指标。

根据主题 4 中 TOP25 的主题词聚焦的方向，进一步结合前述总结的国内外氢能项目信息、运加氢领域共性科学问题，可以判定此主题下的关键技术为液氢输送技术。液氢主要储存在储罐中，采用罐车和运输船等方式进行输送。

用氢领域困惑度随主题数量的变化情况如图 7.36 所示，可以发现"拐点处"对应的 k 值为 5，即出现"肘形"，满足最优主题数条件，确定 k 值后就可以使用 LDA 模型进行主题识别，得到主题聚类可视化结果（图 7.37）。

分别提取 5 个主题中出现频率 TOP25 的特征词形成用氢关键技术主题特征词表（表 7.10）。

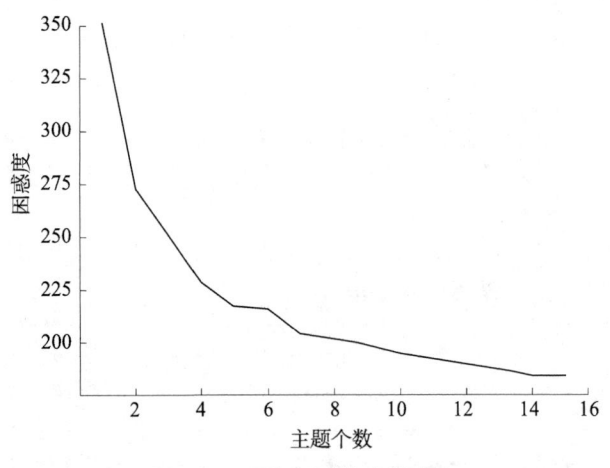

图 7.36　用氢领域技术困惑度

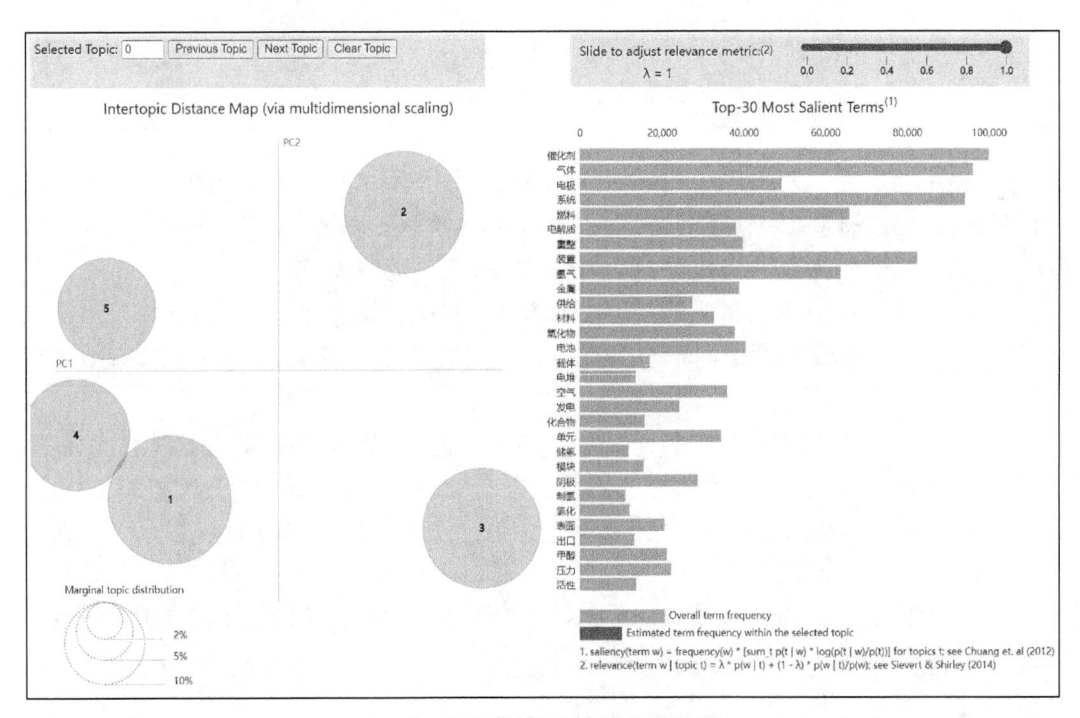

图 7.37　用氢技术主题聚类可视化

表 7.10　用氢关键技术主题特征词

主题编号	高频主题词（TOP25）
主题 1	氢气 装置 电堆 空气 系统 压力 出口 组件 流体 壳体 结构 传感器 双极板 管路 机构 管道 质子交换膜燃料电池 测试 循环 技术 检测 阴极 电池 流场 发动机
主题 2	催化剂 金属 载体 化合物 活性 氢化 生产 组分 选择性 溶液 反应器 混合物 步骤 工艺 氧化物 甲醇 温度 原料 混合 产物 有机 氢气 条件 材料 含量

续表

主题编号	高频主题词（TOP25）
主题3	电极 电解质 氧化物 材料 电池 阴极 表面 结构 金属 导电 离子 溶液 质子 组件 气体 膜电极 隔板 电解液 性能 单元 空气 电化学 部分 颗粒 燃料
主题4	系统 装置 氢气 单元 发电 模块 储氢 制氢 电池 能量 功率 电源 车辆 电压 利用 电能 设备 电解 控制器 电力 能源 驱动 动力 电流 储存
主题5	气体 燃料 重整 装置 系统 供给 部分 空气 温度 甲醇 单元 蒸汽 供应 溶液 压力 反应器 氢气 排气 原料 生产 氧化剂 发电 二氧化碳 容器 废气

根据主题 1 中 TOP25 的主题词聚焦的方向，进一步结合前述总结的国内外氢能项目信息、用氢领域共性科学问题，可以判定此主题下的关键技术为质子交换膜燃料电池技术。

根据主题 2 中 TOP25 的主题词聚焦的方向，进一步结合前述总结的国内外氢能项目信息、用氢领域共性科学问题，可以判定此主题下的关键技术为催化剂相关技术，催化剂主要是氢燃料电池电堆下的膜电极的重要组成部分，催化剂影响电池的成本、性能等方面。

根据主题 3 中 TOP25 的主题词聚焦的方向，进一步结合前述总结的国内外氢能项目信息、用氢领域共性科学问题，可以判定此主题下的关键技术为膜电极相关技术。

根据主题 4 中 TOP25 的主题词聚焦的方向，进一步结合前述总结的国内外氢能项目信息、用氢领域共性科学问题，可以判定此主题下的关键技术为氢储能技术。氢储能主要包括制氢、储氢、发电三个部分，制氢是将电能转化为氢能储存起来，电力输出不足时，利用氢气通过燃料电池或其他反应补充发电，有效解决当前可再生能源发电并网问题。

根据主题 5 中 TOP25 的主题词聚焦的方向，进一步结合前述总结的国内外氢能项目信息、用氢领域共性科学问题，可以判定此主题下的关键技术为化工用氢技术，尤其是二氧化碳加氢制甲醇相关的技术，目前研究也是聚焦在高效催化剂的开发。

（3）案例验证与专家观点。

本小节根据前述识别的关键技术，搜集相关技术案例，验证关键技术识别的准确性。识别出的 19 项关键技术得到中国科学院大连化学物理研究所相关技术专家肯定，研究所研究系统下各团队的技术成果一定程度上验证了识别出的关键技术。

太阳能分解水制氢技术方面。中国科学院大连化学物理研究所太阳能研究部（DNL16）成立于 2001 年，是大连国家洁净能源实验室（DNL）最重要的下属研究中心之一，也是中国科学院太阳能行动计划太阳能光－化学转化中心和能源材料化学协同创新中心之一。DNL16 最重要的研究目标就是要解决太阳能科学研究中的基础问题和关键问题，主要包括太阳能转换过程中的高效光吸收，电子／空穴生成、传输、复合,电子/空穴有效参与发电或化学反应等,以及系统集成理论。研究部部长为李灿院士。

早在2001年,中国科学院大连化学物理研究所太阳能制氢的相关实验室便已建成,经过20年的积累,2020年李灿院士研究团队提出并验证了一种新的太阳能分解水规模化制氢策略——"氢农场"策略,并使太阳能光催化分解水制氢效率创世界纪录。2022年,该研究团队在国际上首次"拍摄"到光催化剂光生电荷转移演化的全时空图像,并于国际学术期刊《自然》上发表,攻破"光催化分解水的核心科学挑战",为突破太阳能光催化反应的"瓶颈"提供了新的认识和研究策略。

生物质制氢技术方面。中国科学院大连化学物理研究所生物能源研究部以有机化学、物理化学、工业催化和生物化工为学科基础,基础研究与应用研究并重,以可再生的生物质碳氢资源为研究对象,研究生物基燃料和绿色化学品的可持续转化方法和路线。主要的研究方向为生物质绿色催化、生物能源燃料及化学品、羰基化反应、微生物代谢和生物催化、生命周期和经济技术评估等。研究部部长为王峰研究员。

王峰研究员团队主要研究方向之一为生物质催化转化。具体包括生物质及模型物的(光)催化氧化、加氢、脱水等转化及应用技术,生物质高值化应用过程的生命周期评价和经济技术分析。使整体制氢效率降低。如何解除两类细菌之间的产物抑制,做到互利共生,是一项亟待解决的问题。相较于化石能源制氢,以生物质为原料来制取氢气具有节能环保、反应温和、来源丰富等优点,2023年王峰研究员团队提出光催化生物质制氢新策略,实现高效光催化生物质制氢,提高生物质利用率,这是解决氢气制备和储存环节的重要技术。

催化剂相关技术方面。中国科学院大连化学物理研究所催化与新材料研究室围绕新型肼分解催化剂的开发应用、无毒推进剂催化分解技术、凝胶推进剂催化分解技术、新型特种材料以及相关的基础研究开展研究开发工作,逐步形成一个代表国家级水平的,应用与研究并重,以航天航空领域为主,面向多种行业,具有较强科技创新能力和辐射带动作用的催化剂及新材料科研基地。研究室主任为张涛院士。

王爱琴研究员和张涛院士团队受邀撰写了题为 *Selective Hydrogenation over Supported Metal Catalysts: From Nanoparticles to Single Atoms* 的综述文章。选择性加氢是指当反应物中含有两种可还原官能团时,其中靶向官能团被加氢而另一种不受影响的过程,在石油化工(如烯烃中微量炔烃/二烯烃的去除)及精细化工等行业中有广泛的应用。由于传统纳米催化剂上常发生过度加氢现象,所以高选择性地获得目标产物仍存在巨大挑战。

王爱琴研究员和张涛院士团队一直致力于高分散催化剂在选择性加氢反应中的研究,并陆续研制出多种单原子催化剂,以及纳米催化剂,均在选择性加氢反应中表现出优良的催化性能,不断提升催化剂性能。

储氢瓶内胆、复合材料技术、低温液态储氢技术、金属氢化物储氢技术方面。中国科学院大连化学物理研究所氢能与先进材料研究部成立于2011年,下设复合氢化物材料化学研究组、热化学研究组、碳资源小分子与氢能利用创新特区研究组，致力于氢气制备、纯化、存储、转化过程中的关键科学与技术问题研究，为国家可持续能源战略发展提供科学和技术储备。研究部主任为陈萍研究员。

氢能的高效利用离不开储氢环节技术的突破，陈萍研究员团队的研究领域之一为高容量储氢材料，具体包含金属氮氢、金属硼氮氢、金属有机氢化物、Mg 基等新型储氢材料的开发及系统集成等。2019 年，研究团队提出金属取代有机物种活泼氢策略，开发出金属有机氢化物储氢新体系（Angew. Chem., 2019; Adv. Mater., 2019），可控的调变吸放氢热力学性能，初步实现了材料在温和条件下可逆储氢。为开发安全、高效、低成本的储氢材料开辟了新思路。

质子交换膜燃料电池技术、膜电极相关技术方面。中国科学院大连化学物理研究所燃料电池研究部，聚焦燃料电池及相关领域的关键材料、核心部件、系统集成、过程监控等工程与工程基础研究，研究部部长为邵志刚研究员。邵志刚研究员团队开发的具有自主知识产权的兆瓦级质子交换膜（PEM）电解水制氢系统、兆瓦级氢质子交换膜燃料电池发电系统在 2022 年已通过工程验收，并交付国网安徽省电力有限公司，正式投入运行。质子交换膜（PEM）燃料电池相关技术是项目关键技术之一，涉及核心部件、高压电解槽密封结构设计等方面，邵志刚研究员团队坚持自主研发，完成关键技术攻关，项目投资达到 4 200 万元。

氢储能技术方面。中国科学院大连化学物理研究所储能技术研究部隶属于我国能源领域筹建的第一个国家实验室——洁净能源国家实验室（DNL），面向世界科技前沿、面向国家重大战略需求，主要任务在于推动储能技术和装备在发电侧、输电侧、配电侧及用户侧的示范应用研究部重点研究储能电池用关键材料、核心部件及电池系统设计、优化、集成技术，开展应用示范，力争建成在国内外有重要影响力的储能技术研发平台。研究部部长为李先锋研究员。

李先锋研究员团队针对可再生能源发电及智能电网建设对大规模储能技术及电动车发展对高比能量动力电池的重大需求，开展技术攻关，近年来在液流电池、铅炭电池技术方面取得了重大进展。在液流电池技术方面，解决了液流电池关键材料、高性能电堆和大规模储能系统集成等关键科学和工程问题，取得了一系列技术突破。完成了从实验室基础研究到产业化应用的发展过程，实施了包括 2012 年全球最大规模的 5MW/10MWh 全钒液流电池储能系统、国内首套 5kW/5kWh 锌溴单液流电池储能示范系统等在内的 30 余项商业化示范工程，2016 年获批国家能源局 200MW/800MWh 全球最大液流电池储能电站。建立了 300MW/ 年全钒液流电池储能产业化装备基地。在铅炭电池技术方面，突破了低析氢碳材料批量制备技术；突破了低成本、长循环 12V38Ah、12V150Ah 电力储能用贫液铅炭电池、12V70Ah 富液铅炭电池技术及批量试制技术；自主研发了长寿命铅炭电池储能应用示范系统，并在大连成功投入运行。领军国内外液流电池标准的制定，引领全球液流电池技术的发展。成果获 2014 年中国科学院杰出科技成就奖和 2015 年国家技术发明二等奖，并入选中国科学院"十二五"重大标志性进展成果。

此外，氢能最新产业化的技术成果案例也一定程度上验证了本书识别出的关键技术。

压缩机相关技术方面。加氢站是氢能全产业链中的重要一环，也是氢能基础设施建设的核心部分之一，进一步推进加氢站的建设布局，是助力"双碳"战略目标的实现、加快能源结构转型的重要举措。在运加氢环节的关键技术——压缩机相关技术方面，2023年7月28日，中集安瑞科能源系统（上海）有限公司宣布自主研制的加氢站用90MPa/1000kg液驱压缩机与45MPa隔膜压缩机成功下线。氢气压缩机是加氢站建设的核心设备，主要作用为通过提高氢气储存密度和压力将氢气压缩成高压氢气，成本较高。中集安瑞科能源系统（上海）有限公司针对压缩机关键技术持续攻关，研制的产品具备频繁启停和带压启停、无油润滑组合密封、气液隔离技术、高可靠性、高灵活性以及高集成度的技术优势和特点，技术指标达到国际先进水平，部分性能参数优于某些欧美品牌的同类产品。压缩机关键技术的突破对于加氢站建设的"降本提速"具有重大意义，有力推动了氢能全产业链关键装备布局。同时，也验证了识别出的运加氢环节下的压缩机关键技术。

海水直接电解制氢技术方面。以丰富的海水资源制备氢气，理论上极富前景。然而，海水成分非常复杂（涉及化学物质及元素92种），海水中所含有的大量离子、微生物和颗粒等，会导致制取氢气时产生副反应竞争、催化剂失活、隔膜堵塞等问题。因此，以海水直接电解制氢技术成为研究团队亟待攻克的关键技术。2023年6月2日，经中国工程院专家组现场考察后确认，由中国东方电气集团有限公司与深圳大学/四川大学谢和平院士团队联合开展的全球首次海上风电无淡化海水原位直接电解制氢技术海上中试在福建兴化湾海上风电场获得成功。此关键技术成果于2022年11月30日在国际学术期刊《自然》上发表，被评为2022年中国科学十大进展之一。

总的来看，识别出氢能产业链上、中、下游环节的关键技术都得到了案例验证，一定程度上说明了关键技术识别的准确度。

3. AI智慧检索产品——氢能专利智慧检索

近日，中国科学院大连化学物理研究所在自建的氢能专利导航平台上线了"氢能专利AI检索"产品。如图7.38所示，研究所开发的AI检索功能是基于氢能产业领域专利知识数据，通过大语言模型训练标题、摘要等文本数据信息，提取其中的向量特征构建本地向量数据库，便于产业相关创新主体通过外部接口进行访问，得到即时、迅速的反馈。

对于不熟悉专利信息的人员，可以通过简单输入关注的氢能技术关键词，获取到与其想要获取的专利相关性较高的技术方案；对于专利相关从业人员，适用的场景则包括专利撰写前的现有技术搜索，方便其更快地找到现有技术中相同或相近的对比文件。此外，也适用于技术改进等相关场景、向量模型，在一定程度上能够概括技术的"核心发明点"，便于知识产权专员等评估技术方案的可专利性，进一步改进技术方案。

7 氢能产业知识产权智慧情报服务

图 7.38　氢能产业专利导航平台 AI 检索入口

如图 7.39 所示，可以通过选择专利的标题、摘要、全部内容进行氢能技术的检索。

图 7.39　氢能产业专利导航平台 AI 检索界面

通过模型向量查询，返回相似度高的相关专利知识展示，帮助检索者快速获取想要的技术信息（图 7.40），是不同于传统专利及检索的氢能专利辅助检索、专利信息辅助查询、专利技术辅助咨询等方面的服务功能。"氢能专利 AI 检索"产品是基于大语言模型构建行业智能应用服务的有益探索。未来，还需集成更多数据信息，打造互联互通的知识产权智慧情报服务产品，对各项产品和服务进行改进和增强，不断提高适用性和检索效率，助力创新主体的研发分析和战略决策。

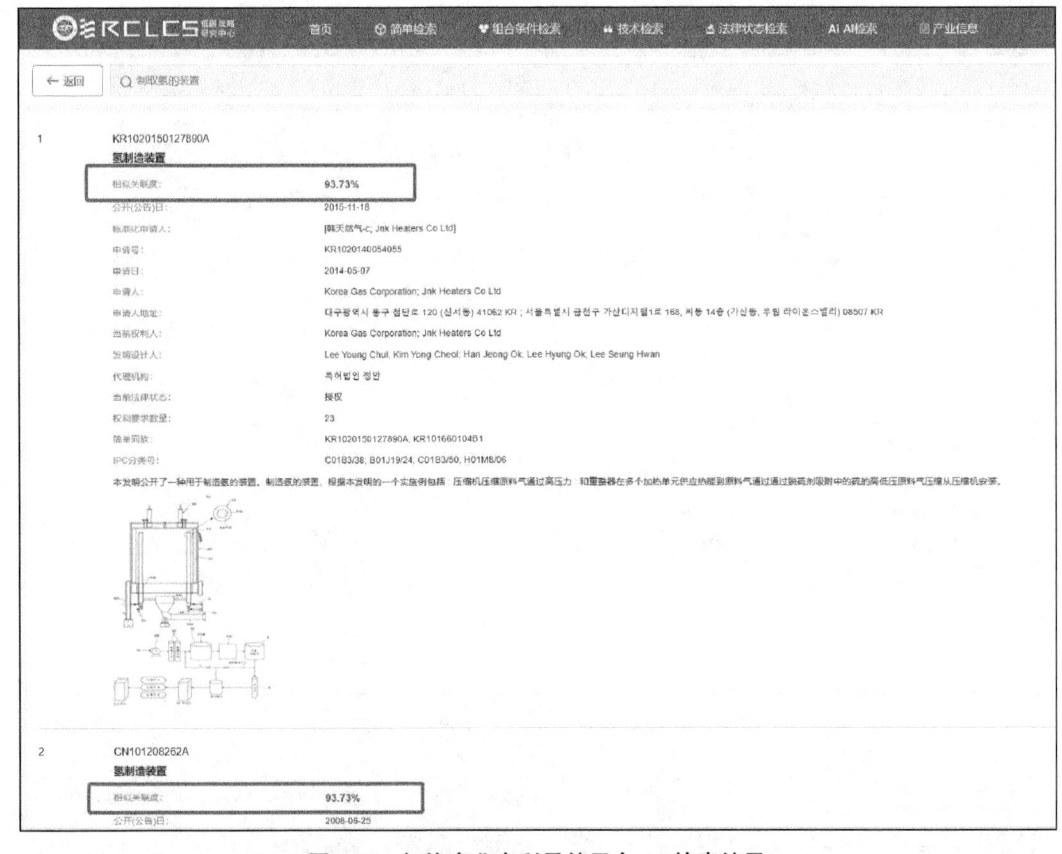

图 7.40　氢能产业专利导航平台 AI 检索结果

7.4　氢能产业知识产权智慧情报服务小结

氢能产业知识产权智慧情报服务研究从当前智慧情报服务现状出发，分析氢能产业服务现状，研究知识产权智慧情报服务模式，应用于氢能产业发展实践。在智慧情报服务现状方面，当前，数字化转型对情报学和情报服务带来了深刻的影响，情报服务智能化和自动化被认为是未来情报学发展的重要方向和趋势，智慧情报服务是情报科学继文献服务、信息服务、知识服务后又一新的发展阶段，当前呈现出理论研究兴起、应用实践活跃的趋势。智慧情报服务以多源大数据为基础，深度应用大数据、人工智能、知识图谱等智能化技术，实现情报挖掘与知识发现，完成智慧化、自动化、精准化、个性化、前瞻性和及时性的情报服务。智慧情报服务具有需求敏感性、数据多源性、分析智能性、服务可嵌入性、产出智慧化等特点，主要表现为多源数据驱动与人工智能手段（集中于大型语言模型，Large Language Model，LLM）相结合。典型应用包括信息的自动抽取和标注、AI 自动分类、摘要和翻译、智能生成文献综述和情报报告、知识图谱提取、智能问答等。

知识产权智慧情报服务是以知识产权支撑全面创新的新形势新任务为目标引领，以大数据＋智能化为驱动，构建知识产权数据与经济、科技、金融等数据融合的多源数据底座，面向知识产权创造、运用、保护、管理、服务全链条的多种应用场景，运用数字化智能化手段实现自动化的海量数据处理、智能化的情报辅助分析、智慧化的情报交互服务，主动、精准、高效满足科研、市场、管理等多类用户的复杂情报需求。实践方面，收集和梳理了国内外智慧服务等方面的服务工具、服务平台等信息，为知识产权数据与经济、科技、金融等数据深度融合应用，知识产权情报服务向更加全面、更加精准、更加主动、更加高效、更加智能化和智慧化的方向发展提供助力。当前，各服务平台已经上线多依托于机器学习（ML）下的聚类算法，开发专利的语义检索功能，并依托此检索功能进一步拓展"智能风险排查""一键式对比文件查找""技术分类助手"等服务，主要针对技术的微观层面。产业服务目前聚焦于知识产权信息服务，例如，建立专利信息中心，服务中小企业的产品开发集成；挖掘专利信息情报，服务于政府决策与战略制定等。分析当前面向氢能产业发展的知识产权智慧情报服务研究现状，发现各地氢能产业知识产权公共服务平台的服务产品集中于氢能产业链图谱、氢能专利数据库、氢车及关键部件价格数据库、氢能政策库、氢能研究报告等，集成于可视化、交互式数据平台。其中，国家、省级层面知识产权信息相关服务平台主要提供氢能相关专利数据库以及专利检索、产业报告等产品。总的来看，当前市场化服务机构以及知识产权公共服务平台均有服务氢能产业相关知识产权信息产品推出，主要集中于氢能专利数据库等，但一定程度上已经无法满足创新主体的服务需求。随着情报服务的不断发展，创新主体"定制化""精准化""智能化"的服务需求与日俱增，以需求为导向的知识产权智慧情报服务已经成为整个产业发展亟须解决的关键环节之一。

从服务架构、关键要素等方面展开知识产权智慧情报服务模式研究，"自上而下"地厘清知识产权智慧情报服务体系，系统总结知识产权智慧情报服务模式。知识产权智慧情报服务架构分为四个层面：用户层、服务设计层、数据资源层、智慧服务层。用户层是能源产业发展的"源头"也是知识产权服务的"终端"对象，提供原始需求，验收应用服务成果，是整体服务架构的初始和终端环节。服务设计层是基于服务对象的具体需求，提供切实可行的分析结果，并能围绕其关注的"痛点"问题设计服务。数据资源层是知识产权智慧情报服务的"中游环节"，收集服务分析所需的数据资源，并进行有效地处理和分析。智慧服务层主要是在数据资源层收集和清洗的海量信息资源的基础上，通过人工智能等技术，为用户提供智能化、个性化、便捷化的服务方案。关键要素则包括数据资源、服务平台、服务场景、服务产品。数据是一种新型生产要素，在"数智"时代，各信息情报类服务平台不再局限于单一数据类型，已涵盖海量的高质量数据，包括期刊、论文、专利、项目、政策、资讯、技术、专家人才、企业、价格、成本、指数、发展路线图等多源异构数据。数据资源支撑了服务平台的搭建，服务平台是以数据资源为基石的智慧服务关键要素之一。各类服务平台在智慧情报服务方面不断拓展,加强 AI 大模型等的应用,提供智慧服务方案。场景已成为创新的战略资源,成为科技竞争的焦点。应用场景主要集中于产业链下游环节,将相关技术应用到具体实践场景中,服务则贯穿产业链全环节,同时随着人工智能相关技术的不断发展,智慧情报服务场景也向着多样化发展。服务产品是知识产权智慧情报服务的"具体产出",基于用户需求和具体使用场景,形成不同的智慧解决方案和研究结果,具体包括但不限于可视化图谱产品、多源数据信息集成的咨询服务产品、AI 智慧检索与问答产品等。具体服务模式:首先,根据用户类别进行服务对象的简单区分,通过反复沟通反馈,深入挖掘其服务需求,发现用户的显性需求和隐性需求。收集产业发展信息,分析产业发展现状,进行产业技术分解。其次,数据采集部分。数据信息采集需要深入服务对象具体应用场景和环境中,兼顾数据来源的权威性,将搜集到的数据进行清洗筛选,消除数据冗余。同时,通过不断提升检索策略的精度,调整扩展关键词等控制数据噪声,保证数据的有效性。最后,智慧情报部分。运用语义分词处理技术、自然语言处理技术等多种方法得到智慧情报信息,嵌入到交互式大数据服务平台进行可视化展示,形成的服务产品反馈给服务对象。

氢能产业智慧服务实践方面,将知识产权智慧情报服务模式应用于氢能产业实践,从产业需求出发,收集氢能产业相关论文、专利、项目等多源数据信息,挖掘企业等创新主体能够适用的智慧情报信息。具体形成了可视化图谱产品(氢能产业链全景与专利图谱)、信息集成化咨询服务产品(氢能产业关键技术识别)、AI 智慧检索问答与分类产品(氢能专利智慧检索)。氢能产业链全景与专利图谱部分主要依托机器学习(ML)下的统计挖掘与聚类算法(如 TF-IDF、K-Means 等)、共现分析,结合 ECharts 开源可视化库等绘制技术研究热点词云图、合作网络图、产学研分布图等;产业关键技术识别基于多源数据信息集成,运用了社会网络分析、机器学习(ML)下的非监督学习(LDA 主题模型)等方法实现大数据信息挖掘,结合专家观点与案例验证识别出产业链不同环节共计 19 项关键技术:天然气制氢技术、甲醇重整制氢技术、海水直接电解制氢技术、太阳能分解水制氢技术、制氢催化剂、生物质制氢技术、电解槽及辅助系统技术、储气瓶内胆复合材料技术、低温液态储氢技术、金属氢化物储氢技术、气氢输送技术(高压长管拖车)、天然气掺气管道运输技术、压缩机相关技术、液氢输送技术、质子交换膜燃料电池、催化剂相关技术、膜电极相关技术、氢储能技术、化工用氢技术;氢能专利智慧检索基于深度学习(DL)的大语言模型(LLM)方法,依托氢能产业领域专利知识数据,通过训练标题、摘要等文本数据信息,提取其中的向量特征构建本地向量数据库,便于产业相关创新主体通过外部接口进行访问,得到即时、迅速的智能化检索反馈。

随着 AI 在情报服务领域的深度应用,能够快速实现对海量非结构化信息数据的组织、预处理等,人工智能辅助相关人员对信息数据筛选、阅读,如辅助文本数据智能化提取加工、自动文本摘要、跨语种互译、指标数据 AI 智能解读等,不断提升分析效能,智慧情报向着自动化、交互式、可视化等方向不断拓展。

但与此同时，目前基于多源数据驱动的智慧情报服务还存在一定的局限性，在模型结果解读方面还需要依托技术专家的研判与识别，例如，最后识别和评价关键技术或者产业前沿技术方面还是要依托技术专家，需要形成人机结合的互动机制，形成"AI算法＋专家"的模型，结合产业具体情况落地，实现产业创新生产力的提升，助力新质生产力的加快形成。

8 氢能产业技术布局与展望

8.1 氢能产业技术布局

氢作为一种高效清洁的能源和理想的能源互联媒介，有着更广泛的应用场景，氢可直接燃烧也可通过电化学反应转化成电能和水，不排放污染物，是零污染的高效能源。氢是实现电力、热力、液体燃料等各种能源品种之间转化的媒介，是未来实现跨能源网络协同优化的唯一途径。氢可实现电能或热能的长周期、大规模存储，有效保障未来高比例可再生能源体系的安全稳定运行。氢可以广泛应用于工业、交通等主要终端领域，提供低碳化解决方案。

氢能产业链较长，具体包括上游制氢，中游储氢运氢和加氢、下游用氢4个一级技术领域。其中，上游氢气根据制备来源不同，可分为化石能源制氢、工业副产制氢、水分解制氢、生物质制氢四种形式；中游储氢环节根据氢气储存状态不同，可分为气态储氢、液态储氢、固态储氢三种形式；运氢环节根据氢气输送状态不同，可分为气氢输送、液氢输送、固氢输送、加氢四种形式；下游氢气的应用环节涵盖交通、工业、氢储能等领域，其中交通领域的应用是目前氢能产业发展的主流方向。

专利布局变化一定程度上可以揭示产业结构的调整方向，对比氢能产业2003—2022年每五年各个一级技术领域的专利占比情况（图8.1）可以看出，全球氢能产业发展一直不均衡，创新活动集中在下游氢能应用领域，全球范围内下游用氢领域的专利数量不断增加。

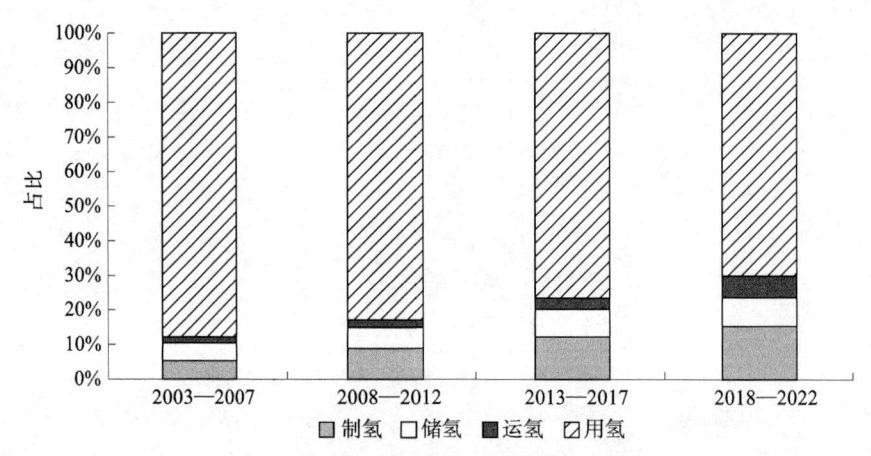

图 8.1 全球氢能产业技术布局结构变化情况

2003—2022年，全球氢能专利主要来源国在氢能"制、储、运加、用"的全产业链均有专利技术积累，由图8.2可以明显看出，用氢领域技术是中国、日本、美国、韩国、德国的研发热点，中国和日本在用氢领域专利积累均超过两万项，相较而言，其他领域技术积累有限。可能由于运氢设施建设滞后、加氢站基础设施建设不足等问题，上述五国在运加氢领域均存在一定的技术薄弱环节，氢能全产业链发展受到了一定的制约。

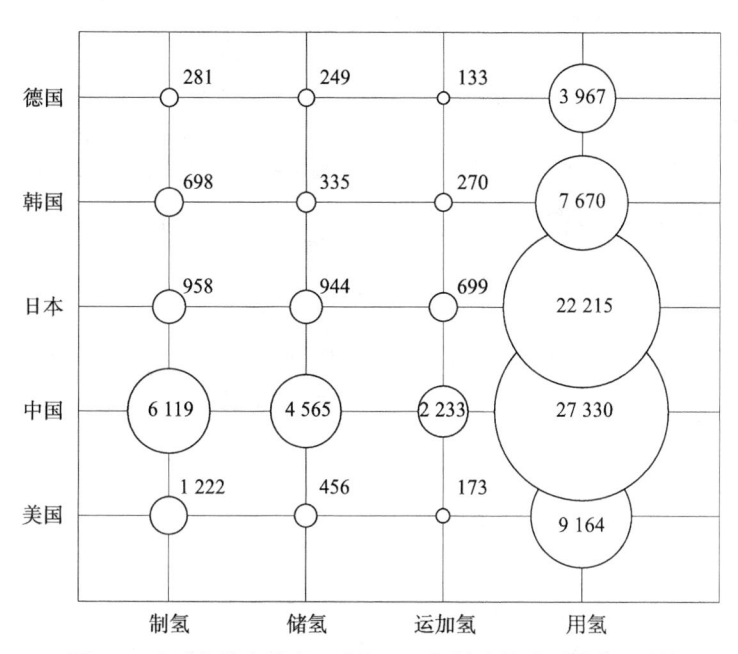

	制氢	储氢	运加氢	用氢
德国	281	249	133	3 967
韩国	698	335	270	7 670
日本	958	944	699	22 215
中国	6 119	4 565	2 233	27 330
美国	1 222	456	173	9 164

图 8.2　全球氢能专利主要来源国一级技术构成（单位：项）

产业的技术流向图可以一定程度上反映出专利控制力与产业竞争格局的关系。通过对全球氢能的技术来源国的专利布局情况（图8.3）进行分析，来论证其对全球市场的控制程度。如美国，除在本国布局专利外，在全球主要国家和地区均进行了大量的布局；中国虽然专利申请量最多，但绝大多数布局在国内，海外专利控制力和国际市场竞争力尚有一定的提升空间。

总体来看，中国氢能产业技术整体发展势头迅猛，年度专利申请量保持较高水平。不同层面相关激励政策与措施的出台推动了中国氢能专利申请量的持续增长的同时，也明确了氢能发展的方向。作为国家能源战略高度的氢能，已进入高速发展阶段。氢能的"制、储、运加、用"全产业链需要协同发力，但目前来看，氢能相关专利技术集中于上游的制氢技术以及下游的用氢技术，申请数量较多的二级技术领域TOP3依次是：交通、工业、水分解制氢。专利转让数量、许可数量"双高"的也是此三领域，这些技术在目前的研发和转化的热度下，应该会继续保持高速发展。专利转让数量不多但转让率居高的技术领域有工业副产氢、氢储能，这些领域当前产业需求旺盛，但技术创新产出成果有限，技术供给可能存在一定缺口。

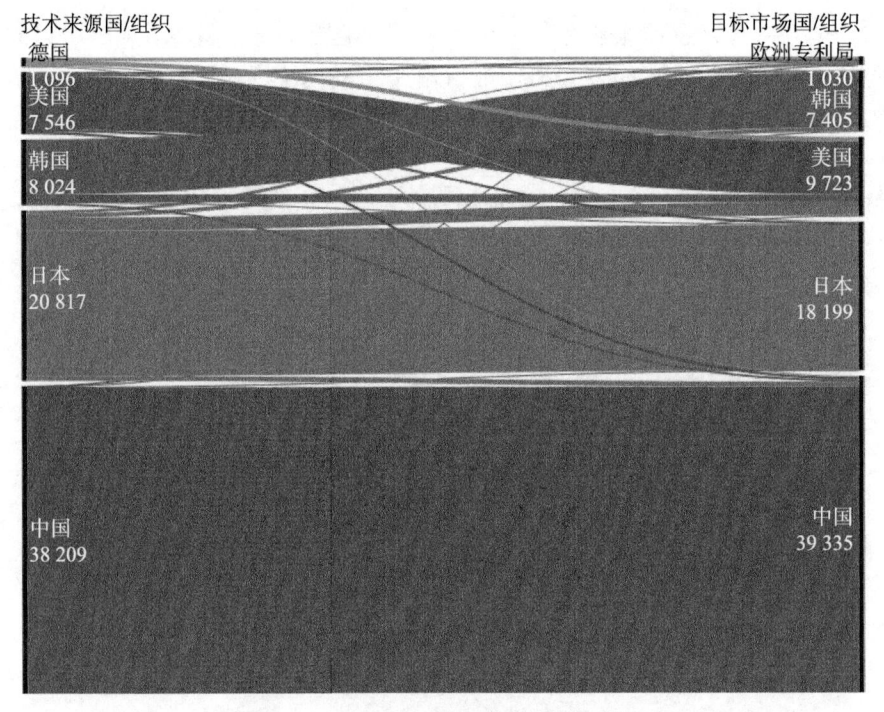

图 8.3 氢能产业技术流向（单位：件）

交通领域下的氢燃料电池作为市场驱动型的典型技术，领域专利积累丰富，发展时间相对较长，从数量来看，中国处于相对领先的地位，近期和日本牵头起草的国际标准 ISO 23828：2022 *Fuel cell road vehicles——Energy consumption measurement—Vehicles fuelled with compressed hydrogen* 已发布，但在燃料电池国际标准方面仍需要继续加强。标准化建设不足会制约氢能产业发展，尤其是在安全方面，需要完备的体系化标准提供支撑。

而从创新主体来看，中国氢能领域技术创新与产业发展已经初步形成了良好生态，产学研各类创新主体实力强劲，龙头企业近年来的大量投入快速拉动也使得各方协同发力，产出更多专利创新成果。对于确保我国能源安全、助力"双碳"目标实现至关重要。中国氢能领域的技术突破与产业生态发展前景优越，科研院所与高校积累了大量创新成果并进行了专利布局，有待落地转化实施，众多企业相继进入氢能领域进行竞争，其较强的技术应用实施需求能承接技术转化实施，同时各方不断加大研发投入，也使得技术突破存在更多的可能性，从而能打通氢能全产业链发展，畅通成果转化路径，实现氢能产业的良性发展。

8.2 氢能产业发展路径

氢能产业发展离不开政策支持，氢能产业发展规划等为产业发展提供大方向，保障氢能产业相关基础设施的建设，相关配套支持措施（如补贴、税收优惠等）可以进一步优化产业结构，激励企业等主体加大研发投入，不断进行技术创新，积极探索新的制氢、储氢、运加氢、用氢等环节的关键技术，提高氢能利用效率和安全性。同时，鼓励高校院所以及企业等培养高素质的氢能技术人才，鼓励产学研合作，协同创新共同推动氢能产业的可持续发展。当前，以全球化视野分析氢能产业的总体发展方向，从全景视角剖析氢能产业发展路径，聚焦氢能产业具体发展现状，梳理出如下五条发展路径（图8.4）。

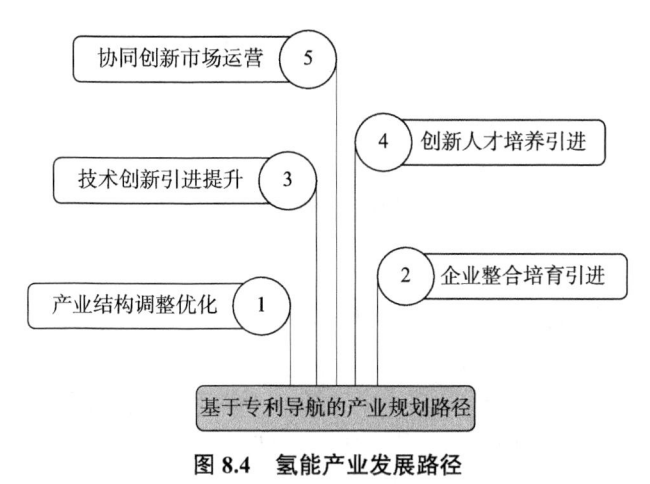

图 8.4 氢能产业发展路径

8.2.1 产业结构调整优化路径

产业结构调整优化是产业升级发展的基础。以交通领域为主的终端应用正在加速带动市场用氢规模提升。推动就近匹配终端用氢场景的分布式清洁氢源供应项目建设，对于我国构建安全可靠、清洁多元的氢能供应保障体系，支撑氢能规模化应用推广与产业高质量可持续发展具有重要意义。

产业链结构优化决定升级发展质量。从国外发达国家的产业结构来看，氢能产业结构中，中国的产业链发展更加平衡，制氢和储氢占比较高，有利于氢能长期发展。从国内各省的技术研发结构来看，辽宁省的产业结构和广东省比较相近，用氢占比在四分之三左右，其次是制氢领域。从国内重点城市的技术研发结构来看，大连的比例结构主要集中在用氢，其他环节占比相对较少。但这种比例结构并不是静态的，随着产业技术的进步，氢能上中游的比重会逐渐提升。建议相关部门从宏观调控的角度，引导产业布局结构根据技术、产品和市场的变化而调整。

根据不同区域现有氢能产业发展基础，按照全产业链协同、差异化和集群化发展的要求，引导产业要素资源向相应区块集聚发展，形成适宜区域发展的氢能全产业链空间布局新格局。

为保障氢能产业园区未来高质量、可持续发展，必须加强科学规划，对企业进行合理布局，实现精准招商，达到补链、强链的目的。氢能产业结构调整优化原则如图8.5所示。可按照原则引进、整合、培育企业：优先引进和培育产品链较长的企业、特定环节强的企业及成长潜力好的企业，合理控制企业引进质量和速度，为园区产业发展预留包括物理空间在内的各种发展空间。

图 8.5　氢能产业结构调整优化原则

8.2.2　企业整合培育引进路径

氢能产业链薄弱环节主要为运氢加氢领域，要促进氢能产业的长效进步与发展，需要健全和完善产业链不足的环节，防范和化解产业链风险。通过加强对头部企业的引进与技术合作，补足产业链短板，提升本土企业在产业链价值链中的地位，筑牢产业链的基础。围绕产业结构优化升级的总体布局，氢能企业的培育和引进可以遵循以下步骤。

（1）在现有基础上支持一批重点企业适当延长产品链，培育其成长为全产品龙头企业。例如，可以重点支持和培育重点企业在加氢、交通领域的技术研发和产品开发，鼓励和引导其在中游加氢、下游交通整车环节尽快开展技术研发和专利布局。

（2）引导和鼓励特定环节较强的企业强强联合，培育特定环节的重点企业。针对在制氢和储氢领域具有很强研发实力的企业，可以引导其积极进行资源整合，与产业链下游的运加氢环节的优势企业积极合作，实现产业链联动，提高成果转化效率。

（3）培育或引进在不同环节具有较好成长潜力的企业，形成以市场应用为需求导向，制品和材料向品类化、专用化改进的技术发展模式，开发高端制品和应用技术及产品，提升高端制品的研发和制造水平，培育打造具有强产业带动作用的成长型企业。

（4）鼓励企业通过产学研合作扩大规模，优化资源配置，孵化本地的高新技术企业。同质化竞争的企业或可采取横向并购等措施，横向并购处于竞争地位的企业，鼓励本地企业多种模式合作，在凸显规模效益的同时做强具体产业环节。对于一些已经在某些产业链环节处于竞争优势地位的企业，或可采取纵向并购产业链其他环节企业的方式，整合培育高成长型企业。通过合作，扩大产业规模，做长产业链，打通集聚区产业链条，提高资源配置效率。

企业整合培育引进路径是一个系统性的过程，需要在多方面进行系统谋划和布局。

企业整合培育引进原则如图 8.6 所示。需要充分分析企业情况，制定明确的发展战略、评估现有的各类资源等，需要引导社会资本等以多种方式进行多渠道资源投入，完善以企业为主体的科技创新合作模式，不断加强以企业为主导的产学研深度融合，提高各类资源的配置效率以及整个氢能产业链的竞争力。

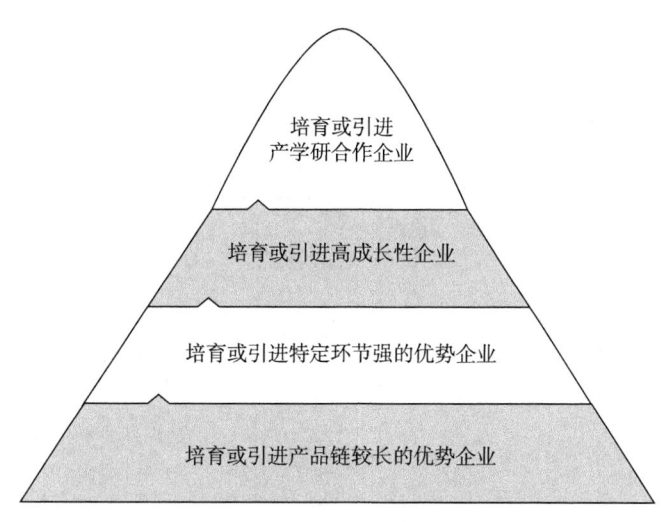

```
        培育或引进
       产学研合作企业
     ─────────────────
      培育或引进高成长性企业
    ─────────────────────
   培育或引进特定环节强的优势企业
  ─────────────────────────
 培育或引进产品链较长的优势企业
```

图 8.6　企业整合培育引进原则

8.2.3　技术创新引进提升路径

国内氢能产业相关技术取得了一些突破，但仍有大量关键技术、零部件依赖国外，在全球氢能产业发展提速背景下，国内企业持续进行自主研发，但与国际先进水平仍存在一定差距，制氢及氢燃料电池中的催化剂和质子交换膜、储氢环节的液氢加工技术、运氢环节的长距离输送技术和加氢站内关键材料的制备技术主要掌握在加拿大、美国、日本、韩国、德国、法国等国家，进口依赖程度较高，议价能力较差等都一定程度上制约了我国氢能产业发展。此外，我国加氢站等基础设施总量不足以支撑氢燃料电池汽车大规模使用，技术和基础设施的双重掣肘导致氢能全产业链成本居高不下。

未来氢能技术应用的关键在于提升关键材料与核心组件的性能及产能。第一，膜电极、双极板、氢气循环泵、空气压缩机、扩散层等核心组件，质子交换膜、催化剂等关键材料，均已实现小规模自主生产，为未来大规模商业化生产储备了技术基础条件。第二，降低燃料电池生产成本。氢燃料电池系统的成本必然随着技术进步、生产规模的扩大而下降，预计未来 10 年生产成本将降低至目前的 50%。

丰田自动车株式会社是全球领先的汽车生产集团和燃料电池制造商，现为世界销量排名第一的汽车制造商。丰田自动车株式会社于 1996 年成功研发出第一辆质子交换膜燃料电池（PEMFC）汽车，之后逐渐加大对燃料电池汽车的研发与生产，全面布局氢燃料电池汽车领域，已推出氢燃料电池汽车系列产品，包括乘用车 Mirai、巴士 Sora 以及卡车、叉车等。Mirai 续驶里程 650km，到 2020 年实现全球年销量超过 3 万辆。丰田自动车株式会社在氢燃料电池领域专利布局上千件，主要涉及催化剂、氢气供给系统、电路控制系统等，其前期的专利技术布局主要集中在电堆和膜电极关键技术，后期主要集中在系统部件（如氢气供给系统和电路控制系统）等领域，在解决了核心材料等技术问题后，氢燃料电池车的集成控制技术成为了当前的主要问题。丰田自动车株式会社氢燃料电池领域重点专利如图 8.7 所示。

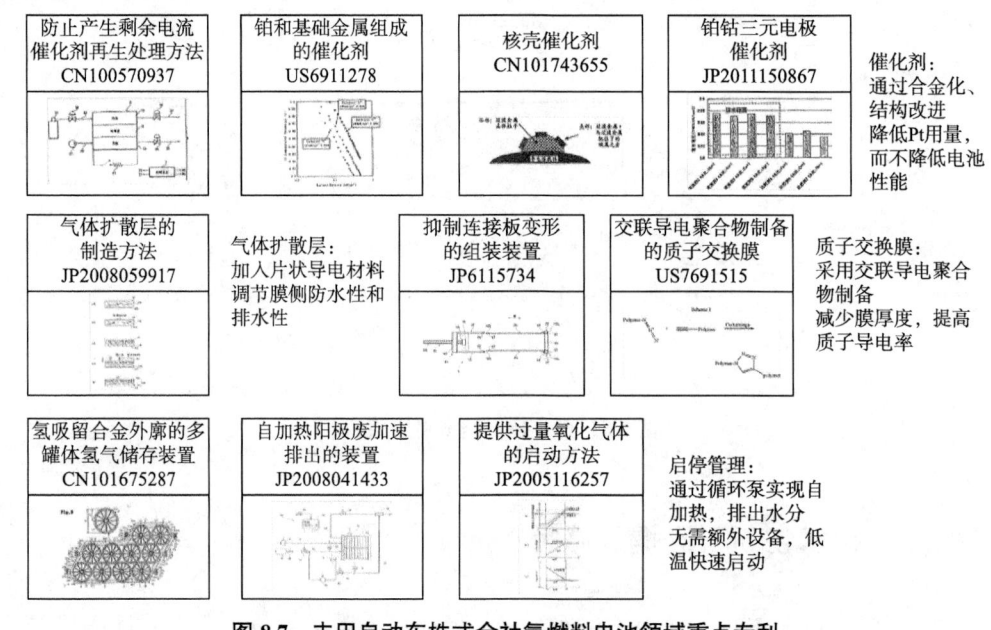

图 8.7　丰田自动车株式会社氢燃料电池领域重点专利

我国在氢燃料电池相关核心技术方面同样存在一些问题，例如金属双极板仍然停留在研究层面，无法高效产业化，虽然进行了一部分探索，但高校和科研院所的专利技术与商业化之间可能存在一定的差距。大连市在氢燃料电池关键核心技术领域具有优势。中国科学院大连化学物理研究所在质子交换膜、催化剂、扩散层等技术领域都有很多专利布局。因此，大连市起到沟通桥梁作用，为国内高校科研院所，尤其是依托中国科学院大连化学物理所与新源动力股份有限公司等龙头企业的产学研合作，实现科研技术产业化，依托龙头企业跨越高校和科研院所研究成果与产业转化之间的"鸿沟"，从而在金属双极板、质子交换膜、扩散层等国内尚未产业化量产的核心技术方面有所突破，抢占国内的先发优势。

各地除了自身积极进行技术创新之外，也可以通过技术引进加速技术提升过程。可以通过分析核心技术的创新主体来寻找与当地目前发展阶段和发展目标具有较强互补性的核心技术，将其作为技术引进目标。如提高氢燃料电池电堆功率密度、降低氢燃料电池系统制造成本等。具体包括重点发展低成本、低铂或无铂的电催化剂，低成本、轻薄型、高性能复合材料双极板，提高导电率的质子交换膜。对引进技术需要先进行识别和评估，确保其具有先进性、可行性和经济效益。在确定要引进的目标技术后，需要与技术提供方进行谈判，达成完善的合作协议，确保技术的顺利转移和有效实施。技术引进一定程度上还需要吸纳相应的技术人才，助推引进技术的消化与吸收，从而能进一步对引进的技术进行改进和创新，实现技术的本土化和升级。同时，各地可以通过出台产业发展政策和发布相关技术标准规范，有序激励相关技术生产规模的扩大。

8.2.4　创新人才培养引进路径

人才储备的增加一方面可以依靠现有人才的培养，另一方面可以通过多渠道寻求引进或合作。创新人才培养引进路径需要结合区域产业人才储备的现状，分析区域在氢能各个分支领域的重点研发人员及所属公司集团，找到外部创新型人才的引进或合作的方式及路径。

在本地创新人才培养方面，通过产业专利数据分析，可以识别本地区氢能高端人才的分布情况。关注相关创新团队的培养，给予适当优惠政策，将既懂技术又懂管理的人才长期留下来，降低人才流失率，减轻从外部引进人才的压力；适时给予本地人才继续深造的优惠政策条件，包含本地氢能相关企业内的高端创新人才等，需要配套落实相关激励措施，重点培养和支持。

在引进外部创新人才方面，除了本地已经具备的人才资源，还可以加大政策倾斜力度，加速引进高校或者科研院所的外部创新人才。高端人才培养既要立足本地，也要积极引进，可以通过制定优惠的政策引进产业薄弱或缺失环节的外部创新型人才、引进具有创新实力、拥有核心专利技术的创新人才或与其合作，包括氢能业界专家的研发团队或者课题组成员。表 8.1 列出了氢能产业"制氢、储氢、运氢加氢、用氢"全产业链的国内部分高校和科研院所创新型人才，供不同区域创新人才培养或引进参考。

表 8.1　国内部分高校和科研院所氢能领域创新型人才

产业链	申请人名称	核心研发人员	创新方向
制氢	西安交通大学	郭烈锦、张西民、敬登伟	化石能源制氢
	成都理工大学	黄利宏、杨季龙、李辉谷	化石能源制氢
	中国科学院上海高等研究院	孙予罕、张军、黄巍	化石能源制氢
	浙江大学	梅德庆、钱淼、陈子辰	化石能源制氢
储氢、运氢加氢	中国地质大学武汉	程寒松、杨明、管一龙	气态储氢
	扬州大学	程宏辉、严凯、黄新	气态储氢
	浙江大学	郑津洋、徐平、赵永志	固态储氢
	北京有色金属研究总院	刘晓鹏、蒋利军、王树茂	固态储氢
	西安交通大学	郭烈锦、张西民、敬登伟	化石能源制氢、固态储氢
	同济大学	马天才、魏学哲、余卓平	液态储氢

续表

产业链	申请人名称	核心研发人员	创新方向
用氢	重庆大学	魏子栋、陈四国、丁炜	氢燃料电池催化剂
	武汉理工大学	木士春、潘牧、袁润章	氢燃料电池催化剂
	北京交通大学	朱红、王芳辉、骆明川	氢燃料电池催化剂
	上海交通大学	张永明、王军、王学军	氢燃料电池
	天津师范大学	张中标、汤红英、宋凡波	氢燃料电池
	武汉理工大学	潘牧、王晓恩、木士春	氢燃料电池
	中国科学院广州化学研究所	孟跃中、玉林、王雷	氢燃料电池
	上海交通大学	彭林法、易培云、毕飞飞	氢燃料电池双极板
	武汉理工大学	沈春晖、潘牧	氢燃料电池双极板
	清华大学	王诚、王晓红、裴普成	氢燃料电池双极板
	同济大学	马天才、林维康、魏学哲	交通
	中国科学院大连化学物理研究所	衣宝廉、邵志刚、孙公权、张华民、王素力、俞红梅	氢燃料电池

一方面，高校和科研院所要紧跟氢能产业发展的步伐。高校探索建设氢能、燃料电池相关专业，扩大招生规模，注重专业知识教育，包括氢能全产业链、氢安全与标准等知识；科研院所在培养研究生时，应以对接企业关键技术需求、解决"卡脖子"问题为目标，培养聚焦于某一具体研发方向的专精人才。逐步建立系统化、专业化、梯度化的培养体系，特别注重打造氢能制取、储存、运输、加氢、发电相互融合的多学科交叉专业体系，培养知识结构完善的高端研究型氢能人才。

另一方面，企业要加大高端人才培养力度，建立系统化的人才培养机制，针对不同岗位合理建立培养计划，内部与外部培训相结合、专项与系统培训相贯通，并配套建立激励机制。同时加强与高校、科研院所之间的合作，支持员工进入高校、科研院所进修，增长专业知识，提升学历；与高校、科研院所联合开展课题研究，并邀请专家教授到企业开展氢能领域相关培训课程。

氢能产业的发展、核心技术的突破需要高端研究型人才的支撑，而高端研究型人才的培养需要多方融合、相互协调和支持才能达到产业发展的需求。因此，应当探索"政府+院校+行业协会+科研院所+龙头企业"协同开发模式，实现教育链、人才链、创新链与产业链的深度融合。政府发挥好在优化整合创新资源方面的作用，引导创新要素向氢能产业聚集，加大技术能力供给，以国家重大科技项目为依托，建立与高校、国家级研究平台、头部大型企业的深度合作，对燃料电池电堆、低成本制—储—运—加氢等方面的关键技术和装备进行专项联合攻关，以多方协同、"四链"融合促进创新人才的技术研发。

8.2.5 协同创新市场运营路径

科技创新是提高社会生产力的战略支撑，是经济高质量发展的重要驱动力。党的二十大报告提出"加快规划建设新型能源体系""推动能源清洁低碳高效利用"。实现"碳达峰""碳中和"目标，关键是能源体系的绿色低碳转型。当前，我国正在深入推动能源革命，有序推进能源生产和消费稳步向清洁低碳、安全高效转变。其中，发展氢能产业在我国能源系统绿色低碳转型过程中发挥重要的支撑作用，氢能已经成为推动能源结构调整、能源消费转型升级的重要载体。作为科技创新的新范式，协同创新是以知识增值为核心，企业、政府、知识生产机构（大学、研究机构）、中介机构和用户等为了实现重大科技创新而开展的大跨度整合的创新组织模式，主要表现为产学研合作的过程。

产学研合作是企业发展的内在需求，是增强企业自主创新能力、提高市场竞争力的重要途径。国内氢能领域的产学研工作也正在积极开展，尤其在氢能应用的燃料电池领域，正在自主开发氢燃料电池相关核心技术，并将其进行匹配应用与产业化运营。目前，中国高校和科研院所已孵化的部分企业包括北京亿华通科技股份有限公司（清华大学，燃料电池），武汉理工氢电科技有限公司（武汉理工大学，膜电极），武汉喜玛拉雅光电科技股份有限公司（清华大学，催化剂），上海治臻新能源股份有限公司（上海交通大学，双极板），上海氢晨新能源科技有限公司（上海交通大学，燃料电池），安徽明天氢能科技股份有限公司（中国科学院大连化学物理研究所与同济大学，燃料电池），上海舜华新能源系统有限公司（同济大学，加氢站与车载供氢系统），上海济平新能源科技有限公司（同济大学，催化剂与气体扩散层）等。

氢能领域中国企业与高校展开的部分合作项目见表 8.2。

表 8.2　氢能领域的产学研合作项目列表

时间	企业	高校和科研院所	合作方向
2017	胜华新材料集团股份有限公司	中国石油大学（华东）	氢燃料电池
2018	猛狮新能源科技（河南）股份有限公司	美国康奈尔大学	氢燃料电池
2018	深圳市雄韬电源科技股份有限公司	武汉理工大学	金属双极板，膜电极等
2018	苏州竞立制氢设备有限公司	中国科学院大连化学物理研究所	水电解制氢
2018	中广核研究院有限公司	哈尔滨工业大学（深圳）	固体氧化物燃料电池
2018	深圳市凯豪达氢能源有限公司	澳大利亚新南威尔士大学	电解水制氢等
2018	东风汽车集团有限公司技术中心	武汉理工大学	燃料电池核心技术

续表

时间	企业	高校和科研院所	合作方向
2019	河钢集团有限公司与中国钢研科技集团有限公司等	东北大学	氢能发展规划研究，氢能应用技术开发，氢能产业区域布局
2019	日本丰田自动车株式会社	清华大学	氢能与燃料电池等
2019	国家电投集团科学技术研究院有限公司	武汉理工大学	氢能领域关键核心技术
2019	雄安新动力科技股份有限公司	清华大学核能与新能源技术研究院	氢能技术与产业发展规划；制氢、氢燃料发电、储能相关技术示范工程建设
2019	东岳氟硅科技集团有限公司	上海交通大学	膜产业及上下游产业链
2019	国家能源集团氢能科技有限责任公司	武汉大学物联网实验室	智能加氢站站控系统"融氢"
2019	金通灵科技集团股份有限公司	西安交通大学	氢燃料电池压缩机
2019	中国能源工程集团有限公司	上海大学	氢能产业
2019	上海济平新能源科技有限公司	同济大学	催化剂与气体扩散层
2019	中钢天源股份有限公司	北京大学	燃料电池用低铂（非铂）催化剂
2019	陕西延长石油（集团）有限责任公司与江苏延长桑莱特新能源有限公司	南京大学	共建氢能与燃料电池产业创新中心
2019	开山集团股份有限公司	西安交通大学	车用空压机、氢循环泵和站用压缩机
2019	阳光电源	中国科学院大连化学物理研究所	PEM 电解制氢
2019	深圳市氢雄燃料电池有限公司	同济大学	催化剂及气体扩散层
2019	山东能源集团有限公司	中国石油大学（华东）	先进制氢技术等
2019	中国长江三峡集团有限公司	华北电力大学	氢能相关领域
2019	江苏德威新材料股份有限公司	合肥工业大学汽车工程技术研究院	搭载德威新材料电堆系统的氢能源汽车产品
2021	氢通（上海）新能源科技有限公司	上海交通大学	能源化学、电催化、高分子化学、膜化学、能源器件
2022	新研氢能源科技有限公司	北京科技大学	氢能金属极板的研发
2023	国鸿氢能科技（嘉兴）股份有限公司	福州大学	光催化析氢、电解水制氢、催化剂、氢能燃料电池动力系统

氢能产业的发展需要积极推进产学研合作，形成产业原始创新、技术创新、应用创新的长效机制，提升核心竞争力，推动产业高速发展。鼓励领军企业牵头，围绕氢能产业链的关键环节，遴选研发合作单位和团队，协同高校组建产学研基地、上下游衔接的创新联合体，发起联合技术攻关。政府支持优势企业组建技术联盟、产业联盟，吸引更

多中小企业参与氢能产业创新发展；建立产业链创新集聚区，营造良好的氢能人才成长环境和发展空间；在氢能产业的制—储—运加—用各环节，合理布局氢能产业的创新中心、工程研究中心、企业技术中心以及装备制造中心等多层次创新平台。同时，促进科研院所、高校和企业之间的合作，以企业为技术需求方、以科研院所或高校为技术供给方，进行双方之间的合作。

在市场运营方面，各地应当积极推进氢能产业知识产权转化平台建设，充分发挥已有运营中心、平台的科技成果向现实生产力转化运用的桥梁和纽带作用，盘活、用好知识产权资源，激发氢能产业创新创造，优化创新资源配置，积极拓展合作空间，加强产学研深度融合。鼓励各地方政府组织高校院所、企事业单位、行业协会建立氢能产业技术创新联盟或知识产权联盟，依托市场化的知识产权运营机构，促进氢能产业的知识产权许可、转让、融资、产业化、作价入股、专利标准化等知识产权运营服务全面发展，对氢能产业关键技术创新的可行性、知识产权侵权风险、知识产权资产的品质价值等进行评估、评价、核查与论证，为创新主体开展经济科技活动提供知识产权运营保障。依托中国国际专利技术与产品交易会，为国内氢能产业各类创新主体提供国内外高科技前沿领域的关键技术、核心技术、尖端技术服务的对接转化服务，为有项目合作需求、新产品、技术转化对接需求双方提供一站式交易服务；通过集聚氢能产业专利技术、产品、人才、资本等资源，把中国国际专利技术与产品交易会打造成国内外知名的氢能产业线上线下知识产权交易运营一体化平台，促进氢能产业的知识产权与市场、资本、人才、服务等要素对接，加速实现氢能产业的自主创新知识产权成果的商品化、产业化，为氢能产业知识产权运营发展提供强有力支撑。

8.3 氢能产业总结展望

近年来，中国氢能产业规模不断扩大，并且已经到了进一步扩大氢气应用示范范围的时刻，中国科学技术协会主席万钢提出"建议用一年时间建设一条氢能高速"加速氢能汽车的普及。用氢领域产业已经进入发展快车道，但是从氢能全产业链来看，当前产业上、中、下游的专利布局仍不均衡，中游的储氢、运氢等技术领域专利布局较少，尤其是固态储氢技术竞争力尚有较大进步空间，目前储氢技术的主流技术领域仍然是气态储氢和液态储氢技术，固态储氢技术距离商业化阶段还有一定的距离。在运氢方面，还要重点关注当前研发热点之一——天然气掺氢管道技术，也是运氢技术领域中有望在中长期迎来爆发式增长的新技术领域。相对地，中国制氢和用氢领域专利数量较多，尤其是交通等二级技术分类领域，其相关专利运营表现也较好，这些技术在目前的研发和转化的热度下，应该会继续保持高速发展。专利转让数量不多但转让率居高的技术领域有工业副产氢、氢储能，这些技术领域当前产业需求旺盛，当前鼓励工业副产氢等就近消纳、鼓励"风光发电＋氢储能"一体化应用新模式，但相关技术创新产出成果有限，技术供给可能存在一定缺口，尤其是氢储能技术还有较大发展空间。氢储能技术可以实现季节性的储能，在经济性方面有良好表现，中国科学院院士、清华大学教授欧阳明高近期也指出：电池和氢能将互补形成主流储能方式。氢储能技术领域要引起氢能相关创新主体的关注。

2023年12月，国家发展和改革委员会发布了《产业结构调整指导目录（2024年本）》，其中氢能技术与应用：可再生能源制氢、运氢及高密度储氢技术开发应用及设备制造，加氢站及车用清洁替代燃料加注站，移动新能源技术开发及应用，新一代氢燃料电池技术研发与应用，可再生能源制氢，液态、固态和气态储氢，管道拖车运氢，管道输氢，加氢站，氢电耦合；氢能、风电与光伏发电互补系统技术开发与应用，传统能源与新能源发电互补技术开发及应用，电解水制氢和二氧化碳催化合成绿色甲醇等氢能技术推广应用均为鼓励类。上述技术一定程度上也印证了本书识别出的氢能产业链关键技术。氢能产业链上、中、下游共计19项关键技术，对于氢能产业的高质量发展具有重要的推动作用。在上游制氢和下游用氢方面，催化剂相关技术均被识别为关键技术，氢能企业等创新主体需要重视催化剂相关材料的研发，向着"低成本、高效率"等方向不断提升催化剂性能；另外电解槽及辅助系统技术等的升级突破是降低电解水制氢技术成本、不断扩大制氢规模的重要一环，需要向着"低碳化、清洁化"等方向完成技术的迭代升级，进一步增强氢能产业上游发展韧性。中游的储、运加氢方面相关的技术研发是掣肘氢能产业规模化发展的关键因素之一。长期以来，我国储氢材料、气氢输送、加氢站等相关技术的研发突破相较下游用氢而言尚有不足。氢能全产业发展，需要畅通产业链各个环节，氢能产业中游的创新主体需要集中资源，合力攻关储氢材料、气液氢输送、加氢站配套设备等相关技术；同时，政策端持续发力，促进创新要素向企业集聚，加大支持力度，保持氢能企业融资势头，从研发到落地，补齐产业中游发展的"短板"，从而扩大氢能产业整体优势。下游用氢方面的技术成果丰富，但仍需要继续"锻长板"，聚焦质子交换膜燃料电池、氢储能等关键技术，挖掘发展优势，面对氢能产业下游日渐激烈的市场竞争态势，相关企业等创新主体要进一步精深研发，形成高附加值产品的同时积极参与相关标准的制定，努力形成自己的优势地位，打造良好的产业生态，实现氢能产业的"延链"。

氢能"制、储、运加、用"全产业链需要协同发力，但目前综合来看，氢能相关专利技术集中于下游的用氢技术，需要"消费端拉动生产端"，降低用氢领域成本，打通氢能产业全链条，开发氢能多样化应用场景。要进一步加强企业的创新主体地位，引入社会资金进一步激励其创新成果的产出。推动氢能产业的良性健康发展不能一味依靠财政补贴等支持，需要引入社会投资促进产业的接续性发展，科研院所与高校积累了大量创新成果，有待落地转化实施，大型企业相继进入氢能领域进行"一体化"的技术布局，其较强的技术应用需求，能承接技术转化实施，从而引导中国氢能领域的技术突破与产业创新生态形成。此外，还要加强氢能产业海外专利布局以更好地应对海内外市场日益激烈的竞争趋势，保持中国氢能领域优势发展地位，确保我国能源安全，助力"双碳"目标实现，在知识产权领域具体提出以下几点参考建议：

第一，建立便利化、多元化、系统化的技术创新综合服务平台。例如，包含氢能产业政策、资讯、技术路线、专利数据库等资源的综合平台，加强关键技术的挖掘与储备。引导地方政府以氢能产业技术发展为主导方向，集中整合氢能技术领域的国内外专利信息数据资源，建设与氢能行业技术发展趋势相契合、与时俱进的行业专利专题数据库；引导鼓励氢能产业领域企业等创新主体，利用公益性专利数据库平台，服务自身技术研发和专利申请工作，推动自主创新成果的转化。氢能产业专利专题数据库能够协助研发人员及时了解氢能产业最新专利技术信息，充分掌握氢能行业领域技术发展态势，跟踪国内外产业专利申请、布局态势，从而为技术研发人员寻找氢能行业技术创新突破点，提高研发起点，充分挖掘具有创新性和商业价值的核心专利，并进行布局，有效规避知识产权侵权风险，提供精准专利信息数据支撑，助力技术转移转化。

第二，大力开展氢能产业专利导航，加快培育高价值核心专利。围绕制氢、储氢、氢燃料电池关键部件和材料、氢燃料电池多场景应用等需求导向领域开展专利导航分析，收集和统计氢能全球专利信息和国内外市场信息，开展专利信息预警分析，编制氢能产业专利导航报告，为氢能产业发展提供精准专利导航规划和核心专利挖掘与布局策略，为地方政府决策和优化氢能产业发展路径提供参考，充分发挥专利导航对氢能技术创新研发的引领作用；围绕氢能产业关键技术，建立专利导航工作与快速审查联动机制，挖掘和培育一批高价值核心专利组合，形成产业核心竞争力；培育具有自主知识产权的氢能产业高价值专利，按照氢能专利导航工作成果，协助相关部门建立以市场为导向，以知识产权运营为目的"产、学、研、金、用"深度融合的产业关键技术专利组合，指导创新主体面向氢能关键技术和产品联合进行多类别、多地域、多层级、多组合、多用途的专利布局，构建一批产业需求导向的重点专利池，同时建立健全氢能产业重大项目和人才引进的知识产权分析评议工作机制。

第三，积极探索建立氢能产业知识产权联盟，加快推动氢能知识产权运营工作的发展，形成相关规范与标准。截至2023年4月，中国氢能联盟成员单位已经增加至105家，极大地促进了氢能产业的资源共享和交流合作，中国氢能联盟通过汇聚氢能全产业链的各类创新主体，进一步加速了氢能技术的研发、示范和推广应用，从而提升了氢能产业的整体竞争力。在知识产权方面也需要形成联盟进行支撑，开展氢能产业知识产权运营服务，适时引入金融机构提供贷款、担保等支持，不断推动技术的升级和换代，共同推动氢能技术推广与产业化应用。积极探索建立氢能产业知识产权联盟，发挥联盟整合资源的优势，持续开展和改进氢能知识产权运营相关服务，形成服务相关标准规范，进一步支撑氢能全链条发展的标准体系建立。

第四，建立健全氢能专利预审工作体制机制，加速构建氢能知识产权"严保护、大保护、快保护、同保护"工作格局。在国内氢能产业链重点分布的省市区域，加速筹建知识产权保护中心，加大新能源尤其是氢能产业领域专利预审工作力度，为氢能产业技术创新提供便捷、高效的快速受理、快速审查、快速确权等专利审查服务，缩短氢能领域专利的授权周期，提高专利授权效率，提高氢能产业的发明专利产出量，提高专利创造质量，从而促进创新主体加快氢能产业布局，提早开展氢能专利技术转化运营，迅速抢占国内外市场，提高核心竞争力。依托知识产权保护中心，加快构建氢能产业的知识产权维权援助与举报投诉快速反应机制、知识产权侵权调解处理快速反应机制以及建立专利审查确权、维权援助、仲裁调解、司法衔接相联动的知识产权快速协同保护体制，从而提高氢能产业的知识产权保护水平，营造良好知识产权保护环境。

第五，强化氢能领域知识产权国际保护，不断完善氢能领域专利的国际布局。首先是加强氢能产业相关创新主体的知识产权国际保护意识，鼓励企业等"引进来，走出去"。地方政府和相关部门引导和鼓励市场化知识产权服务机构开展国外氢能产业的知识产权分析和预警，帮助国内创新主体消化吸收国外先进专利技术，合理避开国外基础专利和核心专利技术壁垒。其次是引导氢能产业创新主体制定专利预警指导规范，服务"走出去"战略，协助创新主体向外申请专利，帮助其与目标国专利中介服务资源建立对接渠道，支持创新主体申请并获取国外专利授权，不断提升国内创新主体参与国际氢能市场竞争的强度，进一步做好国际氢能专利布局，积极抢占市场制高点。最后是引导和鼓励有条件的地区依托国家海外知识产权纠纷应对指导中心及各地方分中心资源，协调对接国家及本地优质服务机构资源，为创新主体在海外开展知识产权纠纷应对策略指导、预警分析等提供精准化维权援助服务。

展望未来，随着国家层面首个氢能全产业链标准体系建设指南——《氢能产业标准体系建设指南（2023版）》的发布，我国氢能产业政策标准体系将持续完善。未来将继续推动规模化"风光发电＋氢储能"一体化项目示范应用，坚持以市场为导向、以创新为核心，同时进一步加强企业、高校、科研机构之间的协同创新合作，共同开展关键核心技术攻关，降低应用端成本，提高整个产业链的创新能力和竞争力，持续推动氢能产业的可持续、高质量发展。

致　谢

　　本书在编撰、修改的过程中得到了各方领导、同事的大力支持和帮助,在此向大家致以诚挚的感谢!

　　感谢编委会成员的辛勤工作以及在书稿研讨和修改过程中付出的努力。感谢国家知识产权局、辽宁省知识产权局、大连市知识产权局相关领导和专家对本书给予的指导。

　　感谢中国科学院大连化学物理研究所各级领导对本书编写提供的指导和建议。感谢辽宁滨海实验室相关领导和专家、中国科学院大连化学物理研究所低碳战略研究中心、北京助天科技集团、北京元周律知识产权代理有限公司在本书编写过程中给予的大力支持。

　　本书在编写及修改过程中也得到了国家洁净能源知识产权运营中心、中国科学院大连化学物理研究所技术与创新支持中心（DICP -TISC）、辽宁洁净能源知识产权运营中心、大连市清洁能源专利运营中心、北京合享智慧科技有限公司的大力帮助和支持,在此一并感谢。

附 录

附录1 相关事项约定

1. 部分数据不完整说明

本书所采集的数据中，近期提出的专利申请统计数量不完全的主要原因有如下几点：一是PCT专利申请可能自申请日起30个月甚至更长时间之后才进入国家阶段，从而导致与之相应的国家公布时间推迟；二是发明专利申请通常自申请日（有优先权的申请，自优先权日）起18个月（要求提前公布的申请除外）才能被公布；三是实用新型专利申请，在授权后才会进行公布，其公布日的滞后程度取决于审查周期的长短等。

2. 国家/地区代码说明

附表1 国家/地区代码表

代码	对应国家/地区	代码	对应国家/地区
AU	澳大利亚	IN	印度
BR	巴西	IT	意大利
BE	比利时	JP	日本
BS	巴哈马	KR	韩国
CA	加拿大	MX	墨西哥
CH	瑞士	NL	荷兰
CN	中国	NO	挪威
CZ	捷克共和国	NZ	新西兰
DE	德国	PT	葡萄牙
DK	丹麦	RU	俄罗斯
IL	以色列	EP	欧洲专利局
ES	西班牙	SE	瑞典

续表

代码	对应国家/地区	代码	对应国家/地区
FI	芬兰	US	美国
FR	法国	WO	世界知识产权组织
GB	英国	ZA	南非
HU	匈牙利		

3. 报告中对专利"件"和"项"数的约定

将同一项发明创造在多个国家申请专利而产生的一组内容相同或基本相同的系列专利申请，称为同族专利。一组同族专利视为一"项"专利申请。一篇专利文献以"件"计数。

4. 相关术语

有效：截至专利检索日，专利权处于有效状态的专利申请。

失效：截至专利检索日，已经丧失专利权，或者自审查完毕时未获得授权的专利，包括专利申请被视为撤回或撤回、专利申请被驳回、专利权被无效、放弃专利权、专利权因费用终止，专利权届满等。

审中：截至专利检索日，该专利申请可能还未进入实质审查程序或者处于实质审查程序中，也有可能处于复审等其他法律状态。

附录2 省级层面氢能相关政策

序号	省份/自治区/直辖市	序号	发布年份	政策文件名称
1	北京	1	2020	《北京市氢燃料电池汽车产业发展规划（2020—2025年）》
		2	2021	《北京市氢能产业发展实施方案（2021—2025年）》
		3	2020	《大兴区促进氢能产业发展暂行办法》
		4	2021	《北京市"十四五"时期高精尖产业发展规划》
		5	2021	《昌平区氢能产业创新发展行动计划（2021—2025年）》
		6	2021	《大兴区促进氢能产业发展暂行办法（2022年修订版）（征求意见稿）》

续表

序号	省份/自治区/直辖市	序号	发布年份	政策文件名称
1	北京	7	2022	《2022年北京市高精尖产业发展资金实施指南》
		8	2022	《大兴区促进氢能产业发展暂行办法（2022年修订版）》
		9	2022	《北京市"十四五"时期城市管理发展规划》
		10	2022	《北京市氢燃料电池汽车车用加氢站建设管理暂行办法（征求意见稿）》
		11	2022	《北京市2022年能源工作要点》
		12	2022	《大兴区氢能产业发展行动计划（2022—2025年）（征求意见稿）》
		13	2022	《北京市关于支持氢能产业发展的若干政策措施》
		14	2022	《北京市氢燃料电池汽车车用加氢站发展规划（2021—2025年）》
		15	2022	《北京市燃料电池汽车标准体系》
		16	2024	《2024年北京市高精尖产业发展资金实施指南》
		17	2024	《北京市氢燃料电池汽车车用加氢站建设审批暂行办法》
2	天津	1	2020	《天津市氢能产业发展行动方案（2020—2022年）》
		2	2020	《天津港保税区关于扶持氢能产业发展若干政策》
		3	2021	《天津市科技创新"十四五"规划》
		4	2022	《天津市生态环境保护"十四五"规划》
		5	2022	《天津市能源发展"十四五"规划》
		6	2022	《天津市碳达峰实施方案》
		7	2022	《燃料电池汽车示范城市地方财政支持政策指导意见》
3	河北	1	2021	《河北省推进氢能产业发展实施意见》
		2	2021	《河北省氢能产业发展"十四五"规划》
		3	2021	《唐山市氢能产业发展规划（2021—2025）》
		4	2021	《全市氢能产业链和化工行业安全隐患排查整治方案》
		5	2021	《中共河北省委 河北省人民政府关于完整准确全面贯彻新发展理念认真做好碳达峰碳中和工作的实施意见》
		6	2022	《保定市氢能产业发展"十四五"规划》
		7	2022	《河北省"十四五"新型储能发展规划》
		8	2022	《唐山市发布燃料电池汽车加氢站建设管理暂行办法（征求意见稿）》
		9	2022	《张家口市支持建设燃料电池汽车示范城市的若干措施》
		10	2022	《保定市氢燃料电池汽车产业安全监督和管理办法（试行）》
		11	2022	《唐山市燃料电池汽车加氢站建设管理暂行办法》
		12	2023	《河北省氢能产业安全管理办法（试行）》
		13	2023	《河北省加氢站管理办法（试行）（征求意见稿）》

续表

序号	省份/自治区/直辖市	序号	发布年份	政策文件名称
4	山西	1	2022	《吕梁市氢能产业发展2022年行动计划》
		2	2022	《吕梁市氢能产业中长期发展规划（2022—2035）》
		3	2022	《山西省扎实推进稳住经济一揽子政策措施行动计划》
		4	2022	《山西省氢能产业发展中长期规划（2022—2035年）》
		5	2022	《山西省推进氢能产业发展工作方案》
		6	2023	《山西省氢能产业链2023年行动方案》
5	内蒙古	1	2020	《内蒙古自治区促进燃料电池汽车产业发展若干措施（试行）（征求意见稿）》
		2	2021	《内蒙古自治区"十四五"应对气候变化规划》
		3	2022	《国有资本支持风光氢储产业的指导意见》
		4	2022	《内蒙古自治区"十四五"氢能发展规划》
		5	2022	《内蒙古自治区"十四五"电力发展规划》
		6	2022	《鄂尔多斯市支持上海城市群燃料电池汽车示范应用奖补政策》
		7	2022	《鄂尔多斯市氢能产业发展三年行动方案（2022年—2024年）》
		8	2022	《鄂尔多斯市氢能产业发展规划》
		9	2022	《鄂尔多斯市"十四五"能源综合发展规划》
		10	2023	《鄂尔多斯市支持氢能产业发展若干措施》
		11	2023	《内蒙古自治区风光制氢一体化项目实施细则2023年修订版（试行）》
		12	2024	《内蒙古自治区可再生能源制氢产业安全管理办法（试行）》
		13	2024	《关于进一步加快推动氢能产业高质量发展的通知》
6	辽宁	1	2020	《大连市氢能产业发展规划（2020—2035年）》
		2	2022	《辽宁省"十四五"科技创新规划》
		3	2022	《辽宁省碳达峰实施方案》
		4	2022	《锦州市加快建立健全绿色低碳循环发展经济体系的若干措施》
		5	2022	《关于印发辽宁省化工园区认定管理办法的通知》
		6	2022	《辽宁省"十四五"能源发展规划》
		7	2022	《辽宁省氢能产业发展规划（2021—2025年）》
		8	2023	《辽宁省科技支撑碳达峰碳中和实施方案（2023—2030年）》
		9	2023	《大东区支持氢能暨氢燃料电池汽车产业 高质量发展的若干政策措施》
		10	2024	《沈阳市氢能产业发展规划（2024—2030年）》

续表

序号	省份/自治区/直辖市	序号	发布年份	政策文件名称
7	吉林	1	2021	《白城市国民经济和社会发展第十四个五年规划及2035年远景目标纲要任务清单》
		2	2022	《"一主六双"高质量发展战略专项规划》
		3	2022	《吉林省碳达峰实施方案》
		4	2022	《吉林省能源发展"十四五"规划》
		5	2022	《白山市能源发展"十四五"规划》
		6	2022	《"氢动吉林"中长期发展规划（2021—2035年）》
		7	2024	《吉林省新能源和智能网联汽车产业高质量发展行动方案》
		8	2024	《美丽吉林建设规划纲要（2024—2035年）》
8	黑龙江	1	2022	《黑龙江省碳达峰实施方案》
9	上海	1	2019	《嘉定区鼓励氢燃料电池汽车产业发展的有关意见（试行）》
		2	2020	《上海市燃料电池汽车产业创新发展实施计划》
		3	2021	《上海市鼓励购买和使用新能源汽车实施办法》
		4	2021	《中国（上海）自由贸易试验区临港新片区发展"十四五"规划》
		5	2021	《临港新片区打造高质量氢能示范应用场景实施方案（2021—2025年）》
		6	2021	《关于支持本市燃料电池汽车产业发展若干政策》
		7	2021	《上海市高端装备产业发展"十四五"规划》
		8	2021	《临港新片区燃料电池汽车加氢站建设运营若干规定（试行）》
		9	2021	《嘉定区关于持续推动汽车"新四化"产业发展的若干政策》《嘉定区加快推动氢能与燃料电池汽车产业发展的行动方案（2021—2025）》
		10	2022	《关于组织申报2022年度氢能补贴扶持资金项目的通知》
		11	2022	《上海市燃料电池汽车加氢站建设运营管理办法》
		12	2022	《2022年上海市经济和信息化委员会政务公开工作要点》
		13	2022	《上海市能源发展"十四五"规划》
		14	2022	《上海市氢能产业发展中长期规划（2022—2035年）》
		15	2022	《上海市瞄准新赛道促进绿色低碳产业发展行动方案（2022—2025年）》《上海市培育"元宇宙"新赛道行动方案（2022—2025年）》《上海市促进智能终端产业高质量发展行动方案（2022—2025年）》
		16	2022	《上海市交通节能减排专项扶持资金管理办法》
		17	2022	《上海市碳达峰实施方案》
		18	2022	《关于支持中国（上海）自由贸易试验区临港新片区氢能产业高质量发展的若干政策》
		19	2023	《上海交通领域氢能推广应用方案（2023—2025年）》

续表

序号	省份/自治区/直辖市	序号	发布年份	政策文件名称
10	江苏	1	2019	《江苏省氢燃料电池汽车产业发展行动规划》
		2	2021	《苏州市加氢站安全管理暂行规定》
		3	2020	《张家港市鼓励氢能产业发展的有关意见》
		4	2021	《盐城市"十四五"汽车产业高质量发展规划》
		5	2021	《无锡市氢能产业链安全管理暂行规定(征求意见稿)》
		6	2021	《江苏省"十四五"新能源汽车产业发展规划》
		7	2022	《南京市加氢站建设运营管理暂行规定》
		8	2022	《2022年常熟市氢燃料电池产业发展工作要点》
		9	2022	《无锡市氢能企业安全管理暂行规定》
		10	2022	《嘉兴港区氢能产业发展扶持政策》
		11	2022	《江苏省"十四五"可再生能源发展专项规划》
		12	2024	《江苏省氢能产业发展中长期规划(2024—2035年)》
11	浙江	1	2021	《浙江省加快培育氢燃料电池汽车产业发展实施方案》
		2	2021	《嘉兴市氢能产业发展实施意见(2021—2025)(征求意见稿)》
		3	2021	《关于浙江省加快新型储能示范应用的实施意见》
		4	2021	《绍兴市氢能产业发展规划(2021—2025年)》
		5	2021	《宁波市氢能示范应用扶持暂行办法(征求意见稿)》
		6	2021	《嘉兴氢能产业发展规划(2021—2035年)》
		7	2021	《普陀区低碳试点县建设实施方案》
		8	2022	《嘉兴市推动氢能产业发展财政补助实施细则》
		9	2022	《温州市支持新能源汽车产业发展及推广应用若干政策措施》
		10	2022	《中共浙江省委 浙江省人民政府关于完整准确全面贯彻新发展理念做好碳达峰碳中和工作的实施意见》
		11	2022	《关于加快推进氢燃料电池汽车省级示范点的若干政策意见(征求意见稿)》
		12	2022	《浙江省能源发展"十四五"规划》
		13	2022	《绍兴市生态文明建设规划(修编)(2021—2030年)》
		14	2022	《宁波市能源发展"十四五"规划》
		15	2022	《嘉善县人民政府关于加快推进氢能产业发展的若干政策意见》
		16	2023	《嘉兴市燃料电池汽车加氢站建设运营管理实施意见(试行)》
		17	2023	《浙江省加氢站发展规划》
12	安徽	1	2022	《安徽省"十四五"汽车产业高质量发展规划》
		2	2022	《六安市支持物流业高质量发展若干政策(试行)的通知》
		3	2022	《支持新能源汽车和智能网联汽车产业提质扩量增效若干政策》
		4	2022	《阜阳市氢能源产业发展规划(2021—2035年)(征求意见稿)》
		5	2022	《安徽省氢能产业发展中长期规划》
		6	2024	《安徽省氢能产业高质量发展三年行动计划》

续表

序号	省份/自治区/直辖市	序号	发布年份	政策文件名称
13	福建	1	2022	《漳州市"十四五"能源发展专项规划》
		2	2022	《福建省新能源汽车产业发展规划（2022—2025年）》
		3	2022	《福建省"十四五"能源发展专项规划》
		4	2022	《中共福建省委 福建省人民政府关于完整准确全面贯彻新发展理念做好碳达峰碳中和工作的实施意见》
		5	2022	《福建省氢能产业发展行动计划（2022—2025年）》
14	江西	1	2021	《江西省"十四五"制造业高质量发展规划》
		2	2022	《江西省"十四五"能源发展规划》
		3	2022	《江西省碳达峰实施方案》
		4	2023	《江西省氢能产业发展中长期规划（2023—2035年）》
15	山东	1	2020	《山东省氢能产业中长期发展规划（2020—2030年）》
		2	2021	《省会经济圈"十四五"一体化发展规划》
		3	2021	《山东省能源发展"十四五"规划》
		4	2021	《淄博市实施减碳降碳十大行动工作方案》
		5	2021	《关于进一步鼓励氢能产业发展的意见》
		6	2021	《关于支持氢能产业发展的若干政策》
		7	2021	《济南市新能源及可再生能源发展"十四五"规划（征求意见稿）》
		8	2021	《关于支持氢能产业发展的若干政策》
		9	2022	《青岛西海岸新区氢能产业发展规划（2021—2030年）》
		10	2020	《泰安市人民政府办公室关于加快推进氢能产业发展的实施意见》
		11	2022	《临沂市能源发展"十四五"规划》
		12	2022	《青岛市"十四五"节约能源规划（征求意见稿）》
		13	2022	《济宁市能源发展"十四五"规划》
		14	2022	《山东省燃气机组建设工程等八个行动方案的通知》
		15	2022	《济南市"十四五"绿色低碳循环发展规划》
		16	2022	《淄博市氢能产业发展中长期规划（2022—2030年）》
		17	2023	《山东省新能源汽车产业高质量发展行动计划》
		18	2024	《关于进一步完善绿色金融体系推动能源和产业转型的若干措施》
16	河南	1	2020	《河南省氢燃料电池汽车产业发展行动方案》
		2	2021	《濮阳市支持氢能与氢燃料电池产业发展若干政策》
		3	2021	《河南省加快新能源汽车产业发展实施方案》
		4	2022	《河南省"十四五"现代能源体系和碳达峰碳中和规划》
		5	2022	《新乡市人民政府办公室关于加快新乡市新能源汽车相关产业发展的实施意见》

续表

序号	省份/自治区/直辖市	序号	发布年份	政策文件名称
16	河南	6	2022	《河南省人民政府办公厅关于进一步加快新能源汽车产业发展的指导意见》
		7	2022	《郑州市"十四五"战略性新兴产业发展总体规划（2021—2025年）》
		8	2022	《郑州市支持燃料电池汽车示范应用若干政策（征求意见稿）》
		9	2022	《商丘市"十四五"现代能源体系和碳达峰碳中和规划（征求意见稿）》
		10	2022	《濮阳市氢能产业发展三年行动方案（2022—2024年）》
		11	2022	《郑州市汽车加氢站管理暂行办法》
		12	2022	《河南省"十四五"节能减排综合工作方案》
		13	2022	《安阳市汽车加氢站管理暂行办法（征求意见稿）》
		14	2022	《河南省氢能产业发展中长期规划（2022—2035年）》
		15	2022	《郑汴洛濮氢走廊规划建设工作方案》
		16	2024	《郑州市氢能产业发展中长期规划（2024—2035年）》
17	湖北	1	2021	《武汉市推动降碳及发展低碳产业工作方案》
		2	2022	《宜昌市能源发展"十四五"规划》
		3	2022	《湖北省氢能产业发展规划（2021—2035年）》
		4	2022	《市人民政府关于支持氢能产业发展的意见》
		5	2022	《湖北省能源发展"十四五"规划》
		6	2022	《关于支持氢能产业高质量发展的若干政策措施（征求意见稿）》
		7	2022	《关于支持氢能产业发展意见的实施细则（征求意见稿）》
		8	2022	《十堰市新能源汽车推广应用行动计划（2022—2024年）》
		9	2022	《关于支持氢能产业发展的若干措施》
18	湖南	1	2021	《娄底市"十四五"能源发展规划》
		2	2022	《中共湖南省委 湖南省人民政府关于实施强省会战略支持长沙市高质量发展的若干意见》
		3	2022	《湖南省"十四五"可再生能源发展规划》
		4	2022	《湖南省氢能产业发展规划》
		5	2023	《长沙市氢能产业发展行动方案（2023—2025年）》
19	广东	1	2021	《广州市黄埔区 广州开发区促进氢能产业发展办法实施细则》
		2	2021	《广东省制造业高质量发展"十四五"规划》
		3	2022	《佛山市新能源城市配送货车运营扶持资金管理办法》
		4	2021	《广东省科技创新"十四五"规划》
		5	2021	《佛山市南海区新能源（氢能）市政、物流车辆推广应用实施方案（2021—2025年）》

续表

序号	省份/自治区/直辖市	序号	发布年份	政策文件名称
19	广东	6	2022	《广东省加快建设燃料电池汽车示范城市群行动计划（2022—2025年）》
		7	2022	《深圳市氢能产业发展规划（2021—2025年）》
		8	2022	《广州市加氢站管理暂行办法》
		9	2022	《黄埔区发展改革局 广州开发区发展改革局关于组织开展2022年区促进氢能产业发展办法兑现工作（第一批）的通知》
		10	2022	《深圳市综合交通"十四五"规划》
		11	2022	《广州市科技创新"十四五"规划》
		12	2022	《广东省能源发展"十四五"规划》
		13	2020	《佛山市南海区氢能产业发展规划（2020—2035年）》
		14	2022	《东莞市加氢站"十四五"发展规划（2021—2025年）》
		15	2022	《深圳市培育发展新能源产业集群行动计划（2022—2025年）》
		16	2022	《深圳市人民政府关于发展壮大战略性新兴产业集群和培育发展未来产业的意见》
		17	2022	《东莞市能源发展"十四五"规划》
		18	2022	《云浮市能源发展"十四五"规划》
		19	2023	《河源市能源发展"十四五"规划》
		20	2022	《深圳市氢能产业创新发展行动计划2022—2025年》（征求意见稿）》
		21	2022	《中共广东省委 广东省人民政府关于完整准确全面贯彻新发展理念推进碳达峰碳中和工作的实施意见》
		22	2022	《珠海市氢能产业发展规划（2022—2035年）》
		23	2022	《南沙区氢能产业扶持办法（征求意见稿）》
		24	2022	《黄埔区发展改革局 广州开发区发展改革局关于组织开展2022年（第二批）区促进氢能产业发展办法兑现工作的通知》
		25	2022	《肇庆市能源发展"十四五"规划》
		26	2023	《东莞市氢能产业发展行动计划（2023—2025年）》
		27	2024	《深圳市氢能产业创新发展行动计划（2024—2025年）》
		28	2024	《关于加快推动氢能产业高质量发展的若干措施（征求意见稿）》
		29	2024	《广东省推动低空经济高质量发展行动方案（2024—2026年）》
20	广西	1	2022	《广西新能源汽车产业发展"十四五"规划》
		2	2022	《广西可再生能源发展"十四五"规划》
		3	2022	《柳州市能源发展"十四五"规划》
		4	2022	《广西能源发展"十四五"规划》
		5	2023	《广西氢能产业发展中长期规划（2023—2035年）》

续表

序号	省份/自治区/直辖市	序号	发布年份	政策文件名称
21	海南	1	2021	《海南省高新技术产业"十四五"发展规划》
		2	2022	《海南省碳达峰实施方案》
		3	2024	《海南省氢能产业发展中长期规划（2023—2035年）》
		4	2024	《海口市氢能产业发展规划（2023—2035年）（征求意见稿）》
22	重庆	1	2020	《重庆市氢燃料电池汽车产业发展指导意见》
		2	2021	《重庆市支持氢燃料电池汽车推广应用政策措施（2021—2023年）》
		3	2022	《重庆市"十四五"清洁生产推行工作方案》
		4	2022	《重庆市促进汽车产业平稳增长政策措施》
		5	2023	《重庆市九龙坡区氢能产业中长期发展规划（2023—2035）》
		6	2024	《重庆市2024年支持氢燃料电池汽车推广应用政策措施》
23	四川	1	2019	《成都市支持氢能暨新能源汽车产业发展及推广应用若干政策》
		2	2020	《四川省氢能产业发展规划（2021—2025年）》
		3	2021	《资阳市工业经济高质量发展政策措施（征求意见稿）》
		4	2021	《四川省"十四五"生态环境保护规划（征求意见稿）》
		5	2021	《中共四川省委关于以实现碳达峰碳中和目标为引领推动绿色低碳优势产业高质量发展的决定》
		6	2022	《成都市优化产业结构促进城市绿色低碳发展行动方案》《成都市优化产业结构促进城市绿色低碳发展政策措施》
		7	2022	《成都市能源结构调整十条政策措施》《成都市能源结构调整行动方案（2021—2025年）（征求意见稿）》
		8	2022	《成都市支持绿色低碳重点产业高质量发展若干政策措施（征求意见稿）》
		9	2022	《四川省氢能产业发展规划（2021—2025年）》
		10	2022	《成都市加氢站建设运营管理办法（试行）》
		11	2022	《成都市新能源汽车产业发展规划（2022—2025）（征求意见稿）》
		12	2022	《成都市"十四五"能源发展规划》
		13	2022	《成都市轨道交通产业发展"十四五"规划（征求意见稿）》
		14	2022	《四川省"十四五"电力发展规划》
		15	2022	《攀枝花市燃料电池汽车加氢站建设运营管理办法（试行）》
		16	2022	《关于做好新能源与智能汽车相关政策奖励申报工作的通知》
		17	2022	《成都制造"1+7"政策体系（征求意见稿）》
		18	2024	《乐山市燃料电池汽车加氢站建设运营管理办法（试行）》
		19	2024	《成都市推动氢燃料电池商用车产业发展及推广应用行动方案（2024—2026年）》
		20	2024	《支持新能源与智能网联汽车产业高质量发展若干政策措施》
		21	2024	《四川省进一步推动氢能全产业链发展及推广应用行动方案（2024—2027年）（征求意见稿）》

续表

序号	省份/自治区/直辖市	序号	发布年份	政策文件名称
24	贵州	1	2022	《贵州省"十四五"氢能产业发展规划》
		2	2022	《黔西南州"十四五"工业发展专项规划》
		3	2022	《贵州省新能源和可再生能源发展"十四五"规划》
		4	2023	《盘州市氢能产业发展规划（2022—2030年）》
25	云南	1	2021	《丽江市人民政府关于氢能产业发展的指导意见》
		2	2022	《云南省"十四五"制造业高质量发展规划》
26	西藏	1	2023	《西藏自治区工业领域碳达峰实施方案》
		2	2023	《西藏自治区氢氧产业发展规划（2024—2030年）》
27	陕西	1	2021	《陕西省"十四五"制造业高质量发展规划》
		2	2021	《西安市人民政府办公厅关于加快推动新能源汽车产业高质量发展的实施意见》
		3	2022	《榆林市加氢站管理暂行办法》
		4	2022	《陕西省氢能产业发展三年行动方案（2022—2024年）》
		5	2022	《陕西省"十四五"氢能产业发展规划》
		6	2022	《陕西省促进氢能产业发展的若干政策措施》
		7	2023	《西咸新区氢能产业发展规划（2022—2030年）》《西咸新区氢能产业发展三年行动方案（2023—2025年）》《西咸新区促进氢能产业发展的若干政策措施》
		8	2023	《西安市氢能产业发展规划（2023—2035年）（征求意见稿）》
28	甘肃	1	2021	《"十四五"兰州经济圈发展规划》
		2	2022	《"十四五"河西走廊经济带发展规划》
		3	2022	《兰州市氢能产业发展实施方案（2022—2025年）》
		4	2022	《甘肃省"十四五"能源发展规划》
		5	2022	《酒泉市氢能产业发展实施方案（2022—2025年）》
		6	2022	《酒泉市氢能产业安全管理办法（试行）》
		7	2022	《酒泉市"十四五"能源发展规划》
		8	2023	《甘肃省人民政府办公厅关于氢能产业发展的指导意见》
		9	2023	《关于促进氢能产业高质量发展的若干措施（暂行）（征求意见稿）》《关于促进氢能产业高质量发展的若干措施（暂行）实施细则（征求意见稿）》
29	青海	1	2022	《青海省促进氢能产业发展的若干政策措施》
		2	2022	《青海省氢能产业发展中长期规划（2022—2035年）》
		3	2022	《青海省氢能产业发展三年行动方案（2022—2025年）》
		4	2022	《青海省能源领域碳达峰实施方案》

续表

序号	省份/自治区/直辖市	序号	发布年份	政策文件名称
30	宁夏	1	2022	《宁夏能源转型发展科技支撑行动方案》
		2	2022	《宁夏回族自治区氢能产业发展规划（征求意见稿）》
		3	2022	《自治区碳达峰实施方案（征求意见稿）》
		4	2022	《宁夏回族自治区氢能产业发展规划》
		5	2023	《关于氢能产业安全生产专项行动的方案》
31	新疆	1	2023	《自治区氢能产业发展三年行动方案（2023—2025年）》
		2	2023	《自治区支持氢能产业示范区建设的若干政策措施》
		3	2024	《关于进一步发挥风光资源优势 促进特色产业高质量发展政策措施的通知》
32	香港	1	2024	《香港氢能发展策略》
33	澳门	1	2023	《澳门长期减碳策略》
34	台湾	1	2022	《台湾省2050净零排放路径及策略总说明》

附录3 国家层面氢能相关政策

序号	发布单位	发布时间	政策文件名称	网址链接
1	国家发展改革委、国家能源局	2016年3月	《能源技术革命创新行动计划（2016—2030年）》	https：//www.ndrc.gov.cn/xxgk/zcfb/tz/201606/W020190905517012835441.pdf
2	国家能源局	2020年4月	《中华人民共和国能源法（征求意见稿）》	http：//www.nea.gov.cn/2020-04/10/c_138963212.htm
3	国务院	2020年10月	《国务院办公厅关于印发新能源汽车产业发展规划（2021—2035年）的通知》	http：//www.gov.cn/zhengce/content/2020-11/02/content_5556716.htm
4	国务院	2021年2月	《国务院关于加快建立健全绿色低碳循环发展经济体系的指导意见》	http：//www.gov.cn/zhengce/content/2021-02/22/content_5588274.htm?gov
5	中央人民政府	2021年3月	《中华人民共和国国民经济和社会发展第十四个五年规划和2035年远景目标纲要》	http：//www.gov.cn/xinwen/2021-03/13/content_5592681.htm
6	国务院	2021年10月	《中共中央 国务院关于完整准确全面贯彻新发展理念做好碳达峰碳中和工作的意见》	http：//www.gov.cn/gongbao/content/2021/content_5649728.htm

续表

序号	发布单位	发布时间	政策文件名称	网址链接
7	国务院	2021年10月	《国务院关于印发2030年前碳达峰行动方案的通知》	http://www.gov.cn/zhengce/zhengceku/2021-10/26/content_5644984.htm
8	国家发展改革委等	2021年11月	《国家发展改革委等部门关于印发〈"十四五"全国清洁生产推行方案〉的通知》	http://www.gov.cn/zhengce/zhengceku/2021-11/10/content_5650026.htm
9	工业和信息化部	2021年12月	《工业和信息化部关于印发〈"十四五"工业绿色发展规划〉的通知》	http://www.gov.cn/zhengce/zhengceku/2021-12/03/content_5655701.htm
10	工业和信息化部等	2021年12月	《三部委关于印发"十四五"原材料工业发展规划的通知》	http://www.gov.cn/zhengce/zhengceku/2021-12/29/content_5665166.htm
11	国家发展改革委、国家能源局	2022年1月	《国家发展改革委 国家能源局关于完善能源绿色低碳转型体制机制和政策措施的意见》	http://www.gov.cn/zhengce/zhengceku/2022-02/11/content_5673015.htm
12	国家发展改革委、国家能源局	2022年3月	《国家发展改革委 国家能源局关于印发〈"十四五"现代能源体系规划〉的通知》	http://www.gov.cn/zhengce/zhengceku/2022-03/23/content_5680759.htm
13	国家发展改革委、国家能源局	2022年3月	《氢能产业发展中长期规划（2021—2035年）》	http://zfxxgk.nea.gov.cn/1310525630_16479984022991n.pdf
14	国家能源局、科学技术部	2022年4月	《关于印发〈"十四五"能源领域科技创新规划〉的通知》	http://www.gov.cn/zhengce/zhengceku/2022-04/03/content_5683361.htm
15	科技部等	2022年8月	《科技部等九部门关于印发〈科技支撑碳达峰碳中和实施方案（2022—2030年）〉的通知》	https://www.most.gov.cn/xxgk/xinxifenlei/fdzdgknr/qtwj/qtwj2022/202208/t20220817_181986.html
16	科技部	2022年9月	《科技部关于印发〈"十四五"国家高新技术产业开发区发展规划〉的通知》	https://www.most.gov.cn/xxgk/xinxifenlei/fdzdgknr/fgzc/gfxwj/gfxwj2022/202211/t20221109_183360.html
17	国家发展改革委等	2022年12月	《国家发改委 科技部印发〈关于进一步完善市场导向的绿色技术创新体系实施方案（2023—2025年）〉的通知》	https://www.ndrc.gov.cn/xxgk/zcfb/tz/202212/t20221228_1344205.html?code=&state=123
18	国家发展改革委等	2023年8月	《国家发展改革委等部门关于印发〈绿色低碳先进技术示范工程实施方案〉的通知》	https://www.ndrc.gov.cn/xwdt/tzgg/202308/t20230822_1359999.html

参考文献

[1] 蔡睿，朱汉雄，李婉君，等."双碳"目标下能源科技的多能融合发展路径研究[J].中国科学院院刊，2022，37（4）：502-510.

[2] ERR 能研微讯.美国氢能经济路线图——减排及驱动氢能在全美实现增长[EB/OL].（2019-12-30）[2020-02-17].https：//www.sohu.com/a/363575997_120441883.

[3] 赵学良.美国氢能及燃料电池发展路径[EB/OL].（2021-12-08）[2023-10-10].https：//baijiahao.baidu.com/s?id=1718533073695614396&wfr=spider&for=pc.

[4] CBEA.今天是"氢能与燃料电池日"！[EB/OL].（2018-10-08）[2023-10-10].http：//www.cbea.com/yldc/201810/898445.html.

[5] 中国科学院青岛生物能源与过程研究所.美国氢能经济路线图分析[EB/OL].（2021-07-26）[2022-11-01].http：//www.qibebt.cas.cn/xwzx/kydt/202107/t20210726_6148333.html.

[6] 符冠云，熊华文.日本、德国、美国氢能发展模式及其启示[J].宏观经济管理，2020（6）：84-90.

[7] 中新网.日本政府拟建"氢社会"公布氢能源利用进度表[EB/OL].（2019-03-13）[2023-07-12].https：//www.chinanews.com/gj/2019/03-13/8778989.shtml.

[8] 网易.日本《2050 年碳中和绿色增长战略》[EB/OL].（2021-04-09）[2022-09-06].https：//www.163.com/dy/article/G75D88TN0511B355.html.

[9] 国际氢能网.日本修订《氢能基本战略》[EB/OL].（2023-06-13）[2023-07-12].https：//h2.in-en.com/html/h2-2425948.shtml.

[10] 凌文，李全生，张凯.我国氢能产业发展战略研究[J].中国工程科学，2022，24（3）：80-88.

[11] 国家发展改革委 国家能源局.关于印发《能源技术革命创新行动计划（2016—2030 年）》的通知[EB/OL].（2016-04-07）[2022-09-06].http：//www.gov.cn/xinwen/2016-06/01/content_5078628.htm.

[12] 政府工作报告[EB/OL].（2019-03-16）[2022-09-06].http：//www.gov.cn/premier/2019-03/16/content_5374314.htm.

[13] 财政部 工业和信息化部 科技部 发展改革委 国家能源局.关于开展燃料电池汽车示范应用的通知[EB/OL].（2020-09-16）[2022-09-06].http：//www.gov.cn/zhengce/zhengceku/2020-10/22/content_5553246.htm.

[14] 国家能源局.氢能，现代能源体系新密码[EB/OL].（2022-05-07）[2022-09-06].http：//www.nea.gov.cn/2022-05/07/c_1310587396.htm.

[15] 中共中央 国务院关于完整准确全面贯彻新发展理念做好碳达峰碳中和工作的意见[EB/OL].（2021-10-24）[2022-09-06].http：//www.gov.cn/zhengce/2021-10/24/content_5644613.htm.

[16] 国务院关于印发 2030 年前碳达峰行动方案的通知[EB/OL].（2021-10-24）[2022-09-06].http：//www.gov.cn/zhengce/content/2021-10/26/content_5644984.htm.

[17] 国家发展改革委 国家能源局.氢能产业发展中长期规划（2021—2035 年）[EB/OL].（2022-03-24）[2022-09-06].http：//www.gov.cn/xinwen/2022-03/24/content_5680975.htm.

[18] 北京市经济和信息化局.关于印发《北京市氢燃料电池汽车产业发展规划（2020—2025 年）》的

通知 [EB/OL].（2020-10-30）[2022-09-06].http：//jxj.beijing.gov.cn/jxdt/tzgg/202010/t20201030_2125115.html.

[19] 上海市发展和改革委员会.关于印发《上海市氢能产业发展中长期规划（2022—2035年）》的通知 [EB/OL].（2022-06-20）[2022-09-06].https：//fgw.sh.gov.cn/fgw_gjscy/20220617/f380fb95c7c54778a0ef1c4a4e67d0ea.html.

[20] 北极星氢能网.科尔尼发布氢能产业白皮书：建议未来十年内重点关注五大细分领域 [EB/OL].（2022-04-20）[2022-09-16].https：//news.bjx.com.cn/html/20220420/1219061.shtml.

[21] 贾卫.中国氢能产业发展走上"快车道"[EB/OL].（2023-04-24）[2023-07-06].http：//www.news.cn/energy/20230424/5dff9b3b85aa47b48047a27d45a1e161/c.html.

[22] 孙学军.氢分子生物学 [M].上海：第二军医大学出版社，2013.

[23] 庞名立.氢能发展历程 [EB/OL].（2020-04-13）[2022-11-01].http：//www.chinapower.com.cn/zx/zxbg/20200413/15040.html

[24] 中国能源研究会核能专委会.美国能源企业加速核能制氢布局 [EB/OL].（2022-09-28）[2022-11-08].https：//www.cnnpn.cn/article/32910.html.

[25] 王林.20% 掺氢燃机试运行！天然气掺氢发电备受推崇 [EB/OL].（2022-07-28）[2022-11-08].https：//news.bjx.com.cn/html/20220728/1244673.shtml.

[26] 北极星氢能网.美国首例天然气掺绿氢发电示范项目报告：掺氢35% 碳排放减少14%[EB/OL].（2022-09-27）[2022-11-08].https：//news.bjx.com.cn/html/20220927/1257566.shtml.

[27] 中网信息.2022年美国加氢站行业市场现状及发展前景分析 [EB/OL].（2022-06-28）[2022-11-08].http：//www.chinanews360.com/News/Info_319608_0_0_2.html

[28] 环球网.日本离"氢能社会"有多远？ [EB/OL].（2022-08-16）[2022-10-20].http：//www.xinhuanet.com/globe/2022/08/16/c_1310650577.htm.

[29] 霍尼韦尔.氢能未来发展总共分几步？看这本白皮书就够了 [EB/OL].（2022-11-07）[2022-11-08].https：//www.sohu.com/a/603444227_121123882.

[30] 张宇麒.主要国家氢能发展现状 [EB/OL].（2022-10-19）[2022-11-01].https：//mp.weixin.qq.com/s/YlqOgWygdJA1NFx-xtdguA.

[31] 山东省人民政府.多个奖项突破"卡脖子"技术或攻克世界性难题 [EB/OL].（2022-12-19）[2022-12-22].http：//www.shandong.gov.cn/art/2022/12/19/art_116200_567674.html

[32] 国际氢能网.中国领先！全球加氢站已超过1000座大关 [EB/OL].（2023-01-12）[2023-01-12].https：//h2.in-en.com/html/h2-2421338.shtml.

[33] 中国石化新闻网.阿曼国有石油公司将开发绿色氢项目 [EB/OL].（2021-05-19）[2022-09-06].http：//www.sinopecnews.com.cn/news/content/2021/05/19/content_1857715.htm.

[34] 中国证券网.上海市氢科学技术研究会两家理事单位签署批量镁基固态储运氢车采购协议 [EB/OL].（2023-07-05）[2023-07-06].https：//news.cnstock.com/news，bwkx-202307-5086425.htm.

[35] 丁文江.推动中国氢能产业迈上新台阶 [EB/OL].（2023-07-05）[2023-07-06].http：//sh.news.cn/20230704/eb4bf4b833a4474988c0aed0d5d364e1/c.html.

[36] 刘玮，万燕鸣，张岩，等.中国加氢设施发展现状、挑战及展望 [J].科技导报，2023，41（10）：101-105.

[37] 中国氢能联盟.《中国氢能源及燃料电池产业白皮书》发布：2050年中国氢能源比例将达10%[EB/OL].（2019-06-26）[2022-11-05].https：//www.jiemian.com/article/3254281.html.

[38] 界面新闻.丰田瞄准在欧洲和中国市场销售氢燃料电池车 [EB/OL].（2019-06-26）[2022-11-05].https：//www.jiemian.com/article/9725507.html.

[39] 北京市碳达峰碳中和工作领导小组办公室. 关于印发北京市可再生能源替代行动方案（2023—2025年）的通知 [EB/OL].（2023-06-28）[2024-07-05].http：//fgw.beijing.gov.cn/fgwzwgk/zcgk/bwqtwj/202306/P020230628554604084460.pdf.

[40] 姜勇. 南庄一体站，"氢"而易举 [J]. 中国石油石化，2021（19）：38-39.

[41] 程一步，王晓明，李杨楠，等. 中国氢能产业步入快速发展机遇期石化企业可大有作为 [J]. 石油石化绿色低碳，2020，5（1）：1-9.

[42] 中国石化打造中国第一氢能公司 [EB/OL].（2020-09-16）[2022-09-06].http：//www.sinopecgroup.com.cn/group/xwzx/gsyw/20210426/news_20210426_371789179787.shtml.

[43] 氢能源燃料电池电动汽车. 国内34家氢燃料电池电堆企业盘点 [EB/OL].（2022-09-14）[2022-11-08]. https：//mp.weixin.qq.com/s/3F_pXOal4ArMFraOr9wOgA.

[44] 中国石化集团. 全球最大光伏绿氢生产项目落户新疆库车 [EB/OL].（2021-11-30）[2022-09-06].http：//www.chinacpc.com.cn/info/2021-11-30/news_5849.html.

[45] 科学网. 兆瓦级质子交换膜水电解制氢系统成功运行 [EB/OL].（2021-10-11）[2022-10-20].https：//news.sciencenet.cn/htmlnews/2021/10/466716.shtm.

[46] 中国科学院大连化学物理研究所催化基础国家重点实验室. 实验室简介 [EB/OL].[2022-11-08].http：//www.sklc.dicp.ac.cn/gywm/sysjj.htm.

[47] 国家知识产权局. 氢能产业技术分类与国际专利分类IPC对照及检索应用 [EB/OL].（2023-06-20）[2023-06-20].https：//www.cnipa.gov.cn/art/2023/6/20/art_3166_185808.html.

[48] 中华人民共和国中央人民政府. 中华人民共和国国民经济和社会发展第十个五年计划纲要 [EB/OL].（2001-03-15）[2022-10-13].http：//www.gov.cn/gongbao/content/2001/content_60699.htm.

[49] 国家发改委. 能源发展"十一五"规划 [EB/OL].（2007-04-11）[2022-10-13].http：//www.nea.gov.cn/2007-04/11/c_131215360.htm.

[50] 国务院. "十二五"国家战略性新兴产业发展规划 [EB/OL].（2012-07-09）[2022-10-13].http：//www.gov.cn/zwgk/2012-07/20/content_2187770.htm.

[51] 赛迪观点. 基于专利分析全球氢能发展趋势与我国面临的挑战 [EB/OL].（2022-10-20）[2022-11-10]. https：//mp.weixin.qq.com/s/AsZL-Krzgkd8haJkJ5jGCA.

[52] 中华人民共和国中央人民政府. 中华人民共和国国民经济和社会发展第十四个五年规划和2035年远景目标纲要 [EB/OL].（2021-03-13）[2022-10-13].http：//www.gov.cn/xinwen/ 2021/03/13/content_5592681.htm.

[53] 北京市人民政府关于印发《北京市"十四五"时期高精尖产业发展规划》的通知 [EB/OL].（2021-08-23）[2022-10-20].http：//jxj.beijing.gov.cn/zwgk/ghjh/jghjh/202108/t20210823_2474483.html.

[54] 北京市经济和信息化局. 关于印发《北京市氢能产业发展实施方案（2021-2025年）》的通知 [EB/OL].（2021-08-16）[2022-10-20]. http：//jxj.beijing.gov.cn/jxdt/tzgg/202108/t20210816_2469059.html.

[55] 北京市经济和信息化局. 关于印发《北京市关于支持氢能产业发展的若干政策措施》的通知 [EB/OL].（2022-08-11）[2022-10-20]. http：//jxj.beijing.gov.cn/zwgk/zcwj/bjszc/202208/t20220811_2790933.html.

[56] 新华社. 北京房山：打造氢能产业发展新高地 [EB/OL].（2022-08-26）[2022-09-16].https：//m.gmw.cn/baijia/2022-08/26/1303110151.html.

[57] 上海神力科技股份有限公司. 关于我们 [EB/OL].[2022-10-20].http：//www.sl-power.com/gsjs/index_3.aspx.

[58] 韩敬娴. 亿华通上半年净利润减少4000多万元，"氢燃料电池第一股"光环还在？ [EB/OL].（2022-

08-31）[2022-11-09].https：//baijiahao.baidu.com/s?id=1742643335302901575&wfr=spider&for=pc.

[59] 格罗夫氢能汽车有限公司.关于我们[EB/OL].[2022-09-16].http：//www.grove.com.cn/introduction.html.

[60] 上海神力科技有限公司.公司介绍[EB/OL].[2022-11-08]. http：//www.sl-power.com/gsjs/index_3.aspx.

[61] 葛树.未来五年,如何更好保护和激励高价值专利？[EB/OL].（2021-04-26）[2022-09-16].http：//www.gov.cn/xinwen/2021-03/29/content_5596621.htm.

[62] 李文.印度完成了第一辆氢燃料电池乘用车的试运行[EB/OL]（2021-12-14）[2022-09-16].https：//news.yiche.com/hao/wenzhang/60304882/.

[63] 汪睿.基于渐进式创新的产品形象衍变机理研究[D].合肥：合肥工业大学,2018.

[64] 丁焕峰,邱梦圆.技术创新的结构布局、专业化优势与经济增长——基于动态面板模型的实证分析[J].江西财经大学学报,2018（3）：11-22.

[65] 葛慧磊,詹爱岚,寇冬雪.卫星导航产业技术创新态势及发展对策研究——基于专利情报多维测量[J].情报理论与实践,2020,43（3）：65-70.

[66] 罗恺.基于专利分散理论的我国半导体照明专利研究[D].武汉：华中科技大学,2014.

[67] 化柏林,李广建.智能情报分析系统的架构设计与关键技术研究[J].图书与情报,2017（6）：74-83.

[68] 罗立群,李广建.智慧情报服务与知识融合[J].情报资料工作,2019,40（2）：87-94.

[69] 葛民.论情报智慧[J].图书情报工作,1990（4）：18-20,25.

[70] 王延飞,赵柯然,何芳.重视智能技术凝练情报智慧——情报、智能、智慧关系辨析[J].情报理论与实践,2016,39（2）：1-4.

[71] 梁光德.智慧服务——知识经济时代图书馆服务新理念[J].图书馆学研究,2011（11）：88-92.

[72] 吴丹,刘子君.大数据视角下的智慧信息服务：应用实践与未来趋势[J].信息资源管理学报,2018,8（2）：28-39,75.

[73] 杨倩,林鹤.大语言模型背景下情报研究的数字化应对策略及实践场景[J].竞争情报,2023,19(3)：2-13.

[74] 郑荣,高志豪,魏明珠,等.面向国家重大战略的智慧情报服务：内涵界定、赋能机制与逻辑进路[J].图书与情报,2022（5）：115-124.

[75] 于兴尚,赵永林,凌耀银.区块链技术驱动的图书馆智慧服务研究[J].图书馆,2020（10）：47-52.

[76] 李睿婧.信息化时代我国高校图书馆智慧服务探析[J].图书馆学刊,2020,42（7）：50-55.

[77] 杨晓东.面向创新创业的高校图书馆智慧服务模式研究[J].图书馆界,2022（1）：73-76.

[78] 宋文秋,刘敏榕.美国加州大学伯克利分校图书馆智慧服务研究与启示[J].图书馆理论与实践,2019（9）：91-96.

[79] 周静,张立彬,谷文浩.我国高校图书馆知识产权信息服务的现状与思考[J].图书情报工作,2019,63（21）：35-46.

[80] 张群,惠澜,谢东,等.高校知识产权信息服务现状及发展对策研究——基于高校国家知识产权信息服务中心的调研[J].大学图书馆学报,2020,38（4）：53-58,75.

[81] 王玲,王丽丹,李文兰.面向科研全过程的高校图书馆专利情报服务初探[J].图书馆工作与研究,2015（5）：82-85.

[82] 张善杰,燕翔,刘晓琴,等.用户参与的高校图书馆知识产权信息服务能力建设[J].图书情报工作,2020,64（8）：41-48.

[83] 钱力, 刘细文, 张智雄, 等. 科技情报智慧数据：方法、体系与应用 [J]. 情报理论与实践, 2024, 47（1）：12-21.

[84] 丁洁兰, 钱力, 常志军, 等. 科技情报智慧数据服务体系建设研究 [J]. 情报理论与实践, 2024, 47（1）：30-37.

[85] 中国科学院文献情报中心. 中国科讯慧科研服务 [EB/OL]. [2023-10-10]. https：//www.stpaper.cn/.

[86] 刘会洲. 打造升级版文献情报知识服务平台 [EB/OL].（2018-12-28）[2023-10-10]. http：//las.cas.cn/zhxw/202112/t20211202_6285717.html.

[87] 中国科学院. 知识服务平台暨文献情报中心主服务系统介绍 [EB/OL]. [2023-11-06]. https：//lib.ustc.edu.cn/wp-content/uploads/.

[88] 丁佳. "慧"系列智能知识服务产品发布 [N]. 中国科学报, 2019-1-4（1）.

[89] 沈阳自动化所图书馆. 中国科讯 - 慧科研主服务平台正式上线 [EB/OL].（2022-04-16）[2023-04-16]. https：//mp.weixin.qq.com/s/SMuGlseZ0NLxsavkBh2ODg.

[90] 钱力, 谢靖, 胡吉颖. 慧科研：给予科技大数据计算的智能知识服务平台 [EB/OL].（2022-05-18）[2023-10-10]. https：//mp.weixin.qq.com/s/XohD_FCpfCA6NN2pnwyMgQ.

[91] 中国科学院文献情报中心. 科技文献知识人工智能引擎 [EB/OL]. [2023-11-06]. http：//sciengine. las. ac.cn/.

[92] 赵旸, 于改红. 科技文献知识人工智能引擎重磅发布 [EB/OL]. [2023-11-06]. https：//mp. weixin. qq.com/s/7UAx31h1btzGUgTzZJAy2A..

[93] 顾方. 人工智能在企业竞争情报系统中的探索应用. 第二十九届中国竞争情报年会发言 [EB/OL]. [2023-11-06].http：//www.scic.org.cn/node/1171.

[94] 杨策, 隆捷. 英国知识产权局推出新一代专利检索系统 SEARCH[J]. 国外知识产权资讯, 2023（70）：1-2.

[95] 国家知识产权局专利局专利审查协作北京中心. 智能检索系统功能优化及效能提升研究 [R]. 北京：国家知识产权局学术委员会, 2021.

[96] 知识产权出版社有限责任公司, 国家知识产权局专利局专利文献部. 基于人工智能技术的 CPC 智能分类研究 [R]. 北京：国家知识产权局学术委员会, 2022.

[97] 费凌云. 欧洲专利局启用新的专利与技术观察站 [J]. 国外知识产权资讯, 2023, 69：1-2.

[98] 余文婷, 隆捷. 日本特许厅发布利用人工智能活用知识产权调研报告. 国外知识产权资讯 [J]. 2023, 28：5-6.

[99] 氢界 - 氢能产业大数据平台. 关于我们 [EB/OL]. [2023-11-06].https：//www.chinah2data.com/#/client/aboutUs?activedMenu=QandA.

[100] 张红伟. "双一流"背景下高校科研平台对科研团队的影响力探索——以材料学院为例 [J]. 高教学刊, 2019（2）：5-6, 10.

[101] 中国科学院文献情报中心. 数据资源介绍 [EB/OL]. [2023-10-10].https：//www.las.ac.cn/front/dataCenter/dataResources.

[102] 中国化工信息中心. 产品与服务 [EB/OL]. [2023-10-10].https：//www.cncic.cn/.

[103] 智慧芽. 燃动深圳！2023 智慧芽创新赋能大会全景记录 [EB/OL]. [2023-10-10].https：//mp.weixin.qq.com/s/biuUCluGZ_F5-5IRiOZkUQ.

[104] 王德禄. 场景是国家科技竞争的焦点 [EB/OL]. [2023-10-10].https：//www.sohu.com/a/454230106_818223/?pvid=000115_3w_a.

[105] 国家知识产权局. 关于开展知识产权服务业集聚发展区建设优化升级工作的通知 [EB/OL]. [2023-10-10].https：//www.cnipa.gov.cn/art/2023/7/3/art_75_186040.html.

[106] 花梦婷. 面向农业产业信息需求的图书馆精准服务模式研究——以江苏省新型农业经营主体为例 [EB/OL].[2023-06-01].https://link.cnki.net/doi/10.27170/d.cnki.gjsuu.2022.002678.

[107] 岳岚. 基于制造业需求视角的我国设计产业公共政策制定研究 [D]. 南京：南京航空航天大学，2011.

[108] 马玲 . H_2 应用场景增多 需求持续释放 [N]. 中国石化报，2023-10-9（8）.

[109] IncoPat.IncoPat 科技创新情报平台 [EB/OL].[2023-10-10].https：//www.incopat.com/.

[110] 郑大庆，张赟，于俊府. 产业链整合理论探讨 [J]. 科技进步与对策，2011，28（2）：64-68.

[111] 孙德强，张俊武，吴小梅，等 . 我国氢能产业发展现状、挑战及对策 [J]. 中国能源,2022,44（9）：27-35.

[112] 央视网. 我国长距离输氢技术获突破 氢能产业发展潜力逐渐释放 [EB/OL].（2023-04-16）[2023-07-06]. https://news.cctv.com/2023/04/16/ARTIT9Z4c3zoCOHqPAb2OwIU230416.shtml.

[113] 上海氢枫能源技术有限公司 . 公司简介 [EB/OL].[2023-07-06].https：//www.hyfun.cn/about.

[114] 杨艳萍，董瑜，韩涛. 基于专利共被引聚类和组合分析的产业关键技术识别方法研究——以作物育种技术为例 [J]. 图书情报工作，2016，60（19）：143-148，124.

[115] 李宏宽，何海燕，单捷飞，等. 特征分析视角下半导体制造产业关键技术分布研究 [J]. 中国科技论坛，2019（6）：80-94.

[116] 李维思，谭力铭，章国亮，等. 基于多源信息融合的产业链关键核心技术主题识别研究——以人工智能领域为例 [J]. 信息资源管理学报，2022，12（1）：116-126.

[117] 郎玫. 大数据视野下中央与地方政府职能演变中的匹配度研究——基于甘肃省 14 市（州）政策文本主题模型（LDA）[J]. 情报杂志，2018，37（9）：78-85.

[118] 王灿友，姜韩. 基于政策工具与 LDA 模型的我国省级数字政府建设政策文本分析 [J]. 科学与管理，2022，42（1）：73-81.

[119] 邱均平，沈超. 基于 LDA 模型的国内大数据研究热点主题分析 [J]. 现代情报，2021，41（9）：22-31.

[120] 马永红，孔令凯，林超然，等. 基于专利挖掘的关键共性技术识别研究 [J]. 情报学报，2020，39（10）：1093-1103.

[121] 赵蓉英，戴祎璠，王旭. 基于 LDA 模型与 ATM 模型的学者影响力评价研究——以我国核物理学科为例 [J]. 情报科学，2019，37（6）：3-9.

[122] 中国科学报. 太阳能分解水 构建一片"氢农场" [EB/OL].（2020-04-22）[2023-07-06].https：//www.cas.cn/cm/202004/t20200422_4742052.shtml.

[123] 科学网. 关于对"十四五"国家重点研发计划"氢能技术"等 18 个重点专项 2021 年度项目申报指南征求意见的通知 [EB/OL].（2021-02-02）[2023-07-06].https：//news.sciencenet.cn/htmlnews/2021/2/452744.shtm.

[124] 中国科学院大连化学物理研究所太阳能研究部（DNL16）. 关于我们 [EB/OL].[2023-07-06].http：//www.solar.dicp.ac.cn/index/gywm.htm.

[125] 中国科学院沈阳分院. 大连化物所发表选择性加氢研究综述文章 [EB/OL].[2023-07-06].http：//www.syb.cas.cn/ydhz/kjdt/201911/t20191118_5438041.html.

[126] 中国科学院大连化学物理研究所催化与新材料研究室. 科研动态 [EB/OL].[2023-07-06].http：//www.taozhang.dicp.ac.cn/info/1033/1875.htm.

[127] 中国科学院大连化学物理研究所氢能与先进材料研究部. 关于我们 [EB/OL].[2023-07-06].http：//www.hydrogen.dicp.ac.cn/gywm.htm.

[128] 中国科学院大连化学物理研究所燃料电池研究部. 关于我们 [EB/OL].[2023-07-06].http：//www.

fuelcell.dicp.ac.cn/jjy.jsp?urltype=tree.TreeTempUrl&wbtreeid=1020.

[129] 中国科学院大连化学物理研究所储能技术研究部. 部门介绍 [EB/OL].[2023-10-10].http：//www.energystorage.dicp.ac.cn/bmgk/bmjs.htm.

[130] 中国改革报. 中集安瑞科 90MPa 撬装液驱氢气压缩机下线 [EB/OL].（2023-08-02）[2023-10-10].http：//www.cfgw.net.cn/epaper/content/202308/02/content_59667.htm.

[131] 陈劲, 阳银娟. 协同创新的理论基础与内涵 [J]. 科学学研究, 2012, 30（2）: 161-164.

[132] 经济观察报. 全国政协副主席万钢: 建议用一年时间建设一条氢能高速 [EB/OL].（2022-10-21）[2022-11-08].https：//mp.weixin.qq.com/s/-v21j8-EDJtKMXuEWXnKMw.

[133] 氢能观察. 电池和氢能将互补形成主流储能方式 [EB/OL]（2022-11-07）[2022-11-10].https：//mp.weixin.qq.com/s/y-_-KrQXG4Typ_Km8iY66A.

[134] 中华人民共和国国家发展和改革委员会.《产业结构调整指导目录（2024 年本）》[EB/OL].[2023-12-29].https：//www.ndrc.gov.cn/xxgk/zcfb/fzggwl/202312/t20231229_1362999.html.

[135] 人民网. 国家能源集团牵头成立氢能联盟 [EB/OL]（2018-02-12）[2022-11-10].http：//energy.people.com.cn/n1/2018/0212/c71661-29819365.html.

[136] 中国氢能联盟. 中国氢能联盟成员单位突破 260 家 [EB/OL].（2024-03-26）[2024-07-06].https：//mp.weixin.qq.com/s/O5gV8wr04hMRyLaQKsVw0Q.

[137] Department of Energy.Energy Department Hydrogen Program Plan[EB/OL].（2020-11-12）[2022-11-08].https：//www.hydrogen.energy.gov/pdfs/hydrogen-program-plan-2020.pdf.

[138] Federal government of the United States.U.S. National Clean Hydrogen Strategy and Roadmap [EB/OL].（2023-06-05）[2023-07-12].https：//www.hydrogen.energy.gov/pdfs/us-national-clean-hydrogen-strategy-roadmap.pdf.

[139] Shapiro, Carl. Navigating the Patent Thicket: Cross Licenses, Patent Pools, and Standard Setting.[J]. Innovation Policy and the Economy, 2001, 1: 119-150.

[140] eh P F.The case for using robots in intelligence analysis[EB/OL].（2015-12-01）[2018-08-20]. https：//www.cia.gov/resources/csi/static/Case-for-Using-Robots.pdf.

[141] XData.Transition and Open Catalog[EB/OL].[2018-08-20].http：//www.darpa.mil/opencatalog/.

[142] IARPA.Open Source Indicators（OSI）[EB/OL].[2018-08-20].https：//www.iarpa.gov/index.php/research-programs/osi.

[143] Narrative Science Announces Strategic Investment and Technology Development Agreement with IQT [EB/OL].[2019-02-18].https：//www.iqt.org/narrative-science-announces-strategic-investment-and-technology-development-agreement-with-iqt/.

[144] US Department of Defense. Project Maven to Deploy Computer Algorithms to War Zone by Years End[EB/OL].[2018-08-20].https：//www.defense.gov/News/Article/Article/1254719/project-maven-to-deploy-computer-algorithms-to-war-zone-by-years-end/.

[145] Waris M .Patent information centres – a broader service concept to back up the dissemination of patent information[J].World Patent Information, 2001, 23（1）: 35-37.

[146] Buchanan B. Unlocking the value of patent data: Patent Informatics services at the UK Intellectual Property Office（UK-IPO）[J].World Patent Information, 2008, 30（4）: 335-337.

[147] Ledergerber W, Kurt A. The Swiss Federal Institute of Intellectual Property's new search services to assist corporate strategic decision-making[J].World Patent Information, 2003, 25（1）: 57-62.

[148] Mitroshin V. Patent services system in sci-tech libraries[J].Scientific and technical libraries, 2019, 1: 16-29.

[149] WIPO.Index of AI initiatives in IP offices[EB/OL].[2023-11-06].https：//www.wipo.int/about-ip/en/artificial_intelligence/search.jsp1.

[150] USPTO.Inventor Search Assistant Tool，ISAT[EB/OL].[2023-11-06].https：//developer.ustpo.gov/inventor-search.

[151] USPTO.Uspto lauches new Virtual Assistant[EB/OL].[2023-11-06].https：//www.ustpo.gov/about-us/news-updates/uspto-launches-new-virtual-assistant.

[152] USPTO.Uspto Virtual Assistant now available for Patents customers[EB/OL].[2023-11-06].https：//www.ustpo.gov/about-us/news-updates/uspto-virtual-assistant-now-available-patents-customers.

[153] Shin J，Kim C M.Risk-adjusted performance forecasting of future key technology[J].Technology Analysis & Strategic Management，2013，25（2）：147-161.

[154] Blei D M，Ng A Y，Jordan M I. Latent Dirichlet Allocation[J].Journal of Machine Learning Research，2003，3：993-1022.

[155] Sievert C，Shirley K E. LDAvis：A method for visualizing and interpreting topics[C].Proceedings of the Workshop on Interactive Language Learning，Visualization，and Interfaces. Baltimore，Maryland，USA，2014：63-70.

[156] ISO.ISO/TC 22[EB/OL].[2022-11-08].https：//www.iso.org/committee/5391154/x/catalogue/p/1/u/0/w/0/d/0.